Richard Vahrenkamp, Herbert Kotzab
Logistikwissen kompakt

Richard Vahrenkamp, Herbert Kotzab

Logistikwissen kompakt

8., vollständig überarbeitete Auflage

Unter Mitarbeit von
Christoph Siepermann

DE GRUYTER
OLDENBOURG

ISBN 978-3-11-047345-2
e-ISBN (PDF) 978-3-11-047328-5
e-ISBN (EPUB) 978-3-11-047358-2

Library of Congress Cataloging-in-Publication Data
A CIP catalog record for this book has been applied for at the Library of Congress.

Bibliografische Information der Deutschen Nationalbibliothek
Die Deutsche Nationalbibliothek verzeichnet diese Publikation in der Deutschen
Nationalbibliografie; detaillierte bibliografische Daten sind im Internet über
http://dnb.dnb.de abrufbar.

© 2017 Walter de Gruyter GmbH, Berlin/Boston
Umschlaggestaltung: cybrain/Kollektion: iStock/Getty Images Plus
Satz: PTP-Berlin, Protago-TEX-Production GmbH, Berlin
Druck und Bindung: CPI books GmbH, Leck
♾ Gedruckt auf säurefreiem Papier
Printed in Germany

www.degruyter.com

Vorwort

Einer raschen Orientierung über das Gebiet der Logistik dient dieser Band als Kompaktwissen. Danken möchten wir Melanie Paul für ihren Einsatz im Rahmen der Datensuche und der drucktechnischen Aufbereitung. Wir danken auch dem De Gruyter Verlag für die gute Zusammenarbeit bei der Erstellung der neuen Auflage dieses Lehrbuches.

Berlin, im November 2016   *Richard Vahrenkamp*
Bremen, im November 2016   *Herbert Kotzab*

DOI 10.1515/9783110473285-001

Inhalt

Abkürzungsverzeichnis

3PL	Third Party Logistics Provider
AIM	Automatic Identification Manufacturers
ADV	Arbeitsgemeinschaft Deutscher Verkehrsflughäfen
APO	Advanced Planner and Optimizer
ATP	Available to Promise
B2B	Business to Business
BIEK	Bundesverband internationaler Express- und Kurierdienste
BIP	Bruttoinlandsprodukt
BMI	Buyer Managed Inventory
BMS	Business Message Standard
BRG	Business Requirement Group
BW	Business Warehouse
BWVL	Bundesverband Wirtschaft, Verkehr und Logistik
CCG	Centrale für Coorganisation
CD	Cross Docking
CDP	Cross Docking Point
CEN/ISSS	Comité Européen de Normalisation/ Information Society Standardization System
CEO	Chief Executive Officer
CIDX	Chemical Industry Data Exchange
CIES	Comité International des Entreprises à Succursales
CIF	Core Interface
CPD	Collaborative Product Development
CPFR	Collaborative Planning, Forecasting and Replenishment
CRM	Customer Relationship Management
CSR	Corporate Social Responsibility
CSS	Cascading Style Sheet
CSV	Character Separated Values
cXML	commerce XML
DIN	Deutsche Industrienorm
DSD	Direct Store Delivery
DTA	Datenträgeraustausch
DTD	Document Type Definition
DSLV	Deutscher Speditions- und Logistikverband
EAI	Enterprise Application Integration
EAN	Internationale Artikelnummer
EANCOM	EDIFACT-Subset des europäischen Handels
EBIT	Earnings Before Interest and Taxes
ebMS	electronic business Message Specification
ebXML	electronic business XML
ECAC	European Civil Aviation Conference
ECR	Efficient Consumer Response
EDI	Electronic Data Interchange
EDIFACT	Electronic Data Interchange for Administration, Commerce and Transport
EPI	Efficient Product Introduction
ERP	Enterprise Resource Planning

DOI 10.1515/9783110473285-002

ESA	Efficient Store Assortment
EU	Europäische Union
€	Euro
FIDX	Furniture Industry Data Exchange
FMI	Food Marketing Institute
FTP	File Transfer Protocol
GCI	Global Commerce Initiative
GDD	Global Data Dictionary
GDSN	Global Data Synchronization Network
GLN	Global Location Number
GNX	Global Net Xchange
GTIN	Global Trade Identification Number
HTML	Hypertext Markup Language
HTTP	Hypertext Transfer Protocol
IATA	International Air Transport Association
ICAO	Internationale Zivilluftfahrt-Organisation
IFX	Interactive Financial Exchange
ILN	Internationale Lokationsnummer
IML	Fraunhofer-Institut für Materialfluss und Logistik
IP	Internet Protocol
IPA	Fraunhofer-Institut für Produktionstechnik und Automatisierung
ISDN	Integrated Services Digital Network
ISO	International Organization for Standardization
IT	Informationstechnologie
IuK	Information und Kommunikation
JIS	Just In Sequence
JIT	Just In Time
KMU	kleine und mittlere Unternehmen
LEH	Lebensmitteleinzelhandel
Lkw	Lastkraftwagen
LNP	Logistiknetzplanung
LPI	Logistik Prozess Integration
MDN	Message Disposition Notification
MIC	Message Identification Code
MIME	Multipurpose Internet Mail Extension
NAFTA	North American Free Trade Agreement
NVE	Nummer der Versandeinheit
OASIS	Organization for the Advancement of Structured Information Standards
ODETTE	Organization for Data Exchange by Teletransmission in Europe
OEM	Original Equipment Manufacturer
p. a.	pro Jahr
PGP	Pretty Good Privacy
Pkw	Personenkraftwagen
PoS	Point of Sale
RFID	Radio Frequented Identification
RNIF	RosettaNet Implementation Framework
RoI	Return on Investment
RPC	Remote Procedure Call
SC	Supply Chain

SCE	Supply Chain Execution
SCM	Supply Chain Management
SCM-SW	Supply Chain Management Software
SCP	Supply Chain Planning
SEDAS	Standardregelung einheitlicher Datenaustauschsysteme
SGML	Standard Generalized Markup Language
SINFOS	Stammdaten-Informationssystem
SMTP	Simple Mail Transfer Protocol
SOAP	Simple Object Access Protocol
SSCC	Serial Shipping Container Code
SWIFT	Society for Worldwide Interbank Financial Telecommunications
T&T	Tracking and Tracing
TCP/IP	Transmission Control Protocol/Internet Protocol
TDSN	Transora Data Synchronization Network
UCC	Uniform Code Council
UDEX	Universal Descriptor EXchange
UIRR	Union Internationale Rail-Route
ULD	Unit Load Device
UN/CEFACT	United Nations Centre for Faciliation and Electronic Business
URL	Uniform Ressource Locator
USA	United States of America
US$	US-Dollar
VAN	Value Added Network
VDA	Verband der Automobilindustrie
VMI	Vendor Managed Inventory
W3C	World Wide Web Consortium
WE	World Wide Enhancement of Social Quality
WIM	World Wide Item Management
WTO	World Trade Organisation
WWW	World Wide Web
XML	eXtended Markup Language
XSL	eXtensible Style Sheet Language

Abbildungsverzeichnis

DOI 10.1515/9783110473285-003

Tabellenverzeichnis

DOI 10.1515/9783110473285-004

1 Strategien des Supply Chain Management

1.1 Einführung

Moderne Produktions- und Distributionssysteme sind von arbeitsteiligen Prozessen und tief gestaffelten Zuliefererketten gekennzeichnet, die zahlreiche Knoten in einem logistischen Netzwerk durchlaufen, bevor die Ware beim Konsumenten eintrifft. Diese Knoten bestehen aus:
- Zulieferern,
- Produzenten,
- Großhändlern,
- Speditionen,
- Lagerhäusern und Warenverteilzentren,
- Logistik-Dienstleistern und
- Filialen des Einzelhandels.

In den klassischen Ansätzen der Betriebswirtschaftslehre und der Logistik werden die Teilnehmer im logistischen Netzwerk isoliert und ohne Systemzusammenhang begriffen. Bei jedem einzelnen Teilnehmer werden einzelwirtschaftliche Entscheidungskalküle, die Beschaffung, Leistungserstellung und Absatz betreffen, angenommen, ohne eine Koordination im gesamten Netzwerk anzustreben.

Erst seit Mitte der 80er-Jahre des vergangenen Jahrhunderts wird mit der Arbeit von Houlihan das Netzwerk als Ganzes unter dem Begriff **Supply Chain** thematisiert – ein Begriff, der beispielsweise in dem klassischen Logistikwerk von Ballou in der dritten Auflage von 1992 noch gar nicht auftaucht.[1] In der deutschsprachigen Literatur wird mit dem Begriff Supply Chain eine Logistikkette, eine Lieferkette, eine Absatzpartnerschaft oder eine Wertschöpfungskette beschrieben.

Die ganzheitliche Betrachtung der Logistikkette geht über die Wahrnehmung ihrer einzelnen Teilnehmer hinaus und zielt auf eine Abstimmung der Güterströme im gesamten Netzwerk ab. Eine derartige Koordination wird auch als **Supply Chain Management** (SCM) bezeichnet und verfolgt mit der Optimierung des Gesamtsystems die folgenden Zielsetzungen:
- Orientierung am Nutzen des Endkunden,
- Steigerung der Kundenzufriedenheit durch bedarfsgerechte Anlieferung,
- Senkung der Bestände in der Logistikkette und eine damit verbundene Senkung der Kosten für das Vorhalten von Beständen,
- Verstetigung des Güterstroms und die damit mögliche Vereinfachung der Steuerung,

---

1 Der Begriff Supply Chain ist insofern irreführend, als die Logistikkette nicht von Lieferanten, sondern von der Nachfrage gesteuert wird. Die Bezeichnung Demand Chain wäre korrekter.

DOI 10.1515/9783110473285-005

- höhere Effizienz der unternehmensübergreifenden Produktionssteuerung und der Kapazitätsplanung,
- schnellere Anpassung an Änderungen des Marktes,
- Verkürzung der Auftragsdurchlaufzeiten im Zeitwettbewerb und
- Vermeidung von „Out-Of-Stock"-Situationen im Handel.

Das lineare Modell der Lieferkette wird nun zu einem Liefernetzwerk erweitert (vgl. Abbildung 1.1):

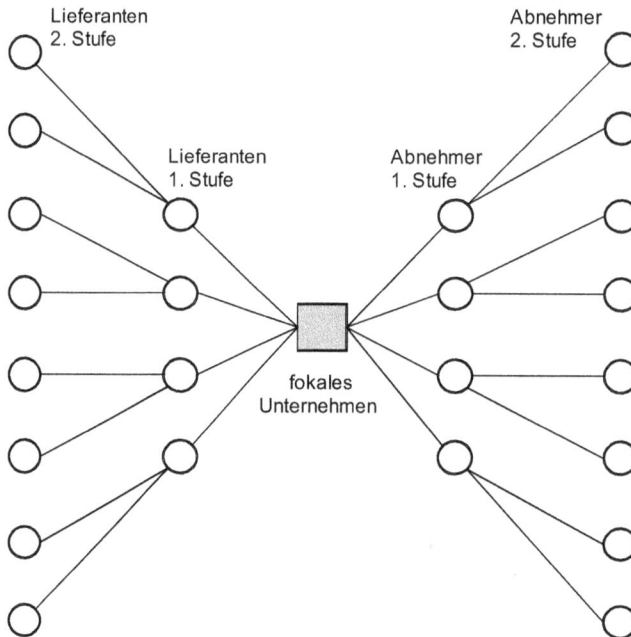

Abb. 1.1: Liefernetzwerk.

Die zentrale Stellung im Netzwerk nimmt das fokale Unternehmen, das über mehrere Unternehmensstandorte verteilt sein kann, ein. Vorbild dafür sind die Hersteller von Automobilen (OEM – Original Equipment Manufacturer). Die Lieferanten werden aufgefächert in die 1. und 2. Stufe („Tier"), ebenso wie die Abnehmer. Die Relationen im Netzwerk werden danach gewichtet, wie wichtig sie für die Aufrechterhaltung des Netzwerks sind. Das Risikomanagement muss die Relationen nach der Bedeutung gewichten und besondere Sorgfalt auf Relationen von höchster Priorität aufwenden, etwa auf die Versorgung des Montagebandes mit Teilen und Systemkomponenten. Damit übernimmt dieser Ansatz die aus der Beschaffungslogistik bekannte Klassifikation von Lieferanten. Für das **Supply Chain Controlling** werden Kennzahlen für die Standorte der einzelnen Werke und für die Relationen Lieferant-Werk und Werk-Abnehmer wie folgt gebildet (siehe Tabelle 1.1):

Tab. 1.1: Daten und Kennzahlen für die Supply Chain.

Lieferant-Werk	Werk	Werk-Abnehmer
Lieferanten pro Werk	Produkte pro Werk	Abnehmer pro Werk
Lieferanten pro Produkt	Stückliste pro Produkt(-gruppe)	Produkte pro Abnehmer
Inbound Fracht (Volumen und Transportkosten)	Anzahl Produktanläufe und -ausläufe	Outbound Fracht (Volumen und Transportkosten)
Bedarfsmenge p. a. pro Teil	Produktionskapazitäten	Teilebedarf p. a. pro Produkt
Entfernung Lieferant-Werk	Standort Werk	Entfernung Werk-Abnehmer
Einkaufsvolumen pro Lieferant		Umsatz pro Produkt
Standort Lieferant		Umsatz pro Kunde

Für die Zulieferer bedeutet die enge datentechnische und logistische Verknüpfung mit den OEM, dass sie in mehrere Zulieferketten integriert sind und für jeden OEM dessen vorgegebene Schnittstelle bedienen müssen. Insofern führt der SCM-Ansatz zu hohen Kosten für die Zulieferer. Als Beispiel gibt Tabelle 1.2 die Lieferungen in Prozent des Umsatzes des britischen Zulieferers Wagon plc vom Werk in Fontaine bei Mühlhausen an die OEM wieder.

Tab. 1.2: Lieferbeziehungen von Wagon plc.

Renault	25	Jaguar, Land Rover, Volvo	5
First Tier	17	Andere	5
Audi	12	VW	4
Peugeot, Citroën	12	MG Rover	3
Ford	6	Daimler Chrysler	3
GM	5	Fiat	3

Quelle: Automobilproduktion (2004), S. 53

Neben der Autoindustrie werden auch Hersteller von Markenartikeln, wie Textilien und Artikeln der Consumer Electronic, und Hersteller von Investitionsgütern als Original Equipment Manufacturer (OEM) bezeichnet. Der OEM ist als ein wichtiges Glied in der Lieferkette anzusehen. Der Kunde verbindet alle erbrachten Leistungen mit dem OEM und weist ihm damit eine Schlüsselrolle zu, da er in der Lieferkette für deren Koordination verantwortlich ist. Der Produkt- oder Markenname ist direkt mit diesem

OEM verbunden, und das Gelingen der Koordinationsaufgabe bestimmt zugleich den Erfolg der Marke und den Absatz des Leistungsbündels.

Die Logistikkette ist daher in einem **Wettbewerbskontext** zwischen OEM zu begreifen. Der Wettbewerb findet dann nicht mehr zwischen einzelnen Unternehmen, sondern zwischen verschiedenen Logistikketten statt. Der Kunde wählt unter Produkten verschiedener Logistikketten das Produkt aus, das seinen Nutzen maximiert. Die Logistikkette ist damit am Nutzen des Endkunden ausgerichtet. Die Mitglieder der Logistikkette tragen durch Abstimmung ihrer Aktivitäten zum Kundennutzen bei, indem sie Kostenvorteile erzielen oder die Produktqualität verbessern. Das traditionelle Wettbewerbsverhalten von Unternehmen, durch antagonistisches Verhalten Vorteile zulasten von vor- oder nachgelagerten Unternehmen in der Logistikkette zu erlangen, ist keine angemessene Strategie, weil diese nicht den Kundennutzen erhöht. Dieser kann vielmehr nur durch kooperatives Verhalten der Mitglieder einer Logistikkette vermehrt werden.

Zu einem effizienten Supply Chain Management gehört neben der Gestaltung der Material- und Informationsflüsse auch die Optimierung der Geldströme zwischen den Geschäftspartnern. Diese wird auch als **Financial Supply Chain Management** bezeichnet. Das Financial Supply Chain Management umfasst zwei große Aufgabenbereiche: Der erste Aufgabenkomplex liegt zeitlich vor der Gütertransaktion und beinhaltet Aufgaben wie die Prüfung der Kreditwürdigkeit des Kunden, die Finanzierung der geplanten Transaktionen und die Absicherung des Geschäfts. Der zweite Aufgabenkomplex beginnt nach der Abwicklung des Geschäfts und besteht aus den Komponenten Rechnungsstellung, Prüfung und Zahlung. Während der erstgenannte Aufgabenbereich die Kernkompetenz von Banken und Versicherungen darstellt, wird der zweite Bereich vielfach von qualifizierten Logistikdienstleistern abgedeckt, die in der Lage sind, mithilfe webbasierter Lösungen die Bearbeitungskosten im Zusammenhang mit der Rechnungserstellung und Zahlungsabwicklung um bis zu 70 % zu senken (vgl. Wuttke et al. 2013).

In der Logistik spielen Begriffe wie Netzwerkgüter eine große Rolle. In der Wirtschaftstheorie werden genormte Produkte als **Netzwerkgüter** bezeichnet, wenn deren Nutzen ansteigt, je größer deren Markt und deren Verbreitung ist. Zugleich fällt der Preis der Produkte infolge der Gesetze der Massenproduktion. Diese doppelte Wirkung von steigendem Nutzen und fallenden Preisen wird als **Netzwerkeffekt** bezeichnet und führt zu einer raschen Durchsetzung von Netzwerkgütern. Beispiele dafür sind Normen in der Telekommunikation (z. B. das Internet) und die Kompatibilität von Computerbauteilen und von Softwarestandards, wie z. B. das PC-Betriebssystem Microsoft Windows oder die Textverarbeitung Microsoft Word, deren Norm einen internationalen Austausch von Attachments in E-Mail-Nachrichten ermöglicht. Ferner führen Normen in Stromnetzen (z. B. Wechselstrom mit 50 Hz und 220 Volt) zu Netzwerkeffekten, die in einer Massenproduktion von Transformatorsystemen, Installationsmaterial und Endgeräten bestehen – der Marketingansatz von Thomas A. Edison.

Im Kontext der Logistik bieten insbesondere Verkehrssysteme Beispiele für Netzwerkgüter, wie Eisenbahnlinien, Autobahnen, in Hubs konzentrierte Fluglinien sowie Systemverkehre der Stückgutspeditionen und der Paketdienste, deren Netz einen umso größeren Nutzen der wechselseitigen Erreichbarkeit liefert, je mehr Teilnehmer angeschlossen sind. Die genannten Netze konstituieren jeweils ein besonderes **Netzwerkgut**, indem die Austauschleistungen und die begleitenden IT-Systeme stark standardisiert werden und sich auf diese Weise subadditive Kostenstrukturen ergeben, die unten erläutert werden. Beispiele für Standardisierungen in Logistik-Netzwerken sind:

– Standardisierte Identifikations- und IT-Systeme sorgen für durchgängige Informationsflüsse, die schnell und fehlerfrei ablaufen und so die Qualität der Prozesse sicherstellen. Sie ermöglichen vereinfachte Programmierung und Wartung und führen so zu sinkenden Stückkosten.

– Die Abläufe in den Lagerhäusern sind standardisiert und ermöglichen so eine vereinfachte Anlernung der Arbeitskräfte, vereinfachte Kontrollsysteme des Managements und eine erhöhte Transparenz in den Auswertungen des Controllings. Damit steigt die Qualität der Prozesse bei zugleich sinkenden Stückkosten. Ferner ermöglicht die Standardisierung die Modularisierung der Lagerhäuser und deren wechselseitige Backup-Funktion in Notfällen.

Verkehrsnetzwerke spielen in der Logistik deswegen eine besondere Rolle, weil sie **subadditive Kostenstrukturen** aufweisen. Dies wird deutlich, wenn man von dem Problem ausgeht, einen neuen Knoten an ein bestehendes Netzwerk von n Knoten anzuschließen. Durch den Anschluss an dieses Netzwerk erhält der Knoten Verbindungen zu den übrigen n Knoten im Netzwerk. Hierdurch fallen die Zugangskosten für den Knoten zu den anderen Knoten in drastischer Weise. Da bereits das Netzwerk vorliegt, muss der neue Knoten nicht mehr direkte Verbindungen zu den übrigen 1 bis n Knoten aufnehmen. In diesem Fall entstünden für jede einzelne Verbindung Kosten, sodass die Summe der Einzelverbindungskosten die Gesamtkosten der Verbindung zu allen n Knoten widerspiegeln würden. Demgegenüber ist die Kostenstruktur des Netzwerks subadditiv. Die Einrichtung einer einzigen Verbindung zum nächsten Knoten reicht aus, damit der neue Knoten Zugang zu allen übrigen n Knoten gewinnt. Je dichter das Netzwerk wird, desto geringer ist die durchschnittliche Entfernung zu einem bisher noch nicht angeschlossenen Knoten und desto geringer sind die Anschlusskosten. Da der neue Knoten mit dem Anschluss an das Netzwerk Verbindung zu n Teilnehmern gewinnt, fallen die Anschlusskosten pro erreichbarem Teilnehmer sehr rasch mit der Funktion 1/n. Setzt man den Nutzen für den neu anzuschließenden Teilnehmer im Netzwerk proportional zur Anzahl der erreichbaren übrigen Teilnehmer, so steigt der Nutzen für den Netzanschluss linear mit wachsender Netzwerkgröße, da für jeden Neuanschluss die übrigen n Knoten erreicht werden können. Nimmt man an, dass für die Gesamtheit der Teilnehmer der Nutzen eines Netzwerks proportional zur Zahl der realisierbaren Verbindungen steigt, so verhält sich der Nutzen für die Gesamtheit der Teilnehmer als eine quadratische Funktion n^{2-n} mit einem Zuwachs von 2n. Den Nutzenzuwachs bezeichnet man auch als eine **positive Netzwerkexternalität** – extern insofern, als dass der Nutzenzuwachs nicht durch einen Austauschvorgang auf einem Markt zustande gekommen ist. Zusätzlich führt eine Nutzung des Netzes durch mehr Teilnehmer zu sinkenden Kosten der für den Netzbetrieb erforderlichen Güter durch Economies of Scale. Die hier aufgewiesene Schere zwischen sinkenden Investitionskosten und zunehmendem Nutzen sowohl für den neu anzuschließenden Knoten wie auch für die Gesamtheit der Netzwerkteilnehmer führt zu einem explosionsartigen Wachstum von Netzwerken, wie wir es historisch vor 150 Jahren beim Wachstum der Eisenbahnnetze[2] beobachtet hatten und heute beim Internet beobachten können. Durch jeden neuen Teilnehmer, der sich an ein Netzwerk anschließt, öffnet sich die Schere zwischen dem zunehmenden Nutzen und den abnehmenden Anschlusskosten pro erreichbarem Teilnehmer weiter. Als Beispiel für **negative Netzwerkexternalitäten** lässt sich das Eisenbahnsystem nennen (vgl. Vahrenkamp/Kotzab 2012).

Die Netzwerkexternalitäten führen zu einer starken Konzentration der Anbieter, weswegen Netzwerkmärkte einer Monopolkontrolle des Staates unterworfen werden müssen.

1.2 Das Grundmodell des Supply Chain Management und dessen Kritik

Bei der Betrachtung des in der Einleitung aufgezeigten logistischen Netzwerks fällt die Vielzahl der Knoten auf, welche dieses Netzwerk konstituieren. Hierdurch treten viele Schnittstellen auf, die bei der Bewegung des Materials durch das Logistiknetzwerk überwunden werden müssen. Traditionellerweise treten die Teilnehmer in dem Logistiknetzwerk als unabhängige Player auf, die untereinander um die günstigsten Konditionen konkurrieren. Bei den Playern besteht eine Unsicherheit über die Langfristigkeit der Zusammenarbeit, da Kontrakte meistens nur kurzfristig und ohne Garantie einer Verlängerung laufen. Im Vordergrund der Vertragsverhandlungen steht ein niedriger Preis. Die Aspekte Service und Qualität werden nachrangig behandelt. Die Unsicherheit über das Weiterlaufen der Verträge wird durch hohe Lagerbestände und hohe Kapazitätsreserven aufgefangen. Die Durchlaufzeiten von Aufträgen und Material in diesem System sind lang, da Schnittstellen jeweils neu definiert und neu überwunden werden müssen.

---

2 Das Wachstum des Eisenbahnnetzes in Großbritannien begann in den ersten 15 Jahre langsam, um ausgehend von 100 Meilen im Jahr 1830 dann 2.600 Meilen zu Anfang des Jahres 1845 zu erreichen (Wachstum von 167 Meilen p. a.). Das Netz wuchs dann wesentlich schneller um mehr als 3.000 Meilen in den folgenden 6 Jahren und erreichte 6.000 Meilen zum Ende des Jahres 1850 (Wachstum von 486 Meilen p. a., siehe Robbins, M. (1965), S. 31 f.)

Ansätze von Supply Chain Management setzen im Unterschied zum Konkurrenzmodell der unabhängigen Player auf ein Modell der Kooperation zwischen den Teilnehmern im Logistiknetzwerk. Diese Kooperation basiert nicht auf kurzfristigen Kontrakten, sondern eröffnet über Rahmenverträge eine langfristige Zusammenarbeit. Die Schnittstellen zwischen den Netzwerkteilnehmern erhalten eine höhere Stabilität und daher können vereinfachte Prozeduren beim Schnittstellenübergang geschaffen werden. Die Systeme für den Informationsaustausch und den Güterfluss werden unter den Beteiligten in folgender Weise aufeinander abgestimmt durch:
– langfristige Verträge, die die Erbringung logistischer Leistungen in der Kette sauber abgrenzen,
– eine umfassende gegenseitige Information,
– unternehmensübergreifende Informationssysteme mit Standardprotokollen des Electronic Data Interchange (EDI),
– Standards im Materialflusssystem,
– Vereinheitlichung von Prozeduren und Abstimmung in der ganzen Kette,
– Abbau von Lastspitzen mittels gemeinsamer Kapazitätsplanung und
– Vorabinformationen für eine effizientere Produktionssteuerung.

Diese Integration erlaubt es, kurzfristig Aufträge durch das Netzwerk laufen zu lassen, ohne dass Einkäufer eingeschaltet, Vertragskonditionen ausgehandelt und die Waren beim Eingang nach den üblichen Prozeduren kontrolliert werden müssen. Die Kooperation zwischen den zu Logistikpartnern gewordenen Teilnehmern im Logistiknetz erstreckt sich auch auf weitergehende Aspekte, wie etwa die Produkt- und Sortimentsentwicklung, Forschung und Entwicklung sowie gemeinsame Aktionen der Verkaufsförderung und der Regaloptimierung. Viele Vorstellungen von Kooperation und den daraus entstehenden Nutzengewinnen wurden bereits in der US-Literatur zu vertikalen Marketingsystemen der 1960er-Jahre formuliert.

Die Umsetzung des Grundmodells in eine arbeitsfähige Kooperation unter den Partnern erfordert den schrittweisen Aufbau einer vertrauensvollen Zusammenarbeit, die in verhaltenswissenschaftlichen Modellansätzen diskutiert wird. Die Abstimmung von Partnern im Logistiknetzwerk kann sich auch auf verschiedene Abteilungen und Bereiche eines Konzerns oder eines Unternehmens beziehen, wie etwa bei der Optimierung von mehrstufigen Distributionssystemen oder der strategischen und operativen Ausrichtung von kontinentalen Absatzorganisationen.

Das Grundmodell des Supply Chain Management ist mit zwei Prinzipien charakterisiert worden:
1. Ganzheitliche Auffassung der Logistikkette und
2. Kooperation der Partner in der Logistikkette.

In folgender Weise kann das Grundmodell konkretisiert werden:
– Die Orientierung am Kunden in der Logistikkette und insbesondere am **Endkunden.** Hier sind Messungen der Servicequalität erforderlich, um Verbesserungspo-

tentiale zu erschließen. Der Kooperationsgedanke kann auf die Organisation des Endkunden erweitert werden, wie z. B. die Übernahme von bestimmten Dienstleistungen beim Endkunden durch den Lieferanten oder durch den Logistikdienstleister. Beispiele hierzu sind aus dem Bereich Handel und Krankenhauslogistik bekannt.

- Die Kooperation mit externen Partnern ist zu erweitern und auch nach innen in die eigene Organisation zu richten. Die Nachteile der eigenen funktionalen Organisation sind zu erkennen und durch Reorganisation der Geschäftsprozesse den Erfordernissen einer durchgehenden Logistikkette anzupassen.
- Die ganzheitliche Betrachtung der Logistikkette erschließt Potentiale zur **Optimierung** der Kette. Hier ist an das Variantenmanagement zu denken, das bereits bei der Produktentwicklung die Kosten der Varianten entlang der gesamten Kette berücksichtigt. In dem auf die Partner in der Kette verteilten Fertigungsprozess sind die Varianten der kundenindividuellen Ausgestaltung von Grundmodellen möglichst spät am Ende der Kette vorzunehmen, etwa Konfektionierungen, landesspezifische Verpackungen und Begleitmaterialien. Dieser Gedanke wird als **Postponement** (siehe unten) bezeichnet. Weitere Aspekte der Optimierung der Logistikkette beziehen sich auf das Bestandsmanagement und auf Fragen der Standorte.
- Ein weiterer mit dem Kooperationsprinzip verknüpfter Aspekt ist der Aufbau von durchgängigen Informationssystemen, wie z. B. Scannerkassen am Point of Sale in der Logistikkette.

Neben dem ganzheitlichen Ansatz der Supply Chain werden in der Literatur vielfach verkürzte Auffassungen vertreten. Zahlreiche Autoren konzentrieren sich auf Absatz- bzw. Zulieferbedingungen von Einzelunternehmen, so zum Beispiel Chopra und Meindl (2015). Dabei geht es nicht um die Supply Chain als ganze, sondern lediglich um die Abstimmung von Beschaffungs-, Produktions- und Vertriebsaktivitäten und deren Anpassung an die jeweils verfolgte Firmenstrategie – ein Ansatzpunkt, der in der Führungslehre und im Controlling schon immer im Zentrum stand. Die Firmenstrategie setzt sich aus den folgenden Größen zusammen:

- Der Lieferzeit: Wird vom Lager ausgeliefert oder muss der Kunde sich in ausstehende Produktionsaufträge einreihen?
- Der Spezialisierung oder Breite des Angebotes.
- Der Flexibilität hinsichtlich der Anpassung an Kundenwünsche. Wird der Kunde auch mit Kleinmengen beliefert oder nur mit großen Mengen?
- Der Fokussierung auf Standardartikel oder Artikel, die nach Kundenauftrag gefertigt werden.
- Der Konzentration auf Niedrigpreissegmente oder andere Preisbereiche.
- Der Technologieführerschaft oder die Nutzung von Standardtechnologien.

Je nachdem, wie die Unternehmensstrategie gewählt wurde, müssen die zugehörigen Elemente der Supply Chain darauf abgestimmt sein. Werden etwa Standardprodukte zu einem günstigen Preis angeboten, so können längere Lieferzeiten resultieren, die sich durch den Vorlauf der Produktionsplanung oder durch Sourcing in weit entfernten Niedriglohnländern ergeben. Werden hingegen Hunderttausende von MRO-Artikeln angeboten, so ist neben der breiten Auswahl eine kurzfristige Verfügbarkeit und eine rasche Belieferung über Paketdienste entscheidend, und der Kunde ist bereit, dafür einen höheren Preis zu zahlen.

Bretzke (2005) hat sich explizit gegen einen überzogenen Ansatz des Supply Chain Management gewandt und diesen als eine logistische Utopie bezeichnet. Seine Argumente gehen dahin, dass dieser Ansatz zu stark auf den Flussaspekt des Materialstroms abhebt und zu wenig die Aufbauorganisationen der beteiligten Partner berücksichtigt. Denn Schnittstellen zwischen den Unternehmen sind notwendige Einrichtungen, die Stabilität der Organisation gewährleisten und können deswegen nicht einfach abgeschafft werden. Auch fehlt eine eigenständige Organisation, die die gesamte Supply Chain steuert und koordiniert. Christopher nennt diese Organisation schwammig eine „confederation of specialist skills and capabilities" (Christopher 2011, S. 213). Diese Organisation existiert nur in den Köpfen der Logistiktheoretiker, ist aber empirisch nirgends zu finden. Tatsächlich sind Beispiele für erfolgreiche Logistikkooperationen stets nur auf fokale Unternehmen beschränkt. Eines der wenigen Beispiele für eine Kooperation in übergreifenden Supply Chains ist die Einrichtung von Monitoringsystemen, die die Prozesse des Materialflusses überwachen. In schnelldrehenden Konsumermärkten können diese Systeme frühzeitig vor Materialengpässen warnen.

Des Weiteren hebt Bretzke hervor, dass unsere Wirtschaftsordnung auf dem grundlegenden Prinzip des Wettbewerbs basiert, der die technologische Entwicklung antreibt und eine wirtschaftliche Leistungsfähigkeit herbeiführt. Demgegenüber schalten enge Bindungen an Zulieferer den Wettbewerb aus und gefährden langfristig die Auswahl aus preisgünstigen Alternativen und die Anreize zur Entwicklung von technischem Fortschritt.

1.3 Die Methoden des Supply Chain Management

An dieser Stelle sollen die Methoden des Supply Chain Management näher betrachtet werden. Wir behandeln nachfolgend insbesondere das Prinzip des Postponements und den Bullwhip-Effekt. Für die Kooperation entlang der Supply Chain können darüber hinaus weitere Methoden eingesetzt werden. Zunächst ist daran zu denken, dass zwei aufeinanderfolgende Stufen in der Supply Chain ihre Kapazitätsplanung abstimmen. Darüber hinaus gibt es den Ansatz der gemeinsamen Planung, Prognose und Lagerergänzung (Collaborative Planning, Forecasting and Replenishment – CPFR), der neben der gemeinsamen Kapazitätsplanung auch einen Ausbau der Prognoseinstrumente und Methoden der Lagerergänzung beinhaltet. Für die Abwicklung von

Geschäftstransaktionen über das Internet lassen sich auch verschiedene Formen des E-Commerce einsetzen, wie z. B. elektronische Kataloge (siehe Kapitel 7). Eine besondere Form der Lieferantenbeziehung stellt die Versorgung des Eingangslagers für eine bestimmte Artikelgruppe durch einen Lieferanten dar. Man spricht von Vendor Managed Inventory (VMI – vgl. Kapitel 3).

Über die genannten Tools hinaus existieren im Supply Chain Management noch weitere Methoden, wie die unternehmensübergreifende Produktionsplanung im SAP-Modul APO und die unternehmensübergreifende Losgrößenplanung. Auch sind verhaltenswissenschaftliche Ansätze zu berücksichtigen. Zum Aufbau einer Supply Chain wird vorgeschlagen, bei den Lieferanten über Workshops ein Verständnis für SCM aufzubauen und ein Konzept für die Zusammenarbeit zu entwickeln.

1.3.1 Postponement

Unter den Bedingungen von Mass Customization wird der Absatzmarkt mit einer Vielzahl von Varianten versorgt. Auch ist an die länderspezifische Anpassung der Produkte zu denken. Das hier auftretende Variantenproblem führt zu der Frage, an welcher Stelle der Supply Chain die Variantenbildung einsetzt. Das Prinzip des Postponements bedeutet, möglichst spät in der Supply Chain die Variantenbildung zu beginnen. Der Übergang in der Supply Chain von der variantenunspezifischen Fertigung zur variantenspezifischen Fertigung wird als **Entkopplungspunkt** bezeichnet. Hier soll untersucht werden, mit welchen Methoden der Entkopplungspunkt möglichst weit in Richtung Down Stream zum Kunden hin verschoben werden kann. Hinter diesem Ziel der verspäteten Variantenbildung steht die Absicht, auf Märkten mit kurzen Produktlebenszyklen die Fertigung nach den Kundenaufträgen zu organisieren (Make to Order), um das Risiko zu verkleinern, durch die Produktion von nicht marktgerechten Varianten Lagerbestände zu produzieren, die rasch abgeschrieben werden müssen. Dagegen kann die Fertigung vor dem Entkopplungspunkt mit absatzunspezifischen Produkten auf **Absatzprognosen** beruhen und auf Lager produziert werden (Make to Stock).

Das Problem, bei variantenreichen Endprodukten einen Entkopplungspunkt zwischen der Lagerproduktion für Teile und einer montageorientierten Kundenauftragsproduktion zu finden, ist bereits seit langem dem Produktionsmanagement bekannt und wird als **Bevorratungsebene** bezeichnet (vgl. Abbildung 1.2). Das Teilelager bevorratet die selbst erstellten Teile und die Zukaufteile, die zumeist aus Normteilen bestehen. Die Produktion von Eigenteilen ist weitgehend von konkreten Kundenaufträgen entkoppelt und basiert auf Schätzungen des zukünftigen Bedarfs. Man spricht auch von einer erwartungsbezogenen Produktion (Make to Stock). Die Montagelinie ist hingegen von einzelnen Kundenaufträgen bestimmt. Für die große, in den Bereich von mehreren Millionen gehende Zahl der Varianten von verschiedenen, kundenindividuellen Endprodukten kann eine Produktion auf

Lager nicht mehr vor sich gehen. Dies ist darin begründet, dass weder ausreichend Lagerfläche vorhanden ist noch die Kapitalkosten für die Lagerung der Endprodukte aufgebracht werden können – ganz abgesehen von Problemen der raschen Veralterung und Entwertung, die ebenfalls einer Lagerung entgegenstehen. Die hier zum Ausdruck gebrachte Zweiteilung zwischen Teilefertigung und Endmontage eröffnet dem Produktionsmanagement den Handlungsspielraum des **Kapazitätsausgleichs.** Belastungsspitzen des einen Abschnitts können mit Personaleinsatz des anderen Abschnitts aufgefangen werden.

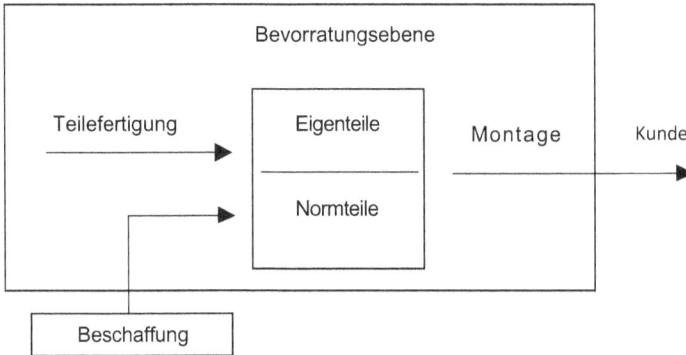

Abb. 1.2: Teilefertigung und Montage.

Im aktuellen Wettbewerbsumfeld ist es für Unternehmen sehr bedeutsam, ihre Kunden rasch mit individualisierten Produkten (Mass Customization) zu beliefern. Die Anforderungen an Mass Customization werden in wachsenden globalen Märkten durch schnellen technischen Fortschritt, viele lokale und regionale Produktvarianten und überlappende Produktlebenszyklen verstärkt. Der Trend zu Eigenmarken des Handels zwingt die Hersteller zu einer Erweiterung der Produktoptionen. Für Produzenten besteht der Vorteil der Mass Customization darin, dass neue Märkte erschlossen werden können, die sich mit Standardprodukten nicht abdecken lassen. Allerdings muss die Mass Customization entsprechende Logistik- und Produktionsstrukturen aufweisen, weil sonst der Zeitbedarf und die Kosten so hoch werden, dass die Erwartungen der Kunden nicht erfüllt werden können. Deswegen müssen bei der Mass Customization der Zeitbedarf und die Kosten reduziert werden. Als Methoden bieten sich die Reduzierung der Durchlaufzeit bei Geschäftsprozessen und der Einsatz von EDI und Internet-Technologien an, um die Auftragseingänge schneller zu erfassen. Work-Flow-Managementsysteme dienen dazu, den Auftragsdurchlauf im Unternehmen zu beschleunigen. Der Vertrieb durch Paketdienste zielt darauf ab, dass Kunden das Produkt schneller bekommen. Techniken der flexiblen Automatisierung erlauben nicht nur eine schnellere Erledigung von Produktionsaufträgen, sondern ermöglichen es auch, sich schneller auf Änderungen im Produktmix einzustellen. Neben der Verbesserung der Durchlaufzeit und Flexibilität muss aber auch die Produktentwicklung umgestaltet und mit den Erfordernissen des Supply Chain Management verbunden werden. Die Idee dahinter ist, dass ein Produkt stufenweise entlang der Supply Chain fertiggestellt wird, indem die Produktionsschritte stufenweise angeordnet werden. Damit kann erreicht werden, dass die Produktvielfalt möglichst spät in der Supply Chain auftritt und die Gesamtkosten der Supply Chain möglichst niedrig bleiben. Das Prinzip der verspäteten Variantenbildung meint die Verschiebung von Prozessen auf spätere Stufen der Supply Chain, mit denen das Produkt das endgültige Aussehen, seine speziellen Funktionen und Eigenschaften und „Persönlichkeit" erhält.

Für die Strategie des Postponements sind folgende Grundsätze zu beachten:
- Die Prozessschritte sollen so beschaffen sein, dass weniger stark differenzierende Schritte vor dem Entkopplungspunkt liegen. Da mehr Produktvarianten zusammengefasst werden, werden die Prognosen hierdurch präziser.
- Die Präzision der Prognosen ist wichtig für die Schritte vor dem Entkopplungspunkt.
- Die Prozessschritte nach dem Entkopplungspunkt müssen schnell und flexibel sein. Flexibel deswegen, weil unterschiedlich ausgestattete Endprodukte hergestellt werden sollen. Schnell, weil damit die Kunden nicht zu lange Wartezeiten haben. Unter dem hohen Zeitdruck muss dennoch die Fertigung fehlerfrei sein und eine hohe Qualität aufweisen. Dafür müssen speziell trainierte Arbeitskräfte eingesetzt werden.
- Auf den Stufen, die nach dem Entkopplungspunkt folgen, sind die Produkte schnell an die kurzfristigen Kundenanforderungen auf den Märkten anzupassen. Dafür sind Informationen über den Kundenbedarf schnell und präzise durch Rückmeldesysteme aus dem Handel zu erlangen.

Wir unterscheiden zwei Arten von Postponement, das
- Logistik-Postponement und
- Form-Postponement.

Logistik-Postponement
Beim Logistik-Postponement werden die Aufgaben der Kundenindividualisierung nicht im Fabrikationsschritt zentral erledigt, sondern auf die Supply Chain in Kundenrichtung (DownStream) verteilt. Oft sind die Aufgaben der Kundenindividualisierung geographisch nach Ländern oder Kontinenten verteilt und damit näher am Absatzmarkt. Einige dieser Aufgaben können bei Großhändlern oder in Distributionszentren erledigt werden. Schließlich können auch einige Aufgaben direkt vom Kunden übernommen werden, wenn Vorkehrungen im Produktdesign getroffen werden. Als Beispiel sei hier das Zusammenfügen von Komponenten (Mitnahmemöbel) genannt. Damit das Logistik-Postponement erfolgreich ist, muss das Unternehmen sicherstellen, dass die:

- Down-Stream-Schritte nicht die Qualität verschlechtern,
- Aufgaben erledigt werden, ohne zu hohen Kostensteigerungen und zu Zeitverzögerungen zu führen,
- Down-Stream-Beteiligten die erforderlichen Materialien und Zusatzgeräte erhalten oder selbst beschaffen können und
- Produktentwicklung das Produkt so bereitstellt, dass die Schritte der Kundenindividualisierung auch wirklich auf die Down-Stream-Stationen verlagert werden können.

Ein bekanntes Beispiel für Logistik-Postponement ist die nachfolgend geschilderte Fallstudie von HP, bei der die Aufgaben der Druckerkonfigurierung auf die Distributoren in den jeweiligen Absatzländern verlagert wurden.

Form-Postponement

Hier wird das Produkt grundlegend neu konstruiert. Dabei werden die Produktkomponenten und die Produktionsprozesse standardisiert. Wenn frühe Schritte des Produktaufbaus so standardisiert werden können, dann tritt in dieser Phase der Supply Chain keine Produktdifferenzierung auf. Diese Art des Postponements wird durch Änderungen der Form oder des Aufbaus des Produkts erreicht. Das Produkt wird dann in den Distributionszentren auf die Kundenbedarfe konfiguriert. Am Beispiel von HP-Laserdruckern lassen sich die Funktionen aufzählen, die in Distributionszentren angefügt werden können: Netzwerkfähigkeit, Memory, Stapelplätze, Systemsoftware, Faxunterstützung, Papierzufuhr, Anschlüsse an das Netzwerk, Scannermöglichkeit, Gestelle zum Aufstellen. Werden diese vielen Möglichkeiten der Konfiguration betrachtet, so kann hierfür nicht mehr sinnvoll eine Prognose der Bestellungen erwartet und darauf eine Produktionsplanung aufgebaut werden. Stattdessen werden diese Optionen in den Distributionszentren installiert. Ein Beispiel für das Form-Postponement ist das Universalnetzteil, das sowohl mit 110 Volt in den USA als auch mit 220 Volt in Europa eingesetzt werden kann. Während zuvor Netzteile für 110 Volt oder für 220 Volt separat produziert wurden, was zu Ungleichgewichten in den Vorräten für die USA und für Europa führte, kann heute ein Universalnetzteil, das zwischen beiden Spannungsoptionen umgeschaltet werden kann, zu einem Mengenausgleich zwischen den USA und Europa führen.

Die Voraussetzung für ein erfolgreiches Form-Postponement ist die **Modularisierung** der Produkte. Dabei bedeutet Modularisierung, ein Produkt aus Modulen zu bauen und die einzelnen Module anstatt das gesamte Produkt zu testen. Dies erfordert, die Schnittstelle der Module zu optimieren, damit sie leicht zu einem Produkt montiert und getestet werden können. Die Vorteile der Modularisierung sind:
- Das Endprodukt wird in zusammengehörende Teile aufgeteilt, die separat zusammengebaut und getestet werden können.

- Separate Module können zeitgleich erzeugt werden. Durch diese Parallelisierung wird Zeit gespart.
- Separate Module können von Zulieferern erzeugt werden.

Ähnliche Argumente lassen sich für eine Modularisierung der Prozesse finden:
- Subprozesse können näher an den Kunden gerückt werden.
- Subprozesse können in der Reihenfolge geändert werden, sodass neue Entkopplungspunkte gefunden werden können. Hierfür ist Benetton ein Beispiel. Eine rasche Anpassung an Trends im Absatzmarkt gelingt, indem die Ware aus ungefärbter Baumwolle hergestellt wird und erst kurz vor der Auslieferung in den aktuellen Modefarben gefärbt wird. Hier wurde die Reihenfolge des Produktionsprozesses umgekehrt.
- Wenn Subprozesse standardisiert werden können, kann man daraus ein Form-Postponement ableiten.

Von den Entwicklungsingenieuren ist die ganze Supply Chain zu berücksichtigen, um Produkte und Prozesse sinnvoll redesignen zu können. Klassischerweise konzentrieren sich Entwicklungsingenieure auf Funktionalitäten des Produkts und auf Materialkosten. Dabei wird das Verhalten in der Supply Chain häufig nicht zum Gegenstand der Produktentwicklung gemacht. Für ein effektives Postponement ist aber die ganze Kette zu betrachten. Für die Entwicklung der Kostenbestandteile lässt sich sagen, dass die Kosten für eine Standardisierung und Modularisierung ansteigen. Betrachtet man jedoch die gesamte Supply Chain, so sinken die Logistikkosten durch das Logistik-Postponement in den Distributionszentren. Für Postponement-Entscheidungen sind daher beide Kostenarten abzuwägen.

Fallstudie HP

Die Fragestellung, einen Entkopplungspunkt zu definieren, ist in den 1980er-Jahren in der Computerindustrie erstmals aufgetreten. HP Inc. (HP), ein amerikanischer Hersteller von Computern und Druckern, hat eine breite publizistische Tätigkeit mit seinen Fallstudien entfaltet. Auf diese Erfahrungen kann im Folgenden zurückgegriffen werden. Die Vielzahl der lokalisierten Produktvarianten und die Anforderungen an eine schnelle Lieferung resultierten bei HP in hohen Lagerbeständen, die z. T. mit hohen Beträgen am Ende des Lebenszyklus abgeschrieben werden mussten. Als Ausweg entwickelte HP ein Grundmodell eines Druckers und lieferte es an die Distributionszentren aus. Für das Grundmodell mussten jedoch die Baupläne für die Drucker geändert werden, damit das Netzteil als letztes Element extern vom Distributionszentrum hinzugefügt werden konnte. Als Folge konnte HP die Sicherheitsbestände für das Grundmodell herunterfahren, während die Distributionszentren die Komponenten für das Netzteil beschafften. Als Zusatznutzen stellte sich heraus, dass der Drucker kleiner und schlanker wurde und so mehr Einheiten auf die Palette passten, sodass die

Frachtkosten sanken. Ähnliche Erfahrungen wurden bei Philips gemacht. Dort modularisierte man das Design für Elektronikprodukte so weit, dass eine lokale Anpassung in den Distributionszentren möglich wurde.

Auf technologiegetriebenen Märkten, die durch einen scharfen Preiswettbewerb, schnellen Produktwechsel und das Erfordernis der schnellen Reaktion auf Kundenwünsche gekennzeichnet sind – beispielsweise auf Märkten für Computer und Drucker – muss das Management von Logistikketten ganzheitlich ansetzen und die Abgrenzungen des Funktionsmanagements überwinden.

Lokale Optimierung an einem Punkt der Kette kann womöglich keinen Nutzen stiften, weil Engpässe an anderer Stelle bestehen. Ziel der Optimierung von Logistikketten ist der rasche Materialfluss über das globale Netz und damit eine Senkung der Bestände. Schnelligkeit des Materialflusses ist erforderlich, um so, trotz der langen Wege, in der Logistikkette kurze Produktzyklen von 6–12 Monaten zu realisieren. Ein schneller Materialfluss führt darüber hinaus auch zum Ziel niedriger Bestände im gesamten System. Durch niedrige Bestände können zugleich die Bestandskosten gesenkt werden, um im Preiswettbewerb mitzuhalten. Traditionelle Methoden des Managements von Logistikketten, die auf der Funktionaltrennung beruhen, sichern sich im globalen Netz der Logistikketten mit hohen Beständen ab, um den Anforderungen der folgenden Kettenglieder gerecht zu werden. So besaß beispielsweise HP vor Einführung des Logistikketten-Managements weltweit Bestände in Höhe von über 3 Mrd. $. Mit Simulationsrechnungen in Netzwerkflussmodellen konnte das Verhalten von Logistikketten studiert werden und es wurden kostengünstigere Verteilungen ermittelt. HP stellte z. B. die Konfektionierung der Drucker für die einzelnen Länder von der zentralen Produktion in Vancouver auf eine dezentralisierte Konfektionierung in den Lagern in Europa, Asien und Amerika um und konnte so den Bestand in der Logistikkette für Drucker um 18 % senken. Die Konfektionierung bezieht sich z. B. auf Stromversorgung und Begleittexte. Dies ist eine Konkretisierung des Postponement-Prinzips.

1.3.2 Der Bullwhip-Effekt

Mit dem Bullwhip-Effekt, auch Peitschenschlag-Effekt genannt, wird das in Logistikketten vielfach beobachtete Phänomen bezeichnet, dass sich Schwankungen in den Bestellmengen und den Beständen entlang der Logistikkette ergeben, die umso stärker werden, je weiter man sich von der Kundennachfrage entfernt. Selbst dann, wenn die durch den Variationskoeffizienten[3] gemessene Variabilität der Kundennachfrage gering ist, ergibt sich ein stets ansteigender Variationskoeffizient, wenn man die Kette zurückverfolgt. In den mehrstufigen Systemen der Ersatzteilversorgung in der Autoin-

---

3 Der Variationskoeffizient ist gegeben als Standardabweichung/Mittelwert.

dustrie ist dieses Phänomen vielfach beobachtet worden. So wies in der Ersatzteilversorgung von Mercedes-Benz eine Stichprobe von 50 Topteilen auf der Ebene des Zentrallagers eine Standardabweichung von 52 % des Mittelwertes auf. Die Abbildung 1.3 zeigt den Anstieg der Varianz von den Stufen der Käufe der Konsumenten, über die Aufträge der Einzelhändler an die Großhändler, der Großhändler an die Hersteller und schließlich der Hersteller an die Zulieferer an.

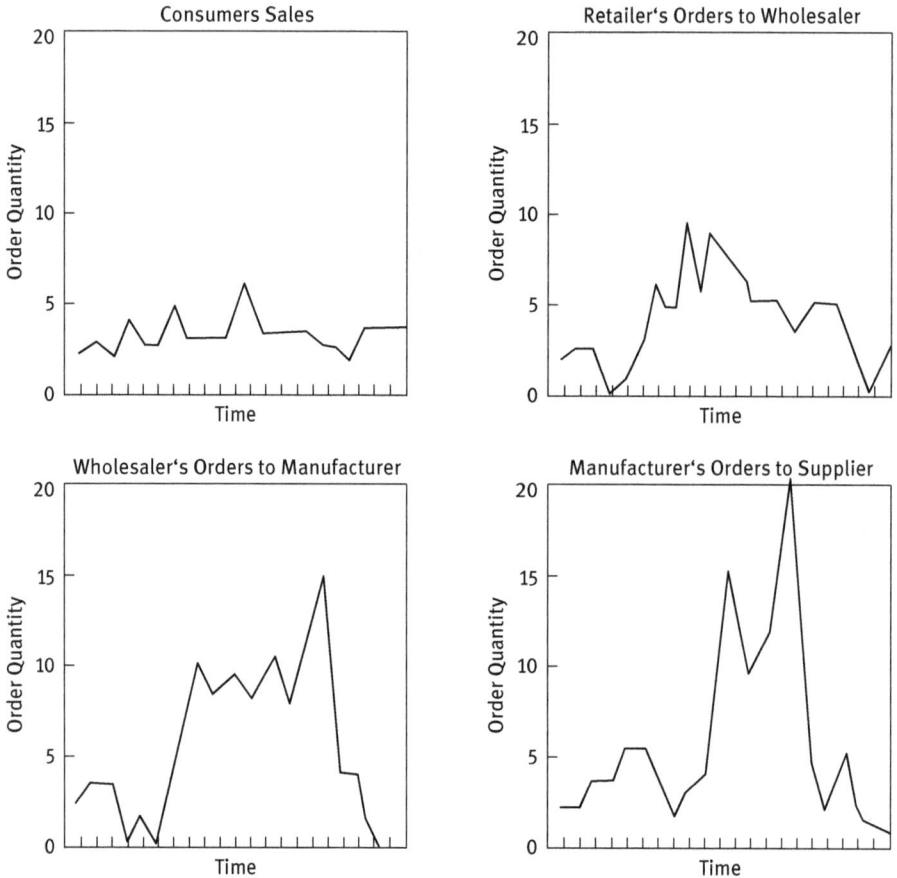

Abb. 1.3: Anstieg der Varianz in der Lieferkette.

Das empirische Phänomen des Bullwhip-Effekts stellt die klassische Interpretation von Vorräten in der Supply Chain infrage. Bei dieser Interpretation geht man davon aus, dass Vorräte die Funktion haben, Schwankungen in der Nachfrage abzupuffern, damit die Produktionsstufe stetiger arbeiten kann. Der Bullwhip-Effekt zeigt aber auf, dass gerade die für die Produktion eingehenden Bestellungen wesentlich größere Schwankungen aufweisen als die Nachfrage der Kunden im Handel.

Gefragt werden soll an dieser Stelle, wie der Bullwhip-Effekt zu erklären ist und auf welche Phänomene er zurückgeführt werden kann. Damit können auch Ansätze entwickelt werden, um die unerwünschten Ausschläge abzufedern. In der Literatur werden fünf verschiedene Faktoren angeführt, die zu der Aufschaukelung der Bestellmengen führen:

– der Pipeline-Effekt,
– die Rationierung,
– die Losgrößenzusammenfassungen,
– die Preisänderungen und
– die Verzerrungen der subjektiven Wahrnehmung.

Der Pipeline-Effekt

Um den Pipeline-Effekt zu beschreiben, sei hier vereinfacht eine dreistufige Supply Chain wie folgt modelliert: Fabrik-Großhandel-Einzelhandel. In dieser Kette leitet der Einzelhandel Bestellungen an den Großhändler weiter und der Großhändler gibt Bestellungen an die Fabrik weiter. Der Einzelhändler reagiert auf die Kundennachfrage, der Großhändler auf die Bestellungen des Einzelhandels und die Fabrik auf die Bestellungen des Großhandels. Damit erhalten Großhandel und Fabrik keine direkten Informationen über den Absatz ihrer jeweiligen Nachfolger. In jeder Periode treffen Bestellungen auf der vorherigen Stufe der Supply Chain ein. Bestellungen des Einzelhandels beim Großhändler bzw. des Großhändlers bei der Fabrik haben jeweils eine Lieferzeit L von n Perioden. Keine Stufe besitzt eine Rückgabemöglichkeit und Informationen über den Absatz der Nachfolgestufe. Die in Rechnung gestellten Preise bleiben konstant, um spekulatives Verhalten auszuschließen.

Da in der Supply Chain die Vorgänger keine direkten Informationen über den Absatz der Nachfolger erhalten, kann eine Änderung der Bestellmengen des Händlers in der vorgelagerten Stufe des Großhandels nicht die Änderung der Kundennachfrage widerspiegeln. Diese Verfälschung der Kundennachfrage in den Bestellmengen des Handels rührt daher, dass der Handel mit einer Lieferzeit von n Perioden rechnen muss und deswegen n Bestellungen unterwegs sind (Pipeline-Bestand).

Wir nehmen an, dass die Kundennachfrage bisher pro Periode konstant 150 Stück betrug, sodass der Handel pro Periode eine Bestellung von 150 Stück an den Großhandel abgegeben hatte. Wenn aber zum Zeitpunkt T die Kundennachfrage von 150 um 30 Stück auf 120 Stück pro Periode sinkt und der Händler annimmt, dass diese Änderung dauerhaft ist, so erwartet er wegen der Lieferzeit von n Perioden in den nächsten n Perioden mehr Ware, nämlich $n \cdot 30$, als die Kundennachfrage beträgt (vgl. Abbildung 1.4). Um diesen Überschuss an Ware zu korrigieren, reduziert der Händler seine Bestellmenge zum Zeitpunkt T stärker als die Reduktion der Kundennachfrage von 150 auf 120. Hier sind alle Werte zwischen 120 und Max(0, 150 −$n \cdot 30$) denkbar. Diese über das Sinken der Kundennachfrage hinausgehende Reduktion der Bestellung wird als **Pipeline-Effekt** bezeichnet. Als Reaktion auf die gesunkenen Bestellmengen der

Handelsstufe reduziert die Großhandelsstufe ebenfalls stärker die Bestellmengen als das Absinken der Bestellmengen der Handelsstufe. Damit wird die ansteigende Größe der Schwankungen entlang der Lieferkette erklärt.

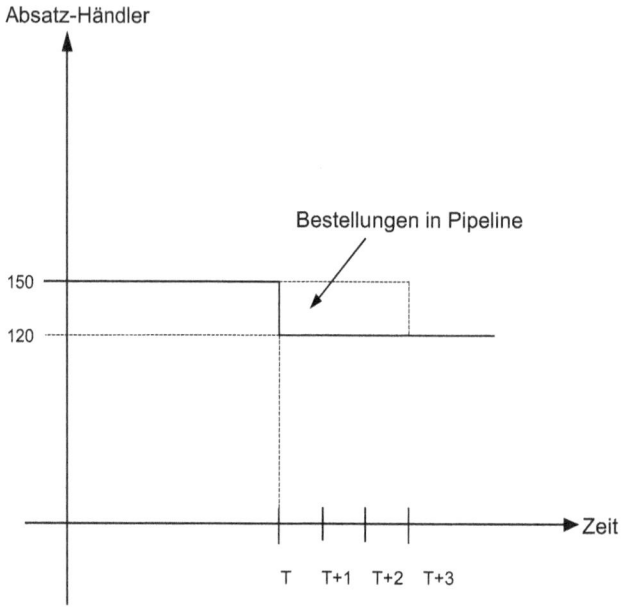

Abb. 1.4: Pipeline-Effekt bei L = 3 Perioden.

Der gleiche Mechanismus der Erhöhung der Schwankungen greift, wenn zum Zeitpunkt T die Kundennachfrage von 150 auf 180 ansteigt (vgl. Abbildung 1.5). Der Händler kann über n Perioden die Kundennachfrage nicht befriedigen. Pro Periode bleibt eine Fehlmenge von 30 Einheiten. Wenn es sich nicht um leicht substituierbare Allerweltsprodukte handelt und der Händler seine Kunden, die leer ausgingen, bis zum Zeitpunkt T + n vertrösten kann, dann wird er zum Zeitpunkt T eine Zusatzbestellung von 30 · n aufgeben, die zum Zeitpunkt T + n eintrifft, um dann seine Kunden, die leer ausgingen, zufrieden zu stellen. Damit bestellt der Händler zum Zeitpunkt T mehr Einheiten als es der Zunahme der Kundennachfrage von 30 Einheiten entspricht. Interpretiert die Großhandelsstufe die Händlerbestellung als neue Kundennachfrage pro Periode, so tritt eine Täuschung wegen mangelnder lokaler Informationen über die Kundennachfrage pro Periode ein.

Wir erkennen, dass die spezielle, im Pipeline-Effekt zum Ausdruck kommende, Dynamik der Logistikketten daher rührt, dass ihre Stufen rückgekoppelte Systeme mit zeitverzögerten Vorgängen darstellen, die aus Meldefristen für den Bedarf, deren Umsetzung in Lieferungen und aus Transportzeiten resultieren. Ferner wird deutlich, dass das Ausmaß der Reduktion der Händlerbestellungen von der Länge der Liefer-

Absatz-Händler

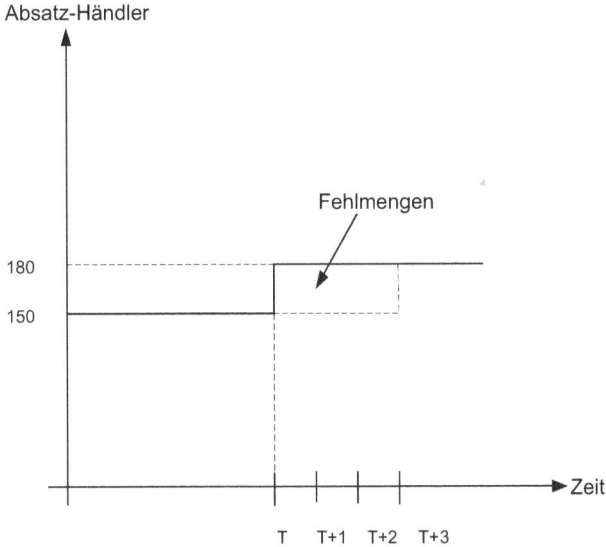

Abb. 1.5: Pipeline-Effekt bei L = 3 Perioden.

zeit L = n abhängt. Wird die Lieferzeit verkürzt, so hat der Händler einen kleineren Anreiz, seine Bestellungen drastisch zu senken bzw. zu erhöhen. Eine **Glättung** der Supply Chain gelingt also dann, wenn die Lieferzeit verkürzt wird. Ein weiterer Ansatz zur Glättung besteht darin, dem Händler im Falle einer künftigen Senkung seiner Bestellung das Recht einzuräumen, seine Lagerüberhänge dem Großhändler gegen Erstattung des Kaufpreises zurückzugeben, z. B. dann, wenn der Händler zukünftig seine Bestellung um mehr als 10 % unter den Durchschnitt seiner Bestellungen der vergangenen drei Perioden senkt.

Die negativen Konsequenzen des Pipeline-Effekts können durch einen besseren Informationsaustausch in der Lieferkette gemildert werden. Idealerweise sind die Umsatzzahlen des Einzelhandels vom Point of Sale (POS) unmittelbar an die Vorgänger zu übermitteln. Damit können die Vorgänger die geänderten Bestelldaten anhand der gemeldeten Umsatzzahlen interpretieren und feststellen, ob sich die Kundennachfrage deutlich geändert hat oder nur das Bestellverhalten des Handels. Hier ist an die Konzepte von Efficient Consumer Response zu denken und an das Anlieferprinzip des Vendor Managed Inventory (VMI – vgl. Kapitel 3). Auch trägt eine Verkürzung der Lieferzeiten zu einer Verringerung des Pipeline-Vorrats bei, wodurch den rapiden Änderungen von Bestellungen entgegengewirkt werden kann.

Die Rationierung

Wenn in den schnelldrehenden Konsumgütermärkten neue Produkte eingeführt werden, können sich verschiedene Produkte zu einem Renner entwickeln, sodass die

Lieferanten nicht mehr nachkommen. Es tritt eine Verknappung der Waren ein. Die Händler reagieren nun auf dieses Verknappungsphänomen, indem sie größere Mengen bestellen als es der Kundennachfrage entspricht. Diesen steigenden Bestellmengen liegt die Annahme zugrunde, dass der Lieferant bei Rationierungen einen festen Prozentsatz der Bestellungen realisiert, d. h., je größer die Bestellmengen werden, desto größer ist die Wahrscheinlichkeit, dass aus der Sicht des Händlers genügend Ware geliefert werden kann.

Diesem Bestellverhalten der Händler bei Rationierung kann entgegengewirkt werden, indem an die Händler nur im Verhältnis zu ihrem Marktanteil geliefert wird. Auch können Einschränkungen der Handlungsspielräume des Händlers vorgenommen werden:

- Beschränkung der Liefermengen, wodurch Spitzen im Logistiksystem gemindert werden, die generell eine negative Auswirkung auf die Stetigkeit der Flüsse in der Supply Chain besitzen.
- Die Möglichkeiten der Auftragsstornierung können umso mehr eingeschränkt werden, je näher der Liefertermin rückt. Dabei kann das Recht auf Änderung der Bestellungen immer mehr abnehmen. Zum Beispiel kann der Händler eine Vorausschau für 18 Wochen an den Lieferanten geben. In der 14. Woche vorher sind noch Änderungen um 30 % möglich, in der 10. Woche nur noch um 15 % und in der 6. Woche um 7 %.
- Schließlich stellt im Falle der Rationierung auch die Einschränkung des Rechts auf freie Rückgabe der Ware ein wirksames Mittel gegen erhöhte Bestellungen des Handels dar. Auf diese Weise steigen die Risiken der Händler bei Überversorgung.

Diese Einschränkungen im Bestellverhalten der Händler sind jedoch nur dann möglich, wenn der Lieferant eine starke Marktstellung besitzt.

Losgrößenbündelungen

Bestellungen werden dann zu Losen zusammengefasst, wenn die bestellfixen Kosten größer null sind. Dabei steigen die Losgrößen umso mehr an, je höher die bestellfixen Kosten sind. Entgegengewirkt werden kann diesem Zwang zu größeren Losen, indem die fixen Bestellkosten mithilfe von Bestellsystemen über das Internet gesenkt werden. Die Konsequenz sind dann häufigere Bestellungen in kleineren Einheiten. Durch die Einschaltung eines Spediteurs können Bestellungen von verschiedenen Herstellern zu einer Wagenladung konsolidiert werden, sodass die Versandkosten sinken. Die Hersteller können die Losgrößenentscheidungen auch so beeinflussen, dass sie eine ganze Wagenladung gemischt mit verschiedenen Artikeln zu günstigeren Preisen anbieten.

In mehrstufigen Lagerhaltungssystemen können durch mangelnde Anpassung der Bestellpolitiken auf den einzelnen Ebenen extreme Ausschläge des Bedarfs im Zentrallager entstehen. Dies ist selbst dann der Fall, wenn die Nachfrage der Kunden einen vollkommen stetigen Verlauf nimmt. Die starken Schwankungen auf der Ebene des Zentrallagers sind in der Praxis ein besonderes Problem.

Christopher (2011, S. 173) gibt ein Beispiel über sechs Zeitperioden (Wochen) für vier Verkaufsbüros in vier verschiedenen Regionen, die einen konstanten Abverkauf erzielen. Je zwei Verkaufsbüros werden über ein Regionallager versorgt. Die Verkaufsbüros ordern in Vielfachen von 50 Paletten bei den Regionallagern, die Regionallager ordern in Vielfachen von 250 Paletten bei den Zentrallagern. Die folgende Tabelle 1.3 zeigt den Aufbau der Schwankungen, ausgedrückt in Standardabweichungen, von den Verkäufen der Verkaufsbüros über die Orders der Verkaufsbüros, die Bedarfe der

Tab. 1.3: Anstieg der Schwankungen im Bedarf in mehrstufigen Lagerhaltungssystemen bei nicht abgestimmten Bestellpolitiken (Werte als Anzahl der Paletten).

	Woche 1	Woche 2	Woche 3	Woche 4	Woche 5	Woche 6	Standard-abwei-chung	Mittelwert der Standard-abweichung pro Ebene
Verkäufe								
Region 1	10	10	10	10	10	10	0.0	
Region 2	60	60	60	60	60	60	0.0	
Region 3	30	30	30	30	30	30	0.0	
Region 4	70	70	70	70	70	70	0.0	**0.0**
Order der Region								
Region 1	50	0	0	0	0	50	25.8	
Region 2	150	0	150	0	0	150	82.2	
Region 3	100	0	0	100	0	0	51.6	
Region 4	250	0	0	250	0	0	129.1	**72.2**
Bedarf auf Ebene der Regionallager								
Regional-lager 1	200	0	150	0	0	200	102.1	
Regional-lager 2	350	0	0	350	0	0	180.7	**141.4**
Order der Regionallager								
Regional-lager 1	250	0	250	0	0	250	136.9	
Regional-lager 2	500	0	0	500	0	0	258.2	**196.6**
Bedarf im Zentral-lager	750	0	250	500	0	250	292.3	**292.3**

Regionallager, die Orders der Regionallager bis zum gebündelten Bedarf im Zentrallager.

Als Maß für die Stetigkeit des Güterstroms im Distributionsnetzwerk ziehen wir die Standardabweichung heran. Die Tabelle weist aus, wie die Standardabweichung im Mittel von 72 Paletten bei den Bestellungen der Verkaufsbüros auf 292 Paletten im Zentrallager zunimmt, obwohl der Abverkauf der Verkaufsbüros Woche für Woche konstant ist. Infolge nicht abgestimmter Bestelllose und nicht abgestimmter Bestelltermine entwickeln sich die Bedarfe auf der Ebene der Regionallager und des Zentrallagers so uneinheitlich, dass auch die Anwendung von Prognoseverfahren nicht mehr möglich ist. Die vielfach geforderte Stetigkeit zur Realisierung des Fließprinzips ist bei der hier angenommen Bestellpolitik nicht realisierbar. Insofern entspricht das hier diskutierte Modell eines Distributionssystems nicht dem modernen Verständnis von logistischer Optimierung.

Eine bessere Anpassung an das Ideal eines **Fließsystems** erreicht man durch die in Tabelle 1.4 dargestellte abgestimmte Bestellpolitik. Auf der Ebene des Zentrallagers ergibt sich dann eine deutlich niedrigere Standardabweichung von 137 Paletten. Dies wird erreicht, indem die Bestellungen der Regionen 1 und 2 sowie 3 und 4 für je drei Wochen zusammengefasst und um eine Woche zeitversetzt an die beiden Regionallager gegeben werden. Die Regionallager fungieren dann als reine Transitterminals.

Preisänderungen

Durch die Antizipation von Preisänderungen führt der Handel ein spekulatives Element in seine Lagerhaltung ein. Wenn Preiserhöhungen absehbar sind, schnellen die Bestellungen empor, ohne dass ihnen eine erhöhte Kundennachfrage entspricht. Umgekehrt führen angekündigte Preissenkungen dazu, dass Bestellungen bis zum Zeitpunkt der Preissenkung zurückgehalten werden. Ähnliche Impulse werden in der Lieferkette durch Rabattsysteme ausgelöst. Wenn Rabatte auf die Menge der Bestellungen im Gesamtjahr gegeben werden, so kann dies bedeuten, dass bis zum Jahresende Bestellungen aufgegeben werden, um in den Genuss von Rabatten zu gelangen. Als Ergebnis lässt sich festhalten, dass Preisänderungen und Rabattsysteme immer einen Impuls in der logistischen Kette geben. Deswegen ist aus logistischer Sicht eine Politik dauerhaft konstanter Preise vorzuziehen. Wenn, wie im Handel vielfach üblich, Preispromotionen geplant werden, so sind diese in enger Abstimmung zwischen Handel und Hersteller vorzunehmen, um schädliche Auswirkungen des Bullwhip-Effekts zu vermeiden.

Verzerrungen der subjektiven Wahrnehmung

Um das subjektive Entscheidungsproblem bei der Auslösung von Bestellungen aufgrund geänderter Nachfrage in der Supply Chain abzubilden, wurde am Massachus-

Tab. 1.4: Anstieg der Schwankungen im Bedarf in mehrstufigen Lagerhaltungssystemen bei abgestimmten Bestellpolitiken (Werte als Anzahl der Paletten).

	Woche 1	Woche 2	Woche 3	Woche 4	Woche 5	Woche 6	Standardabweichung
Verkäufe							
Region 1	10	10	10	10	10	10	0.0
Region 2	60	60	60	60	60	60	0.0
Region 3	30	30	30	30	30	30	0.0
Region 4	70	70	70	70	70	70	0.0
Order der Region							
Region 1	0	30	0	0	30	0	15.5
Region 2	0	180	0	0	0	180	93.0
Region 3	90	0	0	90	0	0	46.5
Region 4	210	0	0	210	0	0	108.4
Bedarf auf Ebene der Regionallager							
Regionallager 1	0	210	0	0	210	0	108.4
Regionallager 2	300	0	0	300	0	0	154.9
Order der Regionallager							
Regionallager 1	0	210	0	0	210	0	108.4
Regionallager 2	300	0	0	300	0	0	258.2
Bedarf im Zentrallager	300	210	0	300	210	0	**137.7**

sets Institut of Technology (MIT) das sog. Beergame eingeführt. Dieses Spiel[4] bildet eine vierstufige Logistikkette mit einer Brauerei, einem Distributeur, einem Großhändler und einem Einzelhändler ab und zeigt experimentell den Bullwhip-Effekt auf.

---

4 Informationen zum Beergame unter der Internet-Adresse http://www.beergame.lim.ethz.ch

2 Informationssysteme in Logistiknetzwerken

2.1 Einführung

Zwischen Herstellern und Abnehmern werden entlang der Logistikkette eine Vielzahl von Informationen ausgetauscht. Beispielhaft sind zu erwähnen: Anfragen, Angebote, Bestellungen, Bestellbestätigungen, Lieferscheine, Rechnungen und Zahlungsanweisungen sowie spezielle Informationen zur Identifikation von Artikeln und Transporteinheiten. Bei der traditionellen Abwicklung der Geschäftsbeziehungen werden diese Informationen in Papierform übertragen und zumeist mit der Post oder dem jeweiligen Spediteur verschickt. Unter den beteiligten Partnern treten bei der Verarbeitung dieser Informationsströme hohe Transaktionskosten auf, da die Nachrichten in Papierform in die jeweiligen EDV-gestützten Informationssysteme für Auftragsabwicklung einerseits und Beschaffung andererseits integriert werden müssen. Bei der Übertragung aus der Papierform in die betrieblichen EDV-gestützten Informationssysteme ergeben sich sog. **Medienbrüche.** Diese Medienbrüche ziehen mit ihrem Übertragungsaufwand eine hohe Fehleranfälligkeit nach sich und führen so zu einem beachtlichen Kontrollaufwand.

Die papiergebundene Informationsübermittlung wirft ferner das Problem auf, dass Informationen in der Transportkette häufig nicht rechtzeitig zur Verfügung stehen. So erfährt der Spediteur mitunter erst beim Verlader, welche Ware er übernehmen soll. Auch wenn die Sendung beim Empfänger eintrifft, fehlen **Vorabinformationen,** welche Ladungseinheiten oder Container angeliefert werden oder welche Ladungshilfen erforderlich sind. Das Problem der zu späten Information betrifft auch das Verhältnis von Generalunternehmern zu Subkontraktoren und zu Lieferanten. Der Fertigungsfortschritt, die Liefer- und die Qualitätsmeldungen der Vorlieferanten werden so spät übermittelt, dass im Netzplan des Generalunternehmers große Unsicherheiten auftreten.

Ein weiterer Punkt des Informationsdefizits entlang der Logistikkette betrifft die Verfolgung individueller Ladungseinheiten wie Pakete oder Container. Ohne elektronische Datenübermittlung ist es nicht möglich, jederzeit Auskunft über den jeweiligen Verbleib der Güter zu erhalten. Diese Fragen betreffen insbesondere die Haftung als ein grundlegendes Element von Geschäftsbeziehungen. Hier ergibt sich eine Verbindung zum vorangehend behandelten Problem der Vorabinformation: Die individuelle Identifizierung der Transporteinheiten ermöglicht gleichzeitig die Übermittlung von Vorabinformationen an den Empfänger.

Computergestützte Informationssysteme entlang der Logistikkette und ein elektronischer Datenaustausch zwischen diesen Systemen sollen die genannten Probleme der unzureichenden Informationsversorgung und der Medienbrüche beseitigen. Kommunikationsrechner und Telekommunikationsnetzwerke stellen die Infrastruktur für den elektronischen Austausch von Nachrichten dar. Für diesen Austausch hat sich die

DOI 10.1515/9783110473285-006

Abkürzung EDI eingebürgert, die Electronic Data Interchange bedeutet. EDI stellt ein Konzept zum papierlosen, automatisierten (d. h. interventionslosen) Austausch von strukturierten Geschäftsdaten zwischen Anwendungssystemen verschiedener Unternehmen unter Nutzung von Telekommunikationsverbindungen dar. Der EDI-Einsatz eignet sich insbesondere für zeitkritische Transaktionen mit starkem Routinecharakter und hohem Datenvolumen bei gleichzeitig strukturierten Aufgabenstellungen und genau definierter Vorgehensweise.

Den Nachrichtenaustausch über EDI klassifiziert man nach den drei Bereichen
– Austausch von Dokumenten,
– Austausch von Produktdaten, insbesondere CAD-Daten,
– Austausch von Handelsdaten.

Wir beschränken uns hier auf den Austausch von Handelsdaten. Die folgende Abbildung 2.1 zeigt das Prinzip von EDI auf. An die jeweiligen betrieblichen Informationssysteme (ERP-Systeme) werden Kommunikationsrechner angeschlossen, die als multitaskingfähige Systeme mehrere Kommunikationsvorgänge parallel und in Realzeit abarbeiten können.

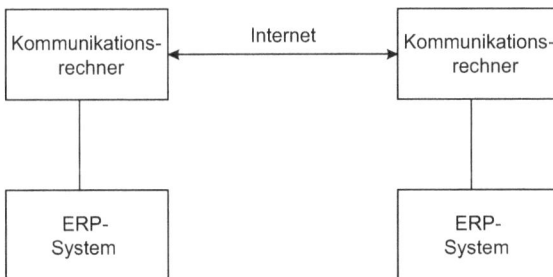

Abb. 2.1: Prinzip von EDI.

2.2 Standards für den elektronischen Datenaustausch

Ein automatisierter, unternehmensübergreifender und integrierter Austausch von Geschäftsdaten auf elektronischem Wege setzt die Standardisierung der Kommunikationsprozesse voraus. Dabei sind verschiedene Standardisierungsebenen zu unterscheiden.

Kommunikationsstandards regeln den Datentransport vom Sender zum Empfänger. Die Kommunikationsverfahren unterscheiden sich zum einen nach der Art der Verbindung und zum anderen nach der Art des verwendeten Netzwerks. Bei der **Art der Verbindung** wird zwischen Store-and-Foreward- und Point-to-Point-Prinzip unterschieden. Der Datentransfer nach dem **Store-and-Foreward-Prinzip** erfolgt über ein Mailboxsystem. Der Absender adressiert die Nachricht an eine eindeutige

Empfangsadresse und initiiert die Versendung an die Mailbox des Empfängers. Die Nachricht wird dort abgelegt, bis der Empfänger seine Mailbox abruft und die Übertragung und Weiterverarbeitung der Nachrichten anstößt. Die Mailbox wird als Mehrwertdienst von einem sog. Value Added Network Service Provider (VAN) bereitgestellt. Als VAN treten sowohl die ehemaligen nationalen Telekommunikationsgesellschaften wie die Deutsche Telekom AG, France Télécom oder British Telecom als auch privatwirtschaftliche Anbieter wie IBM oder AT&T auf. Die Entkopplung von Sende- und Empfangsvorgang durch die Verwendung einer Mailbox, die für beliebig viele Kommunikationspartner als elektronischer Briefkasten dient, hat den Vorteil, dass keine permanente Verbindung zum EDI-Partner aufgebaut werden muss, was sich positiv auf die Kommunikationskosten auswirkt und die Sicherheit erhöht, weil der EDI-Partner keinen direkten Zugang zum Rechner des Empfängers hat. Als nachteilig erweist sich jedoch der Zeitverzug innerhalb des Übertragungsprozesses durch die Zwischenschaltung der Mailbox. Beim **Point-to-Point-Prinzip** wird eine direkte Verbindung zwischen Sender und Empfänger aufgebaut. Diese Art der Kommunikation wird vor allem bei der Übertragung zeitkritischer Daten (z. B. für die Just-In-Time-Belieferung) praktiziert, weshalb sie in der Automobilindustrie weit verbreitet ist. Point-to-Point-Verbindungen haben jedoch den Nachteil, dass Sende- und Empfangssystem immer online sein müssen.

In Bezug auf die Art des für die Datenübertragung verwendeten Netzwerks wird zwischen klassischen und Internet-basierten Protokollen unterschieden. **Klassische Protokolle** übertragen die Nachrichten innerhalb geschlossener Netzwerke, wodurch für die abgewickelten Transaktionen eine hohe Übertragungs- und Rechtssicherheit besteht. **Internet-basierte Protokolle** sind hingegen für offene Netzwerke konzipiert und erfordern daher zur Gewährleistung einer sicheren Datenübertragung im Hinblick auf Authentizität, Datenintegrität und Vertraulichkeit die Implementierung zusätzlicher Mechanismen zur Herstellung der Übertragungssicherheit. Dafür sind die Übertragungskosten bei Internet-basierten Protokollen weitaus geringer als bei klassischen Protokollen. Die Nutzung von Internet-basierten Übertragungsverfahren für den elektronischen Datenaustausch wird auch als **Web-EDI** bezeichnet. Tabelle 2.1 zeigt die den beschriebenen Kommunikationsverfahren zugeordneten Protokolle.

Tab. 2.1: Klassifizierung von Kommunikationsverfahren.

	Store-and-Foreward-Verbindungen	Point-to-Point-Verbindungen
Klassische Protokolle	X.400	
Internet-basierte Protokolle	SMTP	HTTP/S

X.400 ist ein auf den Empfehlungen der International Telecommunication Union (ITU) basierendes, hersteller- und plattformenabhängiges Store-and-Forward-System.

Die wesentlichen Bestandteile sind eine weltweit einheitliche Adressierung der Teilnehmer und ein normierter Nachrichtenaufbau mit Merkmalen wie Empfangsbestä-
tigung oder Blindkopien. Die Vorteile des X.400-Kommunikationsverfahrens sind
die Rechts- und Übertragungssicherheit, die Übermittlung einer Empfangsbestäti-
gung, garantierte Nachrichtenlaufzeiten, die einmalige und korrekte Übermittlung
der Nachricht sowie die einfache Installation. Nachteilig wirken die zeitverzögerte
Übertragung durch die Zwischenschaltung der Mailbox und die vergleichsweise hohen Übertragungskosten, die sich aus einer monatlichen Grundgebühr von 20 €
je Mailbox, einer datenvolumenabhängigen Komponente sowie den Kosten für die
Bereitstellung und Nutzung der Breitbandverbindungen zusammensetzen.

Das Simple Mail Transfer Protocol (**SMTP**) zählt zu den ältesten und am weitesten verbreiteten Diensten des Internets. Die Vorteile von SMTP liegen in dem hohen
Verbreitungsgrad, der einfachen Bedienbarkeit und den sehr geringen Kommunikationskosten. Ein großer Nachteil von SMTP besteht allerdings in der fehlenden Bereitstellung von Mechanismen für einen sicheren Nachrichtenaustausch, was für den
Austausch von Geschäftsdaten jedoch eine unabdingbare Voraussetzung darstellt,
weil damit weitgehende finanzielle Verpflichtungen eingegangen werden. Dies ist
nur dann möglich, wenn die Vertragspartner davon ausgehen können, dass Verträge
rechtmäßig zustande kommen. Hierzu sind im Kontext von EDI die Identifizierung
des Absenders einer Nachricht (Gewährleistung der Authentizität), der Ausschluss
der Manipulierbarkeit der Nachricht (Gewährleistung der Datenintegrität), die Gewährleistung der Vertraulichkeit (Abhörsicherheit) und die Nichtabstreitbarkeit des
Versands bzw. Empfangs einer EDI-Nachricht erforderlich. Mechanismen zur Gewährleistung dieser Anforderungen sind zum einen – auf der Ebene der Nachrichten
selbst – Verfahren der digitalen Unterschrift und Verschlüsselung (z. B. PGP – Pretty
Good Privacy). Zum anderen ist es auf der Ebene des Transports möglich, innerhalb des Internets ein sog. Virtual Private Network (VPN) einzurichten, das die
Nachrichten zwischen vorgesehenen, abgesicherten Servern transportiert und von
besonderen, die Rolle von VAN einnehmenden, Zugangsprovidern überwacht und
abgesichert wird.

Das Hypertext Transfer Protocol (HTTP) ist das grundlegende Protokoll des
World Wide Web (WWW). Es dient zur Übertragung von Daten zwischen einem
HTTP-Server und einem HTTP-Client. HTTP definiert dabei, wie der Client Daten
vom Server anfordert bzw. Daten zum Server übermittelt. HTTP ist ein einfaches
Anfrage/Antwort-Protokoll auf der Basis eines zuverlässigen verbindungsorientierten
Transportdienstes. Der Client sendet eine Anfrage, der Server sendet die Antwort.
Da HTTP vor allem für die Datenübertragung zwischen einem Web-Server und ei-
nem Web-Browser konzipiert wurde, wurden bei der Entwicklung aufgrund des
allgemeinen Datenzugangs keine besonderen Anforderungen an die Übertragungssicherheit gestellt. Um HTTP als Protokoll für die Übertragung geschäftlicher Daten zu
nutzen, sind zusätzliche Sicherheitsmerkmale zu integrieren. Dazu dient das Secure-
Socket-Layer(SSL)-Protokoll. SSL ist ein ursprünglich von Netscape entwickeltes

Sicherheitsprotokoll, das die Datensicherheit einer TCP/IP-basierten Kommunikationsverbindung garantiert, indem vor die eigentliche Datenübermittlung ein Prozess zur Herstellung der Übertragungssicherheit und Authentifizierung geschaltet wird. Die Integration von SSL in HTTP wird als **HTTP/S** bezeichnet. HTTP/S stellt ein sicheres und anerkanntes Verfahren für den direkten Datenaustausch zwischen Sender und Empfänger zur Verfügung. Die Komplexität der Installation einer HTTP/S-Verbindung ist allerdings weitaus höher als bei einer X.400-Verbindung.

Über die Implementierung eines sicheren und stabilen Kommunikationsverfahrens hinaus werden für den unternehmensübergreifenden Datenaustausch zwischen zwei Anwendungssystemen einheitliche **Datenformatstandards** benötigt. Die Notwendigkeit zur Definition von Datenformatstandards ergibt sich aus den unterschiedlichen Datenmodellen betriebswirtschaftlicher Anwendungssysteme, die einen unmittelbaren Datenaustausch zwischen zwei Systemen unmöglich machen. Das gilt aufgrund der unternehmensspezifischen Konfiguration der Systeme selbst dann, wenn Sender und Empfänger das gleiche Anwendungssystem mit dem gleichen Release- und Versionsstand benutzen. Im Laufe der Zeit sind auf dieser Standardisierungsebene zahlreiche Standards entwickelt worden, die sich im Hinblick auf das geographische Anwendungsgebiet und die Branchenausrichtung unterscheiden. Tabelle 2.2 zeigt einige wichtige Datenformatstandards.

Tab. 2.2: Wichtige Datenformatstandards.

	national	international
branchenspezifisch	VDA, DTA, SEDAS	ODETTE, SWIFT, EDIFACT-Subsets (z. B. EANCOM)
branchenübergreifend	ANSI X.12	EDIFACT

Für die Automobilindustrie entwickelte der **VDA** (Verband der Automobilindustrie) einen nationalen und die „Organization for Data Exchange by Teletransmission in Europe" **(ODETTE)** einen europäischen Standard für die Kommunikation zwischen Zulieferern und Herstellerwerken. Für den Zahlungsverkehr gibt es das Datenträgeraustauschformat **(DTA)** auf nationaler und den von der „Society for Worldwide Interbank Telecommunication" **(SWIFT)** entwickelten Übertragungsstandard auf internationaler Ebene. Für den elektronischen Datenaustausch zwischen Herstellern und Handel wurden von der Centrale für Coorganisation (CCG) in Köln die „Standardregelungen einheitlicher Datenaustauschsysteme" **(SEDAS)** entwickelt, die jedoch Anfang der 1990er-Jahre durch das EDIFACT-Subset EANCOM abgelöst wurden (siehe unten).**ANSI X.12** ist ein vom „American National Standards Institute" (ANSI) entwickelter, auf Nordamerika beschränkter branchenübergreifender Datenformatstandard.

Der zurzeit wichtigste Datenformatstandard ist **EDIFACT** (Electronic Data Interchange for Administration, E-Commerce and Transport), der Mitte der 1980er-Jahre von der „Wirtschaftskommission der Vereinten Nationen für Europa" (UN/ECE) zunächst als europäischer Standard für die EDI-Kommunikation entwickelt wurde. Der Standard wurde mit den amerikanischen Regelungen (ANSI X.12) abgestimmt und dem internationalen Standardbüro ISO zur Normung übergeben. In Deutschland arbeiten das Deutsche Institut für Normung und der Arbeitskreis DEUPRO (Deutsche Prozeduren) beim Bundeswirtschaftsministerium an der EDIFACT-Normung. Mit EDIFACT wird das Ziel verfolgt, einen weltweiten, hersteller-, hard- und softwareunabhängigen Standard für die branchenübergreifende Geschäftskommunikation zu schaffen. Die Normung stellt Syntaxregeln für den Aufbau von kommerziellen Nachrichten wie Bestellungen, Lieferscheinen, Rechnungen usw. auf, die als Textdateien übermittelt werden. Mittlerweile hat sich EDIFACT vor allem in Europa, zunehmend aber auch in Nord- und Südamerika mit Ausnahme des Banken- und Finanzsektors in nahezu allen Branchen als zentraler Standard für die Maschine-zu-Maschine-Kommunikation durchgesetzt.

Die universelle Anwendbarkeit des EDIFACT-Standards, der mit dem Stand vom April 2004 etwa 240 unterschiedliche Nachrichtentypen umfasst, hat jedoch zu einer extrem hohen Komplexität des Regelwerks geführt, die die Handhabung erschwert. Vor diesem Hintergrund wurden für einzelne Branchen sog. **EDIFACT-Subsets** entwickelt, in die jeweils nur die in der betreffenden Branche benötigten Komponenten des EDIFACT-Standards aufgenommen wurden. Tabelle 2.3 gibt einen Überblick über wichtige deutsche EDIFACT-Subsets. Auch einige der in Tabelle 2.2 erwähnten nationalen oder branchenspezifischen Datenformatstandards sind heute als EDIFACT-Subsets verfügbar bzw. zu solchen weiterentwickelt worden (z. B. ANSI X.12, ODETTE).

Tab. 2.3: Wichtige deutsche EDIFACT-Subsets.

Subset	Branche	Subset	Branche
BSL	Spedition und Lagerei	EDILEKTRO	Elektroindustrie
CEFIC	Chemische Industrie	EDILIBE	Bibliotheken und Buchhandel
EANCOM	Konsumgüterwirtschaft	EDIoffice	Bürowirtschaft
EDIBDB	Baustoffhandel	EDIPAP	Papierindustrie
EDICER	Keramikindustrie	EDITEC	Sanitär- und Haustechnik
EDICOS	Parfum, Kosmetik	EDITEX	Mode, Textilwirtschaft
EDIFER	Eisen, Stahl	EDIVIN	Weinwirtschaft
EDIFICE	Hightechindustrie	EDIWHITE	Weiße Ware, Haushaltsgeräte
EDIFURN	Möbelindustrie und -handel	EDIWHEEL	Reifen- und Räderhersteller
EDIG@S	Erdgasbranche	ODETTE	Automobilindustrie
EDIKEY	Schloss- und Beschlagindustrie		

Das wichtigste EDIFACT-Subset ist das für die Konsumgüterwirtschaft entwickelte Subset **EANCOM**, das zurzeit 44 Nachrichtentypen beinhaltet. Die in der Praxis am meisten genutzten Nachrichtenarten sind dabei PRICAT, SLSRPT, INVRPT, ORDERS, ORDRSP, DESADV, RECADV, INVOIC und REMADV.

Die wesentlichen Vorteile der EANCOM-Subsetbildung liegen in der Reduzierung von Komplexität und Umfang des Standards durch Beschränkung auf die relevanten Nachrichtentypen und innerhalb der Nachrichtentypen auf die relevanten Elemente sowie in der Integrierbarkeit der EAN/UCC-Nummerierungssysteme in die Nachrichten. Der große Nachteil besteht jedoch in der Inkompatibilität zu anderen Branchensubsets. Von dieser Problematik sind vor allem Logistikdienstleister betroffen, die in der Regel für Kunden aus mehreren Branchen tätig sind und daher vielfach eine große Bandbreite an Datenformatstandards abdecken müssen. Aber auch die Unternehmen der Konsumgüterwirtschaft selbst tauschen Leistungen mit branchenfremden Unternehmen, beispielsweise mit Anbietern von Dienstleistungen oder Maschinen, aus und können die zugehörigen Geschäftsvorgänge folglich nicht im EANCOM-Subset abbilden. Damit birgt die Bildung von Subsets die Gefahr, das ursprüngliche Ziel, einen für alle Branchen verbindlichen Weltstandard zu definieren, zu verfehlen.

Der elektronische Datenaustausch zwischen zwei betrieblichen Anwendungssystemen via EDIFACT setzt vor und nach der Datenübertragung die Konvertierung der Daten zwischen dem Format des jeweiligen Anwendungssystems und dem EDIFACT-Format voraus. Die Konvertierung kann entweder über einen unternehmenseigenen Konverter oder über einen Clearingdienstleister erfolgen. Die Entscheidung, welches Konzept eingesetzt werden soll, richtet sich unter anderem nach der Unternehmensgröße und dem zu übertragenden Datenvolumen, der eingesetzten ERP-Software bzw. dem Vorhandensein entsprechender Schnittstellen, der Sensibilität der zu übertragenden Daten sowie danach, ob in der jeweiligen Branche überhaupt kompetente Clearingdienstleister vorhanden sind. So werden kleinere Unternehmen aufgrund des hohen finanziellen und personellen Aufwands für Installation und Betrieb eines eigenen Konverters und des tendenziell geringeren Datenvolumens eher auf die Dienstleistungen einer Clearingstelle zurückgreifen. Andererseits wird man umso eher einen eigenen Konverter einsetzen, je höher die Sensibilität der zu übertragenden Daten ist.

Mit der zunehmenden Verbreitung des Internets hat sich **XML** als Alternative zu EDIFACT herausgebildet. Die eXtensible Markup Language (XML) ist eine textbasierte Meta-Auszeichnungssprache, die Daten bzw. Dokumente derart beschreibt und strukturiert, dass sie zwischen unterschiedlichen Anwendungen ausgetauscht und weiterverarbeitet sowie in einem Web-Browser graphisch aufbereitet angezeigt werden können. Die Philosophie von XML besteht darin, den auszutauschenden Daten die zu ihrer Nutzung und Weiterverarbeitung notwendigen Informationen direkt mitzugeben, d. h. Struktur und Inhalt von Dokumenten so präzise zu beschreiben, dass auf eine feste Integration des Standards in die Anwendungssysteme verzichtet werden kann. Auf diese Weise können sehr flexibel unterschiedliche Geschäftstransaktionen abgebildet werden. XML ähnelt von der Struktur und vom Aufbau her HTML, ist aber im Gegensatz zu HTML nicht schon selbst eine Auszeichnungssprache, sondern eine Meta-Sprache, die Vorschriften zur Definition konkreter Auszeichnungssprachen zur Beschreibung und Strukturierung von beliebigen Dokumenten bereitstellt. Man kann sich XML somit als einen Standard zur Entwicklung von Datenformatstandards (Datenaustauschformaten) vorstellen. Jedes Unternehmen kann auf Basis von XML seine eigene Auszeichnungssprache zur Beschreibung und Strukturierung seiner Dokumente entwickeln, was im Gegensatz zu den komplexen und langwierigen Standardisierungsprozessen bei EDIFACT für eine hohe Flexibilität und schnelle Umsetzbarkeit XML-basierter Lösungen sorgt. In dieser Flexibilität liegt jedoch gleichzeitig auch der große Nachteil von XML. Das einfache Regelwerk und der offene Standard haben zur Entwicklung zahlreicher XML-Dialekte (XML-basierter Standards) geführt, die untereinander inkompatibel sind und eine Daten- und Prozessintegration daher unmöglich machen. Aktuell werden weltweit ca. 500 unterschiedliche XML-Dialekte gezählt. Tabelle 2.4 zeigt einige bedeutende Beispiele.

Tab. 2.4: Wichtige XML-Branchenstandards.

Bezeichnung	Entwickler	Anwendungsbereich
cXML (E-Commerce XML)	Ariba	Online-Marktplätze und E-Procurement-Systeme
xCBL (Common Business Library)	E-Commerce One	Online-Marktplätze und E-Procurement-Systeme
RosettaNet	Unternehmen der Hightechbranche (z. B. IBM, Compaq, HP, Intel, Toshiba, Nokia)	High-Tech Supply Chain
Chem eStandards	CIDX (Chemical Industry Data Exchange)	Chemische Industrie
ebXML (Electronic Business XML)	OASIS und UN/CEFACT	branchenübergreifend

Der Vorteil von XML gegenüber EDIFACT ist daher primär psychologischer Natur. Während EDIFACT ein teures und kompliziertes Image anhaftet, wird mit XML eine einfache und günstige Lösung zum Austausch von Geschäftsdaten verbunden. Das kostengünstige Image von XML ist zum einen auf die Möglichkeit der Nutzung Internet-basierter Kommunikationsprotokolle zurückzuführen, die einen kostengünstigeren Datenaustausch erlauben als das klassische Übertragungsverfahren X.400. Zwar können grundsätzlich auch EDIFACT-Nachrichten Internet-basiert transportiert werden, historisch bedingt werden diese jedoch üblicherweise über X.400 übertragen. Zum anderen ermöglicht XML den Verzicht auf die bei EDIFACT notwendige und mit hohen Einstiegsinvestitionen verbundene Integration in das betriebliche ERP-System. Denn XML bietet die Möglichkeit, die übertragenen bzw. zu übertragenden Daten mit einem (XML-fähigen) Web-Browser anzuzeigen bzw. zu erfassen und mithilfe entsprechender Applets Antwortnachrichten zu generieren (z. B. eine Liefermeldung als Antwort auf eine Bestellung). Diese als **XML/EDI** bezeichnete Art des elektronischen Datenaustauschs ermöglicht vor allem kleinen und mittleren Unternehmen, denen die Implementierung und der Betrieb einer Integrationslösung in die betriebliche ERP-Software zu kostenintensiv ist, zu annehmbaren Kosten am elektronischen Geschäftsverkehr teilzunehmen. Ein weiterer Vorteil von XML gegenüber EDIFACT besteht in der Möglichkeit der Einbindung multimedialer Daten (Bild- und Tondaten). Diese Möglichkeit wird von dem vom Bundesverband Materialwirtschaft, Einkauf und Logistik (BME) für die Übertragung und Aktualisierung elektronischer Produktkataloge entwickelten Verfahren BMEcat verwendet.

Schließlich ist der mit EDI übermittelte Informationsstrom mit dem zugehörigen Güterstrom zu verknüpfen. Hierzu dienen die von der GS1[1] entwickelten **Identifikationsstandards.**

Obwohl diese Identfikationsstandards eine unabdingbare Voraussetzung für den elektronischen Datenaustausch darstellen, sind sie im Gegensatz zu den bisher behandelten Standards prinzipiell unabhängig von EDI zu sehen und auch ohne EDI anwendbar – beispielsweise für die Kommunikation zwischen Maschinen im „Industrial Internet" oder dem „Internet der Dinge". Dort geht es um die Identifikation von Material, Ort und Adresse im Internet. Die **GS1-Identifikationsnummern** sind ein System international gültiger Nummerierungen und Kennzeichnungen, die eine eindeutige Identifikation von Unternehmen und Unternehmensteilen, Artikeln und Transportgebinden ermöglichen. Sie setzen sich aus folgenden Bestandteilen zusammen:

- Global Location Number (GLN),
- Global Trade Identification Number (GTIN) und
- Nummer der Versandeinheit (NVE) bzw. Serial Shipping Container Code (SSCC).

GLN und GTIN bestehen standardmäßig aus 13 Stellen, die NVE umfasst 18 Stellen, wobei die letzte Stelle jeweils eine Prüfziffer darstellt, die aus den vorangehenden Ziffern gebildet wird und zur Überprüfung der Korrektheit der Identifikationsnummern dient (Vermeidung von Übertragungsfehlern).

Die **GLN** ist die Basis der GS1-Identifikationsnummern und wird in Deutschland von der GS1-Germany (vormals CCG) vergeben. GTIN und NVE leiten sich daraus ab und können auf Basis der GLN von den Marktteilnehmern eigenständig generiert werden. Die GLN dient zur weltweit eindeutigen Identifizierung der physischen Adressen von Unternehmen und Unternehmensteilen. Dabei wird zwischen der GLN vom Typ 1, Typ 2 und Typ 3 unterschieden. Die GLN vom Typ 1 dient aus-

---

1 Die GS1 wurde im Jahr 2005 durch eine Zusammenführung des Uniform Code Council (UCC) und der EAN bzw. International Article Numbering Association gegründet und umfasst mittlerweile 108 nationale GS1-Organisationen.

schließlich der Identifikation eines Unternehmens und wird von GS1-Germany als fortlaufende Nummer vergeben – die Ableitung weiterer Nummern ist nicht möglich. Die GLN vom Typ 2 und 3 ermöglichen hingegen die eigenverantwortliche Generierung weiterer Nummern (GLN, GTIN, NVE). Sie setzt sich (neben der Prüfziffer) aus einer von GS1-Germany vergebenen 7-, 8- oder 9-stelligen Basisnummer und (je nach Länge der Basisnummer) fünf, vier bzw. drei frei zu vergebenden Stellen für die Generierung von bis zu 99.999 (zusätzlichen) Lokationsnummern zur Kennzeichnung von Unternehmensteilen wie Tochterunternehmen, Niederlassungen, Abteilungen, Anlieferpunkten usw. zusammen, wobei die ersten beiden Stellen das Land (Länderkennzeichen für Deutschland: 40–43) und die restlichen fünf bis sieben Stellen der Basisnummer das Unternehmen kennzeichnen. Die GLN-Basisnummer stellt den Schlüssel für die dezentrale Generierung der übrigen Identnummern (GTIN und NVE) dar. Die Länge der Basisnummer (sieben, acht oder neun Stellen) richtet sich nach dem Kapazitätsbedarf des Unternehmens nach eigenständig generierten Nummern.

Die GTIN dient als weltweit überschneidungsfreie Identnummer der eindeutigen Kennzeichnung und Identifizierung von Artikeln im zwischenbetrieblichen Warenverkehr. Die ersten sieben, acht bzw. neun Stellen beinhalten dabei die GLN-Basisnummer, die restlichen Stellen stehen (bis auf die Prüfziffer) für die Bildung der eigentlichen Artikelnummern zur Verfügung. Damit können je GLN maximal 100.000 GTINs generiert werden. Unternehmen, die mehr als 100.000 Artikelvarianten zu verwalten haben, benötigen eine zweite GLN. Neben der nummerischen Darstellung ist die GTIN auch als Strichcode (Barcode) darstellbar (vgl. Abbildung 2.2) und kann somit automatisch mithilfe von Scannerlesegeräten (insbesondere Scannerkassen im Selbstbedienungshandel) erfasst werden. Dabei wird der auf den einzelnen Artikeln aufgebrachte GS1-Strichcode von der Scannerkasse gelesen, decodiert und aus der vom jeweiligen Handelsunternehmen anzulegenden und zu pflegenden PLU(Price Look-Up)-Datei der Preis des entsprechenden Artikels ausgelesen und auf dem Kassenbon abgedruckt. Neben der 13-stelligen GTIN-Normalversion (EAN-13) steht für besonders kleinvolumige Artikel, die ein EAN-13-Strichcodesymbol nicht aufnehmen können, eine 8-stellige GTIN-Kurznummer (EAN-8) zur Verfügung. Da 8-stellige Nummern nur begrenzt vorhanden sind, werden sie nur in begründeten Ausnahmefällen direkt von GS1-Germany vergeben.

Abb. 2.2: Die GTIN-13.
Quelle: GTIN INFO (2016)

In den USA und in Kanada wird zur Artikelnummerierung der 12-stellige „Universal Product Code" (UPC) verwendet, der sich aus einer 6-stelligen Herstellernummer, einer 5-stelligen Artikelnummer und einer Prüfziffer zusammensetzt. Der UPC kann zwar zur EAN kompatibel gemacht werden, indem dem UPC eine Null vorangestellt wird, im umgekehrten Fall entstehen jedoch Decodierungsprobleme, da die in den USA und Kanada genutzten Scanner in der Regel nur 12 statt der für den EAN-Code typischen 13 Stellen decodieren.

GLN und GTIN stellen als reine Identifikationshilfsmittel lediglich die Zugriffs-schlüssel auf die hinter dem jeweiligen Code abgelegten Informationen (Unterneh-mens- bzw. Artikelstammdaten) dar. Damit die benötigten Stammdaten den Beteilig-ten in der Logistikkette zur Verfügung stehen, müssen diese vorab (mithilfe der EAN-COM-Nachrichtentypen PARTIN und PRICAT) gegenseitig ausgetauscht und laufend aktualisiert werden. Da es durch dieses Verfahren des bilateralen Stammdatenaus-tauschs und -abgleichs leicht zum Fehlen von Daten oder infolge der redundanten Datenhaltung zu unabgestimmten Daten kommen kann, wurde vor dem Hintergrund der essentiellen Bedeutung fehlerfreier Stammdaten für einen reibungslosen elektro-nischen Datenaustausch unter Führung der CCG ein zentrales Stammdateninforma-tionssystem (SINFOS) als Plattform für die Verwaltung von Unternehmens- und Arti-kelstammdaten eingerichtet. Als Zugriffsschlüssel auf die hinterlegten Informationen dienen GLN bzw. GTIN. Im September 2000 wurde SINFOS aus der CCG ausgegliedert und in ein eigenständiges Unternehmen, die SINFOS GmbH, übertragen.

Der **SSCC** bzw. die **NVE** dienen der eindeutigen Identifizierung von Transportge-binden auf ihrem Weg vom Absender zum Empfänger. Sie kennzeichnen die kleinste physische Einheit von Waren, die in der Logistikkette vom Verlader bis zum Abnehmer nicht mit anderen Einheiten fest verbunden sind, sondern einzeln gelagert und trans-portiert werden können. Sie werden vom Erzeuger der Versandeinheit (z. B. Hersteller, Logistikdienstleister) einmalig vergeben und können bis zur Auflösung der Versand-einheit von allen am logistischen Prozess Beteiligten für die Sendungsübergabe und -verfolgung verwendet werden. Die NVE basiert auf dem sog. GS1-128-Standard und besteht aus 18 Stellen, von denen die erste das Kennzeichen der Versandpackung, die Stellen 2–8 die (7-stellige) GLN-Basisnummer des Versenders und die letzte Stelle die Prüfziffer darstellen. Die Stellen 9–17 können vom Versender für die fortlaufende Durchnummerierung der Versandeinheiten frei vergeben werden. Damit können Un-ternehmen mit einer 7-stelligen Basisnummer bis zu 1 Mrd. NVE generieren, bei 8- und 9-stelligen Basisnummern sind es entsprechend weniger. Eine einmal vergebene NVE sollte nach den Empfehlungen von GS1-Germany frühestens nach einem Jahr wieder-verwendet werden, wobei sichergestellt sein muss, dass die wieder zu vergebende NVE sowohl physisch (in Form einer logistischen Einheit) als auch informationstechnisch (als Datensatz in irgendeinem EDV-System) nicht mehr existiert. Wie die EAN ist auch die NVE als Barcode darstellbar und kann somit automatisiert erfasst und verarbeitet werden.

Die NVE dient (wie die GLN und die GTIN auch) lediglich als Zugriffsschlüssel auf die dahinter abgelegten und mittels der elektronischen Liefermeldung (DESADV) vorab zu übermittelnden Informationen. Um auch solche Unternehmen, die nicht am elektronischen Datenaustausch teilnehmen, in die Lage zu versetzen, wichtige Sendungsinformationen rationell zu erfassen und weiterzugeben, ermöglicht der GS1-128-Standard die Aufnahme und strichcodierte Darstellung von über 50 verschiedenen Datenelementen zur Beschreibung einer Sendung (z. B. Informationen zum Empfänger, zu Gewichten und Abmessungen, Mindesthaltbarkeitsdaten usw.). Diese Informationen werden als Barcode auf dem sog. **GS1-128-Transportetikett** abgedruckt, das auf jede Versandeinheit an geeigneter Stelle aufzubringen ist. Besonders wichtige Informationen werden zusätzlich in Klarschrift dargestellt.

Abbildung 2.3 zeigt ein Beispiel eines GS1-128-Transportetiketts.

Abb. 2.3: GS1-Transportetikett.
Quelle: Prozesse und Standards (2016)

Der untere Barcode repräsentiert dabei die NVE, der obere Strichcode enthält die zusätzlichen Sendungsinformationen. Bei einer Teilnahme am elektronischen Datenaustausch (Austausch elektronischer Liefermeldungen) enthält das GS1-128-Transportetikett lediglich die NVE sowie einen frei gestaltbaren Kopfteil (z. B. für die Anbringung des Firmenlogos).

Durch die weltweite Einheitlichkeit und Überschneidungsfreiheit des GS1-Systems in Verbindung mit der maschinellen Lesbarkeit der Informationen werden die Voraussetzungen für eine umfassende und effiziente Erfassung und Verfolgung der Warenströme geschaffen. Im Einzelnen sind mit der Nutzung des GS1-Systems folgende Vorteile verbunden:

– Verringerung des administrativen Aufwands für die Stammdatenpflege und Vereinfachung der Datenverarbeitungsprozesse durch Wegfall des Abgleichs

unternehmensindividueller, inkompatibler Kunden-, Lieferanten- und Artikelnummern;

- Beschleunigung und erhöhte Genauigkeit der Datenerfassung (Vermeidung von
   Eingabefehlern) durch automatische Datenerkennung (Scanning);
- Reduzierung des personellen Arbeitsaufwands durch Wegfall manueller Einga-
   ben und Abgleiche von Dokumenten;
- Wegfall papiergebundener, u. U. schlecht lesbarer (Zusatz-)Informationen und dadurch Reduzierung der Gefahr von Fehlverladungen;
- zeitnahe Verfügbarkeit von Informationen über Bestände, Abverkäufe, den Sendungsstatus von Waren usw. (Erhöhung der Auskunftsfähigkeit);
- transparente Sendungsverfolgung vom Absender bis zum Empfänger und dadurch die Möglichkeit einer lückenlosen Rückverfolgung von Warenbewegungen
   (z. B. bei Rückrufaktionen, Rückführung von Verpackungen und Ladungshilfen
   usw.).

2.3 Kosten, Nutzen und Verbreitung von EDI in der Logistikkette

Die Vorteile des elektronischen Datenaustauschs in der Logistikkette werden unmittelbar deutlich, wenn man die Abläufe bei der traditionellen, papiergebundenen Datenübermittlung mit denen unter Nutzung von EDI vergleicht. Zu diesem Zweck stellt Tabelle 2.5 die unterschiedlichen Vorgehensweisen beim papiergebundenen Verfahren,
bei der Nutzung des elektronischen Datenaustauschs auf Basis von EDIFACT und bei
der Nutzung von XML/EDI am Beispiel einer Bestellabwicklung gegenüber, bei der ein
großer Kunde (z. B. ein Automobilhersteller oder eine Handelskette) eine Bestellung
bei einem mittelständischen Lieferanten (z. B. Automobilzulieferer, mittelständischer
Konsumgüterhersteller) tätigt.

Im Einzelnen ergeben sich durch die Nutzung von EDI die folgenden Nutzeneffekte:

- Durch die Vermeidung von Medienbrüchen und dem damit verbundenen Wegfall
   von Mehrfacherfassungen lassen sich die Geschäftsprozesse erheblich beschleunigen und aufgrund der höheren Datenaktualität, der Vermeidung von Datener-
   fassungsfehlern, der in der asynchronen Kommunikation begründeten besseren
   Erreichbarkeit der Geschäftspartner sowie der Überwindung von Sprachbarrieren
   im internationalen Geschäftsverkehr auch qualitativ verbessern.
- Die Reduzierung des manuellen Erfassungsaufwands entlastet das Personal von
   monotonen Routinearbeiten und ermöglicht entweder unmittelbar die Einsparung von Personalkosten oder die Realisierung von indirekten Kostensenkungen
   bzw. Leistungsverbesserungen durch die Nutzung der frei werdenden Ressourcen
   für wertschöpfendere Tätigkeiten.
- Die Beschleunigung der Informationsflüsse sowie die verbesserte Daten- und
   Prozessintegration erlauben eine Reduzierung der Wiederbeschaffungszeiten

Tab. 2.5: EDI am Beispiel eines Bestellprozesses.

Papiergebundenes Verfahren	Klassisches EDI auf Basis von EDIFACT	Kombination von klassischem EDI und XML/EDI
Weder Kunde noch Lieferant verfügen über ein EDI-System.	Kunde und Lieferant tauschen Geschäftsdaten im EDIFACT-Format aus.	Der Kunde betreibt ein klassisches, EDIFACT-basiertes EDI-System, der Lieferant wird über XML/EDI angebunden.
Der Kunde erfasst eine Bestellung in seinem ERP-System, druckt diese aus und faxt sie an den Lieferanten. Der Lieferant gibt die vom Faxgerät ausgedruckte Bestellung seinerseits in sein ERP-System ein, bearbeitet sie, druckt einen Lieferschein aus und sendet diesen zusammen mit der Ware an den Lieferanten.	Der Kunde erfasst eine Bestellung in seinem ERP-System. Die (im Format des ERP-Systems vorliegende) Bestellung wird vom EDIFACT-Konverter des Kunden in die EANCOM-Nachricht ORDERS konvertiert und an den Lieferanten verschickt. Dort wird die Nachricht vom lieferantenseitigen Konverter in das Datenformat des empfangenden ERP-Systems übersetzt und vom Lieferanten bearbeitet. Verfügt der Lieferant nicht über einen eigenen Konverter, wird die Nachricht nicht direkt an den Lieferanten, sondern zunächst an einen Clearingdienstleister gesendet, der die Übertragung der EANCOM-Nachricht in das Inhouse-Format des Lieferanten und die anschließende Weiterleitung an diesen übernimmt. Das ERP-System des Lieferanten erzeugt eine NVE, die als Barcode auf der Sendung angebracht wird. Gleichzeitig wird ein elektronischer Lieferschein erzeugt und als EANCOM-Nachricht DESADV auf dem gleichen Weg wie zuvor die Bestellung an den Kunden übermittelt. Über die NVE können Ware und Liefermeldung einander zugeordnet und miteinander verglichen werden.	Der Kunde erfasst eine Bestellung in seinem ERP-System. Die Bestellung wird vom EDIFACT-Konverter des Kunden in die EANCOM-Nachricht ORDERS konvertiert und zu einem (von einem Clearingdienstleister betriebenen) XML/EDI-Server (XML-Konverter) gesendet, der die EDIFACT-Nachricht ins XML-Format umwandelt. Der Lieferant loggt sich auf dem XML/EDI-Server ein und lässt sich die Auftragsdaten mithilfe eines XML-fähigen Browsers darstellen. Er bearbeitet den Auftrag, versieht die versendete Ware mit einer NVE und wandelt die Bestellung in eine Liefermeldung um, die vom XML/EDI-Server in die EANCOM-Nachricht DESADV übersetzt und an den Kunden weitergeleitet wird. Ware und Liefermeldung können über die NVE einander zugeordnet werden. Anstatt die Bestellung online zu bearbeiten, kann sich der Lieferant diese auch per E-Mail vom XML/EDI-Server zuschicken lassen oder per FTP bei diesem abholen, offline bearbeiten und die auf Basis der Bestellung erzeugte Liefermeldung wieder per E-Mail oder FTP an den XML/EDI-Server zurücksenden.

und damit der Lagerbestände mit der Folge einer verringerten Kapitalbindung sowie der Erhöhung der Kundenzufriedenheit durch schnellere Belieferung, Reduzierung der Fehlerquote, erhöhte Auskunftsfähigkeit usw.
- Schließlich kann das Unternehmen durch die Signalisierung von Innovationsfreudigkeit eine Imageaufwertung bei Kunden und Lieferanten erfahren.

Diese positiven Nutzeneffekte werden jedoch erst längerfristig wirksam und lassen sich im Allgemeinen nur schwer monetär bewerten, während die Kosten für die Einführung und den laufenden Betrieb sofort bzw. sogar bereits im Vorfeld des produktiven Betriebs anfallen und zum großen Teil relativ gut quantifizierbar sind. So müssen für ein leistungsfähiges EDI-System (Hard- und Software) heute zwischen 8.000 und 15.000 € investiert werden. Hinzu kommt der personelle Aufwand für den meist zeitaufwendigen Implementierungsprozess, der von den beteiligten Personen ein hohes technisches und betriebswirtschaftliches Know-how erfordert. Verfügt das Unternehmen nicht selbst über hinreichend qualifiziertes Personal, so müssen teure externe Beratungsleistungen in Anspruch genommen werden. Tabelle 2.6 gibt einen Überblick über die Einführungs- und Betriebskosten einer hauseigenen EDI-Lösung.

Tab. 2.6: Einführungs- und Betriebskosten einer hauseigenen EDI-Lösung.

Einführungskosten	Betriebskosten
- Informationssammlung - Externe Beratungsleistungen - Abstimmung mit den zukünftigen Kommunikationspartnern - Mitarbeiterschulungen - Hard- und Software (insbesondere Konverter) - Softwareanpassungen bestehender Systeme (Schnittstellen) - Anschlussgebühren an VAN-Dienste - Pilot- oder zeitweiser Parallelbetrieb	- Softwarepflege und -weiterentwicklung (z. B. Anpassung an Weiterentwicklungen des EDIFACT-Standards) - Instandhaltung der Hardware - Verbindungsentgelte/Gebühren für die Nutzung der VAN-Dienste - Mitarbeiterweiterbildung

Als Alternative für die Implementierung eines hauseigenen EDI-Systems bietet sich insbesondere für kleinere und mittlere Unternehmen die Einschaltung eines Clearingdienstleisters an. Tabelle 2.7 zeigt exemplarisch die Preise des Clearingdienstleisters cctop.

Aufgrund der vergleichsweise hohen Einstiegsinvestitionen ist der Einsatz von EDI in der Praxis hinter den ursprünglichen Erwartungen zurückgeblieben. Zwar haben nahezu alle führenden Industrie-, Handels- und Logistikunternehmen EDI-Systeme im Einsatz, kleine und mittlere Unternehmen stehen jedoch einer EDI-Einführung trotz im Laufe der Zeit deutlich gesunkener Preise für die Anschaffung der notwendigen Hard- und Software aufgrund des aufwendigen Implementierungs-

Tab. 2.7: Preise des Clearing-Dienstleisters cctop.

Einführungskosten	
Einrichtung einer Standard-Schnittstelle je Konvertertabelle	850,00 €
Anschluss eines weiteren Partners unter einer bestehenden Tabelle	450,00 €
Betriebskosten (monatlich)	
Grundgebühr (inkl. 3 Partner/Nachrichten-Beziehungen)	50,00 €
Jede weitere Partner/Nachrichten-Beziehung	8,90 €

Quelle: www.cctop.de

prozesses weiterhin vielfach skeptisch und ablehnend gegenüber. Die oftmals einzige Motivation kleiner und mittlerer Unternehmen zur Teilnahme an EDI stellt die Sorge dar, ansonsten wichtige Geschäftsbeziehungen zu Großunternehmen zu verlieren. Für solche Unternehmen bietet XML/EDI heute eine kostengünstige Alternative zum klassischen EDIFACT-basierten EDI, um der Aufforderung der „großen" Geschäftspartner zur Teilnahme am elektronischen Datenaustausch nachzukommen. So fällt beispielsweise für die Nutzung der Web-EDI-Lösung von cctop lediglich eine monatliche Grundgebühr von 50 € an. Hinzu kommen lediglich noch die Verbindungsgebühren für den Datentransfer via E-Mail oder FTP, Einrichtungsgebühren werden hingegen nicht fällig. Allerdings stellen sich die eingangs dargestellten Vorteile des EDI-Einsatzes beim über XML/EDI angebundenen Partner aufgrund der fehlenden Integration in die betriebliche ERP-Software und der dadurch weiterhin notwendigen menschlichen Intervention beim Datenaustausch dann nur sehr begrenzt ein (keine Vermeidung von Medienbrüchen mit allen sich daraus ergebenden Konsequenzen).

2.4 Auto-Identifikationstechniken in der Logistikkette: Barcodes und RFID

In den letzten 30 Jahren stellte der **Strichcode (Barcode)** die führende Technologie zur automatischen und berührungslosen Datenerfassung dar. Die Barcode-Technologie erlaubt durch die Möglichkeit der automatisierten Identifizierung logistischer Einheiten:
- die Nutzung umfassender und vorauseilender Sendungsinformationen,
- die Eliminierung redundanter Prozessschritte in der Logistikkette,
- die Verringerung des manuellen Arbeitsaufwands zum bestandsmäßigen Abgleich von Avis und tatsächlicher Bewegung und
- eine erhöhte Abwicklungsgeschwindigkeit, Transparenz und Sicherheit von Warenbewegungen.

Heute zeichnet sich zunehmend eine Tendenz zur Verwendung der sog. **Radio-frequenztechnik für Identifikationszwecke (RFID)** für die Warenidentifikation und -steuerung ab, bei der die zu identifizierenden Objekte anstelle von Barcodes mit RFID-Tags (sog. Transpondern) versehen werden. „Ein **Transponder** [...] ist ein automatischer Antwortsender, der auf ein eingehendes Signal reagiert. Der Begriff ist ein Kunstwort aus den englischen Worten ‚Transmitter' (Sender) und ‚Responder' (Antwortgeber)."

Ein Transponder besteht aus einem Mikrochip zur Speicherung der Informationen, einer Sende- und Empfangsantenne für den Datenaustausch mit der Umwelt (Luftschnittstelle) und einer umschließenden Schutzhülle. Die Codierung und Decodierung der auf dem Mikrochip hinterlegten bzw. zu hinterlegenden Daten erfolgt über Schreib-/Lesestationen, die mit den nachgelagerten Anwendungen (z. B. betriebliche ERP-Software) über eine sog. Middleware verbunden sind. Der Lese- bzw. Schreibvorgang beginnt automatisch, sobald sich der Transponder innerhalb der Reichweite einer Lese-/Schreibstation befindet. Man unterscheidet

– aktive Transponder, die die benötigte Energie für die Datenübertragung und den Datenerhalt einer Batterie entnehmen und

– passive Transponder, das sind batterielose Systeme, die die benötigte Energie während des Lese-/Schreibvorgangs von einem elektromagnetischen Feld erhalten, das der Leser bzw. die Lese-/Schreibstation produziert (vgl. Hansen/Neumann 2015, S. 803).

Ein wichtiges Unterscheidungskriterium von Transpondern ist der Frequenzbereich, auf dem sie arbeiten, weil dieser erhebliche Auswirkungen auf die Kommunikation zwischen Transponder und Schreib-/Lesestation hat (vgl. Tabelle 2.8).

Einsatzgebiete **aktiver Transponder** in der Logistik finden sich dort, wo es um die Kontrolle von hochwertigen Materialflüssen geht, z. B.:

– die Begleitung von Montageprozessen in der Automobilindustrie zur Prozessdokumentation und Verbesserung von Qualitätskontrollen und Qualitätsnachweisen,

– die Identifizierung von Containern und die Prozesskontrolle im Containerumschlag,

– die Identifizierung von Lkw beim Ein- und Ausfahren an Lieferpunkten oder

– bei Mautsystemem.

Die Rate der fehlerfreien Lese- und Schreibvorgänge liegt bei aktiven Transpondern mit 99,98 % sehr hoch. Die Kosten für einen aktiven Tag liegen heute (je nach Bauart) zwischen 20 und 150 € pro Stück.

Zur Warenidentifikation und -verfolgung in der Logistikkette, insbesondere zur Steuerung und Kontrolle des Warenflusses in Distributionssystemen der Konsumgüterindustrie und des Einzelhandels, werden ausschließlich **passive Transponder** ver-

Tab. 2.8: Eigenschaften gängiger RFID-Systeme.

Arbeitsfreqeunz	100–135 kHz	13,56 MHz	868/915 MHz	2,45 GHz
Energie-versorgung	passiv	passiv	passiv oder aktiv	passiv oder aktiv
Reichweite	bis 1 m	bis 1,70 m	passiv: bis 6 m aktiv: > 100 m	passiv: bis 6 m aktiv: > 100 m
Einsatz auf Metall	problematisch	problematisch	weniger problematisch	weniger problematisch
Einsatz bei Flüssigkeiten	relativ unproblematisch	relativ unproblematisch	problematisch	sehr problematisch
Pulkfähigkeit (gleichzeitiges Auslesen mehrerer RFID-Tags)	möglich, aber kaum realisiert	bis 100 Stück pro Sekunde	bis 500 Stück pro Sekunde	bis 500 Stück pro Sekunde
Datenüber-tragungsrate	niedrig	hoch	sehr hoch	sehr hoch
Bauformen (Beispiele)	Glasröhrchen, Plastikkarte	Label, Plastik-karte	passiv: Label aktiv: Kunststoff-gehäuse	passiv: Label aktiv: Kunststoffge-häuse
Anwendungs-gebiete (Beispiele)	Wegfahrsperre, Zutrittskontrolle, Tieridentifikation	Zutrittskontrolle (z. B. Skipass, ÖPNV), Kenn-zeichnung von Ladungsein-heiten (z. B. Paletten)	Kennzeichnung von Ladungs-einheiten, Mehrweg-behältern, Containern, Wechselbrücken usw.	Kennzeichnung von Mehrwegbehältern, Containern, Wech-selbrücken usw., Mauterfassung

wendet. Dabei lassen sich drei Anwendungsstufen unterscheiden (vgl. Jansen/Mannel 2004, S. 44):

1. Stufe: Kennzeichnung und Identifikation auf Ladungsträgerebene:
   Jeder Ladungsträger (z. B. Palette) wird mit einem Transponder gekennzeichnet, der Informationen zu der geladenen Ware enthält. Damit wird (lediglich) das EAN-128-Transportetikett durch einen RFID-Tag abgelöst.
2. Stufe: Kennzeichnung und Identifikation auf Karton-/Behälterebene:
   Neben den Ladungsträgern werden auch die darauf befindlichen Kartons bzw. Behälter jeweils mit einem Transponder versehen.
3. Stufe: Kennzeichnung und Identifikation auf Artikel-/Stückebene:
   Dabei wird jede einzelne Produkteinheit mit einem Transponder versehen, auf dem ein sog. **elektronischer Produktcode** hinterlegt ist.

Der elektronische Produktcode (EPC) stellt eine Erweiterung der EAN dar, die in der Lage ist, über $1,3 \cdot 10^{16}$ Objekte eindeutig zu identifizieren. Dadurch ist es möglich, jede einzelne Artikeleinheit mit einem eigenen EPC zu versehen und damit weltweit eindeutig zu kennzeichnen. Der EPC umfasst (in der derzeitigen Spezifikation) 96 Bit und besteht aus

- einem Versionskennzeichen (16 Bit),
- einer zentral vergebenen Herstellernummer (28 Bit, ausreichend für etwa 270 Mio. Hersteller),
- einer vom Hersteller vergebenen Produktnummer (24 Bit, ausreichend für bis zu 16 Mio. verschiedene Produkte pro Hersteller) und
- einer Artikel-Seriennummer (36 Bit, ausreichend zur weltweit eindeutigen Kennzeichnung von 68 Mrd. Einheiten eines Produkts).

Durch diesen Aufbau ist die Kompatibilität zum bisherigen EAN/UCC-Identifikationssystem gewährleistet.

Der EPC bildet den Zugriffsschlüssel auf die dazugehörenden Stamm- und Bewegungsdaten (z. B. Artikelbezeichnung, Chargennummer, Mindesthaltbarkeitsdatum usw.), die entweder, wie bisher bei jedem Geschäftspartner vorgehalten und mittels EDI ausgetauscht bzw. in einem Stammdatenpool wie SINFOS zentral abgelegt, oder, wie vom Massachusets Institute of Technology (MIT) vorgeschlagen, in über die Internet-Technologie zugänglichen dezentralen Datenbanken gespeichert werden können. Die Verbindung zwischen EPC und dem (den) Speicherort(en) der ergänzenden Stamm- und Bewegungsdaten soll nach den Vorstellungen des MIT über ein zentrales Datenbanksystem, den sog. **Object Name Server (ONS)** hergestellt werden, wo alle im Umlauf befindlichen EPCs mit den zugehörigen Verknüpfungen zu den ergänzenden Informationen abgelegt werden. Passiert nun eine mit einem oder mehreren Transpondern versehene logistische Einheit eine Leseschleuse, werden die in den Transpondern hinterlegten EPCs ausgelesen und an die sog. **Savant-Software** übertragen, die über einen Internet-Zugang den Kontakt zum Object Name Server herstellt. Über die dort hinterlegten Verbindungen ist es dann möglich, die zum EPC gehörenden Stamm- und Bewegungsdaten aus den verteilten Datenquellen herunterzuladen. Abbildung 2.4 stellt das vom MIT mit dem Stichwort „Internet der Dinge" in die Diskussion gebrachte Konzept graphisch dar.

Die Kennzeichnung von logistischen Einheiten mit Transpondern anstatt mit Barcodes hat den Vorteil, dass für einen Lesevorgang kein Sichtkontakt zwischen Datenträger und Lesegerät notwendig ist, weil sich Transponder durch alle festen und nichtmetallischen Stoffe lesen lassen. Dadurch kann eine Vielzahl von Objekten ohne manuelle Eingriffe gleichzeitig erfasst und identifiziert werden (Pulk-Erfassung). Auf diese Weise lassen sich beispielsweise Wareneingangsprozesse beschleunigen oder Fehlverladungen durch automatischen Abgleich des Auftrags mit der im Warenausgang bereitgestellten Ware vermeiden. Weitere Vorteile von RFID gegenüber der Barcode-Technologie sind die Unempfindlichkeit der Datenträger gegen Verschmut-

Betriebliches Anwendungssystem

Middleware

Schreib-/Lesestation

Elektromagnetisches Feld

Luftschnittstelle

Transponder mit EPC

Savant-Software-Server

Internet

Object Name Server (ONS)

Internet

Verteilte Datenbanken mit Informationen zur Ware

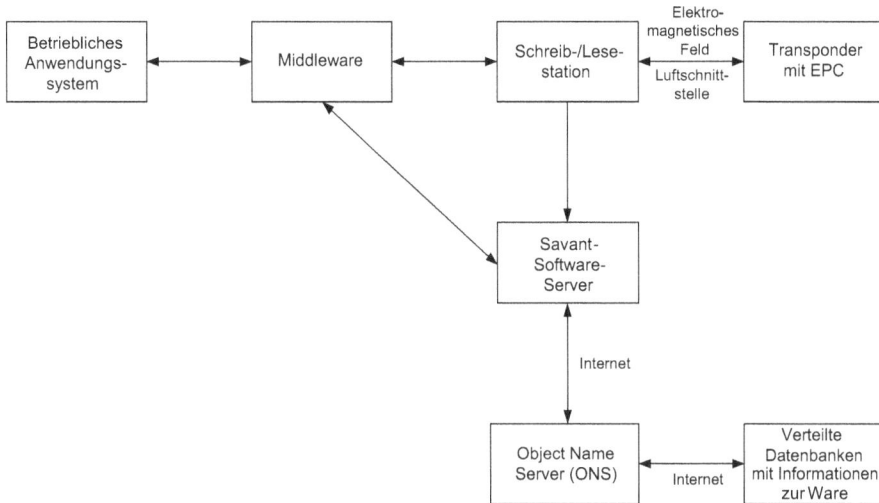

Abb. 2.4: Das EPC-Informationssystem.

zungen und Deformierungen und die damit verbundene niedrigere Fehleranfälligkeit beim Lesevorgang, die größere Reichweite beim Lesevorgang sowie die größere Speicherkapazität.

Von der individuellen Kennzeichnung jeder einzelnen Produkteinheit mit einem RFID-Tag (höchste Implementierungstiefe) erhofft man sich darüber hinaus folgende Verbesserungen in der Logistikkette:

- Senkung der Fehlerrate in der Kommissionierung durch den automatischen Abgleich von Kommissionierauftrag und -ergebnis;
- Automatisierung des Kassierprozesses im Einzelhandel durch Pulk-Erfassung;
- Vereinfachung von Inventuren und Bestandskontrollen (Erfassung der Lagerbestände durch mobile RFID-Lesegeräte) und dadurch Reduzierung von Out-of-Stock-Situationen und falscher Platzierung von Artikeln in den Regalen;
- Vereinfachung von Umtauschprozessen (RFID-Tag als elektronischer Kassenbon) und verbesserte Rückverfolgbarkeit von Waren entlang der gesamten Lieferkette durch individuelle Kennzeichnung jedes einzelnen Artikels mit einem eigenen EPC;
- Reduzierung von Schwund und Diebstählen durch elektronische Warensicherung und -überwachung.

Eine wesentliche Voraussetzung für die Erschließung von Rationalisierungspotentialen in der Logistik durch RFID ist die flächendeckende Umstellung auf die Transpondertechnologie. Da ein stichtagsbezogener Wechsel vom Barcode zum Transponder kaum zu bewältigen ist, muss für eine Übergangszeit vom parallelen Einsatz beider Technologien ausgegangen werden. Zur Erleichterung der Migration wird daher vorgeschlagen, in der Umstellungsphase sog. Hybrid-Etiketten zu verwenden, die sowohl einen Barcode als auch einen Transponder tragen.

Die Einzelhandelskonzerne Tesco (Großbritannien), Wal-Mart und Metro hatten den Einsatz von Transpondern in der Logistik im Rahmen von Pilotprojekten in den 2000er-Jahren getestet. Die Auszeichnung aller Artikel mit einem Transponder, wie es Metro in seinem „Concept Store" gemacht hatte, erwies sich als zu aufwendig. Nach Mitteilungen der Lebensmittelzeitung kontrollieren ab dem Jahr 2015 die führenden Handelsketten im Textilhandel, wie Zara, C&A und Adler, die Warenbestände in ihren Outlets mit Transpondern. Für den flächendeckenden Einsatz der RFID-Technologie sind folgende Standardisierungs- und Entwicklungsschritte notwendig:

- Für die Transponder und die Lese-/Schreibgeräte müssen einheitliche Kommunikationsprotokolle bzw. Spezifikationen geschaffen werden, um Transponder und Schreib-/Lesegeräte verschiedener Hersteller an den verschiedenen Stationen der Supply Chain zueinander kompatibel zu machen.
- Der für RFID zu nutzende Frequenzbereich muss international vereinheitlicht werden. Dabei ist u. a. die Abhängigkeit zwischen Frequenzbereich und Reichweite der Transponder zu beachten. So haben die derzeit zum Einsatz kommenden Hochfrequenz-Tags mit einer Frequenz von 13,56 MHz nur eine Reichweite von unter einem Meter, was für logistische Zwecke nicht ausreicht. Um ganze Paletten durch eine Leseschleuse fahren zu können, wird eine Reichweite von mindestens drei Metern benötigt. Daher ist man in den USA zu Transpondern mit einer Resonanzfrequenz im Ultrahochfrequenzbereich bei 915 MHz übergegangen, die eine Reichweite von drei bis vier Metern erreichen. Dieser Frequenzbereich liegt jedoch sehr dicht an dem in Europa für Handys und schnurlose DECT-Telefone vergebenen Frequenzbereich, sodass in Europa Frequenzen um 868 MHz bevorzugt werden.
- Aufgrund physikalischer Gesetzmäßigkeiten können an Metalloberflächen befestigte Transponder nicht ausgelesen werden. Metallische Gegenstände (z. B. Obstkonserven) müssen daher entweder mit einer Kartonverpackung oder einer Ferritabschirmung versehen werden. Darüber hinaus bereitet bei der Verwendung von Ultrahochfrequenz-Transpondern die Identifikation von Behältern mit Flüssigkeiten noch erhebliche Schwierigkeiten.
- Die Erfassungsgenauigkeit der passiven Transponder muss noch weiter verbessert werden, um Leseraten von annähernd 100 % zu erzielen.
- Mit der Kennzeichnung und Identifikation jeder einzelnen Verpackungseinheit in der Logistikkette (3. Implementierungsstufe) ist ein enormer Anstieg des zu bewältigenden Datenvolumens pro Zeiteinheit verbunden, dem die heutigen Warenwirtschafts- und ERP-Systeme (im Unterschied zu den Datenbank-Engines der KEP-Dienste) vielfach nicht gewachsen sind.

Für die Erarbeitung der notwendigen, global gültigen RFID-Standards (Verabschiedung des EPCs, Vereinheitlichung der Radiofrequenzen usw.) wurde **EPCglobal Inc.**

als gemeinsame Tochtergesellschaft von EAN International und dem Uniform Code Council (UCC) gegründet. In Deutschland wird EPCglobal durch GS1-Germany repräsentiert. Trotz intensiver Standardisierungsbemühungen und technologischer Weiterentwicklungen ist kurzfristig nicht mit einer flächendeckenden Ablösung des Barcodes durch RFID zu rechnen, weil nicht nur die technischen, sondern auch die ökonomischen Voraussetzungen in Form eines angemessenen Kosten-/Nutzenverhältnisses noch nicht vorliegen. RFID-Tags, wie sie für die Logistik benötigt werden, kosten zurzeit ca. 0,50 € pro Stück. Ein wirtschaftlicher Einsatz der RFID-Technologie zur umfassenden Warenkennzeichnung und -identifikation in der Logistikkette setzt jedoch voraus, dass die RFID-Tags für weniger als 0,10 € pro Stück verfügbar sind. Ein Absinken der Preise auf unter 0,05 € pro Stück wurde für das Jahr 2015 erwartet. Zu den Kosten für die Tags kommen darüber hinaus noch die Kosten für die Anschaffung und Wartung der Lese-/Schreibgeräte und zusätzlicher Rechner sowie die Softwareanbindung, die sich durch die erzielbaren Einsparungen bei den Prozesskosten erst einmal amortisieren müssen. Vor diesem Hintergrund erscheint der Einsatz von Transpondern anstelle von Barcodes heute vor allem dann sinnvoll, wenn
– raue Umgebungsbedingungen einen Barcode-Einsatz nicht zulassen,
– häufig wertschöpfende Schreib-/Lesevorgänge stattfinden (z. B. Steuerung von Behälterkreisläufen),
– Schreib-/Lesevorgänge häufig automatisch erfolgen und Handlesegeräte nur dort zum Einsatz kommen, wo stationäre Lesevorrichtungen nicht einsetzbar sind oder der Einsatz nicht wirtschaftlich ist.

Schließlich stellen die Bedenken von Verbraucher- und Datenschutzorganisationen, der Transponder werde zum „gläsernen Konsumenten" führen, ein weiteres Hindernis bei der Verwendung von RFID zur Kennzeichnung von Konsumgütern dar. Die individuelle Kennzeichnung jedes einzelnen Artikels mit einem eigenen EPC eröffnet in Verbindung mit Bank-, Kredit- oder Kundenkarten theoretisch die Möglichkeit, das Kaufverhalten jedes einzelnen Konsumenten lückenlos zu erfassen und auf dieser Basis persönliche Verbraucherprofile anzulegen, die dann z. B. für auf die individuellen Kaufgewohnheiten abgestimmte Werbung genutzt werden können. Die Kennzeichnung von Kleidungsstücken mit Transpondern, die an der Kasse nicht deaktiviert werden, könnte ferner die (beinahe) jederzeitige Feststellung des aktuellen Aufenthaltsortes eines Menschen ermöglichen, weil dieser bei jedem Passieren einer RFID-Schleuse automatisch ermittelt würde. Bereits heute werden Transponder zur Kennzeichnung von Berufskleidung verwendet, um nach dem Waschen die Zuordnung zu den jeweiligen Mitarbeitern zu erleichtern. Datenschützer befürchten dabei, dass die Transponder in der Berufskleidung gleichzeitig zur Überwachung am Arbeitsplatz genutzt werden könnten. Aus diesen Gründen hält die Verbraucherschutzorganisation CASPIAN (Consumers against Supermarket Privacy Invasion and Numbering) die (kaum zu kontrollierende) Deaktivierung der RFID-Tags an der Kasse für nicht ausreichend, sondern fordert vielmehr die Entfernung der Tags bereits vor dem Kontakt der Produkte mit dem Endverbraucher, d. h., bevor die individuell gekennzeichneten Artikel in den Verkaufsraum gelangen. Dann ist aber nur ein Teil der mit RFID zu erzielenden Rationalisierungspotentiale erreichbar. Daher sind Konsumgüterindustrie und Handel gefordert, verantwortungsvoll mit der neuen Technologie umzugehen und die Verbraucher über die damit auch für sie verbundenen Vorteile aufzuklären.

2.5 Telematik im Konzept von Industrie 4.0

Der Ansatz des „Internet der Dinge" oder des „Industrial Internet", bei dem Bauteile und Maschinen miteinander in Kommunikation treten können, wird mit dem Konzept „Industrie 4.0" auf eine griffige Formel gebracht. So können z. B. Produktionsmaschinen Material aus dem Lager anfordern. Die informationstechnische Basis dafür sind RFID-Chips und lokale WLAN-Netze in den Fabrik- und Logistikhallen. Über die lokale Basis der Fabrik hinaus können Kommunikationskontakte mit anderen Herstellern oder Lieferanten und deren Maschinen in der Supply Chain sowie mit Verkehrsträgern über das Internet, einschließlich Zugängen über LTE-Mobilfunknetze, aufgebaut werden. Mit der Vernetzung über das Internet können Anleitungen zur Bedienung von Maschinen sowie deren Wartung und Reparatur unterstützt werden. Das Deutsche Institut für Normung stellt das Konzept von Industrie 4.0 wie folgt vor: „Industrie 4.0 bedeutet die Vernetzung der realen mit der virtuellen Welt. Fertigungsprozesse verschmelzen mit Informationstechnologie. Disziplinen wie zum Beispiel Maschinenbau, Logistik und Dienstleistungen kommunizieren miteinander auf eine neue, intelligente Art. Das Internet der Dinge bedeutet für den gesamten industriellen Sektor einen großen Einschnitt – und für den Kunden neuen Nutzen: Produktionszyklen werden kürzer, Kundenbedürfnisse fließen in Echtzeit in die Produktion ein, Wartung und Instandhaltung regeln sich weitgehend eigenständig. Aufträge laufen automatisch in der richtigen Reihenfolge ab. Das Ergebnis ist die Smart Factory." Ein Musterbeispiel für eine derartige Fabrik ist das Siemenswerk in Amberg.[2] Für die Eisenbahngesellschaften bedeuten diese Ansätze den „intelligenten Güterwagen", etwa die Kommunikation von Güterwagen eines Güterzugs untereinander und mit der Lokomotive. Dann können Fehlerquellen wie heiß gelaufene Achsen an die Lokomotive gemeldet und die Zugzusammenstellung auf den Rangierbahnhöfen automatisiert werden. In der Supply Chain können die Ankunftszeiten der Güterzüge in Echtzeit fortgeschrieben werden. In einem Modellversuch erprobte die Güterzugtochter der Deutschen Bahn AG, Railion, im Jahr 2008 die Datenkommunikation von intelligenten Güterwagen.

---

2 Siemens: Digitale Fabrik, 99,99885 Prozent Qualität, verfügbar: http://www.siemens.com/innovation/de/home/pictures-of-the-future/industrie-und-automatisierung/digitale-fabrik-die-fabrik-von-morgen.html (abgerufen: 13.12.2016), 01.10.2014.

Da bisher die Güterbahn der DB AG noch nicht telematisch aufgerüstet ist, kann mit dem dem Savvy MultiTrac Abhilfe geschaffen werden. Mit dem Savvy MultiTrac bringt die Savvy Telematic Systems AG in Schaffhausen eine kleine Meldebox für Güterwagen und Container auf den Markt. Über Tracking- und Tracing-Funktionalitäten und Bestandskontrollen hinaus zeigt Savvy Möglichkeiten zur Umlaufüberwachung, zum Yard Management, zur Schockdetektion und Schadensanalyse, zur Temperaturüberwachung und -steuerung für Container und Kühlwagen sowie zur Erfassung und Darstellung von Wagonzuständen – von der Laufleistung bis hin zur Flachstellen-Detektion.[3] Jens-Erik Galdiks, Verantwortlicher für Flottenerneuerung und Modernisierung bei SBB Cargo, erwartet allerdings nicht vor 2050, dass sich der „intelligente Güterwagen" im Eisenbahnverkehr durchsetzt.[4] Becker, 2015, beschreibt den Rückstand der Telematik im Eisenbahnbetrieb wie folgt: „Hauptgründe für die bisher unzureichende Nutzung der Telematik liegen zum einen in der Tatsache, dass sich die Beteiligten (Wagenhalter, Verlader, EVU) nicht einig sind, wer für den Einbau von Telematiksystemen zuständig oder verantwortlich ist. Im Vergleich der Herstellungskosten eines Wagens mit den verschwindend geringen Gerätekosten der Telematik kann man sich fragen, warum nicht jeder Bahngüterwagen generell schon beim Bau mit einer Telematikbasisausrüstung ausgestattet wird. Zum anderen erschwert die fehlende Kompatibilität zwischen den unterschiedlichen Telematikanbietern den vermehrten Einsatz."

Während das Konzept Industrie 4.0 innerhalb einer Fabrik überzeugend zu sein scheint, wie das Siemenswerk in Amberg dokumentiert, stößt es in der Supply Chain doch auf Widerstände, da eine Voraussetzung für eine automatisierte Kommunikation längs der Supply Chain doch die Normung der Protokolle und der Datenstandards ist. Weltweit gibt es Millionen Unternehmen der stücklistenbasierten Fertigungsindustrien. Für den riesigen Markt der Softwareindustrie ist es lohnend, ERP-Standardsoftware zu entwickeln und zu verkaufen. Im Unterschied zu diesen stücklistenbasierten Fertigungsindustrien ist der Markt für ERP-Standardsoftware bei Playern der Logistikindustrie klein, sodass dort keine ERP-Standardsoftware entwickelt wird. Deswegen gibt es bei den Playern der Logistikindustrie keine Standardsoftware, wie z. B. die von SAP. Speditionen, Verkehrsgesellschaften, Fluggesellschaften, Häfen, Flughäfen, Lagerhausgesellschaften, Reedereien, Handlingsagenten, Versicherer, Leasinggesellschaften und Finanzierer – sie alle benutzen unterschiedliche Software, deren Schnittstellen nur unter großem Aufwand überwunden werden können. Auch firmeneigene Entwicklungen sind für Global Player risikoreich. So musste

---

3 Mediengruppe Telematik Markt (Hrsg.): Neue Telematik-Lösungen von Savvy für Güterverkehr und Container, verfügbar: http://Telematik-markt.de/Telematik/neue-Telematik-lösungen-von-savvy-für-güterverkehr-und-Container#.WFA5XXeX_jB (abgerufen: 13.12.2016), 08.05.2015.
4 SBB Cargo Blog: Wir müssen morgen den Güterwagen von übermorgen kaufen, Interview 15.03.2015, verfügbar: http://blog.sbbcargo.com/15198/wir-muessen-morgen-den-gueterwagen-von-uebermorgen-kaufen/ (abgerufen: 13.12.2016), 2015.

DHL die Entwicklung von ERP-Software in einem Gemeinschaftsprojekt von IBM und SAP stoppen, das Ausrollen der Software an die weltweiten Standorte zurücknehmen und für das von 2013 bis 2015 laufende Projekt die gigantische Summe von knapp 350 Mio. € vollständig abschreiben.[5] Wenn die Player (die nicht existierende) Standardsoftware einsetzten, dann könnte mit wenig Aufwand eine durchgehende informationstechnische Lösung parallel zur Supply Chain durch Bedienung von Standardschnittstellen aufgebaut werden. Ist aber eine derartige Transparenz unter dem Aspekt des Wettbewerbs erwünscht? Dort, wo viele Player beteiligt sind, scheitert auch aus Gründen des Wettbewerbs der Pool von Daten, die für einen gemeinsamen Austausch bereitstehen. Die Player behalten lieber ihre eigenen Kundendaten, ohne sie teilen zu wollen. Dieses zeigen die Supply Chains an Häfen und Flughäfen, aber auch in der Citylogistik (vgl. Kapitel 12). Damit erscheint das Konzept Industrie 4.0 sehr stark technikgetrieben, ohne Wettbewerbsaspekte zu berücksichtigen. Die Gefahr besteht, dass wie beim EDIFACT eine branchenübergreifende Standardisierung scheitert und nur branchenspezifische Subsets übrig bleiben.

---

5 WirtschaftsWoche: DEUTSCHE POST, Das Image des Musterknaben ist angekratzt, Nr. 046 vom 6. November 2015, S. 42, 2015.

3 Logistiksysteme der Materialwirtschaft

In diesem Kapitel sollen die Systeme der Materialwirtschaft vorgestellt werden. Zunächst werden Nummerierungssysteme behandelt, dann die ABC- und XYZ-Analyse und schließlich Prinzipien des Materialflusses und der Warteschlangen in Bedien- und Abfertigungssystemen.

3.1 Nummerierungssysteme

Um die Vielzahl der Materialarten und Teile in der Supply Chain zu verwalten, sind Nummerierungssysteme von Bedeutung. Dabei wird zwischen identifizierenden Schlüsseln und klassifizierenden Schlüsseln unterschieden. Die identifizierenden Nummerierungssysteme vergeben für jede Teile- und Materialart genau eine Teile- oder Materialnummer, die in der Regel 5 bis 20 Stellen umfassen kann. Hiermit ist eine eindeutige Identifikation der gewünschten Teile oder Materialart möglich. Diese Art der Identifikation ist besonders gut geeignet für die Verwaltung der Materialien in EDV-Systemen. Klassifizierende Nummerierungssysteme bilden hingegen für jede einzelne Materialart einen hierarchischen Schlüssel, der sich aus Ober- und Unterbegriffen zusammensetzt, etwa in der Weise Produktfamilie, Produkt, Baugruppe, Untergruppe. Man kann über diese klassifizierenden Schlüssel zwar leichter eine inhaltliche Zuordnung der Materialart vornehmen, eine Unterscheidung zwischen einzelnen Materialarten aber ist weniger leicht herbeizuführen als bei identifizierenden Schlüsseln.

Für die Beschaffungslogistik entlang der Lieferkette ist eine Abstimmung der Identifikationssysteme in den einzelnen Unternehmen erforderlich. Im Normalfall hat der Lieferant für seine angebotenen Materialien ein anderes Nummerierungs- und Klassifikationssystem als das beziehende Unternehmen. Die Abbildung 3.1 verdeutlicht diesen Abstimmungsbedarf. In der Regel liefert ein Lieferant an mehrere

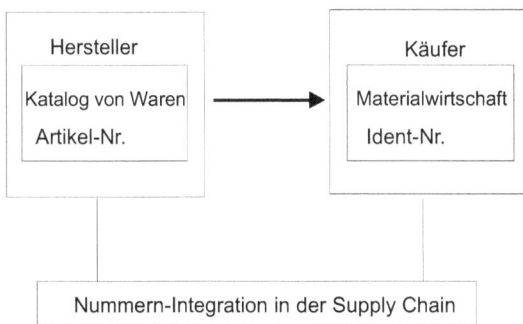

Abb. 3.1: Abstimmungsbedarf der Identifikationssysteme in der Supply Chain.

DOI 10.1515/9783110473285-007

Abnehmer, vielleicht sogar an eine Vielzahl von Abnehmern. Hieran lässt sich die Komplexität der Schnittstellenverwaltung ermessen.

3.2 Die ABC-Analyse und die XYZ-Analyse

Mithilfe des Verfahrens der ABC-Analyse werden „wichtige" von „unwichtigen" Materialien unterschieden. Die Vielzahl der Teile erfordert eine Klassifikation. Eingesetzt wird die ABC-Analyse in der Beschaffungslogistik, um für das Risikomanagement kritische Teile zu identifizieren und um wertvolle Materialien von Standardteilen zu trennen. Mit dem gleichen Ansatz kann man auch wichtige von unwichtigen Lieferanten unterscheiden. Auf der Absatzseite der Unternehmung unterscheidet die ABC-Analyse die wichtigen Umsatzträger von unwichtigen und kann so zur Bereinigung des Produktionsprogramms beitragen. Auch in der Ersatzteillogistik unterstützt die ABC-Analyse Verfahren, die in den Vertriebskanälen häufig benötigte Ersatzteile von Langsamdrehern unterscheiden.

Die ABC-Analyse geht von der Erfahrungsregel aus, dass nur ein kleiner Teil (ca. 5 %) der untersuchten Materialarten zu einem großen Teil (ca. 80 %) der Materialkosten (bei der Beschaffungslogistik) bzw. des Umsatzes (bei der Absatzanalyse) beiträgt. Diese werden als A-Teile bezeichnet. Umgekehrt lässt sich ebenfalls beobachten, dass ein großer Teil (ca. 80 %) der Materialarten nur zu einem kleinen Teil (ca. 5 %) der Materialkosten (bzw. des Umsatzes) beiträgt. Diese werden als C-Teile bezeichnet. Während man A- und C-Teile mit diesen Regeln einigermaßen genau bestimmen kann, entziehen sich die B-Teile einer direkten Beschreibung. Sie können als Restmenge von A- und C-Teilen gelten.

Ein Beispiel für das Verfahren der ABC-Analyse liefern Tabelle 3.1 und Tabelle 3.2. In Tabelle 3.1 ist die Beschaffung von sieben verschiedenen Teilen dargestellt, mit Teilenummern, zu beschaffenden Mengen, Einkaufspreis pro Stück und Einkaufswert (Menge × Einkaufspreis). In der Tabelle 3.2 sind diese Daten absteigend nach der Kategorie Einkaufswert sortiert.

Tab. 3.1: Beispiel für eine ABC-Analyse (Teil 1).

Teile-Nr.	Menge	EK-Preis €	EK-Wert €
K10002	5.000	2,37	11.850
P3307	1.500	152,20	228.300
L4586	20.000	6,98	139.600
H28667	700	350,40	245.280
K44374	2.000	12,55	25.100
M73953	20.000	6,89	137.800
P45228	1.200	839,00	1.006.800
Summe	**50.400**		**1.794.730**

Tab. 3.2: Beispiel für eine ABC-Analyse (Teil 2).

Teile-Nr.	Menge	EK-Preis €	EK-Wert €	EK-Wert kum.	in %	Menge kum.	in %
P45228	1.200	839,00	1.006.800	1.006.800	56	1.200	2
H28667	700	350,40	245.280	1.252.080	69	1.900	3
P3307	1.500	152,20	228.300	1.480.380	82	3.400	6
L4586	20.000	6,98	139.600	1.619.980	90	23.400	46
M73953	20.000	6,89	137.800	1.757.780	97	43.400	86
K44374	2.000	12,55	25.100	1.782.880	99	45.400	90
K10002	5.000	2,37	11.850	1.794.730	100	50.400	100

In der folgenden Spalte werden die Einkaufswerte kumuliert und dann als Prozentsatz des gesamten Einkaufswerts dargestellt. Wir erkennen in der Tabelle 3.2, dass die ersten drei Artikel 82 % des Einkaufswertes ausmachen, wenn man sie dagegen in der Menge kumuliert, nur 6 % der beschafften Menge darstellen. Man kann demnach die ersten drei Artikel als A-Artikel bezeichnen. Hingegen können die letzten vier Artikel als C-Artikel gelten, da sie beim kumulierten Einkaufswert lediglich 10 % ausmachen, nämlich den Sprung von 90 auf 100 %, aber in der kumulierten Menge 54 % darstellen, nämlich den Sprung von 46 auf 100 %.

Wenn man für eine große Artikelzahl die Wertentwicklung der Mengenentwicklung in einer ABC-Analyse gegenüberstellt, so ergibt sich eine stark ausgebauchte Kurve. In der Abbildung 3.2 stellen wir diese Kurve anhand eines Ersatzteillagers von 60.000 Artikeln eines Autoherstellers vor. Wenn man an dieser Kurve die A-Artikel

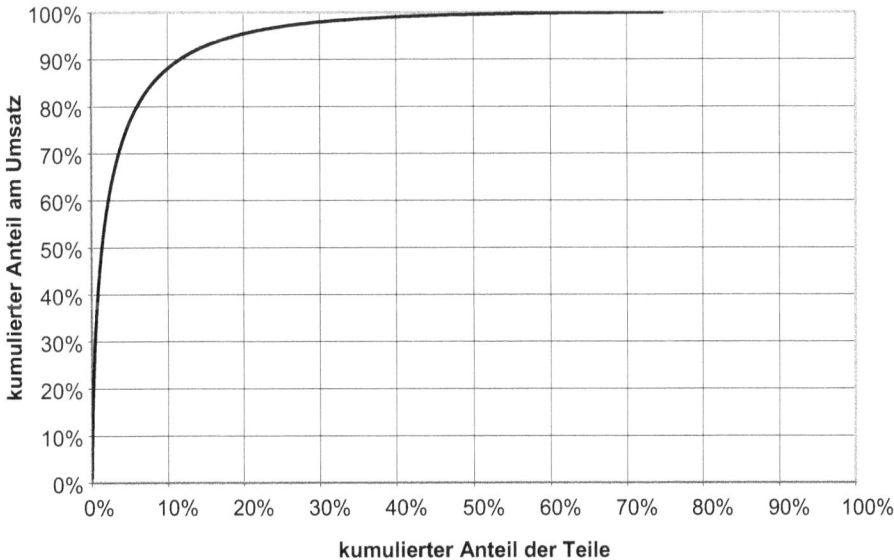

Abb. 3.2: Lorenzkurve der ABC-Analyse.

identifiziert, erkennt man, dass der Umsatzanteil von 80 % bei ca. 6 % der Teile abgewickelt wird. Umgekehrt sieht man, dass die Teile im Bereich 20 bis 100 % lediglich knapp 5 % des kumulierten Umsatzanteils ausmachen. Diese entsprechen damit den C-Teilen. Die B-Teile sind dann die Restmenge zwischen A- und C-Teilen. In der US-Literatur wird die in Abbildung 3.2 dargestellte Kurve als **Pareto-Chart** bezeichnet, während die Wirtschaftsstatistik von einer **Konzentrationskurve** oder **Lorenzkurve** spricht.

Die ABC-Analyse wird von der **XYZ-Analyse** ergänzt, die die Schwankungen des Bedarfs (Volatilität) der verschiedenen Materialarten ausdrückt und untersucht (siehe Abbildung 3.3). Die folgende Grafik zeigt beispielhaft die Schwankungen der Bedarfe für drei Artikel über 10 Wochen auf. Artikel 1 schwankt wenig. Die Standardabweichung beträgt nur 6 % des Mittelwerts von 50 Stück. Artikel 2 schwankt stärker. Hier besitzt die Standardabweichung einen Wert von 18 % des Mittelwerts von 77. Die Schwankungen des Artikels 3 sind am stärksten. In einigen Wochen, so in den Wochen 3, 5, 7, 9, sinkt der Bedarf sogar auf den Wert null. Die Zeitreihe von Artikel 3 weist eine Standardabweichung von 100 % des Mittelwerts von 18 Stück auf. Diese drei Artikel können wir nun den Kategorien X, Y und Z zuordnen.

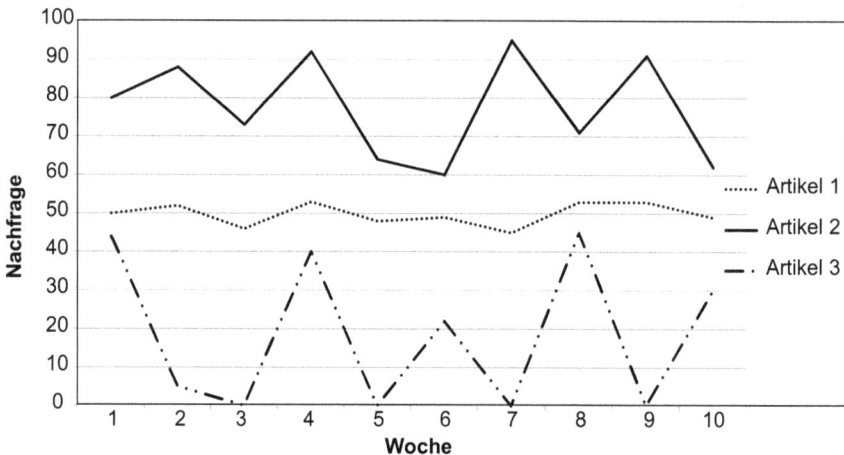

Abb. 3.3: X-, Y- und Z-Artikel.

X-Teile zeichnen sich durch einen stetigen Verbrauch und geringe Schwankungen (Standardabweichung) von weniger als 10 % des Mittelwerts aus. Wegen der Regelmäßigkeit kann als Belieferungsart die Just-In-Time-Zulieferung gewählt werden (siehe unten). Bei Y-Teilen treten stärkere Schwankungen auf. Die Bedarfsschwankungen (Standardabweichung) können zwischen 10 und 50 % des Mittelwerts betragen. Diese Schwankungen treten z. B. in den kurzzyklischen Märkten der Elektronikindustrie und der Modebranche auf. Die Belieferung kann durch ein VMI-Lager erfolgen (siehe unten). Z-Teile weisen noch größere Schwankungen im Verbrauch auf. Hier beträgt die Bedarfsschwankung (Standardabweichung) 50 bis 200 % des Mittelwerts. Man spricht auch von einem sporadischen Bedarf, sodass lediglich eine fallweise Beschaffung infrage kommt. Diese Bedarfsart spielt in der Versorgung von langsamdrehenden Ersatzteilen eine große Rolle.

Stellt man die Volatilität der Wertigkeit gegenüber, so ergaben sich die in der Abbildung 3.4 hellgrau unterlegten Bereiche AX, BX und CX, die für die Beschaffung auf Abruf (siehe unten) geeignet sind. Die dunkelgrau unterlegten Bereiche AY und BY sind für die Beschaffung größerer Lagermengen oder als Vendor Managed Inventory (siehe unten) geeignet. Die nicht eingefärbten Bereiche BZ, CZ und CY sind für die fallweise Beschaffung vorgesehen. Die Kombination AZ ist nicht sinnvoll, weil keine großen Mengen sporadisch beschafft werden können.

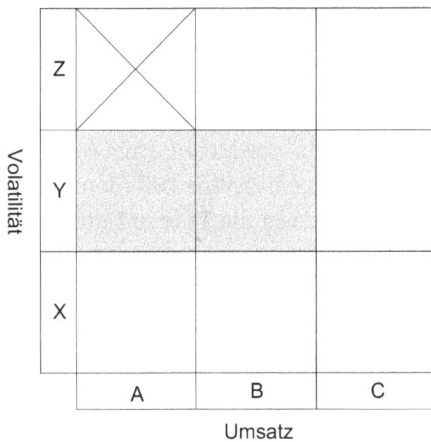

Abb. 3.4: Die Kombination von ABC- und XYZ-Analyse.

Neben dieser vorgestellten Klassifikation nach ABC und XYZ gibt es jedoch noch eine Reihe anderer wichtiger Klassifizierungsmöglichkeiten für die Teile im Rahmen des **Risikomanagements** in der Supply Chain. Hierbei geht es um die Funktionen der Teile und deren Bedeutung in einer Fehlerbaumanalyse für das Endprodukt, was die Sicherheit, die Gesundheit und das Leben der Verbraucher anbetrifft. Im Rahmen von Supply Chain Management werden auch Informationen über die Austauschbarkeit der Teile bei Lieferproblemen erforderlich. Gefragt wird nach der Austauschbarkeit mit anderen Teilen, aber auch nach dem Wechsel von Lieferanten.

3.3 Push- und Pullkonzepte im Materialfluss

Um die Prinzipien des Materialflusses zu diskutieren, gehen wir von einem Modell in der Produktionslogistik aus. Die Prinzipien können aber ebenso gut auf andere Bedien- oder Abfertigungssysteme in der Beschaffungslogistik oder Distributionslogistik übertragen werden (siehe unten). Wir gehen von einem Modell aus, in dem Arbeitsmaschinen in einer linearen Kette angeordnet sind. Jede Maschine besitzt einen Eingangspuffer, durch den das Material hineinkommt und einen Ausgangspuffer. Verknüpft werden die Maschinen in der linearen Kette durch ein Materialflusssystem, das den Ausgangspuffer der Vorgängermaschine mit dem Eingangspuffer der Nachfolgermaschine verknüpft. An jeder Maschine ist der Produktionsvorgang so vorstellbar, dass die im Eingangspuffer befindlichen Teile einzeln entnommen, nacheinander von der Maschine bearbeitet und als fertig bearbeitetes Werkstück in den Ausgangspuffer gelegt werden.

Werden die Maschinen durch ein automatisches Fördersystem miteinander verbunden, so können einzelne Werkstücke vom Ausgangspuffer zum Eingangspuffer der Folgemaschine darüber in einfacher Weise transportiert werden. Werden jedoch die Maschinen durch Transportfahrzeuge verbunden, die das Material aus dem Ausgangskorb aufnehmen und zum Eingangskorb der Folgemaschine befördern, so ist die geschlossene Produktion besser anwendbar, weil dann die Teile in Gitterboxen gesammelt werden können, bevor sie weitergeleitet werden.

Für die Analyse von Materialflusssystemen ist weiterhin entscheidend, nach welchem Prinzip die Werkstücke aus dem Eingangspuffer zur Bearbeitung an die Maschine gelangen. Je nachdem, in welcher Weise dieses vor sich geht, unterscheidet man verschiedene Arten der Abfertigung (Warteschlangendisziplin). Hier sind drei Ansätze zu unterscheiden:

1. Die Entnahme nach der Reihenfolge der Ankunft. Das ist das Prinzip First-In, First-Out (FIFO-Regel).
2. Die Entnahme nach der Regel, dass das zuletzt eingetroffene Werkstück als erstes bearbeitet wird (Last-In, First-Out, LIFO-Regel).
3. Auf Werkstücke, die von unterschiedlichen Kundenaufträgen stammen, können verschiedene Prioritätsregeln nach der Wichtigkeit der Kunden und dem voraussichtlichen Terminerfüllungsgrad der Aufträge angewendet werden.

Wenn man das Materialflusssystem als eine Kette auffasst, so entsteht weiterhin die Frage, nach welchen Auslöserimpulsen das Material von einer Maschine zur Folgemaschine weitergegeben wird. Man unterscheidet dabei die Push-Systeme von den Pull-Systemen.

Push-Systeme entsprechen den herkömmlichen Strategien des Materialflusses in der Werkstatt. Der Begriff Push-System meint, dass das Material dann zur Folgemaschine weitergegeben wird, wenn es im Ausgangspuffer vorliegt, sei es in der offenen oder in der geschlossenen Produktion. Das impliziert, dass die Folgemaschine das Material unabhängig davon erhält, ob ihr Eingangspuffer bereits stark oder weniger stark gefüllt ist. Aus der Sicht der Folgemaschine wäre eine Weitergabe des Materials zu dem Zeitpunkt wünschenswert, wenn gerade ihr Eingangspuffer leer ist. Unter den Bedingungen des stochastischen Modells des Materialflusses kommen in den Eingangspuffern der Maschinen rasch Schlangen von wartendem Material zustande. Daher ist die Materialweitergabe nach dem Push-Prinzip wenig vorteilhaft.

Das Pull-Prinzip: Wenn man das Materialflusssystem als eine Einheit begreift, so ist ein Produktionsvorlauf an der Vorgängermaschine erst dann erforderlich, wenn die Nachfolgermaschine kein Material mehr im Eingangspuffer hat. Diesen Gedanken macht sich das Pull-System zunutze. Sobald der Eingangspuffer der Nachfolgermaschine leer ist, läuft ein Auftragsimpuls an das Materialflusssystem, einen gefüllten Vorratsbehälter aus dem Ausgangspuffer der Vorgängermaschine in den Eingangspuffer der Nachfolgermaschine zu transportieren und damit für die Nachfolgermaschine Material bereitzustellen. Die Vorgängermaschine bemerkt die Entleerung des Ausgangspuffers und beginnt dann mit der Produktion von neuem Material für den Ausgangspuffer, indem sie auf die Werkstücke im Eingangspuffer zurückgreift. Auf diese Weise wird die Vorgängermaschine erst dann tätig, wenn Material von der Nachfolgermaschine benötigt worden ist. Voraussetzung für das Funktionieren dieses Systems ist ein Anfangszustand, in welchem die Ausgangspuffer aller Maschinen mit Material gefüllt sind, bereit zur Weitergabe an die Nachfolgermaschinen. Mit dem Kanban-Ansatz wird dieses Pull-System systematisiert und in ein Organisationskonzept eingebettet. Gemessen an den Kriterien der mittleren Bestandshöhe in den Eingangskörben (Warteschlangenlänge) und der mittleren Durchlaufzeit des Materials durch das Gesamtsystem haben Simulationsstudien und praktische Erfahrungen erwiesen, dass die Pull-Systeme den Push-Systemen überlegen sind. Es hat daher im vergangenen Jahrzehnt eine starke Umorientierung von Push- auf Pull-Systeme in der deutschen Industrie gegeben.

3.4 Warteschlangen in Bediensystemen der Logistik

Bedien- oder Abfertigungssysteme treffen wir in der Logistik in vielfältiger Form an. In der Beschaffungslogistik denken wir an die Entladerampe in der Wareneingangszone, an der eintreffende Lkw abgefertigt werden. In der Produktionslogistik geht es um die Bearbeitung von Werkstücken an Arbeitsstationen oder das Finish von Konsumgütern als Value Added Service von Speditionen. In der Distributionslogistik können wir uns Kommissioniersysteme vorstellen, in denen Bestellungen als Kommissionieraufträge abgefertigt werden. Eine weitere Aufgabe ist die Verpackung von Sendungen gemäß der Versandaufträge, die in der Distributionslogistik von Bedeutung sind. Bei internationalen Transporten stellt die Zollabfertigung ein wichtiges Bediensystem dar. Hier werden die im Airport eintreffenden Luftfrachtsendungen abgefertigt oder die im Hafen eintreffenden Container bzw. die an der Grenze wartenden Lkw. Auch sind Kassen im Einzelhandel weit verbreitete Bediensysteme. Die folgende Tabelle 3.3 stellt diese Systeme noch einmal vor und zeigt die von den Systemen abgefertigten Einheiten auf.

Tab. 3.3: Bediensysteme.

Bediensystem	Abgefertigte Einheiten
Entladerampe in der Wareneingangszone	Lkw
Bearbeitungsstation für die Bearbeitung von Werkstücken in der Produktionslogistik	Werkstücke
Konfektionierung für die Mass Customization als Value Added Service	Konsumgüter
Kommissioniersysteme in der Distributionslogistik	Bestellungen als Kommissionieraufträge
Verpackung von Sendungen	Versandaufträge
Zollabfertigung	Im Airport eintreffende Luftfracht Im Hafen eintreffende Container An der Grenze eintreffende LKW
Callcenter	Eingehende Anrufe
Kassen	Kunden im Einzelhandel

Fragestellungen bei Bediensystemen sind die folgenden: Wenn man die Systeme als Kanäle auffasst, durch die hindurch die abgefertigten Einheiten fließen müssen, so stellt sich die Frage nach der Kapazität dieser Kanäle. Dann kann gefragt werden, wie diese Kapazität zu bemessen ist und wie die Bediensysteme auszulegen sind, damit die durchschnittlichen Wartezeiten bei der Abfertigung eine gewisse Obergrenze nicht überschreiten. Die Wartezeiten bei Bediensystemen sind daher eine wichtige Einflussgröße für die Schnelligkeit der Abfertigung und für das Serviceniveau in der gesamten Lieferkette (vgl. Kapitel 3).

Um die bei unzureichender Kapazität der Bediensysteme entstehenden Warteschlangen in Logistiksystemen zu erklären, soll im Folgenden ein einfacher warteschlangentheoretischer Ansatz vorgestellt werden. Gehen wir von unregelmäßigen Bearbeitungszeiten an Vorgängersystemen und unregelmäßigen Transportzeiten aus, so ergeben sich am Bediensystem zufällig gestreute Ankunftszeiten der Einheiten, die dort in den Stauraum eintreffen. Die Ankunftszeiten im Bediensystem stellen demnach einen stochastischen Prozess dar.

Als zweite Quelle einer Stochastik treten unterschiedliche Abfertigungszeiten im Bediensystem auf, die aus Unregelmäßigkeiten des Materials, aus Ausfallzeiten des Abfertigungssystems sowie aus variierender Aufmerksamkeit des Abfertigungspersonals resultieren und damit einen stochastischen Abfertigungsprozess beschreiben. Die Stochastik von Ankunfts- und Abfertigungsprozessen beschreiben wir mit den

Mittelwerten λ und μ. Man bezeichnet λ als **Ankunftsrate** und μ als **Abfertigungs-rate,** jeweils gemessen in Stück pro Zeiteinheit. Die Abbildung 3.5 beschreibt diese zufälligen Prozesse.

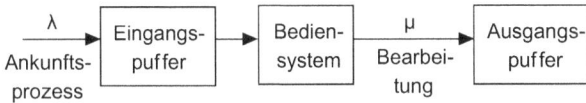

Abb. 3.5: Stochastik bei Ankunft und Abfertigung von Einheiten.

Die sich insgesamt ergebende Stochastik besitzt einen enormen Einfluss auf
– die Bildung und das Anwachsen der Warteschlangen,
– das Absinken der genutzten Kapazität des Bedienkanals unter 100 % und
– ein ausgeprägtes Anwachsen der Durchlaufzeiten in Bedieneinrichtungen.

Unterstellen wir ein einfaches **Warteschlangensystem** von einem Bediensystem mit einem Abfertigungskanal mit Poisson-verteilten Ankunfts- und Bearbeitungsprozessen (in der Literatur auch als M/M/1-Wartesysteme bezeichnet), so kann man die Systemdynamik mit einfachen Formeln beschreiben. Dazu nehmen wir an, dass die Ankunftsrate unter der Abfertigungsrate liegt ($\lambda < \mu$). Dann ergibt sich:
– Der Quotient λ/μ liegt wegen $\lambda < \mu$ stets unter 100 %.
– Die Größe $1 - \lambda/\mu$ ist der Prozentsatz des Arbeitstages, zu dem das Abfertigungssystem mangels wartender Aufträge nicht arbeiten kann. Es handelt sich um Systemstillstandszeiten.
– Die mittlere Anzahl der Aufträge in der Warteschlange ist der Quotient $\lambda^2/\mu(\mu - \lambda)$.
– Die Größe $1/(\mu - \lambda)$ stellt die mittlere Durchlaufzeit (Warten plus Abfertigung) der Aufträge im Gesamtsystem dar.
– Die Größe $\lambda/(\mu - \lambda)$ stellt die mittlere Anzahl der Aufträge im Gesamtsystem dar (Warten plus Abfertigung).

Die folgende Tabelle 3.4 gibt die Zusammenhänge für ausgewählte Werte von $\mu = 1$ wieder.

Die Tabelle 3.4 zeigt, dass die durchschnittliche Anzahl wartender Aufträge zwischen 1 und 2,25 gleichbedeutend mit einer Kapazitätsausnutzung zwischen 61,8 und 75 % ist. Bereits bei dieser noch gering erscheinenden Kapazitätsauslastung betragen die Durchlaufzeiten bereits zwischen 2,6 und 4 Zeiteinheiten.

Fragt man nun nach der Länge der Warteschlange bei $\mu = 1$, so erhält man aus der Tabelle 3.4 das folgende Diagramm von Abbildung 3.6, das die Kapazitätsnutzung im Abfertigungssystem mit der durchschnittlichen Zahl der in der Schlange wartenden Aufträge verbindet.

Tab. 3.4: Wirkung der Ankunftsrate auf die Kapazitätsauslastung und Durchlaufzeit.

Ankunftsrate	Kapazitätsaus-lastung	Mittlere Anzahl der Aufträge in der Warte-schlange	Mittlere Durchlaufzeit	Stillstandszeiten des Systems
λ	λ/μ	$\lambda^2/\mu(\mu-\lambda)$	$1/(\mu-\lambda)$	$1-\lambda/\mu$
0,5	50	0,5	2	50
0,618	61,8	1	2,6	38,2
0,75	75	2,25	4	25
0,9	90	8,1	10	10
0,95	95	18	20	5
0,98	98	48	50	2

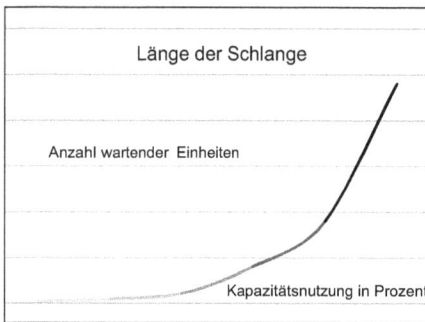

Abb. 3.6: Schlangenlänge und Kapazitätsnutzung.

3.5 Anlieferkonzepte der Beschaffungslogistik

Die Anlieferung von Material von Lieferanten erfolgt in der Beschaffungslogistik nach besonderen Anlieferstrategien:

- **Die Lieferung auf Abruf, Just-In-Time (JIT):** Statt mit großen Losen anzulie-fern, werden kleine Partien angeliefert, die kurzfristig abgerufen werden können. Hierdurch entsteht eine höhere Flexibilität der Produktionssteuerung, um auf An-forderungen von Mass Customization eingehen zu können. Ein Beispiel ist die auf das Montageband bezogene sequenzgenaue Anlieferung von Autositzen. Die Steuerung der Lieferabrufe erfolgt nach dem Konzept der Fortschrittszahlen. Ar-tikel, deren Bedarf regelmäßig ist (AX-Artikel, BX-Artikel und CX-Artikel) sind für die Beschaffung auf Abruf geeignet. Zur weiterführenden Diskussion um die Just-In-Time-Anlieferung sei auf Vahrenkamp/Kotzab, 2012, verwiesen.
- **Outsourcing der Eingangslager:** Um die hohen Lohnkosten in den Stammwer-ken der Automobilindustrie (OEM) zu umgehen, hat man dort die Eingangslager auf Spediteure outgesourct, die die Lagerarbeiter nach den niedrigeren Tarifen der Transportgewerkschaft „Ver.di" entlohnen. Ferner können kleinere Teilliefe-

rungen, die einen LKW nicht auslasten, durch die Spediteure besser gebündelt angeliefert werden.

– **VMI (Vendor Managed Inventory), Konsignationslager:** Beim VMI-Konzept bewirtschaftet der Lieferant das Eingangslager des Abnehmers und ist für die Einhaltung des Mindestbestands, der vertraglich vereinbart ist, verantwortlich und disponiert dementsprechend eigenverantwortlich den Nachschub. Diese Nachschubsteuerung kann der Lieferant mit seiner eigenen Produktionsplanung abstimmen und so besser wirtschaftliche Lose erreichen. Auf ein Ausgangslager kann der Zulieferer verzichten, wenn er direkt ins Eingangslager liefert. Für den Abnehmer besitzt dieses Anlieferkonzept den Vorteil, den Bestellaufwand zu senken. Das Lager kann auch von einem Logistikdienstleister im Auftrag des Lieferanten verwaltet werden. Das Konsignationslager-Konzept stellt eine Erweiterung des VMI-Konzepts dar, weil die Lagerbestände bis zur Entnahme durch den Abnehmer im Eigentum des Lieferanten verbleiben und das Material erst nach der Entnahme in das Eigentum des Abnehmers übergeht. VMI- und Konsignationslager-Konzept sind für eine Versorgung mit Artikeln, deren Bedarf regelmäßig ist, weniger geeignet. Anders ist die Situation bei Artikeln, deren Bedarf schwankend ist (BY- und CY-Artikel) zu bewerten. Hier bietet es sich an, mittels VMI oder Konsignationslager das Risiko, eine ausreichende Bestandshöhe zu garantieren, auf den Lieferanten zu verlagern. Diese Anlieferstrategien sind in den kurzzyklischen Märkten der Elektronikindustrie und der Modebranche von Bedeutung, aber nur zu realisieren, wenn der Lieferant über Supply-Chain-Management-Systeme frühzeitig den Bedarf mitgeteilt bekommt. Das VMI-Konzept wird neuerdings auch sehr stark von den First-Tier-Automobilzulieferern verfolgt, um auf diese Weise ihre eigenen Zulieferer einzubinden.[1]

– **Insourcing-Konzepte** binden den Lieferanten nahe an das Hauptwerk des OEM, um kurze Lieferzeiten zu ermöglichen. Man unterscheidet in der Autoindustrie:
  1. Den Lieferantenpark: Ansiedlung von Lieferanten auf einem Gewerbegebiet in der Nachbarschaft des Autowerkes.
  2. Ansiedlung im Werk selbst (Factory-In-Factory, z. B. bei Smart), aber ohne den Einbau der Komponenten vorzunehmen.
  3. Ansiedlung im Werk mit Einbau der Komponenten am Band.
  Bei den Insourcing-Konzepten werden die Lohnkostenvorteile von Lieferanten genutzt, die nicht an die hohen Haustarife der Autowerke gebunden sind.

Ein wichtiger Teilprozess der Beschaffungslogsitik ist die **Warenannahme.** Diese bildet die Schnittstelle zwischen dem Lieferanten und der von ihm beauftragten Spedition und dem abnehmenden Unternehmen. Hier geht es um die Anlieferung der Waren, die in der Eingangszone der Unternehmen entladen werden. Dazu sind stich-

---

1 Siehe Automobil Industrie: Die zweite Stufe zündet, in: Automobil Industrie, Nr. 01-02, S. 20, 2005.

probenartige Kontrollen der Qualität der angelieferten Ware erforderlich. Die verein-
nahmte Ware ist mit den Bestellungen und Lieferscheinen zu vergleichen (wobei sich
ergebende Differenzen zu dokumentieren sind), ggf. in Behälter für die Lagerung umzupacken und in einem Eingangslager einzulagern. Probleme ergeben sich, wenn zu
viele Lkw an der Entladerampe stehen und sich hierdurch ein Stau unter den ab-
zufertigenden Lkw bildet (BAG, 2013). Für das Supply Chain Management sind deswegen für den Empfang der Ware bestimmte Zeitfenster zu vereinbaren. Die logis-
tischen Schnittstellen der Prozesskette beim Wareneingang umfassen die folgenden
Punkte:
– Verpackungsvorschriften, Palettenstandards, Behältertypen sowie Leergut- und
   Entsorgungsmanagement,
– Barcode-Standards, Nachrichtentypen und Artikelnummern,
– Lieferabrufe, Just-In-Time-Anlieferungen (JIT) und vom Lieferanten verwaltete
   Vorräte beim Abnehmer (Vendor Managed Inventory, VMI),
– Versorgungssicherheit und Notfallstrategien und
– Lieferpapiere, Kennzeichnungen von Versandeinheiten und Zollplanung, Quali-
   tätssicherungssysteme und Änderungsdienst.

Die Beschaffungslogistik von großen Produktionsbetrieben ist von einer Vielzahl von
Lieferanten gekennzeichnet. Der Auftragsfertiger Magna Steyr unterhält ein Netzwerk
von 1.000 Lieferanten, von denen pro Jahr 1 Mio. Transportaufträge ins Werk Graz
gehen und dabei 400.000 Ladungsträgerbuchungen erfolgen. Hierdurch besteht die
Situation, dass es zu einem nicht koordinierten Anlieferungsverkehr in der Eingangszone der Warenannahme kommt. Viele Speditionen treten dort mit ihren Lkw auf.
Als Ansatzpunkt, um den Verkehr in der Eingangszone zu koordinieren, bietet sich
zunächst die Vergabe von Zeitfenstern für Anlieferverkehre an. Magna Steyr hat zur
Koordinierung der Anlieferverkehre ein Internet-basiertes IT-System geschaffen, das
die Transportplanung, die Transportsteuerung, die Ladungsträgerverwaltung und das
Frachtkostenclearing übernimmt. In der Transportplanung werden die folgenden Op-
timierungsziele verfolgt:
– Frequenzoptimierung für mögliche Full-Truck-Loads,
– Zusammenfassung von mehreren Teilebedarfen und/oder Lieferanten zu Trans-
   porten,
– Optimierung der Routen dieser Transporte in der Anfahrtsreihenfolge, nach An-
   lieferungszeitpunkten und in der Frequenz und
– Nutzung von Synergien von eingehenden und ausgehenden Transporten.

Das System ermöglicht dem Auftragsfertiger Magna Steyr, die Rechnungslegung und
Kostenzuordnung bei der Beschaffung für die unterschiedlichen Auftraggeber getrennt auszuweisen.

Für das Problem, die Anlieferverkehre zu bündeln, haben die Speditionen als Logistikdienstleister ebenfalls Modelle entwickelt. In der Automobilindustrie ist die Bündelung der Beschaffung durch
– Gebietsspediteure,
– das Milkrun-Konzept und
– Lead Logistics Provider (LLP)

weit verbreitet. Diese Konzepte werden nachfolgend erläutert.

Bei der Just-In-Time-Versorgung der Produktion spielt das Anliefersystem eine große Rolle. Für die einzelnen Materialarten werden täglich mehrfache Anlieferungen vereinbart. Die hohen täglichen Transportleistungen werden am besten durch einen Spediteur gebündelt, der die Vielzahl der kleineren Mengen aus einem Aufkommensgebiet kostengünstig kombinieren kann **(Gebietsspediteur).**

Die Tabelle 3.5 fasst die Vorteile, die bei Übertragung der logistischen Funktionen auf eine Gebietsspedition zum Tragen kommen, zusammen.

Tab. 3.5: Aspekte zur Vergabe logistischer Funktionen an einen Gebietsspediteur.

Gebietsspediteur	Abnehmer	Zulieferer
– stabile Pläne für Termine und Transportvolumen	– geringe Anzahl von Spediteuren	– Verringerung des Logistikaufwandes
– enger Kontakt zwischen Abnehmern und Zulieferern	– geregelte Rückführung von Leergut	– Nähe zum Spediteur
– Wegoptimierung	– geringere Verkehrsprobleme bei Anlieferung	– einfachere Kostenkalkulation
– langfristige Zusammenarbeit	– vereinfachter Wareneingang	– einfachere Vereinbarung des Bereitstellungszeitpunkts für den Spediteur
– sichere Zahlungseingänge	– automatische Datenverarbeitung	– höhere Terminpünktlichkeit
– verringerte Akquisitionsaufwendungen	– einfachere Terminsteuerung	– geregelte Rückführung von Leergut
– festgelegte Aufgabenbereiche	– schnellere Bereitstellung von Sonderlieferungen	– Verlagerung des Transportrisikos
– Übernahme von zusätzlichen Funktionen	– Verlagerung von Routinefunktionen	
– hohe Kapazitätsauslastung	– geringere Transportkosten	
	– abgegrenzte Verantwortungsbereiche	
	– Verringerung des Logistikaufwandes	

Oft unterhalten Spediteure **Auslieferungslager** nahe dem Produktionswerk, welche eine Versorgung der Produktion nach dem JIT-Prinzip im Pendelverkehr ermöglichen. Die Versorgungslager können dann im längeren Zeitrhythmus und in größeren Partien von den Zulieferern aufgefüllt werden. Mit der Einrichtung von Auslieferungslagern ist eine bisher wenig beachtete Schnittstellenvereinfachung in der **Eingangszone** der Werke möglich. Anstatt in der Eingangszone eine Vielzahl von Lkw der einzelnen Zulieferer zu entladen und so das Risiko von Staus in der Entladezone zu erhöhen, kommen dort nun deutlich weniger Versorgungsfahrzeuge im JIT-Pendelverkehr an, weil diese Fahrzeuge den Einzelbedarf bündeln und voll beladen eintreffen, während bei der Einzelbelieferung die Ladekapazität lediglich z. T. ausgenutzt werden konnte. Beispielsweise trafen im Mercedes-Werk Kassel vor der JIT-Anlieferung täglich ca. 100 Lkw mit durchschnittlich sechs Tonnen Ladung ein. Nach der Umstellung auf die JIT-Versorgung durch ein Lager im Nahbereich reduzierte sich diese Zahl auf täglich 20 vollbeladene Lkw – eine deutliche Verringerung der Anlieferfrequenz. Die **JIT-Nahbereichsversorgung** findet man ebenfalls im Motorenwerk von VW in Salzgitter mit drei von Spediteuren verwalteten Lagern, oder auch im BMW-Werk München. Nicht allein Auslieferungslager, sondern auch Zweigwerke von Zulieferern siedeln sich im Nahbereich an, wie beispielsweise im Raum Stuttgart, im Nahbereich um das BMW-Werk Regensburg (30 Zuliefererwerke) und im Nahbereich des neuen Opel-Standortes Eisenach. Häufig werden die Zulieferer inzwischen direkt in die Montagewerke einquartiert, um dort die Module zu montieren und sie dann am Band ohne Zeitverzug in das Fahrzeug einzubauen. So weist z. B. Audi den Zulieferern in seinem Werk in Ingolstadt farbige Zonen in der Werkshalle zu.

Mit dem **Milkrun-Konzept** nimmt der Gebietsspediteur eine systematische Erfassung der Lieferanten durch ein Tourenplanungskonzept vor.[2] Die Tourenplanung gibt eine streckenoptimierte Reihenfolge der einzelnen Anfahrpunkte bei den Lieferanten vor, wo der Lkw im Sammelverkehr schrittweise beladen wird. Damit die Koordination erfolgreich wird, müssen bestimmte Milkrun-Regeln eingehalten werden. Diese umfassen zeitliche und mengenmäßige Vorgaben. Die zeitlichen Vorgaben stellen definierte Liefertage und Zeitfenster in diesen Liefertagen zusammen, damit für den Sammel-Lkw beim Eintreffen zeitnah die Ware bereitsteht und der Sammel-Lkw beladen werden kann. Die mengenmäßigen Vorgaben begrenzen das maximale Ladevolumen pro Lieferant, damit der Lkw in seiner Sammeltour die Kapazität für alle definierten Sammelpunkte frei hat. Durch die Einhaltung der Milkrun-Regeln ergeben sich einfache, transparente und standardisierte Transportvorgänge. Damit ermöglicht das Milkrun-Konzept eine Verbesserung des Beschaffungsprozesses, in dem alle Beteiligten wie Kunde, Lieferant und Logistikdienstleister aufeinander abgestimmt werden. Damit versucht das Milkrun-Konzept die Schwächen des klassischen Konsolidierungsprinzips in der Sammellogistik zu überwinden, die zu ungünstigen Tourenplanungen, langen Transportdurchlaufzeiten und einer geringeren Liefertreue führten.

Ein weiterer Aspekt des Milkrun-Konzeptes besteht in der Integration des Lehrgutrückflusses in die Sammeltour. Zur Durchführung des Milkrun-Konzeptes ist von den

---

2 Die Bezeichnung Milkrun ist eine Verniedlichung und kommt von der Sammeltour bei Milchbauern.

Beteiligten aber nicht nur die Vorgabe der Milkrun-Regeln einzufordern, sondern auch eine flexible Umplanung der Prozesse, sofern sich Verzögerungen im Sammelbetrieb einstellen.

Bei der Einführung des Milkrun-Konzeptes ist zu bedenken, dass nicht alle Lieferanten für diese Art der Integration geeignet sind, sondern nur diejenigen, welche ein stetiges Teilladeaufkommen aufweisen. Dagegen müssen Komplettladungs-Lieferanten, Frei-Haus-Lieferanten und Kleinstmengen-Lieferanten aus den Betrachtungen ausgeschlossen werden. Zur Vereinfachung der Anlieferprozesse ist in den Verhandlungen darauf hinzuwirken, dass die Frei-Haus-Lieferanten in das System der Gebietsspediteure mit eingeschlossen werden. Die folgende Tabelle 3.6 gibt nach Faust und Wildemann, 2004, die Vorgehensweise zur Einführung des Milkrun-Konzeptes an. Die Autoren geben an, dass bei den von ihnen durchgeführten Milkrun-Projekten durchschnittliche Einsparpotentiale von 26 % der betrachteten Transportkosten erzielt werden konnten.

Tab. 3.6: Schritte bei der Einführung eines Milkrun-Projektes.

Vorgehensweise zur Einführung von Milkruns
1. **Ermittlung der Lieferanten** mit Volumen und Gewicht im geographischen Konzentrationsfeld
2. **Selektion der potentiellen Milkrun-Lieferanten:** Herausfiltern der Komplettladungs-Lieferanten/Kleinst-Lieferanten (Maximalladewerte; Richt-Anlieferhäufigkeit; definierte Volumen- und Gewichtsgrenzwerte)
3. **Überprüfung der vorselektierten Milkrun-Lieferanten** in Abstimmung mit der Disposition hinsichtlich Milkrun-Relevanz (kein Frei-Haus-Lieferant, zukünftige Relevanz)
4. **Festlegung Milkrun-Restriktionen** (Richtwerte für Gewicht und Volumen in Abhängigkeit der Maximalladewerte bei Richt-Anlieferhäufigkeit; Definitionen des Schwankungskorridors, maximale Anzahl Milkrun-Lieferanten)
5. **Bildung von Milkrun-Optionen** unter Berücksichtigung der Milkrun-Restriktionen maximale Anzahl Milkrun-Lieferanten, Gewicht und Volumen (Gestaltungsfelder: Abholhäufigkeit, Anzahl der Milkruns)
6. **Optionen-Auswahl** (Kriterien: Anzahl der Milkruns, optimale Auslastung der Milkruns)
7. **Ausplanung der Milkruns:** Route, Soll-Zeitplan mit Zeitfenster, Volumen-Kontingente und evtl. Anpassung der Ausplanung (z. B. Nicht-Erfüllung der Zeitrestriktionen)
8. **Potential-Ermittlung** und Entscheidung zur Umsetzung
9. **Umsetzung:** Einladung zum Lieferanten-Workshop, Milkrun-Schedule, Lieferanten-Workshop, Versenden der Versandanweisungen, Testlauf
10. **Milkrun-Controlling**

Ein weiterer Entwicklungsschritt zur Koordinierung der Anlieferverkehre besteht darin, für die Abwicklung der Eingangslogistik eine verantwortliche Spedition hervorzuheben **(Lead Logistics Provider, LLP).** Das Konzept des LLP ist von Bedeutung für große Produktionsunternehmen mit vielen Werksstandorten oder mit einer Vielzahl von Lieferanten, wodurch ein komplexes Lieferantennetzwerk mit zahlreichen

Logistikdienstleistern entstehen kann. Der österreichische Auftragsfertiger für Automobile, Magna Steyr, wickelt in seinem Netzwerk mit 1.000 Lieferanten pro Jahr ca. 1 Mio. Transportaufträge mit 400.000 Buchungen für Ladungsträger ab.

Mit dem LLP erhält das beschaffende Unternehmen einen einzigen Ansprechpartner für die Abwicklung der Beschaffungslogistik. Damit wird es dann zur Aufgabe des LLP, die beteiligten Speditionen im Lieferantennetzwerk zu koordinieren. Diese Koordinationsaufgabe besteht in der Vereinheitlichung der Anforderungen in der Prozessabwicklung. Diese betreffen

– den zentralen Einkauf von Frachtraum über alle Werksstandorte und Empfangsstellen,
– die Qualität der Prozesse, die durch vereinbarte Kennzahlen und Frachtenbenchmarks gesichert wird,
– die Vereinheitlichung der IT-Systeme,
– die Vereinheitlichung der eingesetzten Ladungsträger,
– die Koordination der Leergutrückführung und
– die Anlieferzeitfenster.

Auch werden die Preisverhandlungen der dem LLP untergeordneten Speditionen nun mit dem LLP geführt und nicht mehr direkt mit dem beschaffenden Unternehmen. Durch die vom LLP vorgenommene Vereinheitlichung der Prozesse im Beschaffungsnetzwerk wird ein hoher Rationalisierungseffekt erzielt und ein Teil der Managementaufgaben vom beschaffenden Unternehmen auf den LLP übertragen. Dadurch entstehen für das beschaffende Unternehmen eine Entlastung der Managementfunktionen und zugleich eine deutliche Qualitätssteigerung der Prozesse. Im Unterschied zum 4PL-Ansatz führt der LLP einen beträchtlichen Anteil von 40 bis 80 % der Speditionsaufgaben selbst durch und vergibt lediglich den verbleibenden Rest an 3PL-Dienstleister. Mit dieser Dominanz des LLP in der Auftragsabwicklung gewährleistet der LLP die Aufrechterhaltung eines hohen Prozessniveaus und behält auch Kenntnisse über die Marktkonditionen in wichtigen Teilbereichen der Beschaffungslogistik. Diese Kenntnisse kann der LLP dann wirkungsvoll in den Verhandlungen mit den 3PL-Dienstleistern einsetzen.

4 Speditionen als Integratoren der Logistikkette

In diesem Kapitel werden die Speditionen für die verschiedenen Verkehrsträger und deren Dienstleistungen behandelt.

4.1 Grundlegende Begriffe und Übersicht

Unter einer **Spedition** versteht man ein Unternehmen, dessen primärer Unternehmenszweck im Transport und ggf. in der Lagerung von Gütern besteht. Genau genommen ist jedoch der Begriff des Spediteurs von demjenigen des Frachtführers und des Lagerhalters zu unterscheiden. Diese Differenzierung hat ihren Ursprung im Handelsrecht, wo das **Frachtgeschäft** (§§ 407 bis 452d HGB), das **Speditionsgeschäft** (§§ 453 bis 466 HGB) und das **Lagergeschäft** (§§ 467 bis 475h HGB) unterschieden werden. Das Speditionsgeschäft umfasst dabei (lediglich) die Organisation der Transporte, nicht jedoch deren Ausführung. Diese ist Gegenstand des Frachtgeschäfts. Das Lagergeschäft beinhaltet die Lagerung von Gütern. Spediteur, Frachtführer und Lagerhalter können, müssen aber nicht in einem Unternehmen vereint sein, d. h., ein Spediteur kann die Durchführung von Transporten entweder selbst (mit eigenen Kapazitäten) besorgen oder sich dazu eines externen Frachtführers bedienen. Übernimmt die Spedition den Transport selbst, so spricht das Handelsgesetzbuch vom **Selbsteintritt** (§ 458 HGB).

Spediteure sind wichtige Mittler in der Konstituierung von Logistikketten. Sie disponieren nach Angaben des Bundesverbandes Spedition und Logistik (BSLV) in Deutschland die folgenden Mengen:
- 80 % der Transportmenge im gewerblichen Straßengüterfernverkehr,
- 98 % des Luftfrachtaufkommens,
- 20 % der Tonnage in der Binnenschifffahrt,
- 25 % der Güter im Schienenverkehr (einschließlich der durch Operateure des Kombinierten Verkehrs ausgelieferten Mengen) und
- 75 % der Gütermenge im Seeverkehr (außer Massengut).

Das Betätigungsfeld von Speditionen ist damit verkehrsträgerübergreifend. Die Tabelle 4.1 gibt nach einer Umfrage des BSLV eine Übersicht über die Tätigkeitsfelder und die Zusammenarbeit der Speditionen mit den einzelnen Verkehrsträgern.

Der Spediteur organisiert Transportketten und übernimmt dazu eine Vielzahl von Aufgaben (vgl. Tabelle 4.2). Er stellt unter der großen Zahl von Transportalternativen die für seinen Auftraggeber günstigsten Beförderungsmöglichkeiten zusammen. Hierbei geht es um die Aspekte der Kostenersparnis, der Schnelligkeit und der Sicherstellung der Qualität. Der Spediteur übernimmt die Einsammlung von Gütern beim Kunden und die Auslieferung beim Empfänger. Hierbei kann er eine Vielzahl von kleinen Sendungen zu kompletten Ladungen kombinieren. Damit stellt er die Ausnutzung

DOI 10.1515/9783110473285-008

Tab. 4.1: Tätigkeitsfelder der Speditionen. Bezugsgröße: 2500 Betriebe.

Leistungsbereich	Prozent der Nennungen
Stückgutverkehre	52
Paket- und Expressdienste	25
Befrachtung von Lkw	73
– nationale Verkehre	63
– internationale Verkehre	66
Güterfernverkehr mit eigenem Lkw (Selbsteintritt)	39
Speditionsnahverkehr	49
Bahnbefrachtung	15
Luftfrachtspedition	47
Seefrachtspedition	53
Zollabfertigung	65
Binnenschifffahrtsspedition	15
Binnenumschlagsspedition	10
Kombinierter Verkehr	30
Gefahrgutlogistik	40
Fahrzeugdistribution	6
Neumöbelspedition (inkl. Möbeltransport)	7
Umzüge	13
Beschaffungslagerung	37
Distributionslagerung	47
Massengutlagerung	11
Zolllagerung	29
Gefahrstofflagerung	16
Anlagen- und Projektspedition	26
Entsorgungslogistik	9

Quelle: Deutscher Speditions- und Logistikverband (DSLV), (2015)

des knappen Transportraums sicher. Der Spediteur unterhält Geschäftskontakte zu einem dichten Netz von **Empfangsspediteuren** in der ganzen Bundesrepublik und der EU und kann auf diese Weise Transportketten zusammenstellen. Zur Unterstützung dieser Tätigkeit werden Informationssysteme unterhalten, die dem Kunden jederzeit Aufschluss über den Status des Transportauftrags geben. Darüber hinaus unterhält der Spediteur Lager- und Umschlagsbetriebe, in denen Güter gelagert und für Sammel- und Verteilverkehre umgeschlagen werden können.

Tab. 4.2: Speditionelle Tätigkeiten.

Aufgaben der Spedition	Beispiele
Beratungsfunktion	Beratung in Außenhandelsfragen
Organisationsfunktion	Planung der Transportwege; Disposition der Fahrzeuge
Auswahl- und Besorgungsfunktion	Auswahl der Frachtführer; papiermäßige Abfertigung; Lademittelbereitstellung; Schadensbearbeitung
Sammelverkehrsfunktion	Zusammenfassen von Einzelsendungen zu größeren Gesamtsendungen
Umschlagsfunktion	Umladen des Gutes von einem Verkehrsmittel auf ein anderes
Lagerfunktion	Vor-, Zwischen- und Nachlagerung
Beförderungsfunktion	Übernahme des Gutes zum Transport und diesen ganz oder teilweise selbst ausführen
Inkassofunktion	Einziehen von Geldbeträgen beim Empfänger
Manipulationsfunktion	Bemustern; Neutralisieren; Verpacken; Auszeichnen; Kommissionieren
Zollbehandlungsfunktion	Zollantrag erstellen und einreichen; Ware gestellen; Zoll und Einfuhrumsatzsteuer auslegen
Treuhänderfunktion	Herausgabe von Dokumenten nur gegen Zahlung des Kaufpreises
Versicherungsbesorgungsfunktion	Abschluss bzw. Vermittlung von Transportversicherungen
Logistikfunktion	JIT-Lieferungen von Roh- und Hilfsstoffen in einen Industriebetrieb; Übernahme der gesamten Lagerhaltung für einen Industriebetrieb; Übernahme des Einsortierens der Artikel in die Regale und der Preisauszeichnung für einen Supermarkt

Quelle: in Anlehnung an Lorenz (2014), S. 70

4.2 3PL-Provider und Kontraktlogistik

Mit dem Aufkommen moderner Logistikkonzepte geht der Spediteur über sein klassisches Arbeitsgebiet weit hinaus und übernimmt als sog. **3PL-Provider**[1] die Verantwortung für viele zusätzliche Leistungen zur Organisation von logistischen Ketten **(Value Added Service).** Der Dienstleister wird dabei zum Systemlieferanten von Logistikleistungen und übernimmt die gesamte Logistik seiner Kunden. Zu denken ist etwa an die Beschaffung bei Just-In-Time-Anlieferungen in der Autoindustrie, an die Finanzierung von Gütern auf der Absatz- oder Beschaffungsseite oder an die Organisation des Nachschubs für einzelne Geschäfte, was bis hin zur Preisauszeichnung und Regalpflege

---

[1] 3PL steht für Third Party Logistics.

führen kann. Dieses als **Kontraktlogistik** bezeichnete Dienstleistungsspektrum unterscheidet den 3PL vom klassischen Spediteur und entsteht in der Regel auf Basis mehrjähriger Partnerschaften. Das Potential für den Markt in Deutschland wird von Kille et al. (2014) für das Jahr 2013 auf 65 Mrd. € in der industriellen Kontraktlogistik und auf 25 Mrd. € in der Konsumgüterkontraktlogistik geschätzt.

Die Märkte für Kontraktlogistik lassen sich wie folgt konkretisieren. Zunächst ist an die Recycling-Kreisläufe zu denken (z. B. Rückführung von Wertstoffen aus dem Elektronikschrott und dem Autorecycling). Auch außerhalb der Automobilindustrie können Speditionen die Beschaffungslogistik übernehmen. Beispielsweise organisiert Rhenus die Rohstoffversorgung für die Produktion von Behring Pharma in Berlin. Im Handel ist die Kooperation zwischen Fiege-Logistik und Karstadt ein bekanntes Beispiel für die Übernahme von Dienstleistungen. Fiege verwaltet in einem Logistikzentrum bei Ebenbühren/Osnabrück die Aktionsware von Karstadt und liefert diese bundesweit aus. In Kooperation mit anderen Handelshäusern kann Fiege den saisonalen Bedarf von Karstadt glätten und so durch das Angebot dieser Verbundleistung zu günstigen Stückkostenrelationen gelangen. Tabelle 4.3 gibt einen Überblick über das heutige Angebot an logistischen Dienstleistungen von Speditionen. Die Einbindung der Speditionen in Logistiknetzwerke führte zu einer erheblichen Qualitätssteigerung in der Leistungserbringung. So ist bei der JIT-Anlieferung entscheidend, dass die Aufträge sorgfältig erfüllt werden, da die Bestände knapp sind und Fehler in

Tab. 4.3: Logistische Dienstleistungen in der Spedition. Bezugsgröße: 2080 Betriebe.

Logistische Dienstleistung	Anteil in Prozent
Logistikberatung	75
Abrufsteuerung	25
Bestandsmanagement	46
Qualitätskontrollen	42
Kontrolle von Luftfracht/ Seefracht (Röntgen etc.)	20
Zentrallagerfunktion	29
Bestellabwicklung für Kunden	27
Konfektionierung	28
Montagearbeiten	17
Kommissionieren, Verpacken	67
Etikettierung	54
Regalservice	9
Fakturierung und Inkasso	11
Retourenmanagement	22
Callcenter	4
Tracking und Tracing	49
E-Fulfilment	7
Andere	2

Quelle: Deutscher Speditions- und Logistikverband (DSLV), (2015)

der Ausführung unmittelbare Rückwirkungen auf die Logistikkette haben. Weitere Möglichkeiten der Dienstleistungserbringung ergeben sich für Speditionen durch das Einklinken in den Wertschöpfungsprozess. Hierbei ist an die Endbearbeitung (Finish) von Textilien oder die länderspezifische Konfiguration von Gütern, wie z. B. Handbüchern und Netzteilen, zu denken. Ferner ergeben sich Märkte für Spezialgüter, wie z. B. Tiefkühlgut, Gefahrgut oder Textilguthängeversand. Tabelle 4.4 gibt einen Überblick über die wichtigsten logistischen Teilmärkte in der Spedition. Die klassische Strategie der Standardisierung und **Kostenführerschaft** wurde insbesondere von den Paketdiensten wahrgenommen (siehe Kapitel 9).

Tab. 4.4: Logistische Teilmärkte in der Spedition. Bezugsgröße: 1880 Betriebe.

Logistische Teilmärkte	Nennungen in Prozent
Automobillogistik	39
Chemielogistik	34
Ersatzteillogistik	41
Handelslogistik	57
Hightechprodukte	30
Nahrungs- und Genussmittel	35
Pharmalogistik	24
Temperaturgeführte Güter	37
Textillogistik	22
Andere	5

Quelle: Deutscher Speditions- und Logistikverband (DSLV), (2015)

Lkw-Speditionen spielen besonders bei den kleinteiligen Verteilverkehren in der Handelslogistik eine Rolle. Im Handel müssen eine Vielzahl von Outlets von einer Vielzahl von Lieferanten versorgt werden. Die Lieferbeziehungen spannen ein **„Viele-zu-Viele-Netzwerk",** wobei Zentrallager des Handels Verkehre auch bündeln können. (vgl. Kapitel 6).

Im Metro-Konzern versorgen mehr als 4.000 Lieferanten dessen 1.000 Outlets, sodass rechnerisch mehr als 4 Mio. Lieferrelationen bestehen. Hieraus kann man die grundlegende Eigenschaft eines Viele-zu-Viele-Netzwerks herleiten: Selbst wenn die Summe aller Transportmengen im Netzwerk groß ist, so bleibt doch im Durchschnitt über alle Relationen die transportierte Menge pro Relation gering. Wegen dieser geringen Mengen sind kleine Ladungsvolumen eines Lkw im Vergleich zum Fassungsvermögen eines Eisenbahngüterwagens besonders geeignet.[2]

---

2 Vahrenkamp (2011, S. 126) gibt ein Beispiel im Stückgutnetzwerk der Reichsbahn aus dem Jahr 1929, in dem 134 Mio. Lieferrelationen bestanden, im Durchschnitt aber pro Relation nur 150 kg pro Jahr geliefert wurden.

5 Der Werkverkehr und die Systemverkehre mit dem Lkw

Der Straßengüterverkehr mit Lkw besitzt im Vergleich mit anderen Verkehrsträgern in Deutschland die weitaus größte Bedeutung (vgl. Tabelle 5.1). Daher soll in diesem Kapitel der Lkw-Verkehr gesondert diskutiert werden.

Tab. 5.1: Güterverkehr in Deutschland nach Verkehrsträgern im Jahr 2015.

Verkehrsträger	Beförderte Tonnage in Mio. Tonnen	Anteil
Eisenbahnen	367,3	8,8 %
Binnenschifffahrt	221,4	5,3 %
Straßengüterverkehr	3.572,7	85,9 %
Summe	**4.161,4**	**100 %**

Quelle: BAG (2015)

Die große Bedeutung des Lkw als Verkehrsträger liegt in der Tatsache begründet, dass der Lkw-Verkehr insbesondere in den unteren Entfernungsbereichen des regionalen Wirtschafts- und Verteilverkehrs nach heutigem Stand nahezu unersetzbar ist. So werden 56 % der mit dem Lkw transportierten Tonnage in einem Umkreis von maximal 50 km befördert; auf den Fernverkehr (Transporte über Entfernungen von mindestens 151 km) entfallen hingegen nur 21 % der beförderten Gütermengen (vgl. Tabelle 5.2). Der hohe Anteil im Nahbereich liegt vor allem an der Materialversorgung und.-entsorgung von Baustellen.

Tab. 5.2: Straßengüterverkehr in Deutschland nach Entfernungsbereichen im Jahr 2015.

Bereich	Verkehrsaufkommen in Mio. Tonnen	Anteil
Nahbereich (bis 50 km)	1.735,3	56 %
Regionalbereich (51–150 km)	706,2	23 %
Fernbereich (151 km und mehr)	638,3	21 %
Summe	**3.079,9**	**100 %**

Quelle: BAG (2015)

DOI 10.1515/9783110473285-009

5.1 Rechtliche Grundlagen des Straßengüterverkehrs

Ein Unternehmen kann den Versand seiner Güter an seine Kunden entweder mit einer eigenen Lkw-Flotte durchführen oder aber eine Spedition mit dem Transport beauftragen. Im ersten Fall spricht man auch vom Werkverkehr, im zweiten Fall vom gewerblichen Güterverkehr. Beide Bereiche sind unterschiedlich reguliert, vgl. Gleissner/Fermeling, 2016.

Der Straßengüterverkehr unterliegt einer Reihe von gesetzlichen Vorgaben. Von besonderer Bedeutung ist das **Güterkraftverkehrsgesetz** (GüKG) von 1998, das 27 Paragraphen umfasst. In § 1 Abs. 1 GüKG wird der **Güterkraftverkehr** als geschäftsmäßige oder entgeltliche Beförderung von Gütern mit Kraftfahrzeugen mit einem zulässigen Gesamtgewicht einschließlich Anhänger von mehr als 3,5 Tonnen definiert. Das Gesetz unterscheidet den gewerblichen Güterkraftverkehr vom Werkverkehr. Unter **Werkverkehr** wird nach § 1 Abs. 2 GüKG die Beförderung von Gütern für eigene Zwecke eines Unternehmens verstanden. Der Werkverkehr darf nur mit eigenen Fahrern ausgeführt werden und dient der Beschaffungs- oder der Distributionslogistik von Industrieunternehmen wie auch Handelshäusern. Der Begriff des Werkverkehrs wird dabei so eng gefasst, dass Verkehre zwischen Unternehmen eines Konzerns nicht als Werkverkehre abgewickelt werden dürfen. Damit fällt die Verkehrspolitik hinter die Steuerpolitik zurück, die schon seit 1925 den Konzern als eine wirtschaftliche Einheit betrachtete. Insbesondere darf der Werkverkehr bei der Auslieferung an Kunden auf der Rückfahrt keine Ladung für Dritte mitführen und muss daher leer zurückfahren – eine Regelung, die angesichts der Kapazitätsengpässe auf der Straße und der Umweltdiskussion wenig sinnvoll erscheint. Die Regulierung des Werkverkehrs geht auf die Notverordnung von Reichskanzler Brüning aus dem Jahr 1931 zurück, hält aber überraschenderweise bis heute an. Verschiedene Länder der EU regeln den Werkverkehr abweichend von Deutschland. So macht Schweden überhaupt keine Unterscheidung zwischen gewerblichem Verkehr und Werkverkehr. In England sind Konzernverkehre erlaubt, aber dort wird als einziges Land in Europa der Marktzugang durch die Prüfung der subjektiven Eignung geregelt. In Frankreich muss der Fahrer nicht zum Unternehmen gehören und das Fahrzeug kann auch mit Fahrer gemietet werden (Vahrenkamp, 2011).

Güterkraftverkehr, der nicht Werkverkehr darstellt, wird als **gewerblicher Güterkraftverkehr** bezeichnet (§ 1 Abs. 4 GüKG). Der gewerbliche Güterkraftverkehr ist nach § 3 Abs. 1 GüKG **erlaubnispflichtig.** Die Erteilung der Erlaubnis ist an die Voraussetzungen der Zuverlässigkeit, fachlichen Eignung und finanziellen Leistungsfähigkeit des Unternehmers (Berufszugangsbedingungen) geknüpft (§ 3 Abs. 2, 3 GüKG). Die Erlaubnis ist zunächst auf fünf Jahre befristet; werden die Berufszugangsvoraussetzungen danach weiterhin erfüllt, wird die Erlaubnis zeitlich unbefristet erteilt. Der gewerbliche Straßengüterverkehr in Deutschland ist eine Branche, die gegenwärtig Umsätze in der Größenordnung von 40,3 Mrd. € mit einer Fahrzeugflotte von mehr als 372.000 Lkw erzielt (Kille et al., 2014, S. 54).

Der **Werkverkehr** ist im Gegensatz zum gewerblichen Güterkraftverkehr **erlaubnisfrei** (§ 9 GüKG), muss aber gemäß § 15a GüKG beim Bundesamt für Güterverkehr angemeldet und dort in eine **Werkverkehrsdatei** eingetragen werden. Das **Bundesamt für Güterverkehr** (BAG) ist eine selbständige Bundesbehörde im Geschäftsbereich des Bundesverkehrsministeriums.

Seine Aufgaben bestehen in der Erledigung von Verwaltungsaufgaben des Bundes auf dem Gebiet des Verkehrs sowie in der Überwachung der Einhaltung der Vorschriften des GüKG und weiterer, in § 11 Abs. 2 Nr. 3 GüKG genannter Rechtsvorschriften. Die relative Bedeutung von gewerblichem Güterkraftverkehr und Werkverkehr zeigt Tabelle 5.3 im Verhältnis von 75 zu 25 %.

Tab. 5.3: Straßengüterverkehr in Deutschland nach Verkehrsarten im Jahr 2014 von Januar bis September.

Verkehrsart	Verkehrsaufkommen in Mio. Tonnen	Verteilung in Prozent
Gewerblicher Verkehr davon	1.689,90	100
Nahverkehr	869,4	51,4
Regionalverkehr	399,7	23,7
Fernverkehr	420,8	24,9
Werkverkehr davon	588,7	100
Nahverkehr	414,6	70,4
Regionalverkehr	118,9	20,2
Fernverkehr	55,1	9,4

Quelle: BAG (2015), Jahresbericht 2015

An der Tabelle 5.3 erkennt man, dass der Werkverkehr im Fernverkehr kaum eine Rolle spielt, während der gewerbliche Verkehr dort einen Anteil von 25 % besitzt. Durch das Verbot, Ladung auf der Rückfahrt aufzunehmen, verschlechtert sich die Kostenstruktur des Werkverkehrs im Fernverkehr gegenüber dem gewerblichen Güterverkehr, der seine Lkw auf der Rückfahrt besser auslasten kann. Damit entstehen Anreize, den Werkverkehr weniger im Fernverkehr einzusetzen. Den überragenden Anteil von 70 % besitzt der Werkverkehr im Nahbereich, was die Bedeutung von Lieferverkehren für die lokale Bauwirtschaft und den lokalen Einzelhandel unterstreicht.

Von der Verkehrspolitik war lange Zeit gegen den Werkverkehr vorgebracht worden, dass er wegen der leeren Rückfahrten vom Kunden seine Kapazitäten schlechter ausnutzt als der gewerbliche Verkehr. Auch sind wegen der ungünstigen Kapazitätsnutzung die Kosten pro Tonnen-Kilometer beim Werkverkehr höher als beim gewerblichen Verkehr. Dies ist aber auch von der Verkehrspolitik so gewollt worden und kann nicht gegen den Werkverkehr vorgebracht werden. Eine Liberalisierung des Werkverkehrs, die eine Rückfracht erlauben würde, scheiterte bisher an dem großen politischen Einfluss der Staatsspedition Schenker als Tochter der DB AG, die ihre Geschäftsfelder nicht mit einem liberalisierten Werkverkehr teilen möchte. Allerdings halten viele Unternehmen in Produktion und Handel trotz der ungünstigen Kapazitäts- und Kostenaspekte am Werkverkehr fest. Denn diese Aspekte sind nur zwei Faktoren unter anderen, welche den Einsatz von Lkw im Werkverkehr betriebswirtschaftlich steuern.

Eine Umfrage des Bundesverbands Wirtschaft, Verkehr und Logistik (BWVL) unter 81 Unternehmen im Jahr 2015 hat ergeben, dass 75 % der befragten Unternehmen am Werkverkehr festhalten und ihre Logistik nicht durch Verlagerung an Speditionen (Outsourcing, vgl. Kapitel 14) aus der Hand geben wollen, vgl. Gleissner 2015. Sie behalten über Beteiligungen oder die Gründungen eigener Gesellschaften für den Werkfuhrpark ihren strategischen und operativen Einfluss. Für die Fortführung ihres Werkverkehrs nennen die Unternehmen verschiedene Gründe, wie:

- Die Einschaltung einer Spedition ist zeitaufwendig. Daher senkt die ständige Verfügbarkeit der eigenen Fahrzeuge die Transaktionskosten gegenüber der Einschaltung einer Spedition.
- Die ständige Verfügbarkeit der eigenen Fahrzeuge ist von Bedeutung für die eilige Auslieferung von spät fertiggestellten Aufträgen oder für die Beschaffung von dringend benötigten Einsatzgütern.
- Die spezielle Ausrüstung der Lkw.
- Die individuelle Kundenbetreuung und Kundenberatung.
- Erfahrene, mit den lokalen Gegebenheiten bei den Kunden vertraute, Fahrer anstelle von ständig wechselnden Fahrern von Speditionen. Erfahrungen mit dem Verladen von Spezialware, wie z. B. Möbeln und von Weinsendungen, werden als Vorteil des Werkverkehrs vorgebracht.
- Die höhere Qualität der Leistungserbringung, weil werkseigene Fahrer sich mit dem Unternehmen identifizieren und sorgfältiger arbeiten. Bei Speditionen sinkt die Qualität der Leistungserbringung, weil auch wenig motivierte Fahrer von Subunternehmen eingesetzt werden, die unter Zeitdruck arbeiten müssen und nur gering entlohnt werden.
- Die Kommunikation des Firmenlogos auf dem Lkw.
- Die Pflege der Geschäftsbeziehung und die Kundenberatung durch das eigene Fahrpersonal, Aufbau von gegenseitigem Vertrauen zwischen Kunden und Fahrern.

Diese Argumente zeigen die Bedeutung des Werkverkehrs für den Kontakt zum Kunden. Umgekehrt besteht bei einer Ausgliederung der Transporte an eine Spedition die Gefahr, dass der Kundenkontakt vermindert wird und dass die Spedition Know-how in einem speziellen Geschäftsfeld erhält und somit den Kunden andere Lieferanten anbieten könnte. Die Ausgliederung des Werkverkehrs an die Speditionen scheitert vielfach an den Forderungen der Verlader, auch ihren Fuhrpark und ihre Mitarbeiter zu übernehmen. Letzteres ist meist deshalb problematisch, weil im gewerblichen

Verkehrsbereich das Lohnniveau niedriger, die sozialen Leistungen geringer und die Arbeitszeitregelungen ungünstiger sind als im Werkverkehr.

Abgesehen von mittelgroßen Unternehmen, für die eine Auslagerung des Transports an Speditionen unter Kosten- und Nutzenaspekten sinnvoll sein könnte, ist die Situation von Großunternehmen anders. Diese können durch das große Transportvolumen, ebenso wie Speditionen, Economies of Scale und Spezialisierungsvorteile realisieren, wenn sie die Transporte im Werkverkehr durchführen und die anfallende Gewinnmarge der Speditionen für sich selbst nutzen. Daher besteht für große Unternehmen kein Anreiz zum Outsourcing (vgl. Kapitel 14). Ein Beispiel hierfür ist der Hermes Versand, ein Tochterunternehmen der Otto-Group, der den Versand für den Online-Händler durchführt. Es wird auch erwartet, dass der Online-Händler Amazon in Zukunft einen eigenen Fuhrpark für den Versand aufbauen wird.

Manche Unternehmen haben ein derart großes Transportvolumen, dass eine Übergabe des Transports an eine Spedition gar nicht möglich ist, weil keine Spedition dieses Volumen anbieten kann. Hier sind folgende Beispiele zu nennen:
– Die Absatzzentrale Kempen, die als Großhändlerin mit über 100 Lkw täglich bundesweit die Lidl-Outlets mit frischem Gemüse versorgt.
– Die Metro Logistics Düsseldorf versorgt 1.000 Outlets von Metro mit Ware von mehr als 4.000 Lieferanten.
– Die Brauerei Oettinger, die sich im Niedrigpreissegment der Brauereien angesiedelt hat und mit einer Flotte von mehr als 200 Lkw von den drei ostdeutschen und den beiden westdeutschen Brauereistandorten in Mönchengladbach und Oettingen das Bier direkt zu 10.000 Großmärkten, Supermärkten, Tankstellen und Getränkemärkten liefert.
– Die Küchenfabrik Nobilia, die am Standort Verl bei Gütersloh täglich 2.700 kundenindividuelle Küchen produziert und davon 85 % im Werkverkehr mit 150 Lkw im Fernverkehr bundesweit an Händler ausliefert (vgl. Hartmann, 2015).
– Der Spanplattenhersteller Pfleiderer in Neumarkt/Oberpfalz vertreibt seine Produkte mit der eigenen Spedition JURA, die 500 Transporte am Tag abwickelt.

Die Beispiele Oettinger, Nobilia und JURA zeigen die enge Verbindung von Produktion und Vertrieb, die durch Einschalten einer Fremdspedition unterbrochen wäre. Bei Nobilia ist diese Verbindung besonders eng, weil Produktionsplanung und Tourenplanung verzahnt sind. Die Küchen, die auf einer Tour abgesetzt werden können, werden gemeinsam für die Produktion geplant, produziert und auf einen Lkw verladen.

Zwischen den einzelnen europäischen Ländern bestehen z. T. große Unterschiede hinsichtlich der
– steuerlichen Belastung von Lkw,
– Vorschriften zu den Lenkzeiten der Fahrer und
– technischen Vorschriften zur Sicherheit der Lkw.

Daraus resultieren starke Wettbewerbsverzerrungen im europäischen Straßengüterverkehr. Die steuerliche Belastung in Deutschland ist beispielsweise vergleichsweise hoch. Diese kann jedoch gemindert werden, weil Vergünstigungen für saubere Motoren gewährt werden, um eine ökologische Lenkungswirkung zu erzielen.

Unter umwelt- und verkehrspolitischen Aspekten sowie im Hinblick auf die Kostenbelastung durch die Lkw-Maut kommt der **Kapazitätsauslastung** von Lkw eine besondere Bedeutung zu. Die Kapazitätsauslastung kann auf verschiedene Arten gemessen werden:

– Anteil der Last- und Leerkilometer an den insgesamt zurückgelegten Kilometern,
– durchschnittliche Gewichtsauslastung bei Lastfahrten,
– durchschnittliche Gewichtsauslastung über alle Fahrten (Last- und Leerfahrten),
– Anteil der tatsächlichen an der möglichen Beförderungsleistung (in Tonnen-Kilometern) bei Lastfahrten und
– Anteil der tatsächlichen an der möglichen Beförderungsleistung (in Tonnen-Kilometern) über alle Fahrten (Last- und Leerfahrten).

Tabelle 5.4 gibt einen Überblick über die Kapazitätsauslastung deutscher Lkw im Jahr 2003.

Tab. 5.4: Kapazitätsauslastung deutscher LKW im Jahr 2003.

Verkehrsart	Anteil Last-km	Anteil Leer-km	Gewichts-auslastung bei Lastfahrten	Gewichts-auslastung über alle Fahrten	Auslastung Beförderungs-leistung bei Lastfahrten	Auslastung Beförderungs-leistung über alle Fahrten
Gewerblicher Kraftverkehr	80 %	20 %	66 %	40 %	59 %	48 %
Werkverkehr	72 %	28 %	68 %	41 %	63 %	45 %
Nahverkehr	56 %	44 %	71 %	39 %	69 %	38 %
Regional-verkehr	64 %	36 %	64 %	39 %	64 %	40 %
Fernverkehr	88 %	12 %	59 %	49 %	58 %	51 %
Gesamt	78 %	22 %	67 %	41 %	60 %	47 %

Quelle: Statistische Mitteilungen des Kraftfahrt-Bundesamtes und des Bundesamtes für Güterverkehr (2003), Reihe 8: Kraftverkehr

Dabei wird vor allem der geringe Anteil an Leerfahrten im gewerblichen Fernverkehr deutlich. Das liegt an der hervorragenden Optimierung der Netzwerke der Systemverkehre. Der höhere Anteil an Leerkilometern beim Werkverkehr kommt dadurch zustande, dass ihm die Einwerbung und Aufnahme von Fracht auf dem freien Markt nicht gestattet ist, sodass die Rückfahrten zum großen Teil als Leerfahrten durchgeführt werden müssen. Die leeren Rückfahrten führen zu erhöhten Kosten und volkswirtschaftlich wie ökologisch unerwünschten Belastungen. Einer weiteren Erhöhung der gewichtsmäßigen Auslastung der Fahrzeuge steht die Tatsache im Wege, dass vielfach nicht das gewichtsmäßige Ladevermögen, sondern die Volumenkapazität der Fahrzeuge den Engpass darstellt.

Ein wirksames Instrument zur Verbesserung der Auslastung im gewerblichen Güterkraftverkehr ist die Nutzung **elektronischer Fracht- und Laderaumbörsen.** Dabei handelt es sich um eine Art virtuelles Schwarzes Brett, auf dem Angebot und Nachfrage an Laderaum und Fracht zusammengeführt werden. Das Ziel besteht darin, alle Lkw der teilnehmenden Spediteure und Frachtführer optimal auszulasten und allen Frachten einen Transport für die benötigte Relation zuzuordnen. Für die Nutzung von Fracht- und Laderaumbörsen fallen Nutzungsentgelte in Form einer monatlichen

Tab. 5.5: Checkliste zur Auswahl einer geeigneten Fracht- und Laderaumbörse.

- Wie viele tagesaktuelle Angebote hält die Fracht- und Laderaumbörse für die Kunden bereit?
- Stehen die Angebote in Echtzeit zur Verfügung?
- Wie viele vertraglich gebundene Kunden gibt es? Wie viele Nutzer arbeiten tatsächlich mit dem System? Wie haben sich diese Zahlen in den vergangenen Jahren entwickelt?
- Wie weit ist die Fracht- und Laderaumbörse in Europa verbreitet?
- Wie sieht die Gebührenstruktur aus? Fallen für Ansicht und Eintrag der Angebote Gebühren an, und, wenn ja, wie hoch sind sie? Ist unabhängig von der tatsächlichen Nutzung ein monatliches Fixum fällig?
- Werden die Teilnehmer einer Bonitätsprüfung mit zusätzlichem Check-up vor Ort unterzogen?
- Wird ein Reklamations- und Inkassoservice angeboten?
- Gibt es einen kostenlosen Help-desk-Service und eine individuelle Betreuung vor Ort?
- Stehen Kundenbetreuungs- und technische Support-Hotline in der Muttersprache zur Verfügung?
- Welche technischen Zugangsvoraussetzungen sind notwendig? Muss eine Software lokal installiert werden oder sind Upgrades und Updates sofort online für alle verfügbar?
- Fallen bei der Installation Gebühren an?
- Wird ein kostenloser Test vor Vertragsabschluss angeboten?
- Ist die Software in mehreren Sprachen – inklusive der eigenen Muttersprache – verfügbar?
- Ist das System sicher?
- Bietet die Frachtbörse Extraservice wie den Direktversand von Faxen und SMS oder Kalkulationshilfen wie einen Lkw-Routenplaner an?
- Zeigt das System im Angebot automatisch die Distanz in Kilometern an?
- Kann man seinen Partnern – auch wenn sie die Frachtbörse selbst nicht nutzen – Angebote zukommen lassen?
- Kann eine interne Börse, das heißt eine geschlossene Benutzergruppe innerhalb des Systems, eingerichtet werden? Dürfen hier neben den eigenen Niederlassungen auch Geschäftspartner integriert werden?
- Ist der Betreiber der Frachtenbörse neutral oder wirtschaftlich mit Transportunternehmen verflochten? Wie ist sein Renommee?

Quelle: Vahrenkamp/Kotzab (2012)

Grundgebühr und/oder Gebühren für jedes angesehene bzw. eingegebene Angebot an.

Einige Anbieter bieten potentiellen Neukunden eine kostenlose Testphase an, in der der Spediteur oder Frachtführer überprüfen kann, ob sich die Auslastung seiner Fahrzeuge durch den Einsatz des jeweiligen Systems wirklich verbessert, bevor er eine vertragliche Bindung mit einem Börsenbetreiber eingeht. Tabelle 5.5 enthält eine Checkliste zur Auswahl einer geeigneten Fracht- und Laderaumbörse.

5.2 Der Speditionssammelgutverkehr

5.2.1 Sendungsstrukturen im Straßengüterverkehr

Auf den Gütertransportmärkten des Straßengüterverkehrs werden **Ladungsverkehre** von **Sammelgutverkehren** unterschieden. Als **Ladungsverkehr** bezeichnet man den Versand einer größeren Gütermenge eines Versenders, die als geschlossene Ladung mit einem Frachtbrief aufgegeben wird und das Transportmittel vollständig **(Komplettladung)** oder überwiegend **(Teilladung)** auslastet. Unter einer **Sammelladung** versteht man die Zusammenfassung von mehreren kleineren Sendungen verschiedener Versender zu einer Ladung.

Eine **Sendung** umfasst die Menge aller Güter, die ein Auftraggeber (Versender) in einem Speditionsauftrag zur Ablieferung an einen Empfänger aufgibt. Innerhalb des Speditionssammelgutverkehrs unterscheidet man das **Kleingut** mit einer Gewichtsobergrenze von etwa 30 kg vom **Stückgut** mit einem Gewicht von bis zu zwei Tonnen. Das in Abbildung 5.1 dargestellte Portfolio hebt die Unterschiede zwischen den beiden Marktsegmenten Stückgut und Kleingut hervor. Während beim Stückgut die Zahl der Sendungen niedrig ist, dafür aber das einzelne Sendungsgewicht hoch, verhält es sich beim Kleingut genau umgekehrt. Das Sendungsvolumen ist groß, während das Gewicht pro Sendung relativ niedrig ist.

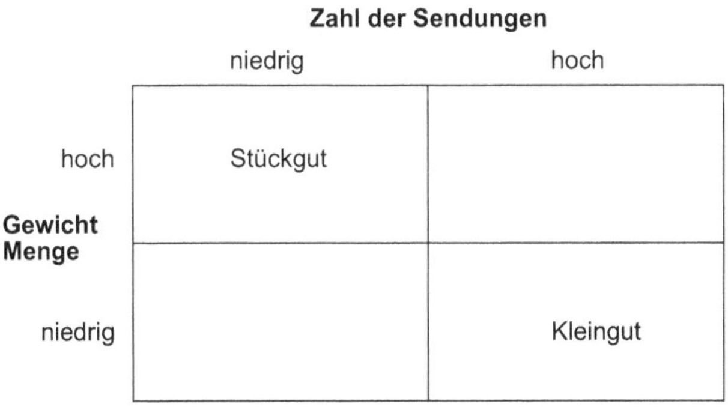

	Zahl der Sendungen	
	niedrig	hoch
hoch	Stückgut	
niedrig		Kleingut

Gewicht Menge (row label for hoch/niedrig)

Abb. 5.1: Unterschiedliche Positionierung von Stückgut- und Kleingutmärkten.

Die Stärke der Speditionen liegt vor allem in der Organisation von Teilladungs- und Sammelgutverkehren; auf dem Gebiet der Komplettladungsverkehre hingegen können sie gegenüber den Frachtführern nur durch das Angebot zusätzlicher Dienstleistungen Wettbewerbsvorteile erlangen (vgl. Tabelle 5.6).

Tab. 5.6: Stärken und Schwächen von Speditionen und Frachtführern.

	Komplettladungsverkehr	Teilladungs-/Sammelgutverkehr
Speditionen	o	++
Frachtführer	+	−

Im Kleingutmarkt sind **Pakete** vorherrschend. Seit der Freigabe der Preise für den Sammelgutverkehr im Jahr 1975 haben sich auf dem Markt für Pakete spezielle **Paketdienste** etabliert. Diese werden ausführlich in Kapitel 9 diskutiert. Nach der Studie von Kille et al. (2014) betrug das Umsatzvolumen im nationalen Stückgutverkehr im Jahr 2013 ca. 9,5 Mrd. €.

5.2.2 Die Transportkette im Speditionssammelgutverkehr

Die Abbildung 5.2 zeigt den **Verlauf der Transportkette im Speditionssammelgutverkehr** und bildet diese auf der Zeitachse ab. Im Nahverkehr werden vom Versender am Nachmittag die Sendungen abgeholt. Sie gelangen dann gegen 19 Uhr in ein Umschlagsdepot einer Versandspedition. Die Sendungen werden dort nach Zielrelationen umsortiert und im Fernverkehr zum Empfangsspediteur der Zielrelation gebracht.

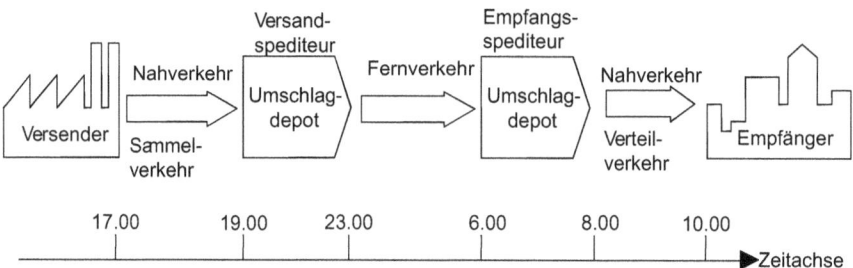

Abb. 5.2: Die Umschlagspunkte im Sammelgutverkehr.

Dort treffen sie gegen 6 Uhr morgens ein. Im Umschlagsdepot werden die Sendungen an die Empfänger umsortiert und im Nahverkehr an die Empfänger ausgeliefert. Dort treffen sie gegen 10 Uhr morgens ein. Zwischen der Versandspedition und der Empfangsspedition wird der **Fernverkehr** von einem Transportunternehmen realisiert. Der Auftrag hierzu wird von der Versandspedition gegeben. Aber auch die Nahverkehre beim Sammeln und beim Verteilen werden von Transportunternehmern ausgeführt. Den Sammelauftrag erteilt die Versandspedition, den Verteilauftrag die Empfangsspedition. Der Anstoß zum Vollzug des Speditionszyklus geht von dem Vertrag aus, den der Versender mit der Versandspedition schließt.

Die Auftrags- und Güterflüsse des Speditionszyklus im Sammelgutverkehr werden durch die Abbildung 5.3 aufgezeigt. Problematisch an diesem Speditionszyklus ist die Vielzahl der beteiligten Stellen, die den Transport und die Verträge abwickeln. Unmittelbar ersichtlich ist hieran das **Schnittstellenproblem.** Die Güter und Informationen durchlaufen eine Vielzahl von Stellen. Damit der Versand von Sammelgut effizient in 17 Stunden abgewickelt werden kann, müssen die Schnittstellen geglättet und durch integrierte Informationssysteme unterstützt werden. Die Paketdienste erzielen ihre Stärke dadurch, dass sie die gesamten Leistungen aus einer Hand anbieten (vgl. Kapitel 9). Dadurch entfällt eine Vielzahl von Schnittstellen. Die Sammel- und Verteilverkehre sowie die Umschlagsdepots und die Fernrelation werden von einem Unternehmen betrieben. Man bezeichnet daher die Paketdienste auch als **(System-)Integratoren.**

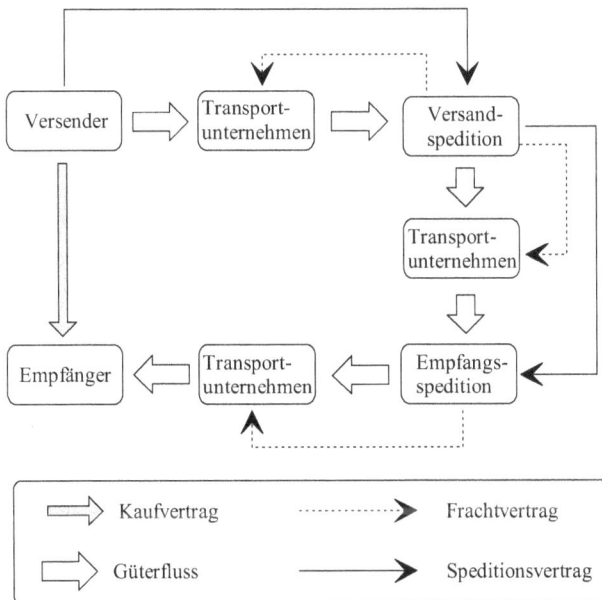

Abb. 5.3: Speditionszyklus im Sammelgutverkehr.

Ein weiteres Problem besteht darin, dass zwischen dem Empfänger und dem ausliefernden Transportunternehmen kein Vertragsverhältnis besteht. Vielmehr ist das ausliefernde Transportunternehmen vertraglich nur mit der Empfangsspedition verbunden. Die mangelnde Koordination zwischen Auslieferer und Empfänger kann etwa zu langen Wartezeiten an der Entladerampe beim Empfänger führen. Ein Versuch, das hier auftretende Koordinationsproblem zu beheben, wird mit den Konzepten der Citylogistik (vgl. Kapitel 12) verfolgt.

5.2.3 Kostenstrukturen im Speditionssammelgutverkehr

Wir wollen an dieser Stelle die Distributionssysteme für Sammelgutspeditionen anhand der folgenden Abbildung 5.4 in einem Modell von zwei Umschlagsdepots (Lagerhäusern) diskutieren.

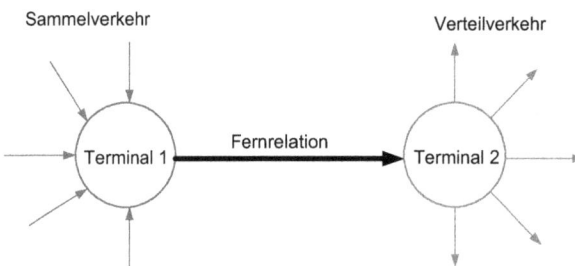

Abb. 5.4: Verkehrsstruktur beim Sammelgut.

Während die Fernrelation relativ effizient hergestellt werden kann, fällt in diesem System der größte Aufwand beim Umschlag in den Lagerhäusern, beim Einsammeln und Verteilen an. Beim Verteilen ist der Kontakt mit den Endkunden herzustellen, der wegen vieler Detailverhandlungen über Ort, Menge, Zeit, Inkasso und Ladehilfen mit hohen Transaktionskosten verbunden ist. Bei einem Sammelguttransport über 300 km entfallen 30 % der Kosten auf die Fernrelation und 70 % auf das Sammeln, Verteilen und Umschlagen. Da die Versender zumeist mehrere Sendungen, insbesondere bei Paketen, aufgeben, entstehen im Sammelverkehr geringere Kosten als im Verteilverkehr, bei dem die Sendungen individuell ausgeliefert werden müssen. Bei Paketdiensten fallen sogar 50 % der Distributionskosten beim Verteilen an, wodurch ein starker Anreiz entsteht, durch Konzepte wie die Citylogistik die Zustellung zu bündeln (siehe Kapitel 12). Die Liberalisierung der Verkehrsmärkte führte infolge des einsetzenden Wettbewerbs zu einer kritischen Beurteilung der hohen Kosten in Sammel- und Verteilverkehren und zu Überlegungen, mit Rationalisierungsmaßnahmen diese Kosten zu senken. Vorgeschlagen werden ein durch Bordcomputer unterstütztes Fuhrparkmanagement (siehe unten) und die bessere Nutzung der Fahrzeugkapazität durch eine computergestützte Tourenplanung (Vahrenkamp/Kotzab 2012).

5.2.4 Netzwerktypen im Sammelgutverkehr

Die Stückgutverkehre werden in einem Depot-Netzwerk vernetzt oder in einem Hub-and-Spoke-Netzwerk gefahren. Im **Depot-Netzwerk** (Transshipment-Netzwerk) erschließt jeweils ein Depot eine Region mit Sammel- und Verteilverkehren. Diese Netzwerkstruktur weist den folgenden Zeitrhythmus auf: Von unterschiedlichen Lieferpunkten der Region gehen die Sendungen am späten Nachmittag in den Depots ein. Im Depot erfolgen die Sortierung und Bündelung nach Empfangsdepots und die Beladung auf neue Fahrzeuge für die Relationen zu den Empfangsdepots. Die Fahrzeuge fahren abends ab und erreichen am Morgen des **Folgetages** das Empfangsdepot (vgl. Abbildung 5.5). Dort werden die Fahrzeuge entladen und zu Ausliefertouren zusammengestellt. Kleintransporter bringen bis zum Nachmittag die Sendungen zu den Empfängern. Als Konsequenz daraus reduziert sich die Anzahl der Verbindungen zwischen den einzelnen Versand- und Empfangspunkten. Für diesen Netzwerktyp sind hohe Sendungszahlen erforderlich, um die mit der Umschlag- und Bündelungsfunktion des Depots verbundenen Optimierungsmöglichkeiten zu nutzen. Für die Abdeckung des deutschen Wirtschaftsraums werden ca. 30 bis 40 Depots benötigt. Diese Anzahl ist typisch für alle in Deutschland tätigen Stückgutdienstleister.

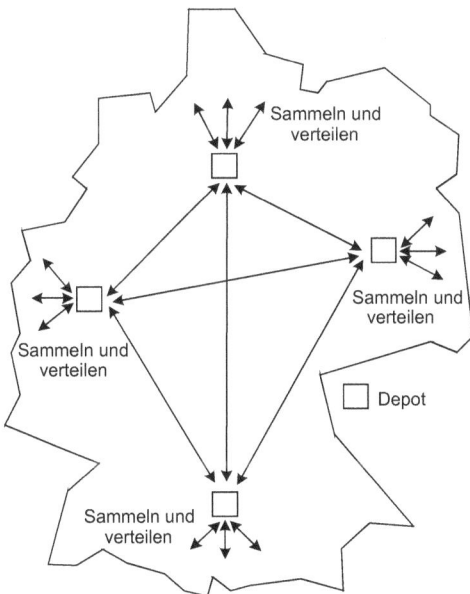

Abb. 5.5: Depot-Netzwerk.

Das Depot-Netzwerk weist bestimmte Schwächen auf. In jeder Nacht müssen von jedem Umschlagsdepot einer Spedition zu allen übrigen Umschlagsdepots Verkehrsverbindungen aufgebaut werden. Die Zahl dieser Verbindungen kann rasch wachsen, wenn man bedenkt, dass bei N Umschlagsdepots $N^2 - N$ Verbindungen herzustellen sind. Bei 10 regionalen Umschlagsdepots ergeben sich bereits 90 Relationen, die mit mindestens einem Lkw bedient werden müssen. Der Investitionsbedarf liegt dann bei einer Lkw-Flotte von mindestens 90 Fahrzeugen.[1] Hinzu kommt noch eine schwankende Auslastung der einzelnen Relationen. Auf manchen Relationen werden nur niedrige Mengen nachgefragt. Auch aus der Sicht des Umschlags in den Umschlagsdepots ist das Depot-Netzwerk insofern aufwendig, da in jedem Umschlagsdepot nach Zielen sortiert werden muss.

Die hier dargestellten Nachteile des Depot-Netzwerks werden durch das **Hub-and-Spoke-Netzwerk** vermieden (vgl. Abbildung 5.6). In diesem Netzwerk werden die Sendungen aus den Regionallagerhäusern in der Nacht in ein zentrales Umschlagsdepot, das auch als Nabe oder Hub bezeichnet wird, eingeliefert, dort nach Zielen umsortiert und dann sternförmig in die regionalen Umschlagsdepots (Speichen) befördert. Infolge dieser Organisation wird nur an einem zentralen Ort in einem Arbeitsgang sortiert. Dieser Netzwerktyp erinnert stark an ein Wagenrad mit einer zentralen Nabe und mehreren Speichen. Deswegen wird auch der deutsche Begriff Nabe-Speiche-Netzwerk verwendet.

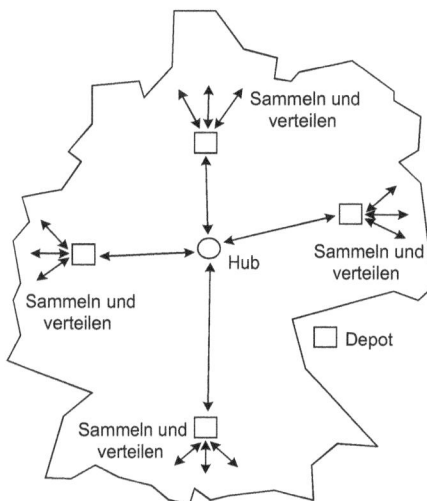

Abb. 5.6: Hub-and-Spoke-Netzwerk mit einem Hub.

Die Stückgutspeditionen hatten diesen Netzwerktyp in den 1990er-Jahren von den Paket- und Expressdienstleistern übernommen (vgl. Kapitel 9). Das Besondere der

---

1 Wir schließen aus, dass ein Lkw mehrere Umschlagsdepots beliefert.

Hub-and-Spoke-Netzwerke ist, dass die minimal mögliche Anzahl von Transport-verbindungen verwendet wird, um alle Depotstandorte miteinander zu verbinden. Tatsächlich werden aber in der Stückgutdistribution die Hub-and-Spoke-Netzwerke nicht unabhängig von dem Depot-Netzwerktyp betrieben. Vielmehr werden beide Netzwerktypen, Depot und Hub-and-Spoke, kombiniert. Bei dieser Kombination werden die Sendungen von aufkommensstarken Relationen mit Direktverkehren im Depot-Netzwerk gefahren, während Sendungen in aufkommensschwachen Re-lationen über den Hub konzentriert werden.

Der Zeitrhythmus bei Hub-and-Spoke-Netzwerken ist ähnlich wie der von Depot-Netzwerken. Anstelle der Zieldestination besitzen die von den Depots am Abend ab-gehenden Lkw jedoch die Destination des Hubs. Dort treffen sie gegen Mitternacht ein, werden entladen, und die Sendungen werden auf Zieldestinationen sortiert. Der Sortiervorgang ist um 2 Uhr nachts abgeschlossen, sodass die Sendungen dann auf die Lkw verladen werden können. Die Lkw erreichen dann am frühen Morgen ihre Zieldestinationen.

Für die geographische Lage des Hubs spielt eine Zentrallage innerhalb von Deutschland eine große Rolle, da von diesem Punkt aus alle Depots in der unge-fähr gleichen Maximalentfernung erreicht werden können. Der Stückgutdienstleister Schenker hat deswegen seinen Stückguthub nach Friedewald bei Bad Hersfeld gelegt.

Das Hub-and-Spoke-Netzwerk wird in Deutschland vielfach ergänzt durch regio-nale Sub-Hubs (vgl. Abbildung 5.7). In aufkommensstarken Gebieten wie dem Ruhrge-biet oder dem süddeutschen Wirtschaftsraum werden die Sendungen mit der gleichen Zielregion in regionalen Hubs vorsortiert und nicht mehr über den Zentralhub geführt.

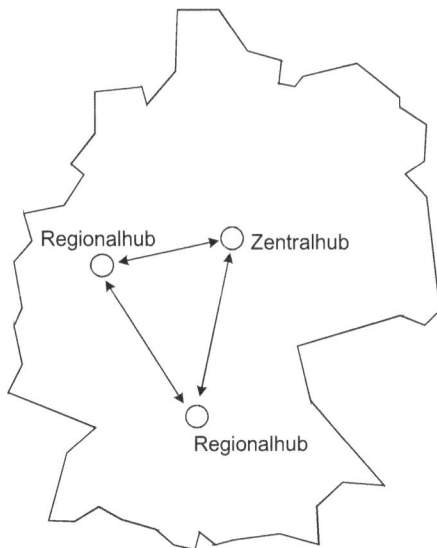

Abb. 5.7: Netzwerk mit Regionalhubs.

Dadurch entsteht eine Entlastung der Verkehre zu dem Zentralhub und eine Reduktion der Transportvorgänge. Da die **Lkw-Maut** die Transporte verteuert, werden nun vermehrt regionale Hubs eingerichtet, um die gefahrenen Kilometer zu reduzieren.

Die Sammelgutspediteure bieten heute als Standardprodukt einen 24-Stunden-Service zwischen den Ballungszentren an und einen 48-Stunden-Service zu den sog. Nebenplätzen. Sie sind damit in weiten Bereichen mit den Paketdiensten wettbewerbsfähig geworden. Die Verbesserung der Laufzeiten im Speditions- und Sammelgutverkehr wurde durch den Ausbau der Dienste als **Systemverkehre** erreicht, die täglich nach einem genau vorgegebenen Ablaufplan unabhängig von der jeweiligen Auslastung abgewickelt werden. Die Speditionen haben die Abläufe und IT-Prozesse im Depot-Netzwerk stark standardisiert. Ihnen ist es damit möglich, Kostensenkungspotentiale des Netzwerkeffekts zu erschließen. Im Netzwerk werden die Sammlung und die Verteilung, der Umschlag an den Terminals und der Hauptlauf zwischen den Umschlagsanlagen zeitgenau aufeinander abgestimmt, was durch den Einsatz von modernen Informationssystemen unterstützt wird. Mit der Identifikation der Sendungseinheiten durch Barcodes entlang der Transportkette gelingt es, dass die **Sendungsdaten** den Gütern vorauseilen und die Sendungseinheiten über alle Stationen hinweg verfolgt werden können. Die Gründung von zentralen Umschlagsknoten und leistungsfähigen Computernetzwerken zur Sendungsverfolgung standardisieren die Prozesse erheblich und führen so über Netzwerkeffekte zu niedrigen **Markteintrittsbarrieren** für mittelständische Neugründungen auf dem Gebiet

Abb. 5.8: Netzwerk von Online-Systemlogistik.

des Sammelgutes. Ein Beispiel bildet die Kooperation Online-Systemlogistik, der 60 Unternehmen angehören, die zusammen ein Netzwerk aufgebaut haben, das in Abbildung 5.8 dargestellt wird.

5.3 Fuhrparkmanagement

Aus Sicht der **Verlader** (Produktions- und Handelsunternehmen) dient der Fuhrpark dazu, im Werkverkehr ein Distributionssystem aufzubauen um das eigentliche Produkt des Unternehmens zu vermarkten. Argumente für den Werkverkehr wurden im Abschnitt 5.1 dargestellt.

Aus Sicht der **Spediteure** dient der Fuhrpark dazu, die Transportdurchführung ganz oder teilweise mit eigenen Fahrzeugen zu übernehmen. Die Vorteile der eigenen Flotte liegen zum einen in der besseren operativen Kontrolle, welche die Erbringung der Dienstleistung nach eigenen Standards ermöglicht und damit eine gleichbleibende Qualität sowie kurze Reaktionszeiten sicherstellt. Die jeweiligen Ansprechpartner sind im eigenen Haus und damit auf kurzen Wegen erreichbar. Zudem kann die Ausstattung der Fahrzeuge besser an die spezifischen Bedürfnisse der Kunden angepasst werden. Nachteilig können sich dagegen der hohe Kapitalbedarf für Fahrzeuge und EDV sowie der hohe Personalaufwand für die Fahrer und für das Führungspersonal auswirken.

Die Alternative zum eigenen Fuhrpark stellen die komplette Fremdvergabe des Fuhrparks oder die Vergabe einzelner Dienst-/Serviceleistungen dar, die von außen angefordert werden. Diese Dienste können dann über feste monatliche Raten abgerechnet werden. Von Vorteil sind bei dieser Lösung der geringere Verwaltungsaufwand und die geringere Kapitalbindung bei einem Fremdfuhrpark. Durch ein folglich kleineres Management ist dieses bei Umstrukturierungen im Unternehmen reaktionsfähiger. Ebenso fallen durch die Ausgliederung des Fachwissens weniger Personalkosten an. Als ungünstig kann sich jedoch die Abhängigkeit vom Fremdleister erweisen. Bei der Vergabe von Teilaufgaben müssen die jeweiligen Schnittstellen miteinander abgestimmt sein.

Bei einem Outsourcing werden der Fuhrpark und die gesamte Verwaltung von einem Dienstleistungsanbieter geordert. Dabei handelt es sich um sog. komplette Logistiklösungen. Servicepakete werden auf den jeweiligen Kunden zugeschnitten, bei denen die Spezifikation des jeweiligen Unternehmens berücksichtigt wird. Eine Abhängigkeit vom Servicegeber wird durch ein übliches Marktverhältnis zwischen Anbieter und Nachfrager vermieden, bei dem jede erhaltene Leistung einzeln in eine Gesamtrechnung eingeht.

Dem Unternehmen entsteht keine Kapitalbindung für einen Fuhrpark, und es kann am Markt zwischen mehreren Servicepaketen wählen. Die Fuhrparkverwaltung wird dadurch optimiert, weil die einzelnen Leistungen feste Preisgrundlagen haben und somit den Anbieter selbst zu Kostenbewusstsein zwingen. Eine Kostenkontrolle wird durch eine monatliche Ist-Abrechnung ermöglicht, bei der das Unternehmen die Ausmaße seiner erhaltenen Leistungen überschauen und je nach Notwendigkeit Umschichtungen oder Kürzungen veranlassen kann. Die eigenen Verwaltungskosten beschränken sich auf die Finanzbuchhaltung, die die Abrechnungen verbuchen muss.

Ziel eines **Fuhrparkmanagements** ist es, den Fuhrpark in Bezug auf seine Kosten und Leistungen zu verbessern. Leistungen werden verbessert, indem auf einen zweckmäßigen Einsatz der Fahrzeuge je nach Fuhrparkart und Unternehmensart geachtet wird. Kostenbewusstsein muss in sämtlichen Funktionen des Fuhrparkmanagements praktiziert werden. Das Fuhrparkmanagement spielt eine bedeutende Rolle in der Logistikkette eines Unternehmens. Von der Art und dem Einsatz des Fuhrparks sind die Merkmale Zeit und Qualität der Logistikkette abhängig. Sein Management ist für eine optimale Unterstützung der Logistik verantwortlich. Dort getroffene Entscheidungen haben großen Einfluss auf Lieferservice und Logistikkosten eines Unternehmens. Das Fuhrparkmanagement gliedert sich in die Funktionen:
– Fahrzeugbeschaffung und -finanzierung,
– Fahrzeugeinsatz,
– Wartung und Reparatur und
– Kostenkontrolle und -steuerung,

die je nach Art des Fuhrparks unterschiedliche Ausprägungen erfahren.

Die Unterschiedlichkeit der Funktionen stellt hohe Anforderungen an die Mitarbeiter des Managements. Hier ist Expertenwissen für alle Teilgebiete gefordert, insbesondere in Finanzierung, Versicherung, Einkauf, technischem Sachverstand und der Logistik. Da dies nicht bei einer Person konzentriert sein kann, wird ein Team aus Spezialisten der jeweiligen Bereiche zusammengestellt. Organisatorisch kann das Fuhrparkmanagement in der Logistik, im Einkauf und im Technischen Service angegliedert werden.

Bei der Fahrzeugbeschaffung und -finanzierung stehen die Alternativen Kauf, Leasing und Miete zur Auswahl. Im Hinblick auf die Senkung der Kapitalbindung stellt vor allem das Leasing eine gute Alternative zum Kauf dar. Der Abschluss eines Full-Service-Leasing-Vertrages erlaubt eine optimale Wartung der Fahrzeuge, wodurch Ausfälle bereits im Vorfeld vermieden werden können. Des Weiteren bietet das Leasing Vorteile bei der Veräußerung der gebrauchten Fahrzeuge, sodass diese alle drei bis vier Jahre ausgetauscht werden können. Tabelle 5.7 gibt einen Überblick über die Anschaffungs- und Betriebskosten eines Lkw mit einem zulässigen Gesamtgewicht von 26 Tonnen. Spezialisierte Firmen, wie z. B. FleetCompany, bieten Assistenz bei der Verwaltung der zu unterschiedlichen Zeitpunkten abgeschlossenen Leasing-Verträge für den Fuhrpark, um den Bestell- und Beschaffungsaufwand für Lkw zu senken.

Der Einsatz von elektronischer Datenverarbeitung und Bordcomputern (siehe unten) dient sämtlichen Funktionen des Fuhrparkmanagements und erlaubt eine mobile Kommunikation, ein schnelleres Datenhandling und eine exaktere Kontrolle von Kosten und Leistungen.

Tab. 5.7: Direkte Kosten eines LKW.

Ausgangsadaten	
[1] Anschaffungspreis netto (inkl. 1 Satz Reifen) [€]	100.000
[2] Restwert nach Ablauf der Nutzungsdauer [€]	0
[3] Ersatzpreis Reifen [€]	4.000
[4] Wartungs- und Reparaturkosten pro Jahr [€/Jahr]	10.250
[5] Kraftstoffverbrauch [l/100 km]	30,00
[6] Kraftstoffpreis [€/l]	0,85
[7] Einsatztage pro Jahr	240
[8] Nutzungsdauer [Jahre]	5
[9] Jahreslaufleistung [km/Jahr]	120.000
[10] Reifenlaufleistung [km]	140.000
[11] Leistungsabschreibung [%]	70
[12] Zeitabschreibung [%]	30
[13] Kalk. Zinsatz [%]	7,5
Variable Kosten	
[14] Leistungsabschreibung [€/100 km]	$11,20 = ([1]-[2]-[3]) \cdot [11] / [8] / [9] \cdot 100$
[15] Kraftstoffkosten [€/100 km]	$25,50 = [5] \cdot [6]$
[16] Schmierstoffkosten [€/100 km]	0,75 gegeben
[17] Reifenkosten [€/100 km]	$2,86 = [3] / [10] \cdot 100$
[18] Wartungs- und Reparaturkosten pro Jahr [€/100 km]	$8,54 = [4] / [9] \cdot 100$
[19] Summe variable Kosten [€/100 km]	$48,85 = [14] + [15] + [16] + [17] + [18]$
Fixe Kosten	
[20] Zeitabschreibung [€/Jahr]	$5.760 = ([1]-[2]-[3]) \cdot [12] / [8]$
[21] Kapitalbindung [€/Jahr]	$3.600 = ([1]-[2]-[3]) / 2 \cdot [13]$
[22] Steuern [€/Jahr]	650 gem. Konditionen für deutschen Markt
[23] Haftpflichtversicherung [€/Jahr]	7.000 gem. Konditionen für deutschen Markt
[24] Kasko-Versicherung [€/Jahr]	3.200 gem. Konditionen für deutschen Markt
[25] Sonstige Fixkosten [€/Jahr]	800 gegeben
[26] Summe fixe Kosten [€/Jahr]	$21.010 = [20] + [21] + [22] + [23] + [24] + [25]$
Zusammenfassung	
[27] Fixe Kosten [€/Tag]	$87,54 = [26] / [7]$
[28] Fixe Kosten [€/100 km]	$17,51 = [26] / [9] \cdot 100$
[29] Variable Kosten [€/100 km]	$48,85 = [19]$
[30] Fixe und variable Kosten [€/100 km]	$66,36 = [28] + [29]$
[31] Fahrzeugkosten pro Jahr [€]	$79.629 = [19] \cdot [9] / 100 + [26]$
[32] Fahrzeugkosten Nutzungsdauer [€]	$418.143 = [31] \cdot [8] + \text{Aufrunden}([8] \cdot [9] / [10]) \cdot [3]$

Quelle: Vahrenkamp/Kotzab (2012)

In der Logistik ist Zeit der wohl wichtigste Faktor. Deshalb ist eine ständige Überwachung der Logistikkette eine unverzichtbare Aufgabe, gerade im Fuhrparkmanagement. Die mobile Kommunikation in Verbindung mit der Vernetzung von Computern ermöglichen die zeitliche Kontrolle der einzelnen Abschnitte in der Logistigkette. Das lässt ein schnelles Eingreifen bei kurzfristigen Änderungen oder Problemen zu und führt so zur Zeitreduzierung bei Entscheidungsprozessen und insgesamt zu höherer Flexibilität im Fuhrpark.

Ein wesentlicher Einsatzort für die EDV ist die Kostenkontrolle des Fuhrparks. Sämtliche technische Kostenverursacher der Fahrzeuge können jederzeit ermittelt und festgehalten werden. Die Auswertung der Daten ermöglicht nun das Erkennen von Problembereichen im Fahrzeugeinsatz und die Steuerung zu einem kostenbewussten Einsatz.

Für ein Fuhrparkmanagement bedeutet der Ausbau des EDV-Einsatzes
– durch ständige Kommunikation und Überwachung ein völlig flexibles Fuhrparksystem, in das Problemlösungen und Alternativen schnell eingearbeitet werden können,
– eine flexiblere Planung, die unanfälliger gegen äußere Einflüsse wird,
– eine größere Kostentransparenz mit mehr Steuerungsmöglichkeiten,
– eine verbesserte Fahrzeugnutzung durch Ermittlung der Fahrzeugdaten und optimale Verwendung der Fahrzeuge für die entsprechende Aufgabe und
– die Arbeitserweiterung der Transportlogistik von reinem Transport zu einem kompletten Dienstleistungsanbieter.

Generell sind sämtliche Einsätze der Fahrzeuge bedarfsgesteuert, denn sie dienen der Erfüllung der gestellten Aufgabe. In einer Einsatzplanung sind diese einzelnen Bedarfe unter wirtschaftlichen Aspekten so zu koordinieren, dass die richtigen Fahrzeuge mit geringsten Kosten die volle Leistung bringen. Das bedeutet:
– das geeignete Fahrzeug für die Aufgabe wählen,
– die Kapazität der einzelnen Fahrzeuge und des gesamten Fuhrparks auslasten und
– optimale Touren planen, Leerfahrten und überflüssige Kilometer vermeiden.

Bei der Wahrnehmung der Fahrzeugwartung und der fälligen Reparaturleistungen hat das Management zunächst eine Make-or-buy-Entscheidung zu fällen. Soll das Unternehmen eine eigene Werkstatt mit geschultem Personal errichten oder werden die Leistungen von einer fremden Werkstatt oder dem Fahrzeughersteller bezogen? Die Einrichtung einer eigenen Werkstatt wird heute weniger verfolgt, da moderne Lkw Hightechfahrzeuge darstellen, deren Wartung äußerst aufwendig ist. Daher werden Wartungsverträge bereits beim Kauf der Fahrzeuge mit dem Hersteller abgeschlossen. Sie ermöglichen ein stabiles Kostenniveau und sichern eine gleichmäßige Qualität bei der Fahrzeugpflege. Kulanzverträge in den ersten Monaten sind ein zusätzliches Mittel, dem Unternehmen Kosten zu ersparen. Aufgrund der vertraglichen Vereinbarungen entstehen Regressmöglichkeiten und damit eine zusätzliche Qualitätssicherung. Diese Beziehung zwischen Fahrzeughersteller und Unternehmen hilft wiederum bei der Feststellung des besten Wiederverkaufszeitpunkts.

Das Fuhrparkmanagement kann mithilfe seiner Informationsinstrumente den wirtschaftlichen Einsatz der Fahrzeuge und eine dauerhafte Verbesserung des Kostenniveaus anstreben. Beim Einsatz der Technologieunterstützung per Computer sind hier wiederum die Investitionen gegen den Nutzen und die Notwendigkeit eines derart ausgeprägten Kostenmanagements zu setzen. Kapitaleinsatz und Verwaltungskosten sind nur zu rechtfertigen, wenn es das Ausmaß des Managements erfordert und eine konsequente Anwendung der technischen Möglichkeiten vorgenommen wird.

Die ursprüngliche Motivation für die Einführung von **Bordcomputern** im Lkw war die Untersuchung von Schwachstellen in der **Prozesskette** der Ausführung von Touren in Distributionssystemen. Schwachpunkte lassen sich hierbei wie folgt identifizieren: Der Fahrer hat eine große Menge an **Dokumenten** zu verwalten, Tourenlisten, Kundenlisten, Lieferscheine, Fahrtenschreiber, Fahrtberichte, Quittungen und Inkassovorgänge. Hierdurch entsteht tendenziell eine Überlastung des Fahrers mit dem Dokumentenhandling, was zu einem unreflektierten statt zu einem bewussten Gebrauch verleitet.

Wenn die Lkw-Touren auf einem der Betriebshöfe enden, haben die Fahrer die Ergebnisse ihrer Tour für die **Auswertung** zu übergeben: Fahrtberichte, Fahrtenschreiberscheiben, Listen mit ausgeführten und nicht ausführbaren Aufträgen, Storno, Rücknahmen, Barkasse. Die Auswertung der Tourendokumente geschieht dann im Rechnungswesen, in der Fakturierung und in der Fahrerabrechnung. Die Korrektur oder Weiterverarbeitung nicht ausgeführter Aufträge, die Kundendatenverwaltung und die Rechnungsschreibung sind vorzunehmen und nicht zuletzt sind Grundlohn, Leistungsprämien sowie Spesen der Fahrer zu ermitteln und entsprechend zu verbuchen. Schwachpunkte beim Auswertungsschritt sind die manuellen Übergaben und eine Vielzahl von Dokumenten, die manuell, d. h. ohne Computerunterstützung ausgewertet und für eine weitere computergestützte Verarbeitung eingegeben werden müssen.

Zu den genannten Schwachstellen auf der operativen Ebene der Prozesskette kommen noch weitere Schwachpunkte auf der strategischen Ebene. Als Hauptkritikpunkt ist hierbei anzuführen, dass konkrete Alternativplanungen weitgehend unterlassen werden. Eine einmal als praktikabel ermittelte Tourzusammenstellung wird zumeist nicht auf weitere Verbesserungsmöglichkeiten untersucht oder gar mit Alternativlösungen verglichen. Ebenso findet keine Selbstkostenberechnung statt. Die Zusammensetzung des Fuhrparks und die Bildung der Touren unterliegen keiner strategischen Planung.

Wir wollen im Folgenden aufzeigen, wie der Einsatz von Bordcomputern die Schwächen in der Prozesskette mindern kann, um auf diese Weise die Wettbewerbsposition zu stärken.

Beim **Bordcomputer** handelt es sich um eine zusätzliche Computereinheit im Lkw, die bei Neufahrzeugen werkseitig eingebaut oder in bereits existierenden Fahrzeugen nachgerüstet werden kann. Mittels verschiedener Sensoren werden fahrzeugspezifische **Daten,** wie z. B. Drehzahlen, Treibstoffverbrauch, Brems- und Beschleunigungsvorgänge, ermittelt und dem Fahrer zusammen mit allgemeinen Daten über die zu fahrende Tour zur Verfügung gestellt. Die geplante Tour im Soll-Zustand wird dem Fahrer vom Disponenten über ein Datenmodul, das er in den Bordcomputer des Lkw einsetzt, übermittelt. Von dort aus erhält der Fahrer über ein **Display** Informationen über die jeweils nächsten anzufahrenden Kunden. Das sind z. B. Informationen über die Lademenge, Fahrtkilometer und Adresse. Wesentliche Elemente des Fahrtberichtes kann der Fahrer über seine Tastatur in den Bordcomputer eingeben und damit umgehend den Bericht aktuell ergänzen. Hierzu zählen verschiedene Arten von Standzeiten, die Meldung der Ankunft beim jeweiligen Kunden, Lade- und Inkassoarten usw. Am Ende der Tour kann der Fahrer sein Datenmodul an die Auswertung (Rechnungswesen, Fakturierung und Spesenabrechnung) übergeben. Hierdurch entfällt das Papierhandling bei der Auswertung des Fahrtberichtes und der Fahrtenschreiber, was einen wesentlichen Rationalisierungsschritt ausmacht.

Folgende Möglichkeiten ergeben sich mit der Installation von Bordcomputern:
– Erfassung verschiedener Zeitanteile (z. B. Warten auf dem Hof, Warten beim Kunden, Lenkzeiten und Ruhezeiten),
– Erfassung von Laufkilometern und Tempo,
– Erfassung von Drehzahlen und Bremsverhalten,
– Erfassung von Daten für Durchschnittsgeschwindigkeiten auf einzelnen Straßenabschnitten und
– Erzeugung einer Datenbasis für die computergestützte Disposition von Fuhrparkinformationssystemen und die Selbstkostenkalkulation sowohl der gesamten Touren wie auch bei einzelnen Kunden und Ladungsarten.

Folgende betriebswirtschaftliche Vorteile eines Bordcomputereinsatzes lassen sich erkennen:
– wirtschaftliche Drehzahlen und wirtschaftliches Tempo,
– verbessertes Bremsverhalten, geringere Motorbelastung und geringerer Kraftstoffverbrauch durch Fahrhinweise,
– weniger Laufkilometer durch verbesserte Touren,
– Rationalisierung der Fahrerabrechnung mit Spesen und Überstunden etc.,
– Reduktion von Stand- und Wartezeiten.

Dem letzten Punkt ist besondere Bedeutung beizumessen. Bei der Analyse der einzelnen Touren lassen sich die Kunden mit sehr hohen Wartezeiten identifizieren. Hierdurch ergeben sich Ansatzpunkte, durch gezielte Verhandlungen mit den Kunden Zeitfenster so zu verschieben, dass Wartezeiten reduziert werden können. Der Einsatz von Bordcomputern wird in den USA vornehmlich zur Kontrolle der wirtschaftlichen Drehzahlen und der Höchstgeschwindigkeiten verwendet. Da die mittleren Entfernungen in den USA groß sind, ist die Konzentration auf Kosteneinsparpotentiale verständlich, die mit der effizienten Motornutzung zu erzielen sind. Bei den kürzeren Entfernungen in Deutschland überwiegen dagegen Potentiale, die aus der Reduktion der Standzeiten resultieren. Insofern ist die Datenauswertung auf diese Bereiche zu konzentrieren.

Durch die Integration von **Telematikanwendungen** geht die heutige Funktionalität von Bordcomputern weit über die Handhabung von Dokumenten und die Aufzeichnung von Fahrtinformationen hinaus:

- Durch die Möglichkeit der GPS-Ortung ist der Disponent jederzeit über den aktuellen Aufenthaltsort der Fahrzeuge informiert und kann sofort reagieren, wenn ein Transport anders verläuft als geplant oder ein neuer Kundenauftrag hereinkommt. GPS (Global Positioning System) ist ein satellitengestütztes System der globalen Ortsbestimmung, das den augenblicklichen Standort eines Lkw mit einer Genauigkeit von weniger als 20 Metern rückmeldet. Diese Möglichkeit der Fahrzeugüberwachung stellt gleichzeitig einen wirksamen Schutz gegen den Diebstahl von Lkw dar. Neben der GPS-Ortung ist ebenfalls eine Ortung über die Funknetze der Mobilfunkbetreiber möglich.
- Integrierte Navigationssysteme berechnen auf Basis der übermittelten Auftragsdaten und unter Berücksichtigung der aktuellen Verkehrslage die optimale Route und erleichtern dem Fahrer mittels sprachlicher und visueller Hinweise das Auffinden der Zieladressen.
- Die Datenkommunikation über Mobilfunknetze ermöglicht die Übertragung von Sendungsdaten in Echtzeit und damit in Verbindung mit dem vorgenannten Punkt eine Online-optimierte Tourenplanung.
- Über das Internet lassen sich die heterogenen Softwaresysteme verschiedener Unternehmen integrieren, was insbesondere die Kommunikation einer Spedition mit den eingesetzten Frachtführern erleichtert. Auf diese Weise sind sowohl Dienstleister als auch Versender jederzeit über den aktuellen Auftragsstatus informiert.

Das **Leistungsspektrum von Truck-Telematik-Systemen** lässt sich in vier Stufen unterteilen:

1. Stufe: reine Fahrzeugüberwachung
2. Stufe: erweitertes technisches Fuhrparkmanagement
3. Stufe: elektronisches Auftragsmanagement
4. Stufe: Online-Transportsteuerung

Einen Überblick über Anbieter und Funktionalitäten von Fahrzeug-Telematik-Lösungen gibt die Toplist der Zeitschrift Telematik Markt, in der die Namen der Gewinner des Telematik-Awards und Anwendertests hinterlegt sind. Hervorzuheben sind u. a.: YellowFox GmbH, TomTom Telematics, mobileObjects AG, AIS Advanced InfoData Systems GmbH und WABCO Fahrzeugsysteme GmbH.

5.4 Die Euro-Abgasnormen und der saubere Lkw

Das Thema Umweltschutz schlug sich auch in der Harmonisierungspolitik der EU nieder. Auf der EU-Ebene gelang eine Regelung zu Grenzwerten von Lkw-Abgasen, die als nationale Regelung in Deutschland wegen der starken Stellung der Autoindustrie vermutlich gescheitert wäre. Im Jahr 1988 erließ der Ministerrat eine Direktive, welche Grenzwerte für die Abgase von Dieselmotoren bei schweren Lkw festsetzte (Direktive 88/77/EEC) und in einer Serie von „Euro-Abgasnormen" mündete. Am 1. Oktober 2000 traten die Bestimmungen für die EU-Abgasnorm „Euro 3" für schwere Lkw in Kraft. Sie fixierten verschärfte Schadstoffgrenzen für neue Lkw, die nach dem 1. Oktober 2001 auf den Markt kamen. Gesenkt werden musste im Vergleich zur „Euro-2-Norm" der Schadstoffausstoß für Stickoxide um 29 % (neuer Grenzwert 5 g/kWh), für Kohlenmonoxid um 48 % (2,1 g/kWh) und für Partikel um 33 % (0,10 g/kWh).[2] Stichtag für die Umsetzung der Abgasnorm „Euro 4" war der 1. Oktober 2006 und für die „Euro 5" der 1. Oktober 2009. In dieser Zeit wurde der Ausstoß von Stickoxiden zunächst weiter auf 3,5 g/kWh und danach noch einmal auf 2 g/kWh reduziert. Seit Januar 2014 gilt für schwere Lkw und Busse die „Euro-6-Norm". Gegenüber der Euro-5-Norm müssen die Motoren nun 80 % weniger NOx ausstoßen und 66 % weniger Rußpartikel. Der BGL gab an, dass im Jahr 2005 bereits 64 % der von schweren Lkw innerhalb von Deutschland zurückgelegten Kilometer mit Motoren der Schadstoffklasse Euro 3 gefahren worden seien, was das Niveau der Rußemissionen gegenüber dem Jahr 2000 um 41 % gesenkt habe. Um Anreize zu schaffen, umweltfreundlichere Fahrzeuge herzustellen und zu kaufen, hatte der Gesetzgeber in Deutschland die Kfz-Steuer für Lkw in eine emissionsorientierte Abgabe umgewandelt.

Die Autobahnmaut in Deutschland setzte ab dem 1. Januar 2005 ebenfalls Anreize für Lkw mit sauberen Motoren, weil die Maut für Euro-3-Lkw niedriger war als für Euro-1-Lkw. Die auch den Pkw-Bereich einbeziehenden Schadstoffklassen der EU hatten weitreichende Konsequenzen für die Automobilindustrie, weil die Vorgaben für saubere Motoren die Entwicklungskosten für neue Motoren in die Höhe katapultierten und einen Zwang zur Kooperation in der Motorenentwicklung unter den ehemals unabhängigen Playern begründeten.

Die Euro-Abgasnormen ließen die Vision vom sauberen Lkw Wirklichkeit werden. Sie vermittelten der Logistik das dringend benötigte neue Leitbild von der sauberen Logistik und befreiten sie von ihrem Schmuddelimage. Das neue Leitbild erschütterte auch die überkommene, weitverbreitete Vorstellung, Bahntransporte seien grundsätzlich umweltfreundlicher als Lkw-Transporte. Die Studie von PE International nahm Vergleiche von Bahn und Lkw vor und zeigte, dass Aussagen über die Umweltfreundlichkeit der Bahn von einer differenzierten Betrachtung der Zuglänge, des Zuggewichts und des unterstellten Leerwagenanteils abhängen, die flexibel auf die einzelnen Lo-

---

2 Vahrenkamp (2011).

gistikkonzepte zu beziehen seien. Frühere Studien, wie die Studie EcoTransIT,[3] die dem Lkw einen schlechten Rangplatz in der Umweltbelastung zumaßen, wiesen diese Flexibilität nicht auf und beruhten auf unrealistischen Annahmen über einen hohen Treibstoffverbrauch und einen hohen Anteil von Leerfahrten von Lkw. PE International fasste ihre Ergebnisse wie folgt zusammen:

„Aus den Ergebnissen der durchgeführten Vergleiche, beruhend auf aktualisierten Daten und logistisch angepassten Annahmen, lassen sich die folgenden Aussagen ableiten:

Bahn ist tendenziell besser

–   Im Transport von schweren Schüttgütern: z. B. Eisenspäne.
–   Im Containertransport schwerer Güter bei Ganzzügen mit mehr als 20–25 Waggons (abhängig von Leerfahrtenanteil).
–   Im Transport von leichten Volumengütern bei Zuglängen größer 5–15 Waggons abhängig von Güterwagenwahl. Das 25,25-m-Lkw-Konzept verringert diesen Abstand (für Transportgüter mit einer Dichte kleiner 200 kg/m^3, z. B. Dämmstoff, Weißware).

Bei Schiffstransporten ist die Zuladungsbegrenzung aufgrund Tiefgangs- bzw. Durchfahrtsbeschränkungen entscheidend.

Lkw und Bahn liegen etwa gleich auf:

–   Wenn Züge eingesetzt werden in der Größenordnung des durchschnittlichen Zuggewichts im nationalen Kombiverkehr (560 Bt).
–   Bei einem Leerwaggonanteil eines Zuges (1000 Bt) von etwa 25–50 %.

Lkw ist tendenziell besser:

–   Wenn bei schweren Gütern aus logistischen Erfordernissen kurze Züge mit weniger als 10 Waggons benötigt werden
–   Bei Zügen (voll beladen, ohne Leerwagen und Leerfahrtenanteil) mit einer Länge bis ca. 15 Waggons, wenn Vor- und Nachlauf mehr als 10 % des Hauptlaufs betragen."[4]

---

3 EcoTransIT: Werkzeug zur Quantifizierung der Emissionen des Güterverkehrs. Entwickelt von Institut für Energie- und Umweltforschung (ifeu), Heidelberg und Rail Management Consultants GmbH (RMCon). http://www.ecotransit.org/, 2008.
4 PE INTERNATIONAL GmbH: Energiebedarfs- und Emissionsvergleich von Lkw, Bahn und Schiff im Güterfernverkehr, Leinfelden – Echterdingen, S. 50, 2010.

6 Distributionssysteme der Handelslogistik: Struktur und Strategien

In diesem Kapitel werden die Struktur von Distributionssystemen mit zentralen und regionalen Lagerhäusern behandelt und Konsequenzen für die Belieferungsstrategien und die Kostenstruktur diskutiert. Die für den Absatzerfolg entscheidende Qualität der Belieferung der Abnehmer wird erörtert.

6.1 Allgemeine Kennzeichen von Distributionssystemen

Distributionssysteme besitzen die Funktion, in einem geographischen Raum die Produktionsstandorte und Nachschublager mit der Kundennachfrage zu koordinieren und die Warenströme zu den Kunden zu leiten. Die regionale Verteilung
- der Kundennachfrage sowie
- der Produktionsstandorte und Nachschublager im geographischen Raum bestimmt die Struktur von Distributionssystemen. Der Planung liegt ein Raum zugrunde, der folgendes darstellen kann:
    - Die ganze Welt. Ein globales Distributionscenter ist zumeist am weltweit einzigen Produktionswerk angesiedelt und dient der Versorgung der Kunden weltweit.
    - Einen Großraum, wie Asien, Europa, Amerika. Großraum-Distributionscenter dienen der zentralen Lagerung der Waren für den Großraum und versorgen die nationalen Distributionszentren mit Nachschub.
    - Einzelne Länder, wie die Bundesrepublik Deutschland (nationale Distributionscenter).

International operierende Großunternehmen, wie beispielsweise Automobil-, Chemie- und Computerhersteller, besitzen globale Distributionssysteme, die mit global verteilten Produktionsstandorten und Zuliefererketten zu **Logistikketten** verknüpft sind. Der Automobilhersteller Ford unterhält beispielsweise Werke in 30 Ländern. Die in Deutschland ansässigen Hersteller von Konsumgütern, die in großen Stückzahlen produzieren, besitzen nationale oder europaweite Distributionssysteme.

Das Marketing hat die Planung von Distributionssystemen in verschiedener Weise modelliert. Für die Planung von Distributionskanälen lassen sich sechs Basisentscheidungen ausmachen:
- Welche Rolle spielt Distribution bei den Zielen und Strategien des Unternehmens?
- Welche Rolle spielt die Distribution beim Marketing-Mix?
- Wie sollten die Distributionskanäle aussehen, damit die Distributionsziele erreicht werden können?

DOI 10.1515/9783110473285-010

- Welche Arten von Mitgliedern sollen ausgewählt werden, um die Distributionsziele zu erreichen?
- Wie sollte der Distributionskanal geführt werden, um effektiv und effizient auf einer kontinuierlichen Basis arbeiten zu können?
- Wie soll die Performance der Mitglieder beurteilt werden?

Zur Analyse von Distributionssystemen betrachten wir das Verhältnis von Lieferanten zu Abnehmern. Wie in der Abbildung 6.1 gezeigt, stellt das Distributionssystem das Bindeglied zwischen Lieferanten und Abnehmern dar. Als Lieferanten können Hersteller, Importorganisationen und Großhandelseinrichtungen auftreten.

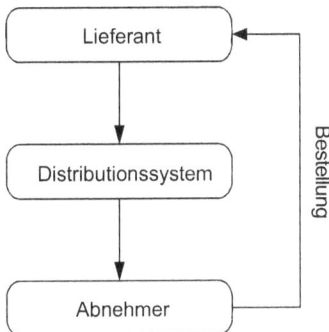

Abb. 6.1: Das Distributionssystem zwischen Hersteller und Abnehmer.

Bei den Abnehmern handelt es sich um die Großhandelsstufe, um den Facheinzelhandel, um Zentrallager von großen Handelsorganisationen oder um einzelne Filialen von großen Handelsketten. Als wichtigste Funktionen eines Distributionssystems lassen sich zusammenfassen:

- Die **Lagerung** von Artikeln. In Lagerhäusern auf den verschiedenen Stufen des Distributionssystems werden die Artikel für die Verteilung an die Abnehmer bereitgehalten.
- Der **Transport**. Die Artikel werden in unterschiedlich großen Lager- und Transporteinheiten vom Lieferanten über die einzelnen Lager- und Umschlagspunkte zum Abnehmer transportiert. Zum Transport können die verschiedenen Verkehrsträger genutzt werden.
- Die **Abwicklung von Bestellungen.** Die Bestellungen werden dem Lieferanten übermittelt, der die Auslieferung aus bestimmten Lagerhäusern veranlasst und festlegt, in welchen Mengen geliefert wird, in welchen Versandeinheiten gebündelt wird, wie die Verpackung gewählt wird, zu welchen Zeitpunkten ausgeliefert wird und welche Verkehrsträger gewählt werden. Ferner gehören

Dokumentations- und Abrechnungssysteme zur Bestellabwicklung. Das Thema Bestellabwicklung wird in Kapitel 7 vertieft.

Man kann Distributionssysteme danach unterscheiden, wem die **Systemführerschaft** im Absatzkanal zuzurechnen ist. Traditionellerweise sind Distributionssysteme vom Lieferanten bestimmt. Die Systemführerschaft liegt beim Lieferanten. Das drückt sich auch in den Lieferkonditionen „Frei Haus" aus. Derartige Distributionssysteme können dort aufgefunden werden, wo die Abnehmer schwach und zersplittert sind. Das trifft etwa für den Facheinzelhandel im Verhältnis zum Großhandel zu. Bei starken Abnehmern liegt die Systemführerschaft jedoch beim Abnehmer. Wir können dieses Verhältnis bei den großen, hochkonzentrierten Handelsorganisationen im Lebensmitteleinzelhandel auffinden (siehe unten Abschnitt 6.5). Distributionssysteme sind in diesem Fall auf die Bedürfnisse der Abnehmer ausgerichtet und auf den Durchsatz von großen Mengen ausgelegt. Die Lieferanten senden große Partien in das Zentrallager der Handelsorganisationen, von denen aus die Feinverteilung vorgenommen wird. Sind beide Seiten schwach und zersplittert, sowohl die Lieferanten- als auch die Abnehmerseite, kann die Systemführerschaft auf externe Logistikdienstleister übergehen. Diesen Fall finden wir etwa im Getränkevertrieb vor, bei dem regionale Brunnen- und Brauereibetriebe mittelständisch strukturiert sind und die Gaststätten als Abnehmer eine atomisierte Marktmacht repräsentieren. Zwar befinden sich die Distributionssysteme im Normalfall im Eigentum der jeweiligen Systemführer. Jedoch gibt es in der letzten Zeit einen starken Trend zum Outsourcing von Distributionsdienstleistungen auf spezielle Logistikdienstleister. Diese Tendenz wird im Kapitel 14 ausführlicher behandelt.

Das **Zielsystem** von Distributionssystemen weist die folgenden Dimensionen auf:
– niedrige Kosten des gesamten Systems,
– akquisitorische Funktion und
– hoher Lieferservice.

Zu Strategien der Kostenminimierung von Distributionssystemen wird nachfolgend im Abschnitt 6.3 Stellung genommen. Mit akquisitorischer Funktion ist gemeint, dem Kunden zur Beratung in der Kaufphase bei Problemlösungen zur Verfügung zu stehen sowie den Kunden nach dem Kauf (After Sales) mit Installation, Einweisung, Schulung, Umtausch und für den Reparaturservice zu betreuen.

Ein hoher **Lieferservice** des Distributionssystems ist für den Lieferanten von großer Bedeutung, um eine starke Stellung auf dem Absatzmarkt zu erringen, weil Differenzierungsvorteile im Markt nur noch schwer über eine Verbesserung der Produktqualität zu erreichen sind und deswegen der Lieferservice ein wichtiges Unterscheidungsmerkmal zur Differenzierung darstellt. Aus diesem Grund ist die Verbesserung des Lieferservice bei Distributionssystemen in den letzten Jahren in den Mittelpunkt des Interesses gerückt.

Die lange Prozesskette der Abwicklung eines Kundenauftrags, wie in Abbildung 6.2 dargestellt, umfasst eine Reihe von verschiedenen Prozessen, bei denen jeder für sich den Lieferservice vermindern kann. Deswegen muss auf jeder dieser Stufen sorgfältig die Qualität sichergestellt werden. Wegen der Vielzahl von Faktoren, die den Lieferservice beeinflussen, und wegen der überragenden Bedeutung des Lieferservice für den Absatzerfolg sollen im Folgenden die verschiedenen Dimensionen des Lieferservice detailliert diskutiert werden. Man unterscheidet vier Dimensionen des Lieferservice, die

- Lieferzeit,
- Lieferzuverlässigkeit,
- Lieferungsbeschaffenheit und
- Lieferflexibilität.

Prozesskette der Auftragsabwicklung

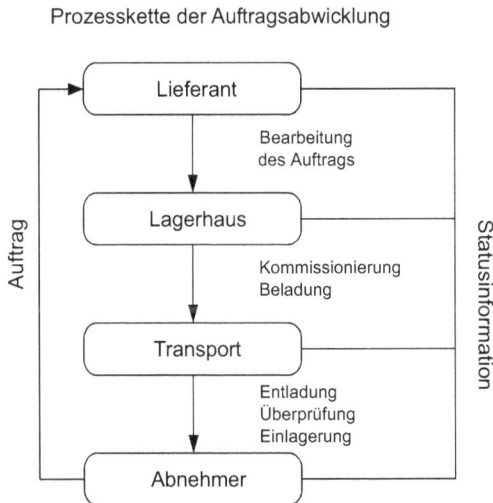

Abb. 6.2: Die Prozesskette des Auftragsabwicklungszyklus' und Komponenten der Lieferzeit.

Der Begriff **Lieferzeit** fasst die Zeit zusammen, die zwischen dem Zeitpunkt der Auftragserteilung beim Lieferanten und dem Eintreffen der Ware beim Abnehmer liegt. Ein wichtiger Differenzierungsvorteil besteht darin, dem Abnehmer eine kurze Lieferzeit zu bieten. Hier sind in der Vergangenheit viele Schwächen aufgetreten. Die in der Literatur bekannten Projekte zur Reorganisation von Geschäftsprozessen haben immer wieder gezeigt, wie lang die Liegezeit der Aufträge in der Organisation zur Bestellabwicklung ist. Bei leicht substituierbaren Gütern führen lange Lieferzeiten jedoch schnell zu sinkenden Umsätzen. In den vergangenen Jahren sind Anstrengungen unternommen worden, die Lieferzeit im Wesentlichen an die kaum reduzierbare Transportzeit anzunähern.

Die verschiedenen Komponenten der Lieferzeit fasst die Abbildung 6.2 zusammen. Eine wesentliche Komponente ist die Bearbeitung des Auftrags. In diesem Bearbeitungsschritt wird die Verfügbarkeit der Ware im Lager geprüft, es werden Kommissionieraufträge für das Lager erteilt sowie Lieferscheine und Rechnungen fertiggestellt. Die Bearbeitungszeit im Lager besteht aus dem Zusammenstellen („Kommissionieren") des Lieferauftrags aus dem Lagerbestand und der Zuordnung der Ware zum Auslieferungsfahrzeug. Die Fahrzeit besteht entweder aus der Zeit, die das Fahrzeug vom Lager auf direktem Weg zum Abnehmer fährt, oder aus der Fahrzeit in einer Sammeltour, in der zuvor andere Kunden angefahren werden. Trifft das Fahrzeug beim Kunden ein, kann bei Großkunden eine beträchtliche Zeit für die Entladung verstreichen, weil am Entladungspunkt des Kunden ein Stau von verschiedenen Lieferanten auftreten kann. Zur Beschleunigung der Abfertigung sind Lieferzeitfenster zu vereinbaren.

Die **Lieferzuverlässigkeit** gibt an, ob der zugesagte Liefertermin eingehalten werden kann oder durch Verzögerungen im Arbeitsablauf überschritten wird. Die hier angesprochene **Termintreue** kann sehr gut mit der Kennzahl Anzahl der verspäteten Lieferungen bezogen auf alle Lieferungen gemessen werden. Die Termintreue ist dann von besonderer Bedeutung, wenn nur noch ein niedriger Restlagerbestand beim Empfänger vorhanden ist und dieser auf die pünktliche Wiederauffüllung angewiesen ist. Hier wird ein unmittelbarer Zusammenhang zwischen hoher Lieferzuverlässigkeit und niedrigen Beständen beim Abnehmer sichtbar. Die andere Dimension der Lieferzuverlässigkeit ist die **Lieferbereitschaft.** Die Lieferbereitschaft drückt aus, mit welcher Wahrscheinlichkeit der Lieferant die Bestellung aus seinem Lagerbestand bedienen kann oder ob eine sog. Fehlmenge auftritt. Die Lieferbereitschaft kann mit einer Reihe von quantitativen Maßen als eine Wahrscheinlichkeit, einen Auftrag zu erfüllen, ausgedrückt werden. Die wichtigsten Maße sind die

- Produktlieferbereitschaft,
- Auftragslieferbereitschaft und
- Periodenlieferbereitschaft.

Die Produktlieferbereitschaft bezieht sich auf einen einzelnen Artikel und gibt den Prozentsatz an, zu welchem die für einen Artikel in einer Zeitperiode eingegangenen Bestellungen ab Lager bedient werden können. Die Auftragslieferbereitschaft bezieht sich auf Aufträge, die im Allgemeinen mehrere Bestellpositionen umfassen, und wird in Prozent gemessen: Anzahl vollständig erfüllter Aufträge × 100/Anzahl eingegangener Aufträge. Dieses Maß drückt aus, mit welcher Wahrscheinlichkeit ein eingegangener Auftrag ab Lager bedient werden kann. Das Maß der Periodenlieferbereitschaft bezieht sich auf die beobachteten Zeitperioden und drückt den Prozentsatz der Zeitperioden aus, in denen die Lagerbestände ausreichen, um alle Bestellungen zu erfüllen. Selbst wenn für die einzelnen Produkte die Produktlieferbereitschaft hoch ist, beispielsweise bei 98 %, sinkt die Auftragslieferbereitschaft auf einen niedrigeren Wert ab, weil bereits die Nichtverfügbarkeit eines Produkts dazu führt, dass eine Auftrag nicht erfüllt werden kann. Besteht z. B. ein Auftrag aus durchschnittlich 10 Positionen, die mit jeweils 98 % erfüllt werden können, so sinkt die Auftragslieferbereitschaft auf $(0,98)^{10}$ = 82 % ab. Hieran können folgende Überlegungen geknüpft werden. Die Auftragslieferbereitschaft sinkt ab, wenn die Anzahl der Auftragspositionen auf einem Auftrag zunimmt. Auch wenn Kunden eine hohe Auftragslieferbereitschaft erwarten, so tolerieren sie eher die Nichtlieferbarkeit eines Produkts bei einem Auftrag mit 100 Auftragspositionen als bei einem mit 10 Auftragspositionen. Damit die Auftragslieferbereitschaft hoch liegt, beispielsweise bei 95 %, muss die Produktlieferbereitschaft deutlich darüber liegen. Wenn die letztere 99,5 % beträgt, so sinkt bei 10 Auftragspositionen die Auftragslieferbereitschaft auf 95 % ab. Eine analoge Überlegung gilt für die Periodenlieferbereitschaft, die umso weiter unter die Auftragslieferbereitschaft sinkt, je mehr Aufträge pro Periode eintreffen. In Kapitel 11 wird die Höhe der Sicherheitsbestände erläutert, die für eine bestimmte Produktlieferbereitschaft erforderlich ist.

Die Dimension der **Lieferungsbeschaffenheit** gibt an, in welcher **Genauigkeit** die eingegangenen Bestellungen vom Lieferanten ausgeführt werden. Werden die bestellten Artikel in der bestellten Menge und in der bestellten Art ausgeliefert, so wird die Lieferung genau ausgeführt. Abweichungen hiervon treten auf, wenn nur Teillieferungen vorgenommen werden, oder wenn von der Bestellung abweichende Produkte ausgeliefert werden. Diese Fälle können infolge von Fehlmengen im Lager des Lieferanten auftreten oder auch, wenn Fehler in der Ablaufsteuerung bei der Auftragsbearbeitung und Kommissionierung sowie Auslieferung und bei der Beladung der Fahrzeuge auftreten. In der Steuerung des Distributionssystems ist viel Sorgfalt auf die Einhaltung einer hohen Liefergenauigkeit aufzuwenden. Denn die Korrektur der Fehler, die durch falsche Mengen und falsche Produkte in den Lieferungen für den Kunden entstehen, ist sehr zeit- und kostenaufwendig. Ausgelieferte Artikel müssen gesammelt und zurückgesandt werden. Die dazu erforderlichen Umbuchungen in der Eingangskontrolle des Abnehmers und in der Auftragsbearbeitung des Lieferanten sind vorzunehmen. Werden die bestellten Artikel nur teilweise geliefert, so treten beim Lieferanten zusätzliche Kosten für die Nachlieferung und mögliche Vertragsstrafen für unzureichende Lieferung auf. Beim Abnehmer entstehen Kosten für entgangene Gewinne und für die Verteilung von nachgelieferter Ware.

Ein weiterer Punkt der Lieferungsbeschaffenheit ist der **Zustand der Lieferung.** Hier geht es um die Frage, ob die Ware **unbeschädigt** beim Abnehmer eintrifft. Ist dies nicht der Fall, müssen Retouren organisiert werden und Kosten für Nachlieferungen treten in der gleichen Weise auf, wie oben beschrieben. Die Dimension der Lieferungsbeschaffenheit kann ebenso wie die Lieferbereitschaft durch Prozentangaben gemessen werden, in denen Lieferungen von Kunden dem Lieferanten als nicht korrekt rückgemeldet werden.

Die Dimension der **Lieferflexibilität** bringt zum Ausdruck, inwieweit die Organisation des Distributionssystems an die Wünsche des Kunden angepasst ist. Diese Frage tritt besonders dann auf, wenn die Systemführerschaft beim Lieferanten oder bei einem Logistikdienstleister liegt. Liegt diese beim Abnehmer, so ist davon auszugehen, dass diese weitgehend an die Bedürfnisse des Kunden angepasst ist.

Die Lieferflexibilität kann unterteilt werden nach den Größen

– Auftragsmodalitäten,

– Liefermodalitäten und

– Information des Kunden.

Die Auftragsmodalitäten legen fest, inwieweit der Lieferant ein vorgegebenes Schema bei der Formulierung von Bestellungen vorgibt. Hier geht es um vorgeschriebene Kommunikationswege, wie etwa die Verwendung von bestimmten Formularen oder die elektronische Übermittlung von Bestellungen durch EDIFACT (vgl. Kapitel 2). Ferner sind Entscheidungen über Mindestabnahmemengen bei den einzelnen Lieferpositionen und über einen Mindestwert des Gesamtauftrags zu treffen.

Die Liefermodalitäten, die für die Lieferung festgelegt werden, bestimmen die Art und Weise, wie der physische Güterfluss erfolgt. Hier wird die Frage geregelt, in welcher Transportart die Güter übermittelt werden: Werden die Güter im Werkverkehr ausgeliefert, durch Einschaltung einer Spedition oder eines Paketdienstes oder werden sie selbst vom Abnehmer abgeholt? Die Fragen, in welchen Verpackungs- und Versandeinheiten die Güter angeliefert werden, die möglicherweise auf das Lager des Abnehmers abgestimmten Palettenhöhen und dergleichen spielen ebenfalls eine Rolle. Zeitfenster für die Zustellung der Ware oder Lieferung auf Abruf können vereinbart werden. Die Lieferflexibilität zeichnet sich weiter dadurch aus, dass die Abnehmer umfassend über den Status ihrer Bestellung informiert werden. Hierbei geht es um den voraussichtlichen Zeitpunkt der Lieferung, um möglichst frühzeitige Informationen über Fehlmengen und über sonstige Störungen im Ablauf des Distributionsprozesses. Diese Fragen werden besonders intensiv diskutiert in den neueren Ansätzen der Logistikkooperation zwischen Industrie und Handel.

Die neueren Entwicklungen auf dem Gebiet der Distributionssysteme gehen dahin, dass diese durch die informationstechnologische Infrastruktur unterstützt und verbunden werden. Die Verbindung vom Lieferanten zum Abnehmer erfolgt als eine **integrierte Logistikkette.** Diese Sichtweise wird in Kapitel 1 behandelt. Die Integration führt dazu, dass die Auftragsabwicklung im Distributionssystem mit der Distribution der Abnehmerorganisation eng verzahnt wird. Der Bestellvorgang selbst wird damit ein Bestandteil im Distributionssystem.

Zur weiteren Diskussion von Distributionssystemen gehen wir von der Kundennachfrage aus. Die Postleitzahlen stellen gegenüber den Kreis- oder Gemeindegrenzen ein übliches Analysekriterium dar, um die Kundennachfrage zu erfassen, weil die Postleitzahlen bereits im Adressenstammsatz der Kunden vorhanden und so leicht verfügbar sind. Aus der nach zweistelligen Postleitzahlen regionalisierten Darstellung lassen sich bereits auf einfache Weise Schwerpunkte der Nachfrage ableiten. Mit der heute verfügbaren Software für **geographische Informationssysteme** auf dem PC, wie Autoroute plus, Regiograph, Map and Guide oder Excel, ist eine derartige regionale Darstellung ohne Weiteres möglich.

An die hier ausgewiesene regionale Struktur der Nachfrage ist das Distributionssystem zur Versorgung anzupassen. Wenn Produktion und Absatz integriert betrachtet werden, stellt sich die Frage nach der alternativen Verteilung von Produktion und Distribution auf mehrere Standorte. Hierzu sollen Distributionssysteme am Beispiel des Versorgungsgebietes Bundesrepublik Deutschland durch folgende allgemeine Kriterien beschrieben werden:

- Die Anzahl und Verteilung der Produktionsstandorte **(Stufe 0).**
- Die Anzahl der Lagerstufen. Gefragt werden kann: Wird die Versorgung nur von einem zentralen Lager **(Stufe 1)** für die ganze Bundesrepublik Deutschland vorgenommen. Man spricht dann von **einstufiger Distribution.** Oder befinden sich unterhalb der Zentrallagerebene noch weitere regionale Lagerhäuser **(Stufe 2).** Dann wird von **zweistufiger Distribution** gesprochen, vgl. Abbildung 6.3. Unterhalb der regionalen Lagerhäuser können sich optional als dritte Stufe die Transitterminals befinden.
- Die Anzahl der Lagerhäuser. Wird das Distributionssystem nur von einem zentralen Lager beschrieben oder befinden sich unter dieser Ebene weitere regionale Lagerhäuser und Transitterminals, und, wenn ja, wie viele?
- Die regionale Verteilung der Lagerhäuser. An welchen Orten in der Bundesrepublik Deutschland werden die Lagerhäuser angesiedelt?

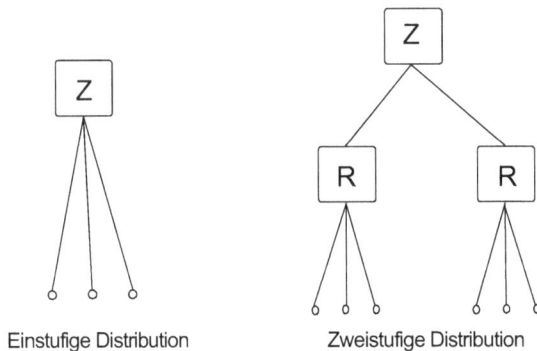

Einstufige Distribution   Zweistufige Distribution

Abb. 6.3: Ein- und zweistufige Distributionssysteme.

Diese allgemeinen Kriterien für Distributionssysteme werden durch folgende Einflussfaktoren konkretisiert. Besondere Anforderungen an ein Distributionssystem ergeben sich durch die

- Zugehörigkeit zu speziellen volkswirtschaftlichen Sektoren, wie Produktion, Handel, Verkehrswirtschaft. Man spricht dann von einer Herstellerdistribution, Handelsdistribution, Logistikdienstleisterdistribution, Speditionsdistribution und einer Entsorgungslogistik,
- Eigenarten der zu distribuierenden Artikel im Warensortiment und
- Selbsterstellung der Transporte zwischen den Elementen des Distributionssystems (Werkverkehr) oder Vergabe an externe Logistikdienstleister wie Speditionen.

6.2 Konfiguration und Kostenstruktur von Distributionssystemen

Die Anzahl der Lagerstufen und der Lagerhäuser bestimmt das Ausmaß der **Zentralisierung** eines Distributionssystems. Die Vor- und Nachteile der Zentralisierung können folgendermaßen diskutiert werden. Wenn wir von einem Zentrallager als einzigem Element des Distributionssystems ausgehen, so ist zu berücksichtigen, dass ein zentraler Lagerstandort zwar betriebswirtschaftliche Vorteile der Kostendegression der Betriebskosten beinhaltet. Demgegenüber besitzt er die Nachteile vergleichsweise hoher Transportkosten zu den Abnehmern auf der Absatzseite, wie auch den der Marktferne mit langen Transportzeiten und vergleichsweise schlechter Akquisitionsfunktion. Mehrere regionale Standorte für Produktion und Verteilung lassen die Summe der Absatzwege zu den Abnehmern sinken, da jeder Regionalstandort lediglich die Kunden seiner Region beliefern muss. Werden diese Überlegungen systematisiert, so gelangt man zu dem Konzept eines **mehrstufigen Distributionssystems** (vgl. Abbildung 6.3).

Die Gesamtkosten des Distributionssystems setzen sich aus zwei Komponenten zusammen: Den Transportkosten und den Kosten für die Bewirtschaftung der Lager, vgl. Abbildung 6.4. Beide Komponenten sind zunächst gegenläufig. Je mehr Regionallager und Transitterminals ausgewiesen werden, desto geringere durchschnittliche Entfernungen von einem Lager zu den zugeordneten Kunden liegen vor. Damit sinken zunächst die Transportkosten auf den Verbindungen vom Lager zu den einzelnen Kunden. Die Regionallager können mit kostengünstigen gebündelten Transporten aufgefüllt werden, solange die Auffüllmenge nicht zu klein wird, um das Transportmittel auszulasten. Daraus folgt, dass eine große Zahl von Regionallagern die Auffüllmengen verkleinert und schließlich die Auffüllpolitik unwirtschaftlich werden lässt. Die fallende Kurve der Transportkosten steigt also nach Überschreiten einer Grenzanzahl von Regionallagern wieder an.

Die Kosten für die Bewirtschaftung der Regionallager steigen mit wachsender Zahl von Regionallagern und Transitterminals. Für jedes Lager fallen Fixkosten an, die unabhängig vom Durchsatz sind. Es sind Investitionen zu tätigen und Kosten für den laufenden Unterhalt und für den Bestand inklusive Sicherheitsbestand in Anschlag zu bringen. Da der Lagerdurchsatz pro Lager mit steigender Zahl der Regionallager

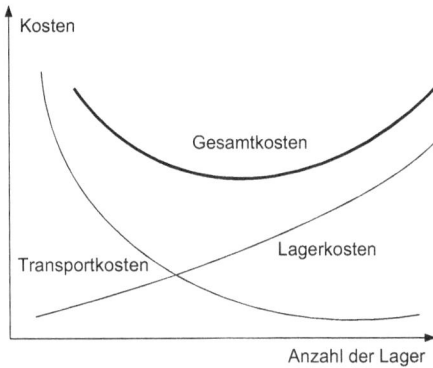

Abb. 6.4: Kostenstruktur von Distributionssystemen.

sinkt, steigen die Lagerkosten pro Lagereinheit wegen Skaleneffekten progressiv. Da zudem in jedem Lager ein gewisser Schwund durch Lagerrisiken entsteht, steigt mit der Zahl der Regionallager der Schwund im gesamten System. Die Kostenstruktur wird durch die folgende Abbildung 6.4 dargestellt.

Die Kurve der Auslieferungskosten und die der Betriebskosten verhalten sich gegenläufig. Während die eine Kurve zunächst fällt, steigt die andere Kurve mit zunehmender Dezentralisierung an. Aus der Gegenläufigkeit der Kostenfunktionen ergibt sich theoretisch ein **Optimum an Dezentralität,** das im Minimum der Summe beider Kurven angenommen wird. Allerdings ist dieser Ansatz insofern vereinfacht, als dass die Kostengrößen zunächst unbekannt sind und lediglich geschätzt werden können. Das Verhältnis von

– der Verteilung der Kundennachfrage in der Fläche und in der Bestellgröße,
– der Lageranzahl,
– den Lagerstandorten und
– den Kosten der Transporte für die Belieferung von Lagern und von Kunden

ist interdependent. Solange die Lagerstandorte nicht gegeben sind, lassen sich die Kosten für die Belieferung der Regionallager vom Zentrallager aus und für die Belieferung der Kunden nicht bestimmen. Eine simultane Bestimmung von Standorten und Auslieferungskosten ist daher nicht möglich, sondern nur in einem iterativen Prozess erreichbar, in dem die möglichen Standorte im Netzwerk der Transportsysteme festgelegt und diese schrittweise konkretisiert werden. Die strategische Standortplanung wird durch das an der Universität Kassel entwickelte Software-Tool **Euronetz**[1] unterstützt, mit dem die Kosten von verschiedenen Modellkonfigurationen von mehrstufigen Distributionssystemen in Europa ermittelt werden können.

---

1 Eine Demo-Version der Software Euronetz kann von folgender Internet-Seite heruntergeladen werden: www.wirtschaft.uni-kassel.de/vahrenkamp/software.html

Ist eine Standortkonfiguration versuchsweise angesetzt worden, kann anschließend mit Schätzmethoden eine Zuordnung der Kunden zu den zu beliefernden Lagern
vorgenommen werden. Nach diesem Schritt kann die Tourenplanung die Kunden den
einzelnen Auslieferungsfahrten zuordnen, die Reihenfolge der Belieferung optimieren und die Auslastung der Fahrzeuge sicherstellen —- eine kritische Größe, die entscheidend die Kosten der Auslieferung determiniert. Erst dann stehen die Kosten der
Auslieferung bei der gegebenen Modellkonfiguration fest. Als Beispiel einer Optimierung sei hier das Chart der Pfanni-Werke in Abbildung 6.5 vorgestellt. Dort werden die
Anzahl der Lager und die der Transitterminals (siehe unten unter 6.6) den Distributionskosten gegenübergestellt, wobei die Lager Nr. 6 bis 11 bestandslose Transitlager
sind (Vahrenkamp/Kotzab 2012).

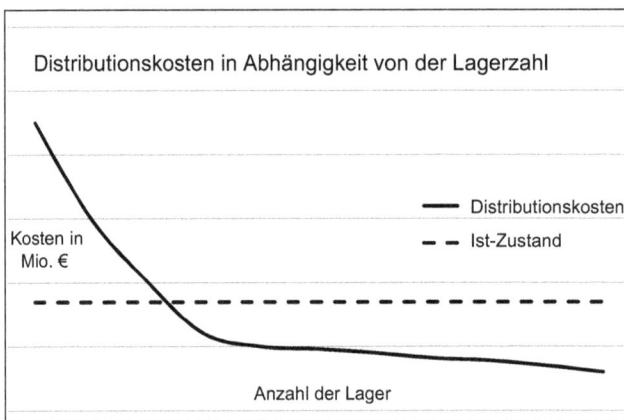

Abb. 6.5: Distributionskosten bei Pfanni in Abhängigkeit von der Distributionsstruktur.

Im Ist-Zustand betrugen die Distributionskosten 4,85 Mio. € . Bei 5 Lagern kann ein
Wert von 4,5 Mio. € erreicht werden, der noch leicht auf 4,375 Mio. € absinkt, wenn
ca. 6 Transitterminals vorgesehen werden. Die Wirkung der Transitterminals besteht
weniger in einer spürbaren Senkung der Kosten als in einer einfacheren Versorgung
der Outlets und einer Bündelung der Paletten und der Verkehre.

6.3 Die Zentralisierung der Distribution

Die europaweite Neubestimmung der Distributionslogistik in den vergangenen Jahren
hat zu einer verstärkten **Zentralisierung** geführt; Regionallager wurden zugunsten eines Zentrallagers aufgegeben. An den historisch gewachsenen Distributionssystemen
konnten viele Überschneidungen und Inkompatibilitäten festgestellt werden, sodass

zugleich mit der Zentralisierung eine Vereinheitlichung der IT-Systeme vorgenommen werden konnte. Als Beispiele für die Zentralisierung können aufgeführt werden das
- Zentrallager der Beiersdorf AG in Hamburg für cosmed-Produkte,
- Zentrallager der Kodak AG in Scharnhausen,
- Zentrallager von IBM Frankreich in Evry Lisses und
- Zentrallager von Sony Europa bei Köln.

Die Management Praxis 2 zeigt die Zentralisierung bei Karstadt-Quelle auf. Die Tendenz zur Zentralisierung ist auf die **degressive Kostenstruktur** eines Zentrallagers zurückzuführen. Diese beruht darauf, dass die im Zentrallager gebundenen Bestände im Vergleich zu Regionallagern sinken und damit auch die Kapitalbindungskosten. Hinzu kommen sinkende Gebäude- und Kommissionierungskosten in Abhängigkeit von der umgeschlagenen Menge, dem „Lagerdurchsatz" (vgl. Abbildung 6.6).

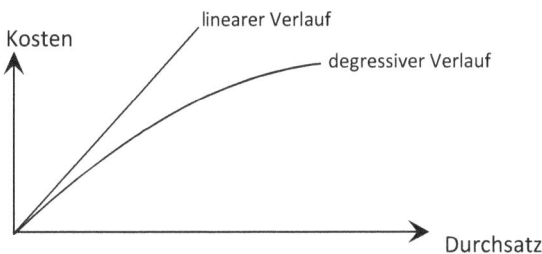

Abb. 6.6: Degressive Kostenstruktur eines Zentrallagers.

Die Rentabilität von Rationalisierungsinvestitionen im Lager – wie Regalbediengeräte, Kommissionierhilfen und EDV-Ausstattung —- erhöht sich mit steigendem Lagerdurchsatz und ist daher in Regionallagern niedriger als im Zentrallager. Bedenkt man, dass die Personalkosten einen Anteil von 60 bis 75 % an den Lagerkosten ausmachen, so liegt der Rationalisierungsgewinn der Zentralisierung vor allem in den Personalkosten.

Eine Zentralisierung führt zwar zu höheren Transportkosten, doch liegt deren Zuwachs deutlich unter den Rationalisierungsgewinnen. Zudem ist in den vergleichsweise niedrigen Transportkosten im Verhältnis zum Warenwert bei Fertigwaren ein weiterer Faktor zu erkennen, der einen Anreiz zur Zentralisierung gibt. Die Frachtrate für einen Transport von München nach Hamburg (780 km) mit einem Lkw mit 20 Tonnen Zuladung liegt bei 700 €. Setzt man diese Kosten in Beziehung zum Wert der Ladung, so erreicht der Frachtkostenanteil bei einem Warenwert von 5 € pro kg Warengewicht und einem Ladungsgewicht von 20 Tonnen die Größe von 700 € /100.000 € = 0,7 %. Der genannte Warenwert stellt für Fertigwaren in der Konsumgüterindustrie, insbesondere für hochwertige Konsumgüter, eine untere Grenze dar, sodass hieran der marginale Anteil der Transportkosten am Warenwert erkennbar wird. Die relativen

Vorteile des Lkw-Transports über große Strecken gegenüber regionalen Distributionssystemen ist unter ökologischen Gesichtspunkten kritisch zu bewerten, weil insbesondere der Verkehr zu hohen Umweltbelastungen beiträgt. Der hier erkennbare Zielkonflikt zwischen Ökonomie und Ökologie lässt sich kaum über eine Verteuerung des Treibstoffs lösen, da bei einem Anteil der Treibstoffkosten von 30 % an der Frachtrate selbst bei einer Verdoppelung des Treibstoffpreises die Transportkosten weiterhin nur einen marginalen Anteil am Wert der transportierten Waren ausmachten.

Als ein weiterer Aspekt der Zentralisierung ist der **Ausgleich der Nachfrageschwankungen** hervorzuheben, der durch die Zusammenlegung der Regionallager zu einem Zentrallager entsteht. Die überdurchschnittliche Nachfrage eines Regionallagers wird von einer unterdurchschnittlichen Nachfrage eines anderen Regionallagers ausgeglichen. Der Abfluss der Waren erfolgt in einem zentralisierten Lager für die einzelnen Artikelgruppen gleichmäßiger mit einer geringeren Standardabweichung. Daher können im Zentrallager die Sicherheitsbestände für die einzelnen Artikelgruppen niedriger angelegt werden – im Vergleich zur Summe der Sicherheitsbestände in den Regionallagern – mit den entsprechenden Konsequenzen für die Kosten des Lagerhausbetriebs, was in Abschnitt 11.7 näher betrachtet wird. In der Literatur wird dieser Effekt mit der Risikominderung der Portfolioselektion nach Markowitz verglichen. Allerdings wird die Zentralisierung der Sicherheitsbestände auch mit zunehmenden Lieferzeiten an die Kunden erkauft.

Die Effekte der Zentralisierung lassen sich wie folgt beschreiben:
- Synergie/Zusammenwirken,
- Produktivitätsverbesserung durch Ausgleich,
- Bündelung und Multiplikation von vorhandenem Wissen,
- Bündelung von Warenströmen,
- Bündelung und gemeinsame Nutzung von Produktionsfaktoren,
- Spezialisierung,
- Integration aus verschiedenen Bereichen erlaubt die Bildung und Förderung von Spezialisten,
- Chancen für produktivere und günstigere Verfahren,
- Einheitlichkeit,
- gleiche Verfahren und Methoden bieten den Vorteil einer einfacheren Organisation (Verringerung von Komplexität) und
- Gefahr der Uniformität.

Ein Aspekt, der gegen das Konzept eines einzigen Zentrallagers spricht, ist die **Versorgungssicherheit.** Wenn die Versorgung über ein Netz von Regionallagern erfolgt, lässt sich der Schaden, der bei Ausfall eines Lagers entsteht – etwa durch Brand – besser eingrenzen. Hingegen bricht bei einem Zentrallagerkonzept die Versorgung im Schadensfall vollkommen zusammen. Bei Distributionssystemen, die ein breites Artikelspektrum umfassen, wie in der Handelslogistik oder im Ersatzteilwesen, ist deswegen eine dezentrale Aufstellung zur Risikominderung zu empfehlen.

Die folgende Tabelle 6.1 charakterisiert die Einflussfaktoren, die zu zentralisierten Distributionssystemen führen:

Tab. 6.1: Kriterien für die Zentralisierung/Dezentralisierung.

Einflussfaktor	Zentrallager	Regionallager
Sortiment	Breites Sortiment	Schmales Sortiment
Lieferzeit	Ausreichende Lieferzeiten	Schnellste Belieferung Stundengenaue Anlieferung
Wert der Produkte	Teure Produkte	Billige Produkte
Konzentration der Produktionsstätten	Eine „Quelle"	Viele „Quellen"
Kundenstruktur	Wenige Großkunden	Viele kleine Kunden
Nationale Eigenheiten (Produkt-Auszeichnung, nationale Vorschriften)	Wenig nationale Eigenheiten	Viele nationale Eigenheiten

Durch die Marktanforderung, dass die Kunden mit dem Lkw-Verkehr ausreichend schnell zu beliefern sind, werden die Grenzen der Zentralisierung definiert. Aus einem Zentrallager allein, ohne Regionallager, können die Kunden in Westeuropa innerhalb von drei Tagen beliefert werden. Ein westeuropaweiter Lieferservice von zwei Tagen erfordert Regionallager im Großraum London, Paris, Barcelona, Mailand, Dortmund und Kopenhagen. Bei Gütern, die eine Lieferung innerhalb von 24 Stunden erfordern, wie Ersatzteile oder leicht substituierbare Güter, sind kundennahe Regionallager erforderlich, deren Zahl europaweit ca. 20 beträgt.

6.4 Distributionssysteme der Hersteller

Das Distributionssystem aus der Sicht der Hersteller besteht aus mehreren Stufen (vgl. Abbildung 6.7). Die Produktion ist auf der obersten Stufe angesiedelt mit einem oder mehreren Werken **(Stufe 0).** Dort sind ebenfalls die Lieferanten von Handelswaren zu finden. Als Handelswaren werden zugekaufte Artikel bezeichnet, die der akquisitorischen Abrundung des Sortiments dienen. Auf der ersten Stufe der Distribution finden wir das **Zentrallager,** wo die das **Vertriebsprogramm** ausmachenden Produkte aus der Produktion und von den Lieferanten gesammelt und dann in weiteren Schritten an die Endkunden verteilt werden. Das Zentrallager enthält zumeist die gesamte Breite

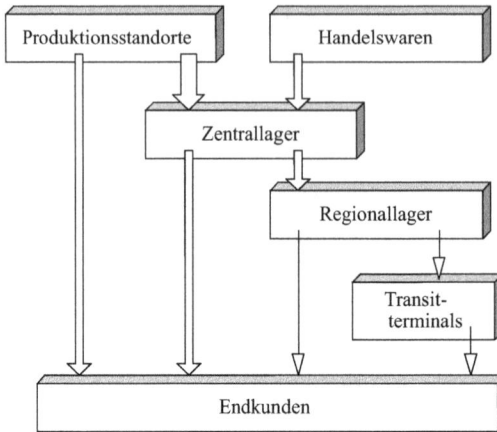

Abb. 6.7: Struktur von Distributionssystemen der Hersteller.
(Die Breite der Pfeile symbolisiert die mögliche Intensität der Warenströme.)

des Vertriebsprogramms[2]. In großen, kontinentalen Distributionssystemen (vgl. Kapitel 8) können mehrere derartige Zentrallager bestehen. Eine wesentliche Funktion der Zentrallager besteht im Vorhalten des gesamten Vertriebsprogramms und in der Belieferung der **Regionallager,** die wir auf der **zweiten Stufe** finden und welche die Kunden in einer Region beliefern. Hierdurch entsteht ein regionaler Bündelungseffekt der Lieferverkehre und der Transaktionen. Die Regionallager sind den zumeist nach Postleitzahlgebieten aufgeteilten Verkaufsgebieten zugeordnet und werden deswegen auch als **Auslieferungslager** bezeichnet und enthalten durchweg nur die gängigen Artikel des Vertriebsprogramms. Die Regionallager nehmen die Umsetzung der Sendungsgrößen im Distributionsstrom vor. In den Regionallagern werden die vielfach und sortenrein belandenen Paletten eingelagert. Hingegen betragen die Bestellgrößen der Kunden häufig nur Teile einer Paletteneinheit. Bevor die Endkunden erreicht werden, können noch Transitterminals als weitere Stufe der Feinverteilung eingeschaltet werden, die eine Umverteilung von sortenreinen Paletten auf die Bedarfe der einzelnen Kunden vornehmen. Unterhalb der Transitterminals sind die Endkunden angesiedelt. Der Trend zu kleinen Sendungen und zu Just-In-Time-Anlieferungen vermehrt die Direktbelieferung der Endkunden vom Zentrallager aus, etwa durch Paketdienste (vgl. Kapitel 9). Zweistufige Systeme können dahin gehend modifiziert werden, dass die bestandslosen Transitterminals anstelle der Regionallager die zweite Stufe übernehmen. Die Struktur von Distributionssystemen ist zugleich mit **Standortentscheidungen** verknüpft.

---

2 Das Zentrallager wird in manchen Unternehmen auch als Warenverteilzentrum bezeichnet – im Unterschied zu unserer Definition unten in diesem Kapitel.

Die Struktur der Distributionssysteme ist an das Verhältnis Produktions- zu Abnehmerstruktur und die besonderen Anforderungen der Abnehmer anzupassen. Das Verhältnis Produktions- zu Abnehmerstruktur modifiziert das Distributionssystem wie folgt (vgl. Abbildung 6.8):

– Die Konzentration der Produktion auf einen Standort und wenige große Abnehmer führen zu einer Distribution mit einem Zentrallager am Produktionsstandort ohne Regionallager und ohne Transitterminals. Beispiele sind spezialisierte Produkte des Maschinenbaus und der Produktionsmittelindustrie. Die Kunden werden direkt beliefert. (In diesem Fall wird das Zentrallager auch als Warenverteilzentrum bezeichnet, im Unterschied zum Verständnis des Warenverteilzentrums in diesem Kapitel unten.)

– Hingegen führt eine große Zahl von Endkunden zu einem Konzept mit mehreren Regionallagern. Die zweistufige und mehrstufige Distribution spielt eine Rolle, wenn ein Hersteller viele Kunden beliefert. Das ist etwa bei der Versorgung der vielen Outlets im Lebensmittelhandel der Fall. Die Regionallager erschließen die Fläche und ermöglichen eine schnellere Belieferung der Outlets als die Versorgung durch ein Zentrallager.

	Kunden	Menge je Kunde
Ein Zentrallager	wenige	groß
Mehrere Regionallager	viele	klein

Abb. 6.8: Portfolio zum Zentralisierungsgrad.

Die Lagerstufen des Distributionssystems werden mit **Transportsystemen** verbunden. Hier ist eine Tendenz zu erkennen, den Werkverkehr zugunsten eines Dienstleisters aufzugeben. Der Waschmittelproduzent Henkel lässt von den beiden Produktionsstandorten Düsseldorf und Genthin neun Regionallager in Deutschland direkt mit durchgehenden Zugverbindungen ohne Rangierbetrieb („Ganzzügen") mehrmals pro Woche von Railion beliefern. Darüber hinaus haben verschiedene Hersteller ihr Distributionssystem vollständig an externe Logistikdienstleister abgegeben. Der Betrieb der Läger und die Auslieferung wird von regionalen Logistikdienstleistern übernommen. Beispiele für die Externalisierung von Logistikdienstleistern sind in Tabelle 6.2 angeführt:

Tab. 6.2: Externalisierung von Logistikleistungen.

Hersteller	Produkt	Logistikdienstleister
Oetker	Tiefkühlprodukte	Nagel
Reemtsma	Zigaretten	Ebel-Transport
Sony	Unterhaltungselektronik	Trans-O-Flex
Jacobs Suchard AG	Kaffee	Steinbeck Global Logistics Deutschland

Die Logistikdienstleistungen beziehen sich nicht nur auf den Transport, sondern erstrecken sich auch auf den Betrieb von Lagerhäusern, auf die Konfektionierung von Ware, die Auszeichnung mit Preisen und Barcode-Etiketten, die Rücknahme von Verpackung und Ladungshilfen sowie die Regalbelieferung und -pflege im Handel. Die Auslagerung von Dienstleistungen erfolgt ebenfalls im Handel.

Die Anforderungen der Kunden betreffen eine besondere Qualität der Belieferung und der sie begleitenden Dienstleistungen. Da der Wettbewerb auf gesättigten Märkten mit austauschbaren Gütern sehr stark vom Lieferservice bestimmt wird, ist eine darauf ausgerichtete Distributionspolitik heute ein entscheidendes Instrument im Marketing-Mix geworden. Die Kundenanforderungen haben zum Gegenstand:

- Die Forderung nach termin- und tageszeitgenauer Lieferung in einem vorgegebenen Zeitfenster.
- Die Forderung nach sofortiger Lieferung innerhalb von 24 Stunden nach Bestellung.
- Die kurzfristige Befriedigung von Bedarfsspitzen.
- Die Senkung der Bestände beim Abnehmer und die damit verbundene Reduktion der Sendungsgrößen. Wie die Industrie verlangt auch der Handel nach Just-In-Time-Lieferkonzepten. Hier ist an die Einschaltung von Logistikdienstleistern zur Übernahme der Distributionsaufgabe zu denken, wie etwa von Paketdiensten, die den Handel mit kleinen Mengen beliefern können (vgl. Kapitel 9).
- Die nachlassende Akzeptanz von Teillieferungen bei den Abnehmern und stattdessen die Forderung der Abnehmer nach Komplettlieferungen.
- Die Anpassung der Hersteller an die unterschiedlichen Distributionskonzepte der verschiedenen Abnehmer, wobei Lieferungen großer Partien an das Zentrallager der Abnehmer auftreten können, wie auch die Direktbelieferung von Filialen im Handel mit kleinen Mengen.
- Die Übernahme von zusätzlichen Dienstleistungen für den Abnehmer, wie der Betrieb eines lokalen Auslieferungslagers für die Just-In-Time-Auslieferung, die Konfektionierung von Textilien für den Handel, die Preisauszeichnung und das Anbringen von handelsspezifischen Barcode-Etiketten, die Regalpflege, die Rücknahme von Verpackungen und Ladungshilfen, deren Einbringung in Kreisläufe und die Automatisierung des Nachschubs.

6.5 Distributionssysteme im Handel

Die Frage der Zentralisierung und der Rationalisierung von Distributionssystemen hat sich in den vergangenen Jahren vermehrt gestellt, weil durch die starke **Konzentration** im Lebensmitteleinzelhandel, die zu Filialketten und Großmärkten geführt hat, die klassische Belieferung des Einzelhandels über die Großhandelsstufe an Bedeutung verloren hat. Ein Vergleich der Umsätze der führenden Lieferanten des Lebensmitteleinzelhandels (Abbildung 6.9) mit denjenigen der führenden Konsumgüterhandelsunternehmen (Abbildung 6.10) macht die Dominanz des Handels über die Industrie infolge des Konzentrationsprozesses deutlich.

Die großen Einzelhandelsunternehmen besitzen ihre eigenen Distributionssysteme, die der Struktur von Abbildung 6.7 entsprechen, jedoch keine Produktionsstufe aufweisen. Das Betreiben von eigenen, von Herstellern und Großhandelsstufen unabhängigen, optimierten Distributionssystemen hat sich im Handel als ein entscheidender Wettbewerbsfaktor erwiesen (Kotzab, 1997). Man spricht von einem **Wandel** von der Distributionslogistik der Hersteller zu einer Beschaffungslogistik des Handels. Im Lebensmitteleinzelhandel sind infolge der hohen Wettbewerbesintensität niedrige Distributionskosten durch ausgefeilte Logistiksysteme eine unabdingbare Voraussetzung, um die Strategie der Kostenführerschaft durchzusetzen.

Würden die Distributionssysteme eines Herstellers und eines Einzelhandelsunternehmens zur Belieferung miteinander verbunden werden, so würde eine nicht effiziente Verdoppelung der Systeme resultieren. Der starke vertikale Wettbewerb zwischen hochkonzentriertem Einzelhandel im Lebensmittelbereich und der Industrie lässt den Hersteller vom Handel abhängig werden und veranlasst den Hersteller, sich an die Distributionssysteme des Handels anzupassen. Das kombinierte Distributionssystem kann dadurch insgesamt soweit gestrafft werden, dass sich entsprechende Rationalisierungsgewinne einstellen. Die Hersteller von Konsumgüterprodukten haben sich darauf eingestellt. Die Zentralisierung ihres Distributionssystems vermag in einfacher Weise Ware in großen Mengen an das Zentrallager des Distributionssystems des Handels zu liefern, das auch als Handelslager bezeichnet wird.

Die hier vorgestellte Struktur der Distributionssysteme des Handels bezieht sich auf die verschiedenen Lagerstufen. Wenn man die Distributionssysteme institutionell aufgliedert, erhält man die im Marketing vertretene Sichtweise von Absatzkanälen, die den direkten Vertrieb von ein- und zweistufigen Distributionssystemen unterscheidet und die in der folgenden Abbildung 6.11 dargestellt wird.

Die verschiedenen Formen von Absatzkanälen werden je nach Zielmärkten und Produktgruppen spezifisch eingesetzt und auch kombiniert. Dem Konsumenten werden z. B. Avon-Kosmetik und Tupper-Ware im Direktvertrieb angeboten. Bei den ein- und zweistufigen Kanälen gibt es aufgrund der Vielfalt der Formen im Einzelhandel eine Reihe von Gestaltungsmöglichkeiten. Die Vertriebsformen des Einzelhandels unterscheiden sich in Deutschland in:

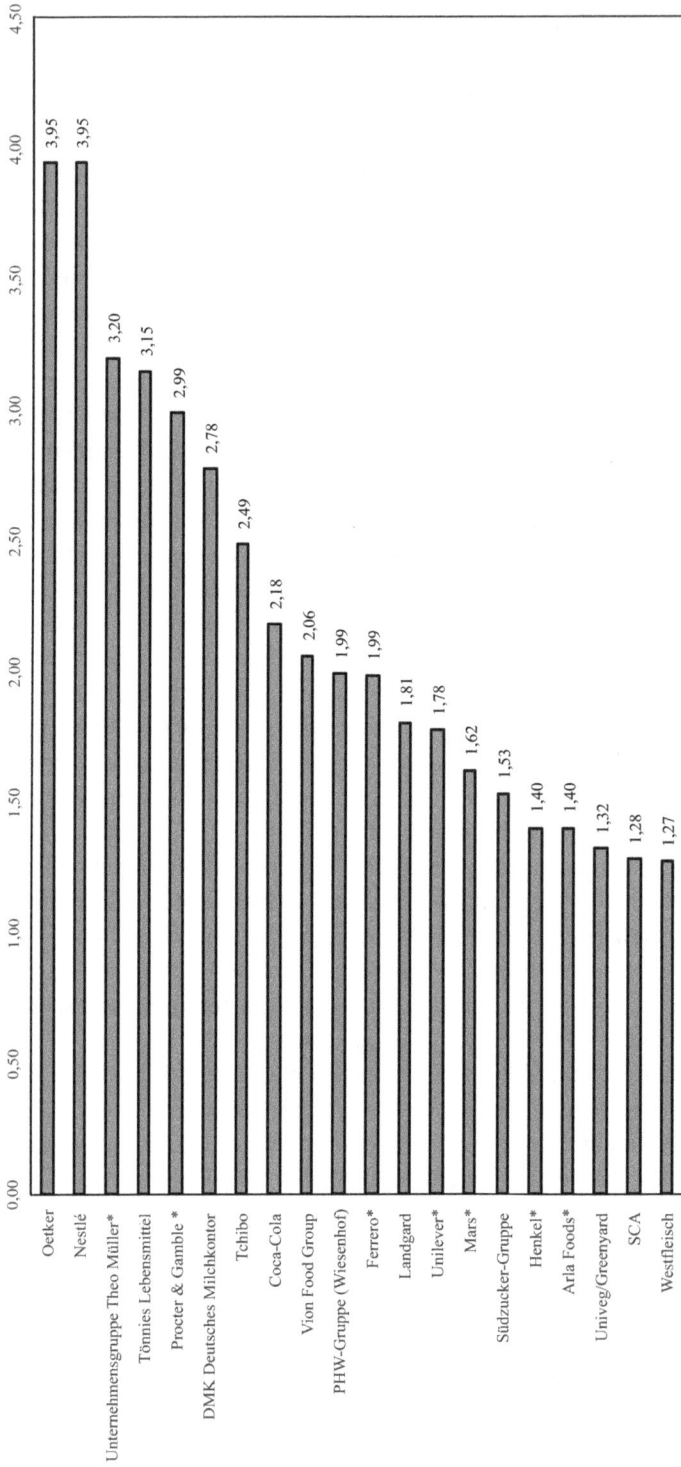

Abb. 6.9: Umsätze der führenden Lieferanten im Lebensmittel-Einzelhandel im Jahr 2015 (Deutschland).
Quelle: Lebensmittelzeitung (2017), Januar.

Bruttoumsatz im Jahr 2015 (in Mrd. €)

*Schätzung

Oetker	3,95
Nestlé	3,95
Unternehmensgruppe Theo Müller*	3,20
Tönnies Lebensmittel	3,15
Procter & Gamble *	2,99
DMK Deutsches Milchkontor	2,78
Tchibo	2,49
Coca-Cola	2,18
Vion Food Group	2,06
PHW-Gruppe (Wiesenhof)	1,99
Ferrero*	1,99
Landgard	1,81
Unilever*	1,78
Mars*	1,62
Südzucker-Gruppe	1,53
Henkel*	1,40
Arla Foods*	1,40
Univeg/Greenyard	1,32
SCA	1,28
Westfleisch	1,27

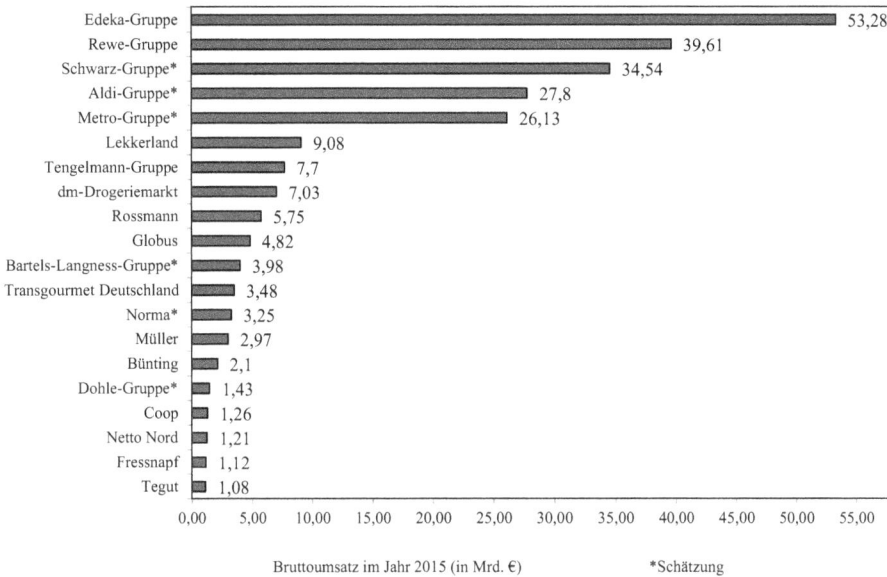

Abb. 6.10: Umsätze führender Konsumgüterhandelsunternehmen im Jahr 2015.
Quelle: Statista, (2016a).

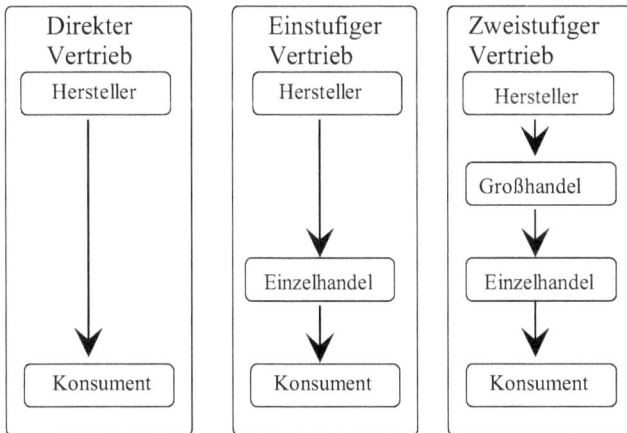

Abb. 6.11: Konzeptionalisierung von Absatzkanälen im Marketing.

1. **Facheinzelhandel**, wie z. B. Musikgeschäfte, Schuhgeschäfte.
2. **Supermärkte** sind Lebensmittelmärkte mit 200 bis 800 m² Fläche, die mit ca. 8.600 Outlets den filialisierten Einzelhandel darstellen und in Wohngebieten angesiedelt sind (Nachbarschaftsläden).
3. **Discounter** sind filialisierte Lebensmittelmärkte mit einem auf bis zu 1.500 Artikel beschränkten, in spartanischer Aufmachung auf ca. 400 m² Fläche dargebote-

nen Sortiment und durch optimierte Logistik möglichen Niedrigpreisen. Discounter betreiben ca. 14.000 Outlets in Innenstädten und Wohngebieten.

4. **Kaufhäuser** sind wegen ihrer 100-jährigen Tradition durch eine Innenstadtlage gekennzeichnet und vertreten mit 260 Häusern ein breites Sortiment mit einem Schwerpunkt auf Textilien.

5. **SB-Großmärkte** liegen verkehrsgünstig am Stadtrand, bieten auf einer Fläche von 800 bis 10.000 m^2 ein Sortiment um die 50.000 Artikel aus allen Sparten an und sind mit ihren ca. 2.500 Häusern zumeist Teil eines größeren Einkaufszentrums, das verschiedene Anbieter vereinigt.

6. Der **Versandhandel** führt z. T. spezialisierte Sortimente, wendet sich über Kataloge, TV oder das Internet an den Kunden und beliefert diesen über Paketdienste (vgl. Kapitel 9).

6.6 Transitterminals, Warenverteilzentren und Cross-Docking

Die Distributionssysteme im Handel zeichnen sich besonders durch die Aufnahme von **Transitterminals** aus. Das Konzept des Transitterminals wird für die Belieferung im filialisierten Einzelhandel, insbesondere in der Lebensmitteldistribution eingesetzt, mit der viele Läden mit kleinen Mengen zu beliefern sind. Transitterminals sollen die Bündelung von Streckengeschäften für spezielle Produkte ermöglichen und Kleinlieferungen von bis zu 2,5 Tonnen pro Kunde auf eine Lkw-Ladungseinheit von 10 bis 20 Tonnen konzentrieren, so eine Bündelung der Transporte bis zur Größe eines Lkw vom Zentral- oder Regionallager zu den Filialen ermöglichen und eine Feinverteilung der Sendungen erst im Transitterminal nahe den Filialen vornehmen. In der Abbildung 6.12 wird der Zusammenhang skizziert.

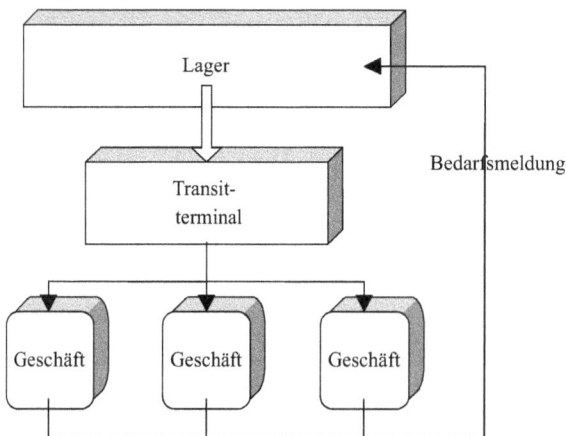

Abb. 6.12: Struktur von Transitterminals – Cross-Docking.

Für ein Transitterminal ist eine Vielzahl von Bezeichnungen gebräuchlich: Es wird auch als Transshipment-Punkt, Warenverteilzentrum, Cross-Docking[3], Rendez-Vous-Punkt oder Umschlagslager bezeichnet. Eine wesentliche Voraussetzung für das Funktionieren von Transitterminals ist eine rechtzeitige Meldung der Bedarfe der einzelnen Filialen an das liefernde Lager. Dort werden die Bedarfe zu sortenreinen Lagergebinden zusammengefasst. Da das Transitterminal nur dem Umschlag, nicht aber der Lagerung dient, ist es „bestandslos". In diesem Konzept wird ein bestimmter Zeitrhythmus festgelegt: Wenn am Vortag die Bedarfsmeldung der Geschäfte an das Regionallager durch Übermittlung von beleglosen Standarddatensätzen nach EDIFACT über die Telekommunikation (vgl. Kapitel 2) erfolgt, so können die einzelnen Artikel, als sortenreine Lagergebinde gebündelt, bis zum nächsten Morgen um 10 Uhr in das Transitterminal gebracht, dort innerhalb von drei Stunden auf den Bedarf der Geschäfte umgepackt und bis 17 Uhr ausgeliefert werden. Diese Kombination von Transitterminals und Telekommunikation hat sich als sehr effizient erwiesen. In Analogie zum Just-In-Time-Konzept werden im Transitterminal Bestände durch „Informationen" ersetzt, wodurch ein bestandsloser Umschlagspunkt möglich wird. Laut einer Umfrage der Lebensmittelzeitung unter 151 Handelsunternehmen und 223 Markenartikelherstellern war das Cross-Docking-Konzept im Jahr 2003 zu 57 % im Handel und zu 47 % bei den Herstellern implementiert.[4]

Zusätzlich zu den hier diskutierten Anforderungen an das Cross-Docking-Verfahren ist nach der Studie von Kotzab (1997) für den Erfolg dieses Konzeptes entscheidend, dass

– die Transportunternehmen enge Zeitfenster einhalten,
– die Kapazität der Eingangs- und Ausgangsrampen im Terminal ausreicht, um einen reibungslosen Umschlag zu ermöglichen, und
– eine Unterstützung des Umschlags im Terminal durch Fördertechnik vorhanden ist.

Neben dem hier dargestellten Ansatz, sortenreine Gebinde in das Cross-Docking-Terminal einzuliefern und dort für die Outlets umzupacken **(Pack-Cross-Docking)**, können im Terminal auch

– bereits auf das Outlet spezifisch vorkommissionierte Paletten umgeschlagen werden **(vorkommissioniertes Cross-Docking)** oder
– sortenreine Paletten eingeliefert und an die Outlets ohne Anbruch weitergeliefert werden **(sortenreines Cross-Docking),** was aber nur für Großabnehmer geeignet ist.

---

3 Der Begriff des **Cross-Dockings** stammt aus der amerikanischen Logistikliteratur und bezeichnet den Vorgang, dass an der einen Stirnseite eines Lagerhauses die Lkw andocken und dort die Lieferungen des Regionallagers eintreffen und an der gegenüberliegenden Seite angedockte Lkw mit den Lieferungen für die einzelnen Geschäfte beladen werden.
4 Lebensmittel Zeitung: Kostensenkung und Regalverfügbarkeit im Fokus der Branche, Nr. 35 vom 29.08.2003, S. 56, 2003.

Nach einer Studie ist das Cross-Docking-Konzept erheblich erweitert und die Ursprungsidee, kleine Liefermengen zu bündeln, stark verwässert worden. Der Markenartikelhersteller Johnson & Johnson beliefert anstelle von kleinen Märkten Großmärkte wie Ratio und Wal-Mart im Cross-Docking-Verfahren. Die Metro Logistics betreibt ein zweistufiges Cross-Docking mit einem Terminal im Quellgebiet, von wo aus die Abholmengen im Hauptlauf zu den Cross-Docking-Terminals in den Zielgebieten verdichtet werden. In den Cross-Docking-Terminals von Douglas werden die Artikel ausgepackt und mit Preisetiketten und Diebstahlsicherungen versehen. Es ergibt sich folgendes Spektrum der Belieferungsarten, das sich von der direkten Filialbelieferung bis zum zweistufigen Cross-Docking erstreckt (siehe Tabelle 6.3):

Tab. 6.3: Belieferungsarten im Handel.

Warenart	Direkte Filial-belieferung	Zentrallager-belieferung	Einstufiges Cross-Docking	Zweistufiges Cross-Docking
Stapelware	nicht sinnvoll	üblich	geeignet	üblich
Modische Ware	nicht sinnvoll	in Einzelfällen	geeignet	üblich
Aktionsware/ Sonderabwicklung	in Einzelfällen	in Einzelfällen	in Einzelfällen	nicht sinnvoll
Lebensmittel	üblich	üblich	geeignet	geeignet

Ein etwas anderes Konzept als die Transitterminals stellen die **Warenverteilzentren** dar, obgleich zuweilen Transitterminals auch als Warenverteilzentren bezeichnet werden. **Warenverteilzentren** werden für die Versorgung von Großmärkten in städtischen Ballungsräumen vorgesehen. Verschiedene Hersteller oder Lieferanten liefern in großen Partien Ware mit sortenreinen Paletten in das Warenverteilzentrum. Dort wird die Ware in die Kommissionen der Abnehmer aufgelöst, lieferantenübergreifend gebündelt und an die Großmärkte ausgeliefert. Voraussetzung ist auch hier die rechtzeitige Koordinierung von Angebot und Bedarf durch Bedarfsmeldungen an die Hersteller über die Telekommunikation. Als Rationalisierungsgewinn ergibt sich eine sinkende Belastung des städtischen Ballungsraums durch Güterverkehre, weil jeder Großmarkt nur noch mit einem Lkw vom Warenverteilzentrum aus angefahren werden muss. Zudem entsteht an den bis dahin stets überlasteten Eingangszonen und Rampen der Großmärkte weniger Verkehr. Von den Warenverteilzentren sind **Güterverkehrszentren** zu unterscheiden, die eine Bündelung von Funktionen des Güterverkehrs und des Güterumschlags vornehmen. Die Einordnung der Begriffe wird erleichtert, wenn bedacht wird, dass ein Warenverteilzentrum eine Teilfunktion eines Güterverkehrszentrums darstellt. Die Bündelung von Belieferungen von Geschäften in der Innenstadt wird unter dem Begriff der **Citylogistik** diskutiert und ebenfalls häufig mit Funktionen des Güterverkehrszentrums verknüpft (vgl. Kapitel 12).

6.7 Distributionssysteme von Frischdiensten

Lebensmittel stellen ein sehr heterogenes Sortiment dar, das unterschiedliche Anforderungen an die Logistik stellt. Im Allgemeinen gilt, je höher der Frischegrad und je niedriger die Verarbeitungsstufe, desto höher die Anforderungen an den Transport und die Lagerung. Der Anspruch der Kunden an Frische und Qualität der Lebensmittel ist in der Vergangenheit kontinuierlich gestiegen. Aus diesem Grund nimmt im Lebensmittelhandel die Frische als Qualitätsmerkmal eine immer größere Bedeutung ein. Die Folge dieser Entwicklung ist, dass Lebensmittelhersteller zunehmend frischebetonte Ware auf den Markt bringen. Diese kann aber nur dann erfolgreich vermarktet werden, wenn es gelingt, sie im einwandfreien Zustand vom Erzeuger zum Konsumenten zu bringen. Eine an diese Anforderungen angepasste Distributionslogistik ist hierfür erforderlich.

Was unter dem Frischesortiment verstanden wird, gibt die folgende Aufzählung wieder:

- Obst und Gemüse,
- Fleisch und Wurst,
- Brot und Backwaren,
- Molkereiprodukte,
- Fisch und
- Tiefkühlkost.

Die Waren des Frischesortiments erfordern eine dauernde Kühlung, weswegen sie auch als **temperaturgeführte** Waren bezeichnet werden. Der Markt für temperaturgeführte Lebensmittel gewinnt in Deutschland weiter an Bedeutung. Im Jahr 2014 betrug der Pro-Kopf-Verbrauch an Tiefkühlkost 42,2 kg. Der Gesamtabsatz lag bei ca. 3,4 Mio. Tonnen (2014). Die Angebotsvielfalt von Frischwaren und Tiefkühlkost nimmt kontinuierlich zu. Vor allem Convenience-, Halbfertig- und Fertigprodukte werden von Konsumenten stark nachgefragt. Zurückzuführen ist das auf veränderte Ernährungsgewohnheiten der Verbraucher, steigende Produktqualität und auf ein professionelleres Angebot an temperaturgeführter Logistik. Tiefgekühlte und gekühlte Artikel sind hochempfindliche Produkte. Bereits geringste Abweichungen von der Soll-Temperatur können zu erheblichen Qualitätsverlusten führen. Die Anforderungen an die Logistik sind in diesem Segment deshalb deutlich höher als z. B. bei Trockengütern. Wesentliche Merkmale temperaturgeführter Ware sind:

- differenzierte Temperaturansprüche/-bedingungen der einzelnen Warengruppen,
- begrenzte bzw. kürzere Haltbarkeit,
- größere Empfindlichkeit der Ware,
- höhere Hygieneanforderungen,
- extreme Unterschiede bei Produktions-, Chargen-, Gebinde- und Verpackungsgrößen der einzelnen Warengruppen,

- kleinere Auftragsgrößen,
- kleinere Einlagerungsmengen pro Artikel und
- hohe Belieferungsfrequenz.

Daraus ergeben sich Forderungen nach einer hohen Umschlagsgeschwindigkeit und einer effizienten Kommissionierung.

Der überwiegende Teil der Transporte von temperaturgeführter Ware erfolgt mit 77 % der Beförderungsmenge auf der Straße (Stand 2010 nach VDKL). Im Jahr 2014 waren 47.444 temperaturgeführte Lkw und 51.224 Anhänger mit maschineller Kühlung in Deutschland angemeldet. Damit steht eine Gesamttonnage von 1.160.500 zur Verfügung, mit der die Kühl- und Tiefkühllogistik bewältigt werden kann (nach VDKL). Kühlgut muss auf dem Weg vom Herstellerbetrieb bis zum Verbraucher vier bis sechs Schnittstellen überwinden. An die Logistikkette werden deshalb besondere Vorgaben gestellt. Diese ergeben sich aus den speziellen Temperaturanforderungen und der Notwendigkeit einer Vernetzung der organisatorischen und technischen Bindeglieder der einzelnen Logistikbausteine. Eine Überwachung, Dokumentation und vor allem die Gewährleistung gesetzlicher Temperaturvorgaben wird so erst möglich. Das Ergebnis einer solchen effizienten sowie schnittstellenübergreifenden Logistikkette muss die zeitnahe, warenvorauseilende und transparente Gestaltung der verschiedenen Logistikprozesse sein. Die Einhaltung der Kühlkette ohne Temperaturverluste ist dabei eine notwendige Voraussetzung. Deswegen fordern vor allem Markenartikelhersteller flächendeckende nationale und europäische Distributionsnetze. Damit wollen sie ihre Logistikstrukturen im Frische- und Tiefkühlsegment optimieren und Distributionskosten weiter senken.

Bei temperaturgeführten Handelsgütern ist ein zeitnaher Umschlag entscheidend. Damit ergeben sich besondere Anforderungen an die Umschlagsbereiche. Entsprechend temperierte und dimensionierte Bereitstellungszonen, leistungsfähige Andockmöglichkeiten und schnelle Identifikationssysteme sind notwendig. Zu Spitzenzeiten muss Personal vorgehalten werden, um hier Engpässe zu verhindern. Der Lebensmittelhandel stellt hohe Ansprüche an die Flexibilität der Großhändler. Späte Bestelleingänge, Lieferzeiten innerhalb von 12 Stunden innerhalb eines Radius von 500 bis 800 km sind charakteristisch.[5]

Die eigentliche Lagerhaltung spielt bei frischebetonter Ware eine untergeordnete Rolle, weil die Produkte nur einen bis wenige Tage gelagert werden können. Lagerhäuser dienen lediglich als Durchgangsknoten im logistischen System. Nach einer Erhebung des Verbandes Deutscher Kühlhäuser und Kühllogistikunternehmen (VDKL) wurden 2012 insgesamt 320 Mitgliedskühlhäuser gezählt. Der durchschnittliche Belegungsgrad von VDKL-Kühlhäusern lag im ersten Halbjahr 2011 bei etwa 75 %.

---

5 Vicha, M.: Logistiksysteme in der Lebensmitteldistribution, Diplomarbeit, Universität Kassel, 2004.

Die Branche der temperaturgeführten Logistikdienstleister organisiert sich zunehmend in Verbänden und anderen Plattformen. Hier werden u. a. Standards und Leitlinien für eine erfolgreiche Logistik erarbeitet. Um den Ansprüchen der Kunden und des Gesetzgebers gerecht zu werden, sind darüber hinaus weitere Rahmenbedingungen zu erfüllen. Neben Grundangaben zu Produktionschargen und Mindesthaltbarkeitsdaten der Ware sind jederzeit abrufbare aktuelle Informationen zur geographischen Position oder der jeweiligen Temperatur der Ware erforderlich. Dies wird z. B. durch satellitengestützte Online-Überwachung gewährleistet.

Neben dem Tiefkühlsortiment sind Obst und Gemüse ein wichtiger Teil im Frischesortiment. Deutschland ist der größte Absatzmarkt für Obst und Gemüse in Europa. Im Jahr 2009 wurden mit dieser Produktgruppe Verkaufserlöse von etwa 2 Mrd. € erzielt. Der Pro-Kopf-Verbrauch betrug dabei laut fruchtportal.de ca. 29,8 kg bei Gemüse und 38,9 kg bei Obst. Der überwiegende Teil dieser Ware wird aus dem Ausland importiert. Nur rund 37 % des Gemüses und nur 10 % des Obstes stammen aus dem heimischen Anbau (Vahrenkamp/Kotzab, 2012). Obst und Gemüse stellen als Frischware hohe Ansprüche an den Transport und die Lagerung. Bis auf wenige Ausnahmen verlangen diese Produkte nach einer geschlossenen Kühlkette mit eng gefassten Klimavorgaben. Besonders bei den in dieser Branche üblichen langen Transportwegen ist dieses zu beachten. Deshalb ist eine entsprechende Klimatisierung der Transportmittel hier die Regel. Bei Nicht-Einhaltung drohen dem Händler Totalverluste durch vorzeitige Reife bzw. Verderbnis. Auch der Lagerzeit sind klare Grenzen gesetzt. Üblicherweise verbleibt die Ware nur wenige Stunden bis max. einige Tage in den Lagern der Distributoren. Nur so können die Qualitätsansprüche der Kunden erfüllt werden. Eine Ausnahme bilden Bananen, die dem Händler bei entsprechender Handhabung eine gewisse Latenzzeit bieten.

Aufgrund der zentralen Bedeutung einer funktionierenden Belieferung für den Unternehmenserfolg ist der Eigenbetrieb von Lager- und Transportdienstleistungen im Lebensmitteleinzelhandel festzustellen. Während noch vor wenigen Jahren Outsourcing ein Mittel war, um Kosten im Bereich der Frischelogistik einzusparen, übernehmen die Unternehmen zunehmend die Belieferung der Märkte mit Frischeprodukten wieder selbst. Begründet wird diese Entwicklung damit, dass in der Frischelogistik kaum überregionale Strukturen vorhanden sind. Eine Vielzahl regionaler Anbieter prägt den Markt für Kühl- und Tiefkühldistribution. Abgesehen von Kraftverkehr Nagel und DACHSER existieren kaum Logistikdienstleister, die ihre Dienste bundesweit anbieten (vgl. Management Praxis 1 unten). Kleinere und mittelständische Logistikdienstleister arbeiten zwar verstärkt zusammen, um auch den Ansprüchen überregional agierender Kunden gerecht zu werden. Doch haben die Bemühungen noch nicht zum Aufbau bundesweit flächendeckender Verteilernetze geführt. National aufgestellte Handelsbetriebe sind deshalb gezwungen, mehrere Dienstleister zu beauftragen und damit Nachteile in der Disposition in Kauf zu nehmen. Besonders bei sensiblen Produkten – wie Frischwaren – fallen diese ins Gewicht. Als Folge hat z. B. Edeka die Frischelogistik zum Kernkompetenzgeschäftsfeld erklärt.

Man war der Meinung, mit eigenen Dienstleistungsgesellschaften einen besseren Lieferservice zu erreichen, als das mit Externen oder durch Direktbelieferung möglich wäre. Darüber hinaus sah man Möglichkeiten zur Effizienzsteigerung bei der Wareneingangskontrolle und der Rechnungslegung. Auch andere bedeutende Unternehmen des Lebensmitteleinzelhandels wollen diesen Weg beschreiten. Dazu gehören u. a. Tengelmann und Globus (Vicha 2004). Dass In-house-Lösungen gut funktionieren können, zeigen einige Anbieter aus dem Discountsektor. Aldi und Lidl verfolgen diese Strategie schon lange. Die vorhandenen Strukturen sind hierfür ideal geeignet, weil nur ein begrenztes Sortiment in großer Stückzahl auf viele Filialen verteilt werden muss. Diese Entwicklung ist aber nicht einheitlich. Es existieren weiterhin Unternehmen, die im Outsourcing ein Instrument zur Stärkung der eigenen Position sehen. So hat die Karstadt Warenhaus AG nahezu die gesamte Logistik ihrer Lebensmittelabteilungen abgegeben. Lediglich die Karstadt-Tochter Optimus Logistik fungiert noch als ein unternehmenseigenes Glied in der Transportkette.

Die Suche nach Synergien zur Effizienzsteigerung ist die logische Folge, um wettbewerbsfähig bleiben zu können. Die Bündelung von Sortimenten und Temperaturbereichen im selben Distributionskanal ist ein möglicher Weg. So versucht z. B. DACHSER diesen Ansatz durch die Verwendung neu entwickelter Kühlfahrzeuge mit variabler Raumaufteilung umzusetzen.

7 Distributionssysteme in der E-Logistik

7.1 Einführung

Während das Internet bis Mitte der 1990er-Jahre hauptsächlich von Spezialisten genutzt wurde, nahm die Verbreitung dieser Technologie seitdem geradezu explosionsartig zu. Die Gründe hierfür lassen sich wie folgt darstellen:
- die weite Verbreitung von Personalcomputern (PC),
- die weite Verbreitung von PC-Know-how,
- der niedrige Preis für PC und Server,
- die hohe Zuverlässigkeit von PC und Servern aus der industriellen Großserie,
- der einfache Zugang zum Internet mit einer intuitiven Benutzerführung und
- niedrige Kosten für die Erstellung und den Austausch von Informationen im Internet.

Aufgrund dieser weiten Verbreitung ist es naheliegend, das Internet im Unternehmen für den Austausch geschäftlicher Informationen und die Durchführung wirtschaftlicher Transaktionen mit Lieferanten und Kunden zu nutzen, zumal das Internet für den Austausch von Informationen gegenüber traditionellen Medien wesentliche Vorteile bietet:

Der Einsatz des Internets betrifft gerade diejenigen Informationen, welche für den elektronischen Handel von Bedeutung sind: Produktkataloge und Preislisten. In diesem Informationssektor hat das Internet eine drastische Beschleunigung, Vereinfachung und Kostensenkung im Informationsaustausch ermöglicht. Während früher die Produktkataloge und Preislisten als Printmedien gestaltet werden mussten, dementsprechend umfangreich ausfielen und nur in einem langwierigen Prozess herzustellen waren, gestaltet sich nun der Austausch im Internet wesentlich effizienter: Bilder von Produkten können zusammen mit ausführlichen Produktbeschreibungen in das Internet gestellt werden. Preislisten und Produktbeschreibungen können zu geringen Kosten kurzfristig geändert und in Sekundenschnelle weltweit übertragen werden. Damit sind sämtliche Informationen stets aktuell und rund um die Uhr, d. h. unabhängig von Geschäftszeiten, überall verfügbar, sodass sich die Reichweite der Informationen wesentlich erhöht.

Diese Eigenschaften erklären die hohe Bedeutung des Internets für den elektronischen Handel (E-Commerce, E-Business) und das rapide Wachstum der Internet-Technologie im E-Commerce.

Unter **Electronic Business (E-Business)** versteht man die Abwicklung sämtlicher geschäftlicher Prozesse über elektronische Medien, insbesondere das Internet. **Electronic E-Commerce (E-Commerce)** ist der Teilbereich des E-Business, der den elektronischen Handel von Waren und Dienstleistungen umfasst.

DOI 10.1515/9783110473285-011

Unabdingbare Voraussetzung für das Funktionieren von E-Commerce ist eine effiziente und reibungslose Abwicklung der physischen Warenbewegungen. Das ist Gegenstand der E-Logistik, denn das Internet selbst stellt nur eine neue Möglichkeit der Übermittlung von Informationen dar.

E-Logistik beinhaltet die strategische Planung und Entwicklung aller für die elektronische Geschäftsabwicklung erforderlichen Logistiksysteme und -prozesse sowie deren administrative und operative Ausgestaltung für die physische Abwicklung.

Die Kommunikation der Geschäftspartner im E-Business basiert im Wesentlichen auf den Internetdiensten
- E-Mail (elektronische Post),
- FTP (Austausch von Dateien) und
- WWW (World Wide Web).

Als Teilnehmer des Electronic E-Commerce (bzw. allgemein des Electronic Business) kommen
- Unternehmen („Business"),
- Konsumenten („Consumer") und
- staatliche Einrichtungen („Administration")

in Betracht (vgl. Tabelle 7.1). Von besonderer Bedeutung sind die Geschäftsbeziehungen der
- Unternehmen untereinander (Business-to-Business – B2B) und
- Unternehmen zu Konsumenten (Business-to-Consumer – B2C).

Tab. 7.1: Interaktionsmatrix des Electronic Business.

Anbieter	Nachfrager		
	Administration	Business	Consumer
Administration	Administration to Administration (A2A)	Administration to Business (A2B)	Administration to Consumer (A2C)
Business	Business to Administration (B2A)	Business to Business (B2B)	Business to Consumer (B2C)
Consumer	Consumer to Administration (C2A)	Consumer to Business (C2B)	Consumer to Consumer (C2C)

Während der B2C-Bereich besondere Anforderungen an die Gestaltung der **Distributionslogistik** zur Auslieferung der bestellten Waren an die Kunden stellt **(E-Fulfillment),** steht im B2B-Bereich die Optimierung der **beschaffungslogistischen Prozesse** im Vordergrund (**E-Procurement,** vgl. Kapitel 7). Unter makrologistischen Aspekten ist auch der internetbasierte Handel von Konsumenten untereinander

(Consumer-to-Consumer – C2C) von Bedeutung, weil sich dadurch das Sendungsaufkommen erhöht, wovon insbesondere die Paketdienste profitieren. In diesem Kapitel stehen die Veränderungen der distributionslogistischen Prozesse durch die Internet-Technologie im Mittelpunkt.

E-Commerce-Plattformen können von

- einem oder mehreren verkaufenden Unternehmen **(Sell-side-Lösungen),**
- einem oder mehreren beschaffenden Unternehmen **(Buy-side-Lösungen)** oder
- einem unabhängigen Dritten **(elektronische Marktplätze)**

betrieben werden.

Nach der Branchenausrichtung unterscheidet man horizontale und vertikale E-Commerce-Plattformen. Während **horizontale Plattformen** Unternehmen aus verschiedenen Branchen bedienen, sind **vertikale Plattformen** jeweils auf eine spezifische Branche (z. B. Chemische Industrie, metallverarbeitende Industrie) spezialisiert. Somit werden auf horizontalen Plattformen in der Regel Standardartikel (z. B. Büroartikel) und auf vertikalen Plattformen Spezialartikel gehandelt.

Je nachdem, ob eine E-Commerce-Plattform frei zugänglich (ggf. nach Registrierung und Zahlung von Nutzungs- oder Transaktionsgebühren) oder einem ausgewählten Kreis von Teilnehmern vorbehalten ist, spricht man von **offenen** bzw. **geschlossenen Plattformen.**

Nach dem zugrunde liegenden Geschäftsmodell der E-Commerce-Plattform unterscheidet man

- Schwarze Bretter (Blackboards oder Bulletinboards), die mit dem Kleinanzeigenteil einer Zeitung vergleichbar sind,
- katalogbasierte Dienste (multimediale Produktkataloge), z. B. bei E-Shops oder Desktop Purchasing Systemen (DPS),
- Online-Auktionen (Versteigerungen im Internet),
- Online-Börsen (vergleichbar mit Wertpapier-Börsen) und
- Online-Konsortien (internetbasierter Zusammenschluss von Anbietern oder Nachfragern).

Diese Formen des E-Commerce unterscheiden sich einerseits im Umfang der Kommunikationsmöglichkeiten zwischen den Geschäftspartnern und andererseits im zugrunde liegenden Preisfindungsmechanismus.

Die Kommunikation zwischen den Geschäftspartnern kann (mit zunehmendem Integrationsgrad) per

- E-Mail,
- Web-EDI oder
- EDI (Electronic Data Interchange)

erfolgen.

Tab. 7.2: Marktformen des E-Commerce (1).

Unterscheidungskriterium	Ausprägungen
Betreibermodell	Betreiber = Anbieter: Sell-side-Lösungen (Verkaufsplattformen)
	Betreiber = Nachfrager: Buy-side-Lösungen (Einkaufsplattformen)
	Unabhängiger (neutraler) Betreiber: elektronische Marktplätze
Branchenausrichtung	horizontal (nicht branchenspezifisch)
	vertikal (branchenspezifisch)
Zugang	offen
	geschlossen
Geschäftsmodell (Umfang der Interaktionsmöglichkeiten, Preisfindungsmechanismus)	Schwarze Bretter (Blackboards, Bulletinboards)
	Katalogbasierte Dienste
	Online-Auktionen
	Online-Börsen
	Online-Konsortien
Teilnehmer	Business-to-Business (B2B)
	Business-to-Consumer (B2C)
	Business-to-Administration (B2A)
	Consumer-to-Consumer (C2C)
	...
Integrationsgrad (Kommunikation)	E-Mail
	Web-EDI
	EDI (Electronic Data Interchange)

Tabelle 7.2 fasst diese Unterscheidungsmerkmale von E-Commerce-Plattformen noch einmal zusammen. Abbildung 7.1 und Tabelle 7.3 zeigen die Zusammenhänge zwischen ausgewählten Unterscheidungsmerkmalen auf.

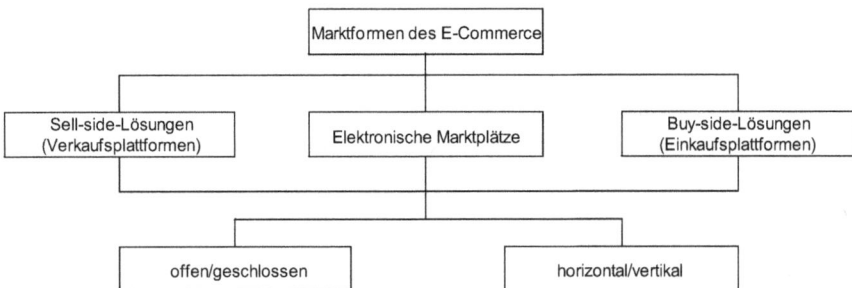

Abb. 7.1: Marktformen des E-Commerce (2).

Tab. 7.3: Marktformen des E-Commerce (3).

	Sell-side-Lösungen	Elektronische Marktplätze		Buy-side-Lösungen
		Lieferantenseitig	Kundenseitig	
Schwarze Bretter			x	
Katalogbasierte Dienste	E-Shop (E-Mall)	E-Mail	Ausschreibungs-plattformen	Ausschreibungen DPS
Online-Auktionen	Vorwärts-Auktion	Vorwärts-Auktion	Rückwärts-Auktion	Rückwärts-Auktion
Online-Börsen			x	
Online-Konsortien		x	x	

7.2 Veränderungen der Logistik durch E-Commerce im B2C-Segment

Die Ansprüche, die aus dem elektronischen Handel für die Logistik resultieren, sind vielfältig. Herausforderungen für die Logistik ergeben sich in den verschiedensten Bereichen: in der Zustellung, der Zahlungsabwicklung, dem Retourenmanagement, der Kundenbetreuung und vielem mehr. Aufgrund der Verschmelzung von E-Commerce und Logistik, vorangetrieben durch das Outsourcing von Dienstleistungen seitens der Online-Händler, muss ein Logistikdienstleister die verschiedensten Funktionen im E-Commerce bedienen. Für die Dienstleister bestehen Ansprüche an eine optimale Logistik von zwei Seiten: vom Online-Händler und vom Endkunden. Daraus ergibt sich, dass Unzufriedenheit bzw. Zufriedenheit immer auf beiden Seiten möglich ist. Die Qualität der Logistikkette ist auch im Wettbewerb mit konventionellen Vertriebskanälen entscheidend. Effizienzgewinne durch nicht benötigte Ladenlokale, zentralisierte Warenbestände und entbehrlich gewordene Verkaufsmitarbeiter dürfen nicht durch hohe Logistikkosten im Direktvertrieb über längere Zeiträume verspielt werden.

Während im klassischen Handel die Ware den Weg vom Hersteller über den Großhändler zum Einzelhandel nimmt, organisieren Handelsunternehmen, die vollständig virtualisiert sind, das Distributionssystem, ohne in Kontakt mit der Ware zu kommen. Dabei wird die Ware direkt vom Lager des Herstellers mithilfe von Logistikdienstleistern an die Kunden geliefert.

Im Direktvertrieb der Hersteller im E-Commerce werden einzelne Zwischenstufen vollständig eliminiert. Distributionsmittler, die bisher Aufträge bündelten, Lagerkapazitäten zur Verfügung stellten oder auch die Beratung und den Warenverkauf übernahmen, werden ausgeschaltet. Die Vertriebskosten lassen sich dadurch senken, die Anzahl der Kundenkontakte wird erhöht, und es wird eine größere Kundennähe erreicht.

Die Endkundenbelieferung der im E-Commerce tätigen Unternehmen erfolgt durch Logistikdienstleister (LDL). Das sind Paketdienste, wie beispielsweise DHL oder GLS. In regionalen Vertriebsnetzen ergeben sich auch Chancen für mittelständische Logistikdienstleister, etwa Kurierdienste.

Für den E-Commerce-Bereich ist die Distributionslogistik besonders relevant. Die Anforderungen an die Distributionslogistik durch E-Commerce steigen und die durch das Internet stark zunehmende Globalisierung fordert von den Unternehmen zunehmend flexible und reaktionsfähige Distributionssysteme. Durch den E-Commerce haben sich zusätzliche Anforderungen an die Distribution ergeben: Beispielsweise sinken die Bestellmengen, die Bestellhäufigkeit hingegen steigt gleichzeitig an. Trendschwankungen sind häufiger und unvorhersehbarer. Zudem erwartet der Kunde eine noch schnellere Lieferung der bestellten Ware. Nur durch eine optimale Logistik, die diese hohen Anforderungen konsequent umsetzt, kann ein Unternehmen im E-Commerce langfristig erfolgreich sein.

7.3 Logistikkosten im virtuellen Online-Handel

Ein Kunde, der im stationären Handel einkauft, hat verschiedene Tätigkeiten zu erbringen, bis die Ware seinen Haushalt erreicht: Zunächst fährt der Kunde zu dem Geschäft, in dem er die Ware kaufen kann. Er hat hierbei seinen „Auftrag im Kopf" und beginnt mit der Suche der gewünschten Ware. Ist die Ware gefunden, nimmt er sie aus dem Regal und geht zur Kasse, wo er die Bezahlung vornimmt. Anschließend wird die Ware vom Kunden verpackt und in sein Auto verladen, um dann die Fahrt nach Hause anzutreten.

Im E-Commerce verlagern sich diese Tätigkeiten auf die Distributionslogistik bzw. das Fulfillment. Es entstehen hierbei verschiedene Logistikkosten, die von vielen Unternehmen in ihrer Summe unterschätzt werden (vgl. Tabelle 7.4). Die Lagerkosten für einen heterogenen Einkauf (von 5 bis 50 Non-food- und Food-Produkten) betragen durchschnittlich 0,50 bis 2,50 €. Die Höhe der Bestellkosten liegt zwischen 0,25 und 0,75 €, dazu kommen die Kosten von 0,75 € für das Inkasso sowie für die Überprü-

Tab. 7.4: Logistikkosten für eine E-Commerce-Bestellung.

Lagerkosten	0,50 bis 2,50 €
Bestellkosten	0,25 bis 0,75 €
Kosten für Zahlungsverkehr	0,75 €
Kommissionierkosten	0,75 bis 6,25 €
Verpackung	0,55 bis 1,40 €
Transport	0,25 bis 1,25 €
Logistikkosten für eine E-Commerce-Bestellung	**3 bis 13 €**

fung des Geldflusses. Die Kosten für die Kommissionierung, die stark von der Anzahl der Picks abhängig sind, liegen zwischen 0,75 und 6,25 € pro Sendung. Bei der anschließenden Verpackung kommen noch einmal 0,55 bis 1,40 € hinzu, für den innerbetrieblichen Transport, also die Logistik zum Logistikdienstleister (z. B. DHL) fallen 0,25 bis 1,25 € an. Für eine E-Commerce-Bestellung ergeben sich also zwischen 3 und 13 € Logistikkosten. Hinzu kommen noch die Kosten für den Versand der Lieferung über einen Paketdienst.

Wie man an diesem Beispiel und an dem Beispiel der Versand- und Fulfillmentkosten sieht, sind die Logistikkosten im Online-Handel nicht zu unterschätzen. Da die Online-Händler in einem Wettbewerb mit dem stationären Einzelhandel stehen, können sie auch nicht viel höhere Preise als dieser verlangen. Einsparungen können beispielsweise durch das veränderte Distributionssystem entstehen, weil Zwischenhändler ausgeschaltet werden.

7.4 E-Fulfillment im B2C-Handel

7.4.1 Kundenanforderungen im B2C-Handel

Internet-Einkäufer gelten gegenüber den Anbietern als wenig loyal, besonders angesichts des großen Angebots im weltweiten Netz. Ist ein Kunde nur ein wenig unzufrieden, und sei es nur im Bestellvorgang, schaut er sich nach den gesuchten Waren anderweitig um. Denn nur schnell belieferte und zufriedene Kunden bleiben treu. Etwa 75 % der Beinahe-Kunden brechen ihren Einkauf ab, wenn die Bestellprozedur zu langwierig oder zu kompliziert ist. Wichtig ist daher eine Internetseite, die dem Kunden eine klare Orientierung über auszuwählende Produkte, über den Status des Warenkorbs und übersichtliche Abbruch- und Rücksprungmöglichkeiten anbietet. Zu empfehlen sind Suchfenster, mit denen der Kunde nach Produkten suchen kann, ohne das gesamte Angebot durchblättern zu müssen. Die Kunden erwarten ferner umfassende Produkt- und Preisinformationen. Zu den führenden Händlern im B2C-Handel gehören die in Tabelle 7.5 genannten.

Die Anforderungen und Erwartungen der Kunden an Internet-Händler sind vielseitig. Die Verbraucher erwarten bei E-Commerce-Bestellungen generell:
- hohe Schnelligkeit der Lieferung ist für viele Online-Shopper mittlerweile selbstverständlich, eine zweitägige Lieferzeit gilt für Online-Bestellungen als akzeptabel;
- Lieferung innerhalb enger Zeitfenster;
- Lieferzusagen per E-Mail und Informationen über den Sendungsstatus sind größtenteils Standard bei den meisten Anbietern;
- korrekte Bestandsführung der Waren im Online-Shop;
- ordnungsgemäße Rechnungsstellung;
- unentgeltliche Zustellung der bestellten Waren ab einem bestimmten Bestellwert;

Tab. 7.5: Die 10 führenden Online-Shops in Deutschland 2015.

Online-Shops	Umsatz im Jahr 2014 (in Mio. €)
Amazon.de	7.790,6
Otto	2.300
Zalando	1.031,8
Notebooksbilliger.de	610,9
Cyberport	491,3
Bon Prix	484,7
Tchibo	450
Conrad	433,2
Alternate	367,7
Apple	369,6

Quelle: Statista (2016b)

- – umfassende Produkt- und Preisinformation;
- – Preisgünstigkeit;
- – Bestellmöglichkeit rund um die Uhr und
- – einfaches Retourenmanagement.

Hieraus ergeben sich allerdings weitere Anforderungen an die Logistiksysteme der Online-Händler und deren Dienstleister, wie z. B. paketdienstfähige Sendungsgrößen oder kurze Kommissionsdurchlaufzeiten.

Besondere Bedeutung wird von den Kunden der Pünktlichkeit, d. h. der Lieferung in engen Zeitfenstern, und einem einfachen Retouren-Management beigemessen. Hinzu kommt die bereits erwähnte Schnelligkeit der Lieferung, wobei langfristig der Trend zur Belieferung am gleichen Tag geht (vornehmlich bei Lebensmitteln oder regional bezogenen Angeboten). An die Qualität des Fulfillments, insbesondere an die Lieferung der Waren und deren reibungslose Zustellung, werden hohe Anforderungen gestellt.

7.4.2 Die Logistik der Endkundenbelieferung

Eine zentrale Herausforderung für die Distributionslogistik ist das durch E-Commerce induzierte zusätzliche Paketaufkommen. Es zeichnet sich eine deutliche Tendenz zu schnellen, kleinteiligen Sendungen ab. Diese „Atomisierung" der Sendungsgröße stellt hohe Anforderungen hinsichtlich Flexibilität und Transportgeschwindigkeit. Zudem nimmt die Zahl der Retouren deutlich zu. Zeitfenster für die Anlieferung, insbesondere bei der Direktbelieferung, gewinnen an Bedeutung. Die große Herausforderung besteht in der Umstellung oder dem Neuaufbau der Distributionssysteme hinsichtlich der Anforderungen durch E-Commerce.

Eine spezielle Problematik birgt insbesondere die Zustellung der Waren zum End-kunden. Wie sollen die bestellten Waren zum Kunden gelangen, wenn dieser nicht zu Hause ist? Erneute Zustellungen werden notwendig, wenn der Kunde nicht angetrof-fen wird, oder der Kunde muss seine Pakete innerhalb von vorgegebenen Öffnungs-zeiten selbst abholen. Ein solcher Trend könnte zu einem Wachstumshemmer für das E-Commerce-Geschäft werden: Obwohl das Interesse am Online-Shopping bei zuneh-mender Berufstätigkeit steigt, sinkt damit auch zugleich die Möglichkeit, die Ware in Empfang zu nehmen.

E-Commerce-Kunden erwarten das Maß an Service und Zuverlässigkeit in der Lo-gistik, das durch die Einfachheit der Bestellung impliziert wurde. Die Anlieferung hat in einem fest definierten Zeitfenster zu erfolgen. Allein diese relativ einfache Forde-rung setzt die Verknüpfung unterschiedlicher Informationen voraus. Dies beginnt mit der effizienten Planung der Auslieferungstransporte über die fortlaufende Informa-tion des Kunden auf der Basis von Satellitenortung, Mobilkommunikation oder des Internets bis hin zur sicheren elektronischen Abrechnung der Leistungen.

Viele Paketdienste stehen bei der Belieferung an den Endkunden vor neuen Her-ausforderungen. Besonders durch niedrige Stopp-Faktoren, zweite und dritte Zustell-versuche und zeitaufwendiges Inkasso explodieren die Kosten der letzten Meile. Da eine Lieferung nach Feierabend für die meisten Paketdienste unmöglich scheint und eine Lieferung auf Termin nur in den seltensten Fällen möglich ist, sind Lösungen zur Überwindung der letzten Meile dringend notwendig. Allerdings sind bei der Suche nach Alternativen die Wünsche der Kunden zu berücksichtigen, denn jeder bevorzugt eine für ihn bequeme Lösung.

Mögliche Ansätze zur Lösung der Problematik der letzten Meile bietet beispiels-weise ein Konzept mit Einsatz von Paketboxen an der Wohnungstür sowie ein Konzept mit Lieferung an sog. Pick-Up-Stellen (z. B. Tankstellen, Convenience-Shops oder Vi-deotheken), bei denen der Kunde auch noch spät abends oder rund um die Uhr seine bestellten Pakete abholen kann. Eine andere Variante bevorzugt große Briefkästen, die einem ganzen Straßenzug dienen und von Paket- und anderen Lieferdiensten ge-nutzt werden können. Ein neuerer Vorschlag in dieser Richtung kam vom Fraunhofer Institut für Materialfluss und Logistik (IML), wonach kleine, in das Erdreich einge-lassene Türme auf öffentlich zugänglichen Plätzen aufgestellt werden. Der Vorschlag von Pick-Up-Stellen hört sich zunächst überzeugend an. Dem stehen enge Margen bei Paketdiensten gegenüber, die keine hohen Entgelte für Betreiber von Pick-Up-Stellen erlauben. Auch sind Haftungsfragen für den Verbleib der Pakete relevant, sodass kos-tenintensive, hohe Sicherungen bei Pick-Up-Stellen eingebaut werden müssen. Aus diesen Gründen konnte die naheliegende Idee, Tankstellen als Pick-Up-Stellen vorzu-sehen, nicht realisiert werden.

Eine Lösung zur Überwindung der letzten Meile mithilfe von Paketboxen an der Wohnungstür (sog. Drop-Boxen) entwickelten die Firmen Condlesys und Lockbox. Durch Einsatz der Drop-Boxen soll eine räumlich-zeitlich entkoppelte Zustellung an Privatkunden ermöglicht werden. Bei diesen Boxen handelt es sich um 15 bis 20 kg schwere Kästen aus Stahlblech mit einem Zahlenschloss. Der Kunde gibt bei seiner Bestellung die Kombination für das Zahlenschloss an. Der Zusteller öffnet mit dem angegebenen Code die Box und legt sein Paket hinein. Danach ändert sich automatisch der Code und die Box ist nur noch vom Kunden mit dessen Code zu öffnen.

Ein Geschäftskonzept unter Einsatz von Pick-Up-Stellen ist unter dem Namen Pickpoint bekannt und sieht folgendermaßen aus: Nach dem Kauf klickt der Kunde den Pickpoint-Button an und wählt auf dem Pickpoint-Server den für ihn am günstigsten gelegenen Pickpoint. Bei der ersten Bestellung teilt der Kunde seine Adresse, E-Mail-Adresse und Handynummer mit. Die Lieferung der bestellten Ware erfolgt dann an den gewählten Pickpoint, wo die Ware 10 Tage zur Abholung bereitliegt. Der Kunde erhält eine E-Mail oder SMS über das Eintreffen der Ware vom Pickpoint-Server.

Die Vor- und Nachteile der verschiedenen Konzepte lassen sich wie folgt darstellen: Zeitliche Flexibilität für den Empfänger ist ein entscheidendes Kriterium, das in allen Konzepten, bis auf die Türzustellung, sehr gut umsetzbar ist. Zustellboxen am Haus gewährleisten, dass der Kunde keine zusätzlichen Wege in Kauf nehmen muss, um seine bestellte Ware zu erhalten – ebenfalls ein wichtiger Punkt, wenn man bedenkt, dass 70 % der Online-Shopper die Zustellbox den Abholstationen vorziehen. Allerdings ist die Kostenbelastung für den Kunden durch die Anschaffung einer solchen Box recht hoch (ca. 100 bis 150 €). Ebenso wird eine Bezahlung per Nachnahme in einem Zustellsystem mit Empfangsboxen nur schwer umsetzbar sein. Auch können wegen des Platzbedarfs Boxen nur schlecht in dicht besiedelten Wohngebieten und in Mehrfamilienhäusern untergebracht werden. Die relevante Zielgruppe für die Internet-Händler, nämlich die jungen Berufstätigen, werden allerdings auch durch eine Zustellung über einen Pickpoint entlastet, der auf dem Heimweg von der Arbeit relativ leicht ohne große Umwege angesteuert werden kann. Welche der vorgestellten Konzepte sich jedoch in der Praxis durchzusetzen vermögen, bleibt abzuwarten.

Zur Verdeutlichung der Vor- und Nachteile der verschiedenen Zustellkonzepte soll hier Tabelle 7.6 dienen.

7.4.3 Probleme des Fulfillments in der Endkundenbelieferung

Das Fulfillment beinhaltet das Lagermanagement und die Kommissionierung der einzelnen Kundenbestellungen, die Zahlungsabwicklung, den Transport bzw. die Vertriebslogistik, das Retourenmanagement sowie den Kundenservice.

In der Anfangszeit hatten Online-Shop-Anbieter mit vielen Mängeln im E-Fulfillment zu kämpfen. Es gab Servicemängel bei der Auslieferung, schwierige bis unmögliche Retourenprozesse und schwachen Kundenservice. Auch wurden die Betrugsmöglichkeiten bei der Zahlungsabwicklung unterschätzt, sodass generell eine Bonitätsprüfung der Kunden zu empfehlen ist, die je nach Prüfstufe für 20 ct

Tab. 7.6: Vor- und Nachteile diverser Zustellkonzepte im E-Commerce.

	Zeitliche Fle-xibilität für Empfänger	Cash on De-livery	keine Restrik-tionen	keine zusätz-lichen Wege für Empfänger	Diebstahl-sicherheit, Privatsphäre	Einspar-potentiale für Logistiker
Türzustellung	–	++	+	+/–	++	–
Boxen am Haus	++	–	–	++	+	–
Postkästen für Straßenzüge	++	–	–	–	–	+
Boxsystem für Mehrfamilien-häuser	++	–	–	+	+	+
Abholstationen-Konzept	++	++	+	–	+/–	++

bis 1 € pro Kundenadresse bei spezialisierten Dienstleistern online abgewickelt werden kann. Folgende Übersicht führt die gefundenen Mängel auf:
– kein Schnellversand (48 Stunden) verfügbar,
– verspätetes Eintreffen der Bestellungen bis zu 4 Wochen,
– Beschädigungen an Waren oder Verpackung,
– Bestellungen trafen gar nicht ein,
– kein Geschenkeservice,
– keine Feierabendzustellung,
– keine Überprüfung der Bonität des Kunden, wie Rechnungsadresse und Kredit-kartennummern,
– kein Retourenmanagement,
– mangelnde Fachkompetenz bei Beratung,
– keine Auskünfte zum Lieferstatus und
– keine Stornierung eines fehlerhaften Auftrags.

Durch solche Fehlleistungen im Fulfillment werden die Online-Shops nicht lange überleben können. Aus diesem Dilemma führt nur ein schlüssiges Gesamtkonzept für das E-Fulfillment. Zwar erfordert ein Online-Shop zuerst niedrige Anfangsinvestitionen, sodass die Schwelle zum Markteintritt niedrig ist. Jedoch werden der Aufwand und die Kosten eigener Fulfillment-Lösungen oft unterschätzt. Vielfach decken die vorhandenen IT-Systeme und Logistikprozesse die Online-Anforderungen nicht ab. Eine Alternative ist die Integration eines Fulfillment-Komplettdienstleisters oder die Integration mehrerer spezialisierter Dienstleister. Die Vorteile für den Online-Händler sind die geringen eigenen Anfangsinvestitionen, Ausnutzung von Größenvorteilen, Ausnutzung des vorhandenen Know-how und Schnelligkeit bei der Umsetzung. Ein Nachteil ist die schwierige Integration der Dienstleistersysteme in das eigene System.

Im Zusammenhang mit den Mängeln im Fulfillment ist auch der Aspekt der Loyalität der Kunden von Interesse. Zufriedene Kunden besuchen einen Online-Shop öfter und geben mehr Geld aus als unzufriedene Kunden.

7.5 Die Rolle der Logistikdienstleister in der E-Logistik

Die Betätigung auf dem Gebiet der E-Logistik stellt eine große Chance für Logistikdienstleister dar, sich trotz geringer Margen für Standardleistungen durch neue logistische Produkte mit hoher Wertschöpfung am Markt zu behaupten und sich so Wettbewerbsvorteile gegenüber anderen Marktteilnehmern zu verschaffen. Das Leistungsspektrum von E-Logistik-Dienstleistern umfasst dabei die komplette Konzeption und Realisierung von Online-Shopping-Systemen. Die einzelnen Bausteine sind Tabelle 7.7 zu entnehmen.

Tab. 7.7: Leistungsspektrum von E-Logistik-Dienstleistern.

Bestellung	Lager	Versand	Zahlungsverkehr
– Internet-Shop – Schnittstellen (WWS) – Callcenter – Bestellservice – Hotline/Helpdesk – Statistik	– Wareneingang – Qualitätskontrolle – Lagerung – Kommissionierung/ Konfektionierung – Verpackung – Inventur – Warendisposition – Statistik	– Distribution – Tracking und Tracing – Retouren – Technischer Kundenservice	– Kundenstamm – Bonitätsprüfung – Rechnungsstellung – Unterstützung verschiedener Bezahlverfahren (Nachnahme, Bankeinzug, Kreditkarten, Rechnung) – Zahlungskontrolle – Elektronische Archivierung

Die Vergütung der Leistungen erfolgt in der Regel auf Basis des Verkaufspreises pro Sendung. Je nach Umfang der in Anspruch genommenen Dienstleistungen sind hier 7 bis 10 % des Verkaufspreises pro Sendung üblich.

Tabelle 7.8 gibt einen Überblick über wichtige E-Logistik-Anbieter in Deutschland, ohne dabei Anspruch auf Vollständigkeit zu erheben.

E-Logistik-Systeme stellen aufgrund geänderter Sendungsstrukturen, die sich in

– einem Anstieg der Sendungszahlen bei kleineren Sendungsgrößen,
– der Atomisierung der Sendungsrelationen und -destinationen und
– den unterschiedlichen zu bewegenden Produkten hinsichtlich Stückgewicht, Sperrigkeit und Empfindlichkeit

Tab. 7.8: E-Logistik-Anbieter in Deutschland.

E-Logistik-Anbieter	Internet-Adresse
ABX/Bahntrans	
Hellmann-Logistics	www.hellmann.de
Ifco	www.ifco.de
Rudolph Logistik Gruppe	www.rudolph-log.de, www.logeon.net
Thiel Logistik	www.thiel.logistik.com
WM-Group	www.elogistik.de

manifestieren, und gestiegener Kundenanforderungen hinsichtlich
- Schnelligkeit der Lieferung,
- Termintreue,
- Flexibilität in Bezug auf Lieferzeitpunkte und
- Lieferkosten

erhöhte Anforderungen an die Logistikdienstleister. Diesen Anforderungen kann nur durch den Aufbau zusätzlicher informatorischer Kompetenzen begegnet werden. Die informatorischen Anforderungen von E-Logistik-Systemen ergeben sich dabei aus folgenden Rahmenbedingungen:
- Die Auftragssteuerung und Auftragsverfolgung müssen über das Internet dargestellt und mit Zusatzleistungen wie der Abwicklung von Zahlungsströmen kombiniert werden.
- Die Verschiebung zu einer großen Zahl von Kleinstaufträgen stellt neue Anforderungen an das Lagerwesen und die Warenwirtschaftssysteme sowie deren Ankopplung an die ERP-Systeme der Unternehmen.
- Die internetbasierte Auftragsabwicklung setzt beim Logistikdienstleister offene Schnittstellen zu den Auftragsabwicklungssystemen der produzierenden Unternehmen voraus.
- Der Trend zum Einkauf von komplexen Leistungspaketen wie der „Verfügbarkeit von Produkten" anstelle von einzelnen Lager- und Transportleistungen beim Logistikdienstleister führt dazu, dass diesem die Bestandsoptimierung in der gesamten Supply Chain obliegt.

Um diesen Anforderungen zu genügen, sind eine hohe Prozess- und IT-Kompetenz und die Fähigkeit zu offenen Kooperationen wettbewerbsentscheidend. Logistikdienstleister müssen E-Commerce-Unternehmen werden, die die Logistik als integralen Bestandteil ihrer Geschäftstätigkeit betrachten. Zentrale Herausforderungen an und Erfolgsfaktoren für Logistikdienstleister im Rahmen von E-Logistik sind die
- Fähigkeit, ihre Dienstleistungen über unterschiedliche Marktplätze und Portale anzubieten und zu realisieren (Multiportalfähigkeit) und

- Unterstützung von Multi-Channel-Strategien der Hersteller, die vermehrt dazu übergehen, ihre Produkte über verschiedene Vertriebskanäle zu vertreiben, die jeweils unterschiedliche Anforderungen an die logistische Wertschöpfungstiefe des Dienstleisters stellen (Multi-Channel-Fähigkeit).

Zur Bewältigung dieser Herausforderungen sind vor allem Investitionen in die Prozess- und IT-Kompetenz der Mitarbeiter anstatt in physische Transport- und Lagerkapazitäten notwendig.

7.6 Erfolgsfaktoren auf dem Gebiet der E-Logistik

Abschließend sollen die Voraussetzungen und Erfolgsfaktoren für eine erfolgreiche Betätigung auf dem Gebiet der E-Logistik zusammengefasst werden.

Bei der Konzeption und Realisierung einer Verkaufsplattform in Form eines E-Shops sind folgende Faktoren erfolgsentscheidend:
- einfache Benutzerführung,
- umfassende Produkt- und Preisinformationen (einschließlich Verfügbarkeit der Produkte),
- Bestellmöglichkeit rund um die Uhr,
- kurze Lieferzeiten (max. 48 Stunden),
- flexibel wählbarer Lieferzeitpunkt auch außerhalb der normalen Geschäftszeiten (z. B. früh morgens, spät abends, am Wochenende),
- flexibel wählbarer Lieferort (z. B. nach Hause, Auswahl einer Pick-up-Station usw.),
- Lieferzusage (Auftragsbestätigung) per E-Mail,
- Statusanzeige über den Auftragsstatus (Tracking und Tracing),
- pünktliche Lieferung innerhalb des ausgewählten (engen) Zeitfensters,
- einwandfreie Qualität der gelieferten Waren (z. B. Gewährleistung einer unterbrechungsfreien Kühlkette bei Lebensmitteln),
- einfache Retourenabwicklung,
- angemessene Versandkosten und unentgeltliche Zustellung ab einem bestimmten Bestellwert (jeweils abhängig von der Branche),
- bequeme und sichere Bezahlung mit Wahlmöglichkeit der Zahlungsart,
- Unterstützung bei Problemen (Callcenter, technischer Kundenservice) und
- Berücksichtigung der Präferenzen unterschiedlicher Kundensegmente (bequemer vs. preisbewusster Verbraucher).

Zu beachten ist, dass sich nicht alle Produkte gleichermaßen für den Internet-Vertrieb eignen. Kriterien für Internet-taugliche Waren sind
- eine hohe Wertdichte (Optimierung des Verhältnisses der Logistikkosten zum Warenwert),

- andererseits kein zu hoher Warenwert wie z. B. bei Juwelen, teurem Schmuck oder teuren Uhren (mangelndes Vertrauen!),
- ein geringes emotionales Anschauungsbedürfnis (Sehen, Riechen, Fühlen) und
- ein geringer Logistikaufwand (einfache, kostengünstige Lagerung, Kommissionierung, Verpackung und Transport).

Von grundsätzlicher Bedeutung ist auch die Frage, ob das E-Fulfillment selbst (durch den Shop-Betreiber) durchgeführt oder einem Logistikdienstleister übertragen werden soll. Kriterien sowie Vor- und Nachteile beider Alternativen enthält Tabelle 7.9.

Tab. 7.9: Kriterien für Eigenerstellung oder Fremdbezug von E-Logistik-Leistungen.

Anzahl Bestellungen pro Tag	Eigenerstellung unter 1.000 und über 15.000	Fremdbezug zwischen 1.000 und 15.000
Vorteile	– Vielfältigerer Service am Kunden – Kosteneinsparung ab einer bestimmten Größe (s. o.)	– Nutzung des Know-how von Logistikexperten – Geringere Anlaufkosten – Kürzere Time-to-Market-Zeit
Nachteile	– Hohe Anlauf- und Entwicklungskosten – Investitionen in schnell veraltende Technik – Hochqualifizierte Mitarbeiter (Logistikexperten) erforderlich – Längere Time-to-Market-Zeit	– Umfassender Zugriff des Logistikdienstleisters auf Firmendaten erforderlich – Gefahr der Abhängigkeit vom Logistikdienstleister – IT-Schnittstellenprobleme bzw. hohe Investitionen – Für kleinste Unternehmen meist unattraktiv

8 Europa-Strategien für Distributionsnetzwerke

Neue Anforderungen an das Supply Chain Management wurden in den vergangenen Jahren – vor allem unter strategischen Aspekten – durch die Neuausrichtung von kontinentalen Distributionssystemen formuliert. Dabei kann man beispielsweise an den asiatischen Wachstumsraum und die dort stattfindende Reorganisation von Distributionssystemen großer Hersteller aus Nordamerika und Europa denken. Die gleiche Frage stellt sich bei der Schaffung großflächiger Wirtschaftsräume, wie der Nordamerikanischen Freihandelszone NAFTA und der Europäischen Union (EU), wenn Zölle wegfallen oder reduziert werden und Abfertigungsprozeduren beim grenzüberschreitenden Güterverkehr vereinfacht werden. Bei der NAFTA geht es um die wirtschaftliche und kulturelle Einbindung von Mexiko in den nordamerikanischen Wirtschaftsraum. In der EU wurde die Neuausrichtung von Produktionsstandorten und von Distributionssystemen unter dem Stichwort „Euro-Logistik" diskutiert.

8.1 Der Europäische Binnenmarkt

Die Schaffung des Europäischen Binnenmarktes 1993 bedeutete eine Harmonisierung von Abgaben, Steuern, Normen und Vorschriften und war besonders durch den Wegfall der Grenzformalitäten beim grenzüberschreitenden Güterverkehr gekennzeichnet. Bis dahin waren lange Wartezeiten an den Grenzen zum Ausgleich verschiedener Regelungsintensitäten in den Mitgliedsländern erforderlich. Untersuchungen haben ergeben, dass den Unternehmen durch den internen Verwaltungsaufwand und die Wartezeiten an den Grenzen 8 Mrd. € an Kosten entstanden sind. Das entsprach ca. 2 % des grenzüberschreitenden Warenwertes. Die Wartezeiten entstanden durch die Bearbeitung der erforderlichen Dokumente an der Grenze, die sich u. a. auf die unterschiedlichen Mehrwertsteuer- und Verbrauchsabgabesätze bezogen sowie auf unterschiedliche Hygiene- und Veterinärvorschriften. Ferner entstand durch unterschiedliche technische Normen an der Grenze ein Regelungsbedarf, der den freien Warenverkehr behinderte. Seit 1993 sind diese Hindernisse im Austausch von Waren und Dienstleistungen entfallen.

Die Schaffung des Europäischen Binnenmarktes ging einher mit der Deregulierung des Gütertransports und der Telekommunikationsmärkte und verlieh der Neustrukturierung einer **europaweiten Logistik** und der Intensivierung der Arbeitsteilung in Europa damit starke Impulse. Die Erwartungen der Unternehmen, die sich mit der Schaffung der EU verknüpften, ließen folgende Potentiale für Kostensenkung und Differenzierung erkennen:
- die Möglichkeit der Produktstandardisierung durch Vereinheitlichung von Standards und der Anerkennung von gegenseitigen Normen,
- eine Verkürzung der Laufzeiten in der europaweiten Warendistribution,

DOI 10.1515/9783110473285-012

- die Erleichterung der grenzüberschreitenden Auftragsabwicklung,
- eine Senkung von Transportkosten durch Zunahme der internationalen Konkurrenz auf den Gütertransportmärkten und durch Angleichung von Verbrauchsteuern und
- die Erschließung neuer, billigerer Produktionsstandorte durch die erwartete Senkung der Transportkosten.

Ob diese Erwartungen erfüllt worden sind, hat Gnirke (1998) in einer Studie zur Umsetzung der EU ermittelt. Durch den Wegfall der Grenzformalitäten haben sich die Abwicklungskosten mit den Behörden beim grenzüberschreitenden Warenverkehr nicht so stark reduziert wie erwartet, weil die Abwicklung, die sich auf den Ausgleich unterschiedlicher Steuern bezieht, nun im Haus anstatt an der Grenze vor sich geht. Das INTRASTAT-System erfordert eine Anmeldung von grenzüberschreitenden Warenbewegungen beim Statistischen Bundesamt und beim Finanzamt. Deswegen haben Dreiviertel der befragten Unternehmen angegeben, dass sich ihre Erwartungen zur Senkung der Abwicklungskosten mit Behörden nicht oder nur teilweise erfüllt hätten. Die erwartete Senkung der **Transportpreise** um 10 bis 30 % ist nach der Studie von Gnirke eingetreten. Dagegen ist die Harmonisierung der gesetzlichen Produktanforderungen nicht so weit fortgeschritten wie erwartet. 52 % der Unternehmen sehen die Erwartungen nur teilweise erfüllt und 40 % nicht erfüllt oder überhaupt nicht erfüllt. Damit lässt sich das Konzept des Marketings, durch Produktstandardisierung zu **Euromarken** zu gelangen und diese einheitlich in Europa zu vermarkten, nur schwer umsetzen.

8.2 Neue Distributionsstrukturen in Europa

Bei der Neuausrichtung von kontinentalen Distributionssystemen geht es um eine Abkehr von den jeweils rein national definierten Distributionssystemen. Diese wurden in der Vergangenheit von eigenständig geführten nationalen Vertriebsgesellschaften bestimmt. Werden die Leistungen dieser Vertriebsgesellschaften in einem Großraum miteinander verglichen, so treten zahlreiche logistische Schwächen zutage, wie z. B.
- keine Koordination des Bestellverhaltens zwischen verschiedenen Ländern,
- kein Bestandsausgleich zwischen verschiedenen Ländern, sodass in einem Land Engpässe entstanden, ohne dass ein Ausgleich durch ein Nachbarland möglich wurde,
- viele Schnittstellen im Logistiksystem mit hohem Handlingsaufwand,
- die Langwierigkeit der Bestandsauffüllung und
- die Verwendung von nationalen Artikelnummerierungssystemen und nationalen Informationssystemen.

Die pharmazeutische Fabrik Merck hatte beispielsweise die folgenden Probleme in ihrem europäischen Logistiksystem:
- hohe Logistikkosten in Europa bei geringer Koordination,
- jeder Artikel wird im Durchschnitt 12-mal bewegt,
- ein niedriger Servicegrad im Zentrallager,
- zwischen den europäischen Lagern eine Lieferzeit zwischen 18 und 21 Tagen,
- hohe Bestände in den europäischen Lagern,
- im Laborbereich nur mittelmäßiger Servicegrad und
- eine veraltete Abwicklung im Zentrallager.

Die Optimierung der kontinentalen Distributionssysteme hat eine Vereinheitlichung der hier aufgewiesenen Unterschiede in den nationalen Vertriebssystemen zum Ziel. Die Lagerstandorte sind zunächst unabhängig von den Ländergrenzen festzulegen. Angestrebt wird ferner ein einheitliches EDV-System, das sowohl zentral als auch dezentral (national) einen Zugriff auf die Bestände in dem Kontinent besitzt und so ein europaweites Bestandsmanagement erst möglich macht. Voraussetzung dafür ist eine einheitliche Artikelnummerierung[1]. Die Abrechnungssysteme sind so weit zu vereinheitlichen, dass ein Austausch von Beständen zwischen nationalen Gesellschaften transparent, kosten- und erfolgsneutral erfolgen kann. Die Lieferpapiere sind in der jeweiligen Landessprache des Kunden auszustellen. Die Durchsetzung dieser neuen Konzepte gegenüber den selbständigen nationalen Vertriebsgesellschaften ist allerdings außerordentlich schwierig, da diese Vertriebsgesellschaften die Eigenständigkeit bei den Bestellpolitiken, den Informationssystemen und den Nummerierungssystemen aufgeben müssen. Hier ist eine große Überzeugungsarbeit notwendig.

Die Neuausrichtung von kontinentalen Distributionssystemen hat in der Euro-Logistik zunächst zu einer sehr starken Präferenz von länderübergreifenden Zentrallagerkonzepten geführt. Zu erwähnen sind die Zentrallager
- der Beiersdorf AG in Hamburg für cosmet Produkte,
- der Kodak AG in Scharnhausen,
- von Agfa Gevaert in München,
- von IBM in Frankreich bei Evry Lisses und
- von Sony Europa bei Köln.

Die Versorgung von Europa durch ein Zentrallager ist dann sinnvoll, wenn die Produktion am Zentrallager angesiedelt ist und ebenfalls zentralisiert ist. Wenn die Märkte längere Lieferfristen zulassen, können die Kunden europaweit von einem Zentrallager

---

[1] Aus Bilanzgründen kann es sinnvoll sein, noch einen Unterschied in der Artikelnummerierung zu machen zwischen eigengefertigten Artikeln und Zukaufartikeln, auch wenn es sich um identische Artikel handelt.

aus direkt beliefert werden, ohne Umschlagsknoten einzuschalten. Die Agfa Gevaert Gruppe verteilt etwa ihre Geräte aus dem Zentrallager München europaweit.

Die Auflösung von Regionallagern und die Konzentration der Versorgung Europas auf lediglich ein Zentrallager senken die Lagerhaltungskosten, weil im Zentrallager ein größerer Durchsatz ermöglicht wird und Investitionen in Lagerautomation damit wirtschaftlicher werden. Wenn das Zentrallagerkonzept mit einem europaweiten 24-Stunden-Lieferservice kombiniert werden soll, ist dieser Service nicht mit einem Lkw-Transportnetzwerk darstellbar. Vielmehr muss dann auf einen Expressdienstleister zurückgegriffen werden, der mit einem Luftfrachtnetzwerk Europa in 24 Stunden versorgen kann. Ein Beispiel dafür ist in der Management Praxis dargestellt. Zwar sind die Preise von Expressdienstleistern sehr hoch. Dennoch sind in den Gesamtkosten Einsparungen gegenüber der dezentralen Lagerhaltung möglich, wenn die Kosteneinsparungen durch Auflösung der Regionallager berücksichtigt werden.

Die Grenzen der Zentralisierung werden durch die Marktanforderung definiert, dass die Kunden ausreichend rasch zu beliefern sind. Aus einem Zentrallager allein, ohne Regionallager, können die Kunden in Westeuropa innerhalb von drei Tagen mit dem Lkw beliefert werden. Ein westeuropaweiter Lkw-Lieferservice von zwei Tagen erfordert Regionallager im Großraum London, Paris, Barcelona, Mailand, Dortmund und Kopenhagen. Bei Gütern, die eine Lieferung innerhalb von 24 Stunden mit dem Lkw erfordern, beispielsweise Ersatzteile oder leicht substituierbare Güter, sind kundennahe Regionallager erforderlich, deren Zahl westeuropaweit ca. 20 Stück beträgt. Bei diesen Überlegungen zum Lieferservice spielen Lkw-Direktverkehre in Europa eine große Rolle, die schnell und effizient abgewickelt werden können, weil in der Euro-Logistik ein Umschlag in Intermodalports entfällt, der die Überwindung einer Vielzahl von Schnittstellen erfordert, zu Zeitverzögerungen führt und Risiken der Verzögerung durch Streiks und des Verlusts durch Beschädigung und organisierte Kriminalität birgt.

Ein weiterer Aspekt, der gegen das Konzept eines einzigen Zentrallagers spricht, ist die **Versorgungssicherheit.** Wenn die Versorgung über ein Netz von Regionallagern erfolgt, lässt sich der Schaden, der bei Ausfall eines Lagers entsteht – etwa durch Brand – besser eingrenzen. Hingegen bricht bei einem Zentrallagerkonzept die Versorgung im Schadensfall vollkommen zusammen. Bei Distributionssystemen, die ein breites Artikelspektrum umfassen, wie in der Handelslogistik oder im Ersatzteilwesen, ist daher eine dezentrale Aufstellung zur Risikominderung zu empfehlen.

Neben dem Kriterium der Kundennähe werden die Grenzen der Zentralisierung unter weiteren Aspekten diskutiert. Zum einen wird insbesondere im Lebensmittelbereich auf die jeweiligen nationalen Besonderheiten hingewiesen, die die Führung eines zentral gehaltenen Sortiments erschweren. Ferner wird das Zentrallagerkonzept bei europaweiten, spezialisierten Produktionsstandorten kritisch bewertet, weil weite Transportstrecken der Artikel von den jeweiligen spezialisierten Produktionsstandorten hin zum Zentrallager auftreten. Osram löst den Konflikt zwischen dezentraler Spezialproduktion und zentralisierten Lagervorstellungen dadurch, dass es europaweit drei Distributionszentren vorsieht, die noch weiter durch regionale Zentren ergänzt werden. Bei der Existenz von einheitlichen Informationssystemen besteht keine Notwendigkeit mehr für ein Zentrallager. Die Artikel können durchaus dezentral gelagert werden, müssen dann aber durch ein einheitliches Informationssystem zentral erfassbar sein, sodass die Bestände jederzeit abrufbar sind. Voraussetzung dafür ist eine europaweite Vereinheitlichung der Artikel. Anzustreben ist, dass jede nationale Vertriebsgesellschaft einen gleichberechtigten Zugang zu diesen Informationen erhält. Bei vielen Unternehmen ist die Einrichtung eines weltweit einheitlichen Releasestandes ihrer Informationssysteme, wie SAP R/3, in Arbeit, sodass dieser Ansatz verwirklicht werden kann.

8.3 Strategien in der Euro-Logistik

Eine Strategie zur Durchsetzung der Euro-Logistik besteht in der Trennung von **Verkaufsorganisation** und Distributionssystem, das an die Kunden die Ware ausliefert. Wenn bisher die Distributionssysteme als jeweilige Landesgesellschaften organisiert waren, so verfügten sie über eine Verkaufsorganisation für die Marktbearbeitung mit einem angeschlossenen Zentrallager für das jeweilige Land (vgl. Abbildung 8.1). Mit dem Übergang zu länderübergreifenden Organisationsformen wird für die einzelne Landesorganisation das Zentrallager aufgelöst. Hingegen bleibt die Verkaufsorganisation mit dem Kontakt zum jeweiligen nationalen Markt davon unbeeinflusst. Die von ihr eingeworbenen Aufträge werden nun, anstatt an das landeseigene Regionallager, an das Zentrallager durchgereicht, das länderübergreifend tätig wird. Von dort werden die eingehenden Aufträge landesweit aggregiert und in das jeweilige Land an einen Übergangspunkt gebracht. Von dort übernimmt ein Logistikdienstleister die Verteilung der Ware an die Kunden. Dieses Konzept wird etwa von dem Krankenhausbedarf-Hersteller B.Braun Melsungen in seiner Euro-Logistik verfolgt.

Einen gleichmäßigen Lieferservice über die ganze EU zu erstrecken ist wenig sinnvoll, weil man so Ballungsräume und dünn besiedelte periphere Gebiete gleichsetzt. Entscheidend sind vielmehr die Distributionskosten pro erreichbarem Konsumenten, sodass vorrangig Ballungsräume in der EU betrachtet werden müssen. Wenn man sich fragt, wie diese mit einem 24-Stunden-Service versorgt werden können, so kommt man zu folgenden Überlegungen: In den Ballungsräumen London, Paris, Brüssel und Köln sind zusammen ca.100 Mio. Konsumenten vertreten. Ein Zentrallager in Brüssel oder in Lille kann diese Konsumenten in weniger als 24 Stunden mit einem Lkw-gestützten Liefernetzwerk beliefern, sodass diese Standorte eine hohe Attraktivität für die Euro-Logistik besitzen. Durch den Kanaltunnel liegt Lille im Zentrum der Ballungsräume. Nach London dauert die Zugfahrt von Lille durch den Eurotunnel 90 Minuten, nach Paris 60 Minuten und nach Brüssel 30 Minuten, wobei die Fahrtdauern mit dem Lkw entsprechend sind. Mit einem Zentrallager in Brüssel oder Lille kann somit bereits

Abb. 8.1: Einrichtung von Lagerstandorten bei einem 6 Stunden Fahrtzeitradius.

ein großer Teil der Konsumenten in der EU mit einem 24-Stunden-Lkw-Lieferdienst abgedeckt werden.

Mikkola et al. (2015) stellen die folgenden unterschiedlichen Netzwerke für die Euro-Logistik vor. Unterschiede in der Konfiguration der Netzwerke hängen davon ab, wie die Endprodukte für die Absatzmärkte konfiguriert werden. Hierzu werden vier verschiedene Strategien am Beispiel der EU genannt:

– Kundenauftragsfertigung, die variabel und flexibel ist, erfordert eine hohe Flexibilität von den Zulieferern. Die Komplexität des Netzwerks liegt in der Zulieferung und der Produktion.

– Herstellung eines Standardprodukts, das in einer Packung mit 15 verschiedenen Sprachen als Europack abgepackt wird. Diese Konfiguration erfordert eine niedrige Komplexität des Netzwerks.

– Herstellung eines Kernprodukts, das mit sprachlich angepassten Modulen für die einzelnen Länder der EU versehen wird. Hier kommt das Prinzip des Postponements (vgl. Kapitel 1) zur Anwendung, indem in lokalen Distributionszentren die länderspezifische Anpassung erfolgt. Die Komplexität des Netzwerks liegt damit im Vertrieb.

- Herstellung eines Standardprodukts, das für jede europäische Sprache mit einer eigenen Variante hergestellt wird. Hier ist der Vertrieb einfach, aber die Produktion weist eine höhere Komplexität auf.

In der Pharmaindustrie ist die rasche Belieferung der Kunden ein herausragender Wettbewerbsfaktor. Daher müssen die Produkte von europaweit spezialisierten Produktionsstandorten in kundennahen Regionallagern abrufbar sein. Um den parallelen Aufbau teurer und schlecht ausgelasteter Distributionssysteme für jedes Unternehmen einzeln zu vermeiden, unterhalten Wettbewerber in der Pharmaindustrie gemeinsame Distributionssysteme. Dazu werden Kooperationen eingegangen, um z. B. für Deutschland ein gemeinsames Auslieferungslager zu unterhalten, das die Produkte der europaweit spezialisierten Produktionsstandorte für eine rasche Belieferung in Deutschland vorhält.[2] Ein gemeinsames Lager für Europa kann ein Unternehmen der Pharmaindustrie nicht aufbauen, weil die Zulassungen der Medikamente landesspezifisch geregelt sind und auch die Produktionsstrecken für die einzelnen Länder einzeln zertifiziert werden müssen. Hier ergeben sich große Hindernisse für die Euro-Logistik. Um die länderspezifisch zertifizierten Produktionsstrecken möglichst klein zu halten, werden die Vorprodukte für ganz Europa auf einer Anlage zentral erzeugt. Hier ist eine Anwendung des Prinzips des Postponements im Supply Chain Management (vgl. Kapitel 1) zu erkennen.

Das Beispiel der Management Praxis zeigt, welche Vorteile die Nutzung von Expressdienstleistern in der Europadistribution den Unternehmen bringen können. So werden nicht nur Kostensenkungen, sondern auch Servicesteigerungen möglich.

Die Schaffung des europäischen Binnenmarktes führt zu einer Intensivierung des Wettbewerbs auf den Gütertransportmärkten, die bis dahin in Deutschland unbekannt gewesen war. Wie die deutschen Speditionen darauf reagieren können, wurde in (Vahrenkamp/Kotzab, 2012) dargestellt. Man unterscheidet vier Strategien, um im Wettbewerb zu bestehen:
- Die Strategie der **Standardisierung** ist auf Märkten angebracht, auf denen der Wettbewerb über den Preis ausgetragen wird, wie z. B. auf dem Paketmarkt.
- Die Strategie der **Segmentierung** passt die Grundprodukte an die Bedürfnisse der Kunden an und schafft einen Spielraum für höhere Preise. Der Wettbewerb wird auf bestimmte Zielgruppen ausgerichtet. Beispiele sind Frischedienste, Textilversand, Gefahrgut und sperrige Güter.
- Die Strategie der **Differenzierung** schafft Wettbewerbsvorteile durch besonderen Zusatznutzen für den Kunden, ohne das Grundprodukt zu ändern. In Märkten, die von einer hohen Austauschbarkeit geprägt sind, kann bereits ein geringer Zusatznutzen zu einer Steigerung von Marktanteilen führen.

---

2 Die Hersteller Böhringer Ingelheim, Merck und Ciba Geigy unterhalten ein gemeinsames Lager bei Dortmund.

– Die Strategie der **Flexibilisierung** passt die Leistung kurzfristig und fallweise den sporadischen Kundenwünschen an und eröffnet damit einen Spielraum für höhere Preise. Beispiele sind Kurierdienste, Expressdienste für schwere Teile oder ganze Ladungen sowie Schwertransporte.

Im europäischen Logistikmarkt ist eine starke Konzentrationsbewegung auf wenige Großanbieter zu beobachten. Die Intensivierung der Verkehrsbeziehungen in der Europäischen Gemeinschaft bedeutete für die **Großspeditionen,** ihr Geschäft europaweit auszudehnen. Dabei ging es um den Aufbau von flächendeckenden Netzen für den Sammelgutverkehr. Von den Sammelgutspeditionen erwarten die Kunden europaweit ähnliche Laufzeiten wie im Inland. Die Unterscheidung von inländischen Verkehren und Auslandslieferungen wird immer weniger plausibel. So baute als Reaktion auf diese Marktanforderungen z. B. Kühne & Nagel ein Netz von 65 Logistikterminals europaweit auf. Diese Strategie wird dadurch unterstützt, dass in den Mitgliedsländern Unternehmen erworben werden, die über komplette oder ausbaufähige nationale Distributionssysteme verfügen. Die einzelnen Logistikterminals werden nicht direkt untereinander vernetzt, sondern über sechs Euro-Logistik-Hubs.

Die Stellung der Großspeditionen in Europa wird durch ein verändertes Verhalten bei der Beschaffung gestärkt. Statt eine Vielzahl von Bezugsquellen zu nutzen, geht der Trend der Beschaffung zum Single oder Dual Sourcing und zum Einschalten von wenigen **Systempartnern,** die umfassende logistische Leistungen aus einer Hand anbieten können. Damit vereinfachen die Unternehmen ihre Schnittstelle zum Transportmarkt und senken ihre Transaktionskosten.

8.4 Logistik in Osteuropa

Die Erweiterung der EU um acht Länder in Mittel- und Osteuropa im Jahr 2004 ergab für die Standorte von lohnintensiven Produktionen und für Distributionssysteme neue Perspektiven.

Eine einfache Übertragung der Konzepte aus Westeuropa ist nicht möglich. Die niedrigen Lohnkosten in den neuen Ländern sind für Produktionsunternehmen interessant. Der Auftragsfertiger Flextronics, der sich auf Produkte der Consumer Electronic spezialisiert hat und weltweit 100 Produktionsstandorte betreibt, hat sich an Standorten in Rumänien und Ungarn angesiedelt. Er bezieht Teile und vormontierte Einheiten aus Asien und betreibt die Montage, das Testen und Verpacken in Rumänien und Ungarn. Die Absatzmärkte liegen in Westeuropa.

Anders sieht es aber bei Standortentscheidungen für Distributionscenter aus. Zunächst ist zu bemerken, dass die Transport- und Telekommunikationsnetze in Ausdehnung und Qualität nicht das Niveau von Westeuropa erreichen. Daher ist von langen Transportzeiten zwischen den Ländern in Mittel- und Osteuropa auszugehen. National muss bei Stückgut und Paketen mit einer Laufzeit von 24 bis 48 Stunden gerechnet werden. Im grenzüberschreitenden Verkehr weisen die Laufzeiten im Stückgutbereich mit 2 bis 9 Tagen und im Paketdienstbereich mit 3 bis 6 Tagen starke Schwankungen auf. Die schnellsten Verbindungen bestehen zwischen Deutschland und Polen, Tschechien und Ungarn, sowie zwischen Tschechien und der Slowakei.

Ferner ist zu bedenken, dass Logistikimmobilien in den logistischen Knotenpunkten fast das westeuropäische Preisniveau erreichen oder je nach Ausstattung teilweise sogar darüber liegen. In den Ländern Polen, Ungarn und Tschechien muss mit Mietkosten von 5 € pro m^2 und Monat gerechnet werden.

Aufgrund der hohen Flächenkosten in Osteuropa und der langen Laufzeiten zwischen den Ländern Osteuropas ergeben sich folgende Strategien:

1. Ist bereits ein effizientes Lager in Deutschland oder Österreich vorhanden, sollte geprüft werden, ob eine komplette Kundenversorgung aus diesem Lager möglich ist. Bei hohem Technisierungsgrad in der logistischen Abwicklung und mittleren bis geringeren Anforderungen an die Lieferzeit ist dies die optimale Logistikstruktur. Aber auch bei höheren Anforderungen an die Lieferzeit kann es je nach Sendungsgröße günstiger sein, mit Expresslieferungen ab Deutschland zu liefern, um dezentral hohe Lager- und Bestandskosten einsparen zu können.

2. Ein Zentrallager in Osteuropa ist vorteilhaft, wenn die in Osteuropa produzierten Waren gelagert werden sollen sowie für sehr handlingintensive Logistikabwicklungen mit geringem Technisierungsgrad. Vorteilhaft ist diese Logistikstruktur für Artikel mit mittlerer bis geringer Anforderung an die Lieferzeit.

3. Nationale Regionallager sind dann notwendig, wenn ein Lieferservice von 24 bis 48 Stunden angestrebt wird. Aufgrund der hohen Flächenkosten in Osteuropa sollte genau überlegt werden, inwieweit logistische Prozesse vor Ort stattfinden müssen. Eine dezentrale nationale Abwicklung ist für handlingintensive Logistikabwicklungen mit geringem Technisierungsgrad und hohen Anforderungen an eine kurze Lieferzeit vorteilhaft.

Schließlich ist zu bedenken, dass die Qualität der logistischen Leistungserbringung und das Qualifikationsniveau der Arbeitskräfte in den Ländern von Mittel- und Osteuropa niedriger sind und hier Trainingsaktivitäten erforderlich werden.

8.5 Fallstudie zur Planung von Lagerstandorten mit Euronetz

An dieser Stelle soll eine Fallstudie zur Planung von Lagerstandorten für ein Distributionssystem vorgestellt werden. Mithilfe des an der Universität Kassel entwickelten Softwaretools **Euronetz** lässt sich in systematischer Weise ermitteln, welche Standorte in Europa einzurichten sind, wenn man von vorgegebenen Transportzeiten

(Fahrtzeiten) zwischen den Lagern und den Kunden ausgeht[3]. Man erhält damit das Konzept der Fahrtzeitradien. Damit ist gemeint, dass man jedem Lagerstandort die Kunden zur Belieferung zuordnet, die in einer gewissen vorgegebenen maximalen Fahrtzeit, wie zum Beispiel 6 Stunden, vom Lager aus beliefert werden können. Zu bedenken ist allerdings bei diesem Konzept, dass es hier um reine Fahrtzeiten geht, während die Auftragsdurchlaufzeiten eines Lagers zu der gesamten Abwicklungszeit des Auftrags noch hinzukommen. Diese Auftragsdurchlaufzeiten liegen in dem Bereich von 10 Stunden und mehr, so dass bei einer maximalen Fahrtzeit von 6 Stunden insgesamt eine Lieferzeit von 16 bis 20 Stunden zustande kommt.

Das Software-Tool Euronetz stützt sich als Datenbasis auf das europäische Autobahnnetz und auf die in Europa liegenden Großstädte ab 100.000 Einwohnern. Dabei wird angenommen, dass sich die Nachfrage nach Konsumgütern allein auf diese Großstädte beschränke. Die Nachfrage werde in Tonnen gemessen und sei für diese Fallstudie proportional zur jeweiligen Einwohnerzahl der Stadt. Als Fahrtzeitradius werden 6 Stunden (240 Minuten) angenommen. Das Software-Tool ermittelt dann unter allen Großstädten denjenigen Standort, der in dem gegebenen Fahrzeitradius die größte Nachfrage auf sich vereinigen kann und wählt diese Stadt als den ersten Standort aus. In der Abbildung 8.1 ist dies der Standort Brüssel. Das deckt sich mit der vorherigen Diskussion, in der aufgezeigt wurde, dass dieser Standort ideal für den Großraum London-Paris-Köln ist. Die Software streicht dann die vom Standort Brüssel aus versorgten Kunden aus der Liste der zu versorgenden Kunden, die von Brüssel aus versorgt werden können, und errichtet in der verbleibenden Kundenmenge wiederum einen Standort dort, wo die größte Nachfrage aggregiert werden kann. Dieses Verfahren geht in der gleichen Weise schrittweise weiter, bis ein Abbruchkriterium erreicht ist. In diesem Fall wird der Aufbau von weiteren Standorten gestoppt, sobald die bei einem neuen Standort auffindbare Nachfrage unter 1 % der Gesamtnachfrage sinkt.

Die Ergebnisse dieser Analyse sind in Abbildung 8.1 dargestellt. Insgesamt werden 18 Standorte vorgeschlagen, von denen lediglich sieben Standorte ein Mengenvolumen von mehr als 5 % der Gesamtnachfrage besitzen. Die übrigen Standorte repräsentieren Nachfragemengen unter 5 % und sind grau unterlegt. Zu berücksichtigen ist bei dieser Analyse, dass nicht alle Städte in einem 6-Stunden-Fahrzeitradius von einem Lager aus erreichbar sind. Aufgrund des Abbruchkriteriums können durchaus Städte außerhalb dieses Radius auffindbar sein. Jedoch wird mit diesem Ansatz sichergestellt, dass unwirtschaftliche Lagerstandorte, die lediglich eine geringe Nachfrage befriedigen, nicht mitberücksichtigt werden. Zu bedenken ist ferner, dass die vorgeschlagene Konfiguration in Abbildung 8.1 sehr stark von der regionalen Verteilung der Nachfrage abhängt. Während für dieses Beispiel die Nachfrage proportional zur

---

3 Eine Demo-Version der Software kann von folgender Internet-Seite heruntergeladen werden: www.wirtschaft.uni-kassel.de/vahrenkamp/software.html

Bevölkerungszahl angenommen wurde, kann die Verteilung anders aussehen, wenn andere Nachfragestrukturen vorliegen.

In einem weiteren Analyseschritt können dann die vorgegebenen Standorte den tatsächlichen wirtschaftlichen Gegebenheiten angepasst werden, wie etwa Verfügbarkeit von Gewerbeflächen und Lagerhallen. So können diese Kapazitäten etwa bei verbundenen Konzernunternehmen vorhanden sein, sodass es sinnvoll ist, diese zu nutzen. Auch kann so eine Vielzahl von benachbarten Standorten, die lediglich schwach ausgelastet sind, wie etwa auf der iberischen Halbinsel, noch stärker aggregiert werden.

9 Paketdienste als Treiber für moderne Logistikkonzepte

9.1 Grundlegende Begriffe und Übersicht

Der Aufstieg der Internet-Versender Amazon und Zalando wirft ein Schlaglicht auf den Markt für Paketdienste. In diesem Kapitel werden die Kurier-, Express- und Paketdienste (KEP-Dienste) und die dazugehörenden Dienstleistungen behandelt. Die Layoutstruktur des Hubs von Paketdiensten wird vorgestellt und die Paketmärkte in Europa werden behandelt.

Die Paketdienste haben sich in den vergangenen 30 Jahren als Logistikdienstleister aus dem klassischen Stückgutgeschäft entwickelt, indem sie dessen leicht standardisierbaren Anteil als einen separaten Markt für Paketsendungen etabliert haben. Zur Abgrenzung des Marktes der Paketdienste unterscheidet man das **Kleingut** bis 31,5 kg[1] vom **Stückgut**. Das **Stückgut** bezeichnet Ladungen bis zu zwei Tonnen. Das folgende Portfolio stellt die beiden Bereiche Stückgut und Kleingut gegenüber (siehe Abbildung 9.1):

	Zahl der Sendungen	
	niedrig	hoch
Gewicht Menge hoch	Stückgut	
niedrig		Kleingut

Abb. 9.1: Unterschiedliche Positionierung von Stückgut- und Kleingutmärkten.

Während beim Stückgut die Zahl der Sendungen niedrig ist, dafür aber das einzelne Sendungsgewicht hoch, verhält es sich beim Kleingut umgekehrt: Bei einem großen Sendungsvolumen wird das Gewicht pro Sendung relativ niedrig gehalten. Der Stückgutverkehr von Speditionen wird in Kapitel 5 behandelt. Im Speditionssammelgutverkehr wurden im Jahr 2012 in Deutschland 49 Mio. Tonnen umgeschlagen (Lorenz 2014, S. 98). Zusätzlich haben die Paketdienste im Jahr 2015 knapp 2,95 Mrd. Sendungen bewegt (Statista 2016c).

---

1 Diese Gewichtsgrenze wurde festgelegt, um die Handhabung des Pakets bei Abholung oder Zustellung durch einen einzigen Mann zu ermöglichen. In den USA gilt es zudem als die Gewichtsgrenze des genehmigungsfreien Güterverkehrs (70 US lbs = 31,5 kg).

DOI 10.1515/9783110473285-013

Im Folgenden sollen die Marktsegmente Paketdienste, Kurierdienste und Express-dienste unterschieden werden. Seit der Freigabe der Preise für den Sammelgutverkehr im Jahr 1975 haben sich auf dem Markt für Pakete spezielle **Paketdienste** etabliert.[2] Diese konzentrieren sich auf das in Paketform verpackte Kleingut. Üblicherweise wer-den Pakete bis 31,5 kg über Nacht transportiert. Übergibt ein Auftraggeber mehrere Pakete, werden diese vom KEP-Dienstleister zu einer **Sendung** zusammengefasst. Die Paketdienste richten ihr Angebot nicht an der Einzelsendung aus, sondern sind viel-mehr mengenorientiert und arbeiten mit einem hohen Systematisierungsgrad. Paket-dienste sind insbesondere im nationalen Bereich tätig.

Kurierdienste konzentrieren sich auf eine individuelle Abholung und Zustellung sowie den individuell begleiteten Transport von Sendungen im Direktverkehr. Das Gewicht der Sendung ist niedrig, im Durchschnitt 1,5 kg. Die Auslieferung wird im nationalen Bereich für denselben Tag bzw. den Folgetag bis 10 Uhr zugesichert. Ver-schiedene Kurierdienste haben ein weltumspannendes Netz aufbauen können.

Der **Expressdienst** ist genau wie der Kurierdienst auf Einzelsendungen spezia-lisiert. Die Einzelsendungen werden nicht im Direktverkehr, sondern hauptsächlich systemgeführt im Sammelverkehr distribuiert. Ein weiterer wesentlicher Unterschied liegt bei den Gewichtsbeschränkungen. Es wird ein wesentlich höheres Gewichtsspek-trum angeboten, teilweise sogar ohne Gewichtslimit.

Die Kurier-, Express- und Paketdienste fasst man auch unter der Bezeichnung **KEP-Dienste** zusammen. Die Dienste unterscheiden sich in den Leistungen und in der Preisstruktur. Obwohl die Begriffe theoretisch eindeutig erklärt sind, kommt es in der Praxis nicht selten zu Überschneidungen der drei Segmente Kurier, Express und Paket. Die KEP-Branche ist aber von den klassischen Speditionsunternehmen durch ihre Laufzeiten, ihr Preismodell und die zu transportierenden Gewichte klar abgegrenzt.

Insgesamt wurden im Jahr 2015 im deutschen KEP-Markt ca. 2,95 Mrd. Sendungen befördert, wobei mehr als 50 % aller Sendungen als Pakete versendet wurden. Der Rest verteilt sich relativ gleichmässig auf Express- und Kuriersendungen. Auf den Bereich Pakete entfielen nach Angaben des BIEK 9,4 Mrd. € an Umsatz, auf den Bereich der Expressdienste 4,1 Mrd. € und auf das Segment der Kurierdienste 3,9 Mrd. €.

Eine ganze Reihe von verschiedenen Faktoren führt zu einem seit den 1970er-Jahren lang anhaltenden und intensiven Wachstum der KEP-Branche:

–   Zu nennen ist zunächst der **Güterstruktureffekt.** In der Entwicklung der Volks-wirtschaft steigt im Zeitablauf der Anteil von hochwertigen Gütern im Vergleich zu Massengütern. Diese Güter besitzen ein hohes Verhältnis von Warenwert zu Gewicht und Volumen und sind deswegen für einen vergleichsweise teuren, eili-gen Transport per Kurier- oder Paketdienst gut geeignet.

---

2 Der Marktzugang von UPS in Deutschland datiert auf 1976.

- Der Übergang von der Industrie- zur Dienstleistungsgesellschaft führt zu einem vermehrten Bedarf Dokumente auszutauschen. Rechtlich selbständige Planungs-büros im Bereich Ingenieurswissenschaften, Architektur, Kultur und Werbung pflegen einen Austausch von Projektvorschlägen mit ihren Auftraggebern.
- Die Verringerung der Bestände in der Lagerhaltung führt zu kleineren Auftrags-größen im Lagernachschub und häufigeren Bestellungen. Das betrifft etwa Einzel-handelsgeschäfte mit Innenstadtlagen, die die hohen Mieten für die Lagerhaltung nicht mehr aufbringen können.
- Die Zuverlässigkeit und Preisgünstigkeit der Paketdienste hat die Arbeitsteilung zwischen verschiedenen Stufen der Produktion erhöht, zu einer Dislozierung von Produktionsstandorten und zu deren Integration in Logistikketten geführt. Man fasst diese Einwirkung moderner Logistikkonzepte auf die Volkswirtschaft mit dem Begriff des **Logistikeffekts** zusammen. Die Zuverlässigkeit der Paketdienste hat auch zu einer Zentralisierung im **Ersatzteilwesen** geführt (vgl. Kapitel 10). Anstelle lokaler oder regionaler Lagerung wird das Ersatzteilsortiment zentral ge-führt und über Paketdienste im 24-Stunden-Service ausgeliefert.
- Der Internet-Handel induziert in der Warengruppe von physischen Waren bei je-der Bestellung eine Paketsendung (siehe unten). Auch führen Änderungen im Konsumverhalten mit den weit ausdifferenzierten Wünschen der Konsumenten zum Vordringen von spezialisierten Mailorder-Firmen, die ihre Waren über Paket-dienste an den Kunden senden.

Die Paketdienste waren entscheidende **Schrittmacher** zur Einführung innovativer Logistikkonzepte für die gesamte Logistikindustrie. Sie definierten das **Standard-paket**, richteten **Hub-Systeme** zum Umschlag ein (siehe unten) und verwendeten erstmals **Barcodes** und Scanningsysteme an den verschiedenen Schnittstellen der Transportkette, womit sie eine lückenlose informatorische Begleitung der Güter in der Transportkette erreichten (**Tracking- und Tracing-Systeme** – siehe unten). Fer-ner waren sie Vorreiter in der Kundenkommunikation, indem sie den Kunden über das Internet eine Schnittstelle gaben, über welche der Status der Versandaufträge abgefragt werden konnte. Der Auftraggeber gibt die Paketnummer ein und erhält dann über das Internet einen Statusbericht. Diese Erkundungsmöglichkeit wird im Marketing als ein wichtiges Instrument der Kundenbindung eingesetzt.

Gegenüber dem Stückgutbereich weist das Umschlagen von Paketen verschie-dene Wettbewerbsvorteile auf, die zum Wachstum dieses Segments beigetragen ha-ben. Das Spektrum der Sendungen im Stückgutbereich ist außerordentlich heterogen. Die meisten Sendungen sind nicht als Paket verpackt, sondern auf einer Palette veran-kert. Darüber hinaus kommen noch die vielfältigen physischen Abmessungen der Sen-dung ins Spiel, beispielsweise bei sehr lang gestreckten Sendungen oder bei runden Sendungen, z. B. Reifen. Bei dieser Struktur der zu versendeten Ware ist ersichtlich, dass die Prozesse in Stückgutnetzwerken schwieriger zu beherrschen und zu automa-tisieren sind, als wenn lediglich Sendungen in Paketform gehandhabt werden müssten. Diese Vereinfachung im Prozessablauf machen sich Paketdienste zu nutze. Es werden ausschließlich Sendungen akzeptiert, die die vorgegebenen **Maximalabmessungen** als Paket nicht überschreiten. Mit diesem Sendungsgut ist eine Verarbeitung auf mechanischen Fördersystemen wie Rollen, Bändern, Rutschen und dergleichen möglich. Es erlaubt den Paketdiensten die Abläufe und IT-Prozesse stark zu standardisieren und so Kostensenkungspotentiale des Netzwerkeffekts zu erschließen.

Ein weiterer Schritt zur Automatisierung von Distributionsprozessen wird mit dem auf den Paketen aufgebrachten **Barcode** getan. In den automatischen Sortieranlagen ist es mithilfe des Barcodes möglich, das Zieldepot des Paketes automatisch zu scannen und es damit durch das Fördersystem zu der richtigen Verladestation zu bewegen.

Mit der Barcode-Technik ist die Gewährleistung einer hohen Prozesssicherheit und eines **hohen Lieferservice** verbunden. An allen wichtigen Stationen des gesamten Distributionsprozesses wird der Barcode des Pakets gescannt und als Zeitmarke im Computersystem hinterlegt (Tracking and Tracing). Dieses gilt für Stationen wie
– Abholung,
– Einlieferung ins Regionaldepot,
– Einlieferung in den Zentralhub,
– Verlassen des Zentralhubs und
– Auslieferung beim Empfänger.

Sofern ein Paket von einem Kunden reklamiert wird, kann anhand der im System angelegten Datenspuren festgestellt werden, an welcher Stelle des Prozessablaufes das Paket zuletzt aufgetaucht ist. Damit werden die Möglichkeiten zur Nachforschung über den Verbleib verbessert. Die Einführung der Quittierung auf Hand-Held-Geräten des Auslieferungsfahrers beim Empfänger schließt die letzte Lücke in der Prozesskette und gibt dem Absender die Möglichkeit, die Quittierung des Empfangs bestätigt zu bekommen. Die genannte hohe Prozesssicherheit und Prozessqualität waren zunächst im Stückgutbereich nicht gegeben, weil dort keine Barcode-Technik verwendet wurde.

Weitere Wettbewerbsvorteile der Paketdienste gegenüber dem klassischen Stückgutverkehr bestehen bzw. bestanden in folgenden Punkten:
– **Inlandslaufzeiten** von 24 Stunden in Deutschland für 90 % der Sendungen. Zum Vergleich, der klassische Stückgutbereich hatte derartige Laufzeiten: Einen Tag für den Sammelverkehr und die Einlieferung der Sendung in das Regionaldepot, einen Tag für den Hauptlauf zum Zieldepot und einen Tag für die Auslieferung an den Empfänger (vgl. Kapitel 6).
– Ferner ist das **Preissystem** von KEP-Diensten einfacher und transparenter. Der Kunde erhält Preistabellen, die für den Inlandsbereich lediglich nach Gewicht gestaffelt sind. Damit sind Kalkulationen der Preise bereits bei der Auftragsvergabe möglich. Hingegen bestehen die Abrechnungen im klassischen Stückgutbereich aus drei Teilen: Einer Rechnung für den Vorlauf, einer Rechnung für den Hauptlauf und einer Rechnung für den Nachlauf. Auch konnten im Stückgutbe-

reich keine vorgegebenen Preistabellen ausgegeben werden, weil zumindest die Vor- und Nachläufe von den jeweiligen regionalen Dienstleistern abhingen. Im Vergleich zum Sammelladungsverkehr besitzen die Paketdienste wegen der transparenten Tarife und einfachen Abrechnung eine höhere Attraktivität.

Weiterhin wird als Wettbewerbsvorteil der Paketdienste die Fähigkeit angesehen, **wechselndem Bedarf** z. B. aufgrund saisonaler Schwankungen durch Personalanpassung oder Einbeziehung von Subunternehmern entsprechen zu können. Die geforderte Schnelligkeit und Pünktlichkeit stellen hohe Anforderungen an die Mitarbeiter. Branchentypisch sind Nachtarbeit, flexible Arbeitszeiten und ein leistungsbezogenes Vergütungssystem. Kurze Laufzeiten, Transparenz der Leistungserstellung und der Abrechnung haben dazu geführt, dass viele Sendungen, die zuvor im Sammelgut verschickt worden waren, nun als Pakete über die Paketsysteme laufen. Die Sendungsstruktur des klassischen Stückgutbereichs wurde somit überwiegend von den schwer handhabbaren Sendungen bestimmt. Die Paketdienste konnten sich dadurch einen bedeutenden Anteil am gesamten Stückgutbereich herausschneiden und sind nun mit 8,8 Mrd. € Umsatz stärker als der Stückgutmarkt.

Seit dem Fall des Briefmonopols von der Deutschen Post im Jahr 2008 sind kaum Synergien zwischen den beiden Marktsegmenten – dem KEP- und dem Briefmarkt – zu beobachten, obwohl die stärksten Konkurrenten der Post die KEP-Anbieter wie Hermes (primeMail), TNT (TNT post) und DPD (Parcel*Letter*) sind. Ohne den Briefverkehr wurden im KEP-Markt in der Bundesrepublik Deutschland im Jahr 2015 ca. 2,8 Mrd. Sendungen bewegt.

Eine Abgrenzung hinsichtlich der zu transportierenden Gewichte und der Laufzeitgarantie ergibt folgende Differenzierung der KEP-Dienste wie in Tabelle 9.1 dargestellt:

Tab. 9.1: Unterscheidungsmerkmale der KEP-Dienste.

Marktsegment	Gewicht	Laufzeit	Typischer Anbieter
Dokumente	bis 3 kg	Garantie	Kurierdienst
Pakete	3,5–31,5 kg	mit hoher Wahrscheinlichkeit	Paketdienst
Sammelgut	30–2.800 kg	Garantie	Expressdienst
Partiegut	über 2.800 kg	Garantie	Expressdienst

Die Laufzeiten werden bei Paketdiensten nicht garantiert, sondern nur mit hoher Wahrscheinlichkeit erfüllt. In der Nord-Süd-Ausrichtung der Bundesrepublik Deutschland von Rügen nach Konstanz kann im Paketdienst eine Laufzeit von einer Übernachtzustellung oder von 24 Stunden nicht eingehalten werden. Dort tritt eine Laufzeit von bis zu 48 Stunden auf. Abgesehen von der langen Nord-Süd-Achse kann man die Übernachtzustellung bei allen drei Arten der KEP-Dienste als Standardleistung ansehen. Unterschieden werden die Produkte der KEP-Dienste nach der Länge der **Laufzeiten:**

- **Sofort** – Diese Beförderungszeit kennzeichnet die schnellstmögliche Form der Transportabwicklung. Sie ist im Stadtkurierbereich weit verbreitet. Aufgrund des engen Zusammenhangs der Laufzeit und der Entfernung zwischen Versender und Empfänger betragen die Zeiten im Stadtbereich oftmals nur Minuten bis wenige Stunden.
- **Same Day** – Dieses Produkt kennzeichnet die schnellste Form der Transportabwicklung im bundesweiten Versand. Bei überregional tätigen Kurieren werden meistens Laufzeiten von vier bis sechs Stunden angeboten. Der Anbieter Time:matters bezeichnet mit Same Day den Expressversand für extrem eilige oder außergewöhnliche Versandanforderungen – national und international.
- **Next Day** – Dieses Expressangebot zielt auf eine bundesweite Auslieferung innerhalb der nächsten 24 Stunden ab. Während das Standardpaket spätestens am Nachmittag des Folgetages den Empfänger erreicht, gibt es beim Next-Day-Service garantierte Zustellzeiten mit Preisaufschlägen bis spätestens um 12 Uhr des Folgetages und bis spätestens um 10 Uhr des Folgetages.
- **Second Day** – Die Transportabwicklung erfolgt innerhalb von 48 Stunden. Im europäischen und im interkontinentalen Transport bieten häufig Paket- und Expressdienste diese Serviceform an, wie FedEx oder UPS (vgl. Vahrenkamp, 2014).
- **Overnight** – Eilsendungen werden zu festen Laufzeiten und Tarifen über Nacht zugestellt. Die Abholung erfolgt in den Abendstunden. Die vor allem bundesweite Auslieferung findet am folgenden Arbeitstag bis spätestens 10 oder 12 Uhr statt. Dieser Service wird häufig in Ergänzung zum Stadtkurierbereich von eigenen Liniendiensten oder in Kooperationen mit anderen KEP-Unternehmen angeboten. Auch international tätige Dienste bieten diese Serviceform an.
- **Innight** – Die Auslieferung findet noch in der Nacht statt. Mit dieser Serviceart sind besondere Anforderungen an die Zustellung verbunden. Die Lieferung erfolgt zum Beispiel in Güterschleusen oder abschließbaren Behältern. Dieser Service richtet sich an Empfänger, die nachts über keine geeignete Annahmemöglichkeit verfügen. Die ursprüngliche Anforderung für den Service des Innight-Delivery ist in der Automobilindustrie entstanden. Die Firma Kutzner-NachtExpress, die seit den 1990er-Jahren als Teil der TNT Innight[3] agiert, hatte sich bereits vor Jahren darauf spezialisiert, Kfz-Ersatzteile den Werkstätten während der Nacht zuzustellen.

---

3 1964 wurde die Dienstleistung NachtExpress als „Kutzner NachtExpress Termindienst" in München entwickelt. Das Kutzner-Nachfolgeunternehmen NET NachtExpress Termindienst und sein Wettbewerber NVS Nacht Verteiler Service wurden in den 1990er-Jahren von TNT gekauft. Seit 2001 bietet der Konzern die NachtExpress-Dienstleistungen in der eigenständigen GmbH unter dem Namen TNT Innight an.
Vgl. http://www.tnt.de/Inter2008/tnt_fileContainer/ZDF_TNTInnight.pdf

Im Hinblick auf die **räumliche Reichweite** können die Produkte der KEP-Dienste ebenfalls differenziert werden in lokal, regional, national, europaweit und interkontinental.

Deutschland ist mit seiner geographischen Ausdehnung besonders geeignet für Paketdienste mit dem Produkt „Next Day". Die Entfernung Hamburg–München beträgt ungefähr 800 km und ist mit einem Lkw bei Annahme eines 80-Stundenkilometer-Durchschnitts unter Einrechnung von Pausen in 11 Stunden zu bewältigen. Daher können die Netzwerktypen Depot (siehe unten) oder Hub-and-Spoke (siehe unten) hier besonders günstig eingesetzt werden. Anders ist die Situation in Ländern wie Frankreich, Italien oder Spanien, wo die Hauptachsen nicht mehr in einer Nacht durchfahren werden können. Daher kann mit bodengebundenen Transporten in diesen Ländern der Next-Day-Service nicht für alle Relationen dargestellt werden. Allerdings gibt es in Italien die Konzentration der wirtschaftlichen Tätigkeit auf Norditalien, sodass Netzwerke der oben genannten Typen die Region Turin-Mailand-Rom in einem Next-Day-Service versorgen können. In Frankreich ist die Situation ähnlich. Einige Extremdistanzen können nicht über Nacht mit einem Hub-Konzept abgedeckt werden, wie Bordeaux–Mühlhausen mit 950 km oder Paris– Nordwest-Nizza mit 890 km. Mit einem Hub in Orleans können in Frankreich alle wichtigen Wirtschaftszentren im Norden und Osten von Frankreich innerhalb einer 400-km-Distanz erreicht werden. Dies trifft allerdings nicht auf Marseille und Nizza zu.

Genutzt werden **Expressdienste** von jenen Kunden, die mit dem konventionellen Transportangebot der Sammelgutspeditionen nicht zufrieden sind und darüber hinausgehende Anforderungen stellen. Die Mehrzahl der Versandgüter ist geschäftlicher Natur. Die sehr große Zahl an unterschiedlichen Kunden und unterschiedlichen Gütern erfordern bei der Großflächigkeit der Bedienungsgebiete zahlreiche speziell auf den Kunden zugeschnittene oder standardmäßig angebotene Zusatzleistungen, wie etwa Gefahrgutberatung, Nachnahmeservice, Verpackungsentsorgung und Sicherheitsservice oder garantierte Abhol- und Zustellzeitpunkte, auch zu sehr außergewöhnlichen Zeiten. Der Privatkunde nutzt die Leistungen der Expressdienste selten bis nie, die der Paketdienste nur sehr wenig.

Eine weitere Komponente des Wachstums ist der flächendeckende Service, den die Expressdienstleister anbieten. Dieses System ermöglicht gleiche Absatzchancen für jedes Unternehmen, unabhängig von seinem geographischen Standort. So können sich Unternehmen in Randzonen ansiedeln, wo sie zum einen Steuervorteile und billige Arbeitskräfte nutzen können und zum anderen in strukturschwachen Regionen Arbeitsplätze schaffen. Betrachtet man das Segment der als Paket transportierbaren Güter, so ist heute nicht von Bedeutung, in welchem Teil Europas ein Unternehmen seinen Produktionsstandort hat. Mit einem dicht geknüpften Transportnetz stellen KEP-Anbieter eine Auslieferung im 48-Stunden-Rhythmus sicher.

Allerdings ist es bis heute nicht gelungen, in Europa einen einheitlichen Markt für Pakete herzustellen, wie er in den USA in den vergangenen 40 Jahren zustande kam und dazu führte, dass Memphis als Umschlagsort für Federal Express lange Zeit als der weltweit größte Frachtflughafen galt (vgl. Vahrenkamp, 2014). Vielmehr existieren in Europa in jedem Land eigene Paketmärkte, die über Schnittstellen das internationale Netz bilden.

Eine wichtiger Netzwerktyp für KEP-Dienste, die im Jahr 1973 von Federal Express als ein innovatives Konzept in die Logistikindustrie eingeführt worden ist, ist das **Hub-and-Spoke-Netzwerk** (vgl. Abbildung 5.8). Diese bei Paket- und Expressdienstleistern am weitesten verbreitete Netzwerkform erinnert stark an ein Wagenrad mit einer zentralen Nabe und mehreren Speichen. Im Hub-System werden die Sendungen aus den Regionallagerhäusern in der Nacht in ein zentrales Umschlagsdepot, das auch als Nabe oder Hub bezeichnet wird, eingeliefert, dort nach Zielen umsortiert und dann sternförmig in die regionalen Umschlagsdepots (Speichen) befördert. Infolge dieser Organisation wird nur an einem zentralen Ort in einem Arbeitsgang sortiert.

Während in Depotnetzwerken jedes Depot mit jedem anderen Depot über eine Transportrelation verbunden wird, müssen im Hub-Layout lediglich Verbindungen zwischen den einzelnen Depots und dem zentralen Hub aufgebaut werden. Dadurch können alle Depotstandorte durch eine minimal mögliche Anzahl von Transportverbindungen miteinander vernetzt werden. Tatsächlich werden aber in der Paketdistribution die Hub-and-Spoke-Netzwerke nicht unabhängig von dem Depot-Netzwerktyp betrieben. Vielmehr werden beide Netzwerktypen kombiniert. Während die Sendungen von aufkommensstarken Relationen mit Direktverkehren wie in Depot-Netzwerken gefahren werden, konzentrieren sich die Sendungen in aufkommensschwachen Relationen über den Hub.

Der Zeitrhythmus bei Hub-and-Spoke-Netzwerken ist ähnlich wie bei den Depot-Netzwerken. Anstelle der Zieldestination besitzen die von den Depots am Abend abgehenden Lkw die Destination des Zentralhubs. Dort treffen sie gegen Mitternacht ein, werden entladen und die Sendungen werden auf Zieldestinationen sortiert. Der Sortiervorgang ist um 2 Uhr nachts abgeschlossen. Danach können die beladenen Lkw ihre Zieldestinationen ansteuern, die sie dann am frühen Morgen erreichen.

Für die geographische Lage des Hubs spielt eine **Zentrallage** innerhalb von Deutschland eine große Rolle, weil von diesem Punkt aus alle Depots in der ungefähr gleichen Maximalentfernung erreicht werden können. Die Paketdienstleister haben ihre Hubs deshalb in der Region zwischen Kassel und Aschaffenburg angesiedelt. Während GLS seinen Hub in Neuenstein bei Bad Hersfeld besitzt, hat der Paketdienst DPD seinen Hub in Aschaffenburg aufgebaut. Der Hub von DHL Express liegt in Staufenberg bei Kassel und der von UPS SCS in Niederaula bei Bad Hersfeld.

Das Hub-and-Spoke-System wird in Deutschland vielfach durch regionale Sub-Hubs ergänzt. In aufkommensstarken Gebieten wie dem Ruhrgebiet oder dem süddeutschen Wirtschaftsraum werden die Sendungen mit der gleichen Zielregion in regionalen Hubs vorsortiert und nicht mehr über den Zentralhub geführt. Dadurch entstehen eine Entlastung der Verkehre zu dem Zentralhub und eine Reduktion der Transportvorgänge. Da die Lkw-Maut die Transporte verteuert, werden nun vermehrt regionale Hubs eingerichtet, um die gefahrenen Kilometer zu reduzieren.

9.2 Wachsende KEP-Märkte in Deutschland

Das starke Wachstum der KEP-Branche, das in Deutschland in den 1990er-Jahren zu beobachten war, hielt auch bis zum Jahr 2015 nahezu unvermindert an. Das durchschnittliche jährliche Wachstum der KEP-Branche von 2000 bis 2015 betrug bei der Zahl der Sendungen 3,8 % und beschleunigte sich auf 4,1 % ab dem Jahr 2004 und sogar auf 4,5 % ab dem Jahr 2010. Hier sind die Einflüsse des expandierenden Paketmarktes durch E-Commerce bemerkbar. Das Gesamtumsatzvolumen des KEP-Marktes betrug nach Angaben des BIEK im Jahr 2015 ca. 17,4 Mrd. €, d. h. 69 % über dem Niveau von 2000. Die Zahl der Sendungen p. a. der KEP-Branche bis 2015, in demder Konjunktureinbruch durch die Finanzkrise im Jahr 2009 einen leichten Rückgang brachte, wird in der Abbildung 9.2 dargestellt. Bis zum Jahr 2020 werden knapp 4 Mrd. Sendungen p. a. erwartet.

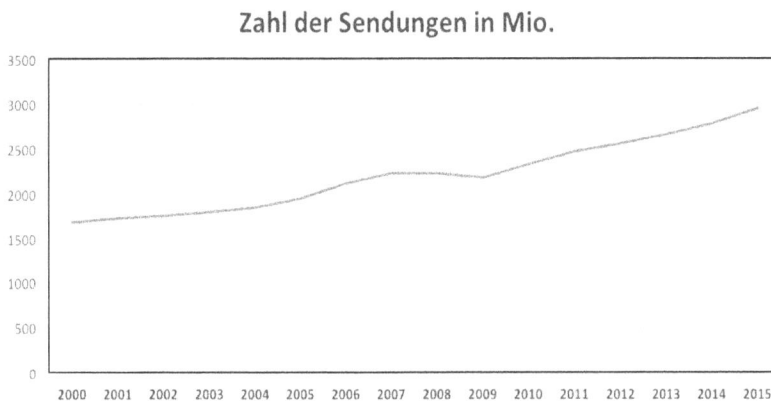

Abb. 9.2: Entwicklung der KEP-Sendungen seit 2000.
Quelle: BIEK (2016), KEP-Studie.

Untersucht man den Zusammenhang von BIP-Wachstum und Umsatz der KEP-Branche in Deutschland, so stellt man einen engen Zusammenhang fest, der in Abbildung 9.3 dargestellt wird. Die Trendgerade durch die Datenpunkte der Zeitreihen von BIP und KEP-Umsatz von 2000 bis 2014 zeigt an, dass pro Milliarde an zusätzlichem BIP ein KEP-Umsatz von 9 Mio. € generiert wird. Bemerkenswert ist das sehr hohe Bestimmtheitsmaß R^2 von 98 %, das die besonders enge Beziehung beider Zeitreihen anzeigt. Die Abbildung 9.3 stellt eine Längsschnittanalyse der KEP-Branche von 2000 bis 2014 dar im Unterschied zur Abbildung 9.5, die eine Querschnittsanalyse über alle Länder Europas zum Zeitpunkt 2011 vornimmt.

Die ehemals traditionelle Branchenunterteilung in Speditionen auf der einen und KEP-Dienste auf der anderen Seite verblasst zunehmend. Neben Transport- und Speditionsunternehmen versuchen auch Versandhändler und Verlage in den Bereich des

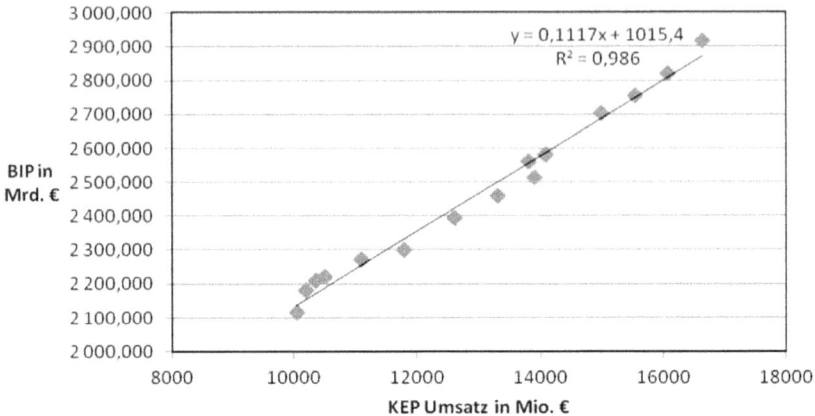

Abb. 9.3: Korrelation BIP und KEP-Umsatz in der BRD 2000 bis 2014.
Quelle: BIEK (2015), KEP-Studie 2015 und Statistisches Bundesamt, BIP in laufenden Preisen.

„schnellen Versands" vorzudringen. Dies gilt auch für Luftverkehrsgesellschaften. Eine Expresssendung kann dabei nicht nur innerhalb des Carrier-eigenen Netzwerks, sondern auch durch andere Airlines befördert werden. Zudem ist DB Schenker durch die Zusammenführung der Güterbahn Railion, des Speditions- und Logistikunternehmens Schenker und seit 2002 auch Stinnes AG zu einem europäischen Logistikanbieter auf der Schiene und der Straße mit einem umfassenden Angebot geworden.[4]

Der steigende Wettbewerbsdruck hat die KEP-Dienste gezwungen, stärker über neue Konzepte und Produkte nachzudenken, um effektiver und schneller auf sich verändernde Marktkonstellationen reagieren zu können. Damit wird die Bildung von **Kooperationen** und Fusionen angesprochen.

Der **Konzentrationsprozess** ist zurzeit einer der Hauptantreiber in der KEP-Branche. Durch Firmenaufkäufe und Übernahmen bauen die europäischen Postgesellschaften ihre Kernmärkte weiterhin aus. Bereits heute kontrollieren die vier führenden Postunternehmen ca. 50 % des europäischen Marktes. Die folgende Abbildung 9.4 zeigt die zehn umsatzstärksten KEP-Unternehmen auf dem deutschen Markt im Jahr 2015 (Statista 2016). Erkennbar wird die hohe Konzentration. Mit 10,3 Mrd. € Umsatz vereinigen diese Unternehmen bereits mehr als 50 % des Gesamtumsatzes des KEP-Marktes von 17,4 Mrd. € im Jahr 2015 (BIEK, 2016). In Time als Anbieter auf Platz 10 hat mit einem Umsatz von 140 Mio. € weniger als 10 % des Umsatzes des Marktführers DHL.

---

4 Vgl. DB Schenker: Unternehmen, Geschicht, verfügbar: https://www.dbschenker.de/log-de-de/unternehmen/meilensteine/ (abgerufen: 13.12.2016). Die Monopolkommission kritisiert, dass sich Schenker als Staatsunternehmen mit dieser Rückversicherung mehr als 500 Tochterunternehmen einverleibt hat.

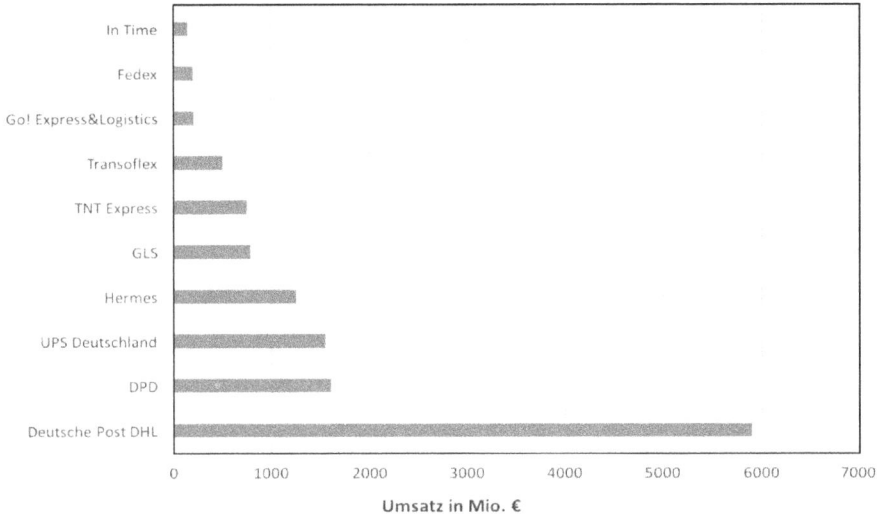

Abb. 9.4: Die Top 10 KEP-Unternehmen in Deutschland im Jahr 2015.
Quelle: BIEK KEP-Studie 2016 und Statista 2016d.

Der Privatkunde nutzt die Leistungen der KEP-Dienste vor allem beim E-Commerce. Die Bedeutung des Distanzhandels nimmt stetig zu. Dabei wird der klassische Distanzhandel durch die Möglichkeiten des E-Commerce ergänzt. Ein anderes Einkaufsverhalten führt dazu, dass auch die Belieferung von privaten Endkunden weiter erheblich zunehmen wird. Hierfür entstehen zurzeit neuartige Konzepte zur Bedienung der „letzten Meile" zum Kunden. Verschiedene Systeme der Entkopplung von Zustellung und Entgegennahme von Sendungen, wie „Paketshops", „Pickpoints" oder „Tower-Konzepte", befinden sich in der Erprobung und konkurrieren um die Gunst der Kunden.

Neben derartigen, asynchronen Belieferungsformen fragen Kunden verstärkt höherwertige logistische Leistungen als Value Added Service nach. Im Endkundenbereich steht hierbei vor allem die Vereinbarung möglichst enger Zeitfenster für die Zustellung im Vordergrund. So können Kunden z. B. vor dem Austausch eines defekten Handys im Dialog mit dem KEP-Dienst einen Zeitraum vereinbaren, in dem die Zustellung des neuen und die Rücknahme des defekten Geräts erfolgen sollen. Ein Kunde wünscht sich, dass neben der reinen Austauschleistung eines defekten Gerätes auch weitere Services, wie die Datenübertragung, vorgenommen werden.

Im Geschäftskundenbereich lassen sich ähnliche Entwicklungen beobachten. Der Bereich des „After-Sales-Service" wird nachhaltig von KEP-Diensten unterstützt. So wird vielfach die Versorgung von Servicetechnikern im Feld mit Ersatzteilen durch KEP-Dienste vorgenommen. Hierbei kann die Belieferung z. B. nachts durch verschiedene Boxsysteme direkt an die Fahrzeuge des Technikers erfolgen. Im Bereich der Mehrwertdienstleistung lassen sich ähnliche Beispiele feststellen.

Zusammenfassend lassen sich die heutigen Kundenanforderungen wie folgt beschreiben:

- Preissensibilität nimmt zu, eine höhere Servicequalität zu geringeren Preisen wird erwartet.
- Kunden fordern integrierte Logistikdienstleistungen. Dieser Anspruch beinhaltet sowohl ein internationales Netzwerk als auch IT-Anbindung und Value Added Service.
- Erwartung einer kundenindividuellen Problemlösung.
- Logistikdienstleister müssen über branchenspezifisches Know-how verfügen, um als kompetenter Gesprächspartner akzeptiert zu werden.
- Viele Kunden wollen das Outsourcing ihrer Nicht-Kern-Aktivitäten.
- Erhöhte Transparenz der gesamten Wertschöpfungskette, wie z. B. eine lückenlose Sendungsverfolgung.

Die Ausführungen zeigen, dass KEP-Dienste heutzutage logistische Problemlösungen anzubieten haben, die weit über die reine Transportleistung hinausgehen.

9.3 Das Internet als KEP-Treiber

Die Bedeutung des Internets im B2C-Segment nimmt immer weiter zu. Folglich erhält die KEP-Branche durch den E-Commerce auch in den kommenden Jahren einen Wachstums- und Entwicklungsschub. Schätzungen der Unternehmensberatung MRU besagen, dass jedes vierte Paket durch Internet-Handel ausgelöst wird. Immer mehr KEP-Anbieter bieten ihren Kunden durch Online-Service kundenindividuelle Datenverarbeitungslösungen an. Mit Tracking und Tracing wird den Kunden bereits seit langem durch Internet-Technologie der Zugang zu Sendungsverfolgungssystemen angeboten. Zu jeder beliebigen Tages- und Nachtzeit kann der Kunde den aktuellen Status seiner Sendung abfragen. Die lückenlose Sendungsverfolgung sichert ein permanenter Scanningprozess. Bei Bedarf erhält der Empfänger ein Proof of Delivery. Seit einigen Jahren gewähren führende KEP-Dienstleister dem Kunden E-Mail-Tracking. Letztere können den jeweiligen Status von bis zu 50 Sendungen zugleich verfolgen, indem sie die Sendungsdaten über E-Mail an eine bestimmte Adresse schicken. Beinahe jeder KEP-Dienst ist im Internet auffindbar und stellt als Erweiterung zur Internet-Homepage für den Kunden die Möglichkeit dar, Sendungen zu erstellen und anschließend online zu buchen.

Hauptsächlich Innovationen im Bereich der mobilen Endgeräte und die dazu parallel verlaufende Entwicklung leistungsfähiger Mobilfunktechnologien sind bei KEP-Diensten verbreitet und führen dazu, dass sich der Ablauf in der Logistikkette problemlos und zeitnah verfolgen lässt.

Mittlerweile können die Preise fast aller Anbieter unter der jeweiligen Homepage abgefragt werden. Zudem stellt das Internet weitere Möglichkeiten zur Auswahl, um sich als Versender über Preis- und Leistungsunterschiede innerhalb der Branche zu informieren. Beispielsweise ist es unter www.letmeship.de möglich, die Preise und Leistungen für Kurier- und Expresssendungen zu vergleichen sowie ohne Aufpreise und Gebühren zu buchen. Auch unter www.posttip.de können Tarife für die Paketbeförderung online abgefragt werden. Neben Wandel und Weiterentwicklungen in den KEP-Unternehmen sind auch aufseiten der Kunden Veränderungen festzustellen, die einen großen Einfluss auf die Branche haben.

9.4 Die KEP-Dienste und die neuen Sicherheitskonzepte

Ein Wandel in der KEP-Branche hat sich auch aufgrund der Ereignisse vom 11. September 2001 bezüglich der Sicherheitsmaßnahmen beim Flugtransport vollzogen. Sicherheitsmaßnahmen werden von der Bundesluftfahrtbehörde vorgeschrieben. Nahezu alle Pakete werden geröntgt, bestimmte müssen anschließend 24 Stunden gelagert werden, bevor sie weitertransportiert werden dürfen. Jedes in die USA zu transportierende Frachtstück wird über 24 Stunden bzw. über den Zeitraum des bevorstehenden Fluges den dem Flug entsprechenden Umständen, wie vermindertem Luftdruck, ausgesetzt. Dies kann zu Laufzeitverzögerungen führen.

Die dennoch kürzeren Laufzeiten gegenüber klassischen Anbietern erreichen vor allem die Integratoren durch extrem effiziente Arbeitsweisen, wie z. B. der Sammlung und Verteilung der Güter tagsüber und Vorverzollung und Durchführung der Transporthauptläufe über Hubs in der Nacht, die mithilfe scannergestützter Sortieranlagen einen Umschlag in kürzester Zeit ermöglichen. Einen großen Zeitvorteil erzielen zahlreiche KEP-Dienste durch eine sehr intensive Zusammenarbeit mit dem Zoll. So werden abfertigungsspezifische Informationen bereits vor dem Eintreffen der Sendung im Empfängerland von Integratoren an die Zollbehörde übermittelt. Durch ein solches Verfahren können KEP-Anbieter eine legale, schnelle Importabfertigung sicherstellen.

9.5 Internationale Paketmärkte in der EU

Im Unterschied zu den USA stellte sich in der EU kein einheitlicher Markt für Paketdienste ein. Vielmehr blieben die Märkte national und wurden mit einzelnen Schnittstellen verknüpft. Länder, deren Ausmaße mit einer Nachtfahrt mit einem Lkw durchmessen werde können, wie Deutschland, bauen die inländische Distribution von Paketen im Wesentlichen mit Lkw-gestützten Systemen auf. Für Premium-Pakete, die morgens um 9 Uhr beim Empfänger eintreffen sollen, verbinden die KEP-Dienste auf der langen Strecke in Deutschland, wie Hamburg mit München, mit kleinen Flugzeugen. Länder mit großen Distanzen, wie Russland, Polen, Italien, Spanien und Frankreich, setzen zusätzliche Inlandflüge ein. Die Paket-Verkehre zwischen den Ländern in Europa werden per Lkw mit einer Laufzeit von 48 bis 72 Stunden konstituiert. Eilige Verbindungen in Europa werden von einem Netzwerk der großen Integratoren UPS, TNT und FedEx abgewickelt. So verlässt an den Werktagen um 21.45 Uhr ein Flugzeug von FedEx Berlin mit Ziel Paris. Der Austausch an Paketen zwischen den Hauptstädten von Europa geht in kleinen Mengen vor sich. Eingesetzt werden kleine Turbopropflugzeuge ATR 42 mit 4 Tonnen Kapazität oder die ATR72 mit 7 Tonnen. Im europäischen Hub Köln von UPS laufen werktäglich aus der ganzen Welt weniger als 7 Tonnen Pakete mit dem Ziel von Berlin und Umgebung auf, die mit einer ATR72 morgens um 5.35 Uhr in Berlin eintreffen.

Der Schwerpunkt des Paketmarktes mit einem Gesamtvolumen von 42 Mrd. € (Basis 2011) liegt deutlich erkennbar in Westeuropa. Brüssel besitzt damit eine ideale zentrale Lage im bevölkerungsreichen Dreieck London-Paris-Köln zur Minimierung der Transportstrecken im Europa-Netzwerk. Der Integrator DHL besaß daher in Brüssel bis zum Jahr 2008 seinen Europahub. Im Jahr 2011 bediente der Integrator DHL mit 92 Flugzeugen 85 Flughäfen in ganz Europa. Die Benelux-Länder versenden mit ca. 60 % den höchsten Anteil von Paketen international, was u. a. die starke Verflechtung von Belgien und den Niederlanden in die Weltwirtschaft ausdrückt. Dagegen versenden Frankreich, Deutschland, Spanien und England weniger als 30 % international. In Italien liegt der Anteil mit 39 % wieder höher (siehe A. T. Kearney 2011).

Die Tabelle 9.2 zeigt die Umsätze der Paketmärkte der einzelnen Länder im Jahr 2011 und setzt diese in Beziehung zur Bevölkerungszahl und zum Bruttoinlandspro-

Tab. 9.2: Paketumsätze nach Ländern, Bevölkerung und BIP im Jahr 2011.

Land	Umsatz an Paketen pro 1 Mio. Bevölkerung in Mio. €	Paket-Umsatz in Mrd. €	Bevölkerung in Mio.	BIP in Mrd. US$	Umsatz an Paketen pro 1 Mrd. BIP in US$
Norwegen	194,6	1,0	5	483	1,0
Dänemark	194,6	1,0	5	333	1,0
Schweden	180,2	1,6	9	538	1,6
Frankreich	141,9	9,1	64	2.776	9,1
Niederlande	121,6	1,9	16	840	1,9
Schweiz	121,6	1,0	8	636	1,0
Deutschland	109,5	8,8	80	3.577	8,8
England	82,4	5,2	63	2.417	5,2
Österreich	81,1	0,6	8	419	0,6
Spanien	77,6	3,6	46	1.493	3,6
Belgien	73,7	0,8	11	513	0,8
Italien	70,3	4,2	60	2.198	4,2
Tschechien	64,9	0,6	10	215	0,6
Polen	21,3	0,8	38	513	0,8
Türkei	11,6	0,8	70	778	0,8
Russland	6,8	1,0	143	1.850	1,0

dukt (BIP in US\$). Die Tabelle ist nach dem Umsatz an Paketen in Mio. € pro einer Million Bevölkerung sortiert. Erkennbar wird, wie die skandinavischen Länder an der Spitze der Tabelle stehen, gefolgt von Frankreich und den Niederlanden. Diese Länder weisen den höchsten Umsatz an Paketen pro Kopf auf. Wenn man eine Korrelation von Paketumsatz und Bevölkerung in Tabelle 9.2 betrachtet, so wird lediglich ein sehr schwacher Zusammenhang sichtbar mit einem Bestimmtheitsmaß von lediglich 16 %. Die bevölkerungsreichen Länder Russland und die Türkei weisen demnach einen geringen Paketumsatz auf und verringern so das Bestimmtheitsmaß.

Die folgende Korrelation der Abbildung 9.5 zeigt den Zusammenhang von Paketumsatz und BIP der Daten von Tabelle 9.2 für die Länder in Europa im Jahr 2011 auf und stellt demnach eine Querschnittsanalyse dar. Hier wird mit dem Bestimmtheitsmaß R^2 von 83 % ein enger Zusammenhang sichtbar. Pro 1 Mrd. US\$ BIP zusätzlich kommt ein Paketumsatz von 3,0 Mio. € zustande, wie die Gleichung der Trendgraden ausweist. Man kann daher die These aufstellen, dass die Paketmärkte den ökonomischen Entwicklungsstand eines Landes widerspiegeln.

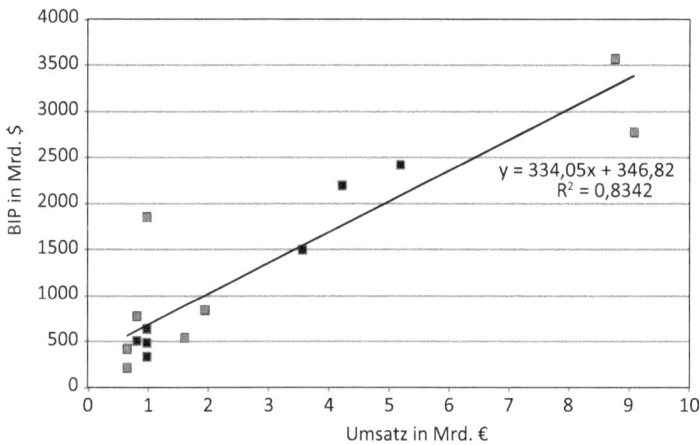

Abb. 9.5: Korrelation von BIP und Paketumsatz.

10 Strategien der Ersatzteillogistik

10.1 Die Ersatzteilversorgung als Organisation

Die Notwendigkeit, Ersatzteile vorzuhalten, ist eine unmittelbare Folge der Produktpolitik, deren Bestandteil es ist, für jedes Modell des an dieser Stelle auch als **Primärprodukt** bezeichneten Endprodukts einen kompletten Satz von Ersatzteilen für die Kunden vorzuhalten, um dem Käufer des Primärprodukts im Schadensfall einen Ersatzteilservice bieten zu können. Man spricht auch von einem After-Sales-Service.

Die aus einem hohen Servicegrad resultierende Zufriedenheit der Kunden in der Nachkaufphase spielt eine besondere Rolle für nachfolgende Kaufentscheidungen für das Primärprodukt. Eine **After-Sales-Betreuung,** die ein hohes Serviceniveau der Ersatzteilversorgung garantiert, induziert eine große akquisitorische Wirkung für die Vermarktung des Primärprodukts, besonders bei technisch hochentwickelten Primärprodukten im Investitionsgütermarkt wie im Konsumgüterbereich, z. B. bei Haushaltsgeräten, Autos und Kameras. Die Servicepolitik stellt demnach ein wichtiges Element in der Marktpositionierung dar, entweder als Differenzierungsmerkmal, das eine Alleinstellung ausweist oder als ein vom Markt geforderter Standard, den auch die Mitbewerber bieten. Eine qualifizierte After-Sales-Betreuung der Kunden ist von folgenden Zielen gekennzeichnet:
- einen Ansprechpartner für alle Technologien,
- Servicespezialisten für die verschiedenen Produktbereiche,
- globale Präsenz und regionale Nähe,
- lebenszyklusgerechte und kundenindividuelle Serviceangebote und
- Basisangebote zu Ersatzteilverkauf, Reparatur, Feldservice, Anwenderschulung und -beratung.

Das Servicesystem gliedert sich in das Zentrallager auf der obersten Ebene, das die Ersatzteile vorhält und die verschiedenen Ersatzteilkunden auf der unteren Ebene damit versorgt. Werkstätten, ein Netzwerk von Servicetechnikern für den Einsatz beim Kunden, Vertriebsniederlassungen, vertragsgebundene Händler des Primärprodukts, Importhändler im Ausland, Fachgroß- und -einzelhandel, Tankstellen und Kaufhäuser sowie Großmärkte stellen mit ihrer Nachfrage nach Ersatzteilen die Kunden des Zentrallagers dar und werden als **Ersatzteilkunden** bezeichnet. Die Werkstätten lassen sich unterscheiden in
- unternehmenseigene Werkstätten von Niederlassungen,
- Werkstätten von Vertragshändlern des Primärprodukts und
- freie Werkstätten.

Der Reparaturservice geht nicht allein stationär in Werkstätten vor sich, sondern die Wartung von Anlagen erfolgt auch beim Kunden des Primärprodukts. Diese Steue-

DOI 10.1515/9783110473285-014

rung der Kundendiensttechniker ist ein besonderes Aufgabengebiet der Ersatzteilorganisation. Ein direkter Kontakt des Zentrallagers zu den Kunden des Primärprodukts besteht in der Regel nicht, sondern erfolgt nur über die Werkstätten oder den Vor-Ort-Service. Dezentrale Serviceorganisationen finden sich in Massenmärkten von Konsumgütern, wie z. B. bei Automobilen oder Fernsehern. Der Reparatur- und Garantieservice für Artikel mit weniger hoher Verbreitung ist dagegen zentral organisiert. Der Kontakt mit den Kunden erfolgt über **Paketdienste** (vgl. Kapitel 9). Der Druckerhersteller HP bedient sich dieser Lösung. Von einer Zentrale in Holland gesteuert, werden in ganz Deutschland defekte Drucker gegen neue über den Paketdienst UPS ausgetauscht und in Holland aufgearbeitet.

Im Unterschied zur Vermarktung des Primärprodukts zeichnet sich die **Ersatzteildistribution** durch besondere Anforderungen aus, die sich wie folgt kennzeichnen lassen:

- die Kundenanforderungen an den Lieferservice sind hoch,
- das Teilespektrum ist inhomogen,sehr groß und mit stark wachsender Tendenz,
- die Einzelbedarfe sind niedrig,
- Integration in Recycling-Kreisläufe,
- der auftretende Bedarf ist schlecht planbar,
- die Ersatzteile sind erklärungsbedürftig,
- Integration in den Reparaturservice,
- die Lieferzeiten für Lagerergänzungen sind z. T. groß,
- Abhängigkeit von Speziallieferanten,
- die Versorgung ist international und
- die Versorgung ist eilbedürftig.

Diese Besonderheiten führen dazu, dass Ersatzteile nicht ohne weiteres wie die Primärprodukte bewirtschaftet werden können. Nach Beendigung des Produktlebenszyklus des Primärprodukts ist die Bevorratung von Ersatzteilen noch während der Lebensdauer des Produkts vorzusehen, z. B. in der Automobilindustrie etwa 10 bis 15 Jahre.

In der Studie von Ihde et al. aus dem Jahr 1998 verteilt sich in der Automobilbranche die Lagerdauer nach Auslaufen eines Modells unter den 15 befragten Pkw-Automobilanbietern in Deutschland wie folgt (Ihde et al. 1999, S. 57):

- 5–10 Jahre: 12 Anbieter,
- 10–15 Jahre: 3 Anbieter.
- Im Einzelfall werden Vorräte bis zu 25 Jahre gehalten.

Aus der Sicht der Kunden des Primärprodukts unterscheidet sich die Nachfrage nach Ersatzteilen grundlegend von der nach dem Primärprodukt. Während der Kauf des Primärprodukts zumeist ein geplanter Kauf ist, entsteht der Bedarf nach Ersatzteilen überraschend und ungeplant. Der Schadensfall bedeutet einen Ausfall des Primärprodukts oder dessen eingeschränkte Funktionalität und ist deshalb mit negativen Erlebnissen der Kunden verbunden. Die Kunden sind bestrebt, diesen Zustand möglichst rasch zu beenden, und fordern eine schnellstmögliche Reparatur von ihrer Werkstatt. Die Anforderungen der Werkstätten an den Ersatzteilservice sind daher hoch. Nach einer Studie von Pfohl unter 103 Ersatzteilkunden werden die **Lieferzeit** und die **Lieferzuverlässigkeit** als die wichtigsten Komponenten des Lieferservice angesehen. Die Lieferzuverlässigkeit spielt dann eine Rolle, wenn Reparaturen nur zu bestimmten Zeiten, wie am Wochenende bei Stillstandszeiten der Anlagen, vorgenommen werden können. Das Distributionssystem für Ersatzteile hat sich auf diese Kundenanforderungen einzustellen, besonders auf die Schnelligkeit der Belieferung im Schadensfall („car down"-Fall im Automobilservice). Nach einer Studie der Verfasser über das Ersatzteilgeschäft unter 11 Automobilanbietern in Deutschland wird bei Eilbestellung eine Lieferzeit unter 24 Stunden eingehalten (vgl. Tabelle 10.1).

Tab. 10.1: Lieferzeiten im Schadensfall.

Lieferzeit	Anzahl der Nennungen
Bis 6 Stunden	1
6 bis 10 Stunden	1
10 bis 15 Stunden	4
15 bis 20 Stunden	5

Die Versorgung mit Ersatzteilen unterscheidet die Regelabwicklung von Eillieferungen. **Regelabwicklungen** dienen dazu, die nachgeordneten Lagerstufen, etwa in Werkstätten, aufzufüllen (Lagerergänzungslieferungen) und sind weniger zeitkritisch. Die mit der Regelabwicklung erfolgende Grundversorgung der Regionallager kann mit der Bahn vor sich gehen und wird etwa bei der Ersatzteildistribution von Volkswagen auf diese Weise vorgenommen. Die Grundversorgung der Regionallager erfolgt wöchentlich mit der Bahn vom Zentrallager Kassel.

Eillieferungen sind für die Versorgung von hochwertigen Maschinen und Anlagen sowie im Systemgeschäft – der Vermarktung von Verkehrssystemen, Energieversorgung, Waffensystemen und Kommunikationssystemen – vorzusehen. Eillieferungen sind als Kurierdienst außerhalb der Regelabwicklung mit dem Lkw, Hubschrauber oder Flugzeug vorzunehmen. Andererseits treten diese Fälle insofern begrenzt auf, als in diesen Anlagen eine vorausschauende Politik der Wartung betrieben wird, welche Verschleißteile periodisch austauscht und kritische Teile eigens bevorratet. Die Versorgung mit Ersatzteilen ist in diesen Fällen zumeist vertraglich über eine bestimmte Laufzeit sichergestellt.

10.2 Die Sortimentsstruktur in der Ersatzteilorganisation

Ein besonderes Kennzeichen der Ersatzteildistribution besteht darin, dass diese sich nicht allein auf ein Produkt beziehen, sondern auf die gesamte Produktpalette der vergangenen 10 bis 30 Jahre. Daraus resultiert ein enormes **Mengenproblem.** Das Mengenproblem wird durch die Produktdifferenzierung und Produktinnovationen auf den Primärproduktmärkten wesentlich verschärft; für jede Variante sind Ersatzteile vorzuhalten. Während bei einer Produktinnovation das alte Primärprodukt vom Markt genommen wird, wird auf der Ersatzteilebene eine Vervielfachung der Teile erforderlich. Daher steigen die Teilepositionen im Ersatzteilsystem stark an. Am Beispiel der Volkswagen AG läßt sich die Auswirkung der Produktdifferenzierung auf der Ersatzteilebene beobachten. Während heute über 300.000 Positionen an Ersatzteilen gehalten werden müssen, genügten in den 1950er-Jahren, als es nur ein einziges Modell vom VW Käfer gab, ca. 1.800 Positionen. Dem Ersatzteilgeschäft wurde damals noch keine besondere Aufmerksamkeit geschenkt; in den Kellern der Wolfsburger Produktionshallen befand sich das Ersatzteillager auf einer Fläche von 22.000 m². Die Gründe für das Wachstum des Teilesortiments in der Autoindustrie sind:
- Diversifikation in der Typenpalette,
- kürzere Modellinnovationszyklen,
- Diversifikation der serienmäßigen Sonderausstattungen,
- zunehmende Hightech-Ausrüstungskomponenten für Fahrzeugkomfort und -sicherheit,
- Anforderungen aus Gesetzgebung und Umweltbewusstsein und
- Ausweitung des Zubehörprogramms.

In der oben erwähnten Studie von Ihde et al. wurde von insgesamt 124 Unternehmen in verschiedenen Branchen die Größe der Ersatzteilsortimente im Jahr 1998 erhoben. Die folgende Tabelle 10.2 gibt die Daten dazu wieder (Ihde et al. 1999, S. 37) und weist die Pkw- und Nutzfahrzeugbranchen als diejenigen aus, deren Sortimente über 100.000 Teile reichen.

Tab. 10.2: Größe der Ersatzteilsortimente nach Branchen.

	Pkw	Kfz-Zulieferer	Nutzfahrzeuge	Landmaschinen	Weiße Ware	Braune Ware	BKS	Medizintechnik etc.	Sonstiges
Mittelwert	119.513	14.805	50.786	40.014	24.164	33.643	16.545	29.751	64.763
Minimum	700	70	7.500	8.000	1.000	3.000	750	10	900
Maximum	400.000	110.000	200.000	120.000	100.000	100.000	110.001	100.000	900.000

Unter logistischen Gesichtspunkten sind die erhöhten Produktions- und Lagerkosten auf der Teile- und Ersatzteilebene während der gesamten Lebensdauer des Primärprodukts den erhöhten Erträgen gegenüberzustellen, die aus der durch Produktdifferenzierung verbesserten Marktsituation erwachsen. Aus dieser Überlegung folgt ein optimaler Grad an Produktdifferenzierung, der die Differenz von Erlösen und Kosten maximiert.

Neben dem Mengenproblem ist das Ersatzteilsortiment von einer **niedrigen durchschnittlichen Nachfrage** pro Teil gekennzeichnet, weil die meisten Ersatzteile als C-Teile nur selten verlangt werden[1]. Die Nachfrage nach C-Teilen tritt oftmals nur sporadisch auf und ist daher mit den Methoden der Zeitreihenanalyse nicht prognostizierbar und planbar. Lediglich ein kleiner Teil der Ersatzteile besteht aus häufig benötigten A-Teilen. Trotz der niedrigen durchschnittlichen Nachfrage pro Teil ist die Ersatzteildistribution auf große Spitzen in der Nachfrage auszulegen, weil durch Rückrufaktionen oder zu spät erkannte, systematische Fehler kurzfristig ein sehr hoher Bedarf auf der Ersatzteilebene entstehen kann. So stand im Jahr 1997 der amerikanische Flugzeughersteller Boeing vor dem Problem, für alle 2.700 weltweit verteilten 737-Jets die Steuerbox für das Seitenruder austauschen zu müssen, weil der Verdacht auf unregelmäßige Funktionen bestand. Boeing konnte jedoch diesen Bedarf nicht kurzfristig befriedigen. Gegenüber den C-Teilen stellen A-Teile Verschleißteile dar, deren Absatz direkt proportional zur Menge und Nutzungsdauer der Primärprodukte ist.

Die Sortimente des Ersatzteilsystems lassen sich unterscheiden nach
– Ersatzteilen aus eigener Produktion (Eigenteile),
– Ersatzteilen, die von anderen Herstellern bezogen werden (Kaufteile, die auch unter der eigenen Marke vertrieben werden) und
– Artikeln für das Zubehörprogramm.

Diese Unterscheidung ist insofern von Bedeutung, als sie unterschiedliche Handlungsspielräume eröffnet. So können Ersatzteile aus eigener Produktion als Kapazitätspuffer in der Kapazitätsplanung der Produktion des Primärprodukts eingesetzt werden. In Zeiten niedriger Beschäftigung können vermehrt Ersatzteile gefertigt werden, wie umgekehrt die Ersatzteilproduktion außer Haus vergeben werden kann, wenn die Kapazitäten voll ausgelastet sind. Das Primärprodukt ist der eigentliche Umsatzträger und besitzt daher in der Produktionsplanung Vorrang. Die Ersatzteilproduktion besitzt nur eine zweitrangige Priorität und muss daher unwirtschaftlich große Lose in Kauf nehmen, um größere Zeitabstände überbrücken zu können. Bei der Beschaffung von Kaufteilen sind eventuell lange Zeiten der Wiederbeschaffung zu berücksichtigen, weil die hochspezialisierten Teile von Spezialisten gefertigt werden müssen, die eine starke Marktstellung besitzen oder die womöglich erst vom

---

1 Zur ABC-Analyse siehe Kapitel 3.

Beschaffungsmarketing ausfindig gemacht werden müssen. Auch können die Mindestlosgrößen bei Kaufteilen wegen der Spezialisierung der Vorrichtungen beim Hersteller groß und wesentlich höher sein als die **Endbevorratungshöhe,** die für ein ausgelaufenes Modell des Primärprodukts den gesamten Bedarf des Teils bis zum Verschrottungszeitpunkt aller noch benutzten Produkte darstellt und mit modelltheoretischen Ansätzen abgeschätzt werden kann. Der Einkauf einer Endbevorratungshöhe kann dann sehr teuer werden. Da die Beschaffung in der Ersatzteilversorgung von seltenen Spezialaufträgen gekennzeichnet ist, können die Methoden des Supply Chain Management, die auf eine kontinuierliche Versorgung abzielen, hier nicht angewendet werden.

Das Zubehörprogramm beinhaltet auch Ausstattungsgüter des Primärprodukts, die nur in den ersten Jahren der Nachkaufphase nachgerüstet werden, wie z. B. Klimaanlagen für Autos, und deswegen nicht langfristig im Programm bleiben müssen. Bei Artikeln für das Zubehörprogramm sind die modellspezifischen Einbauvarianten zu beachten. Beispielsweise sind für Autoradios und Autotelefone Kabelsätze und Halterungen in einer Konfektionierungsstufe an die verschiedenen Modelle des PkwProgramms anzupassen und im Lager vorzuhalten. Diese Art der Konfektionierung kann von externen **Logistikdienstleistern** erbracht werden.

Für die Art der Lagerung und der Bewegung der Ersatzteile im Distributionssystem ist die Teilebeschaffenheit entscheidend. Hier ist das Problem der großen **Inhomogenität** der Teile zu erkennen. Die verschiedenen Arten lassen sich abgrenzen als:

- **Kleinteile.** Lagerung und Verteilung können in standardisierten Kleinteileladungsträgern, wie z. B. der VDA-Box, vorgenommen werden. Häufig sind Kleinteile unverpackt. Wenn Kleinteile zugleich billig sind, können große Lose eingelagert werden.
- **Sperrige Teile.** Hierfür sind individuelle Verpackungen und Versandhilfsmittel vorzusehen, die sich nicht standardisieren lassen. Die mangelnde Standardisierungsfähigkeit und der relativ hohe Bedarf an Lagerfläche, der aus der Sperrigkeit resultiert, führen hier zu hohen Lagerkosten. Die Transportkosten sind hoch, weil die Fahrzeuge nur wenige Teile aufnehmen können. Wegen des großen Platzbedarfs können nur kleine Lose gelagert werden.
- **Schwere Teile,** wie Batterien, Getriebe, Motoren. Für diese Teile sind robuste Versandverpackungen zu planen. Wegen des großen Gewichts können diese Teile im Lager nicht hoch übereinander gestapelt werden, wodurch die Lagerkosten steigen. Im Versand können die Fahrzeuge nur mit relativ wenigen Einheiten beladen werden, was die Volumenausnutzung der Fahrzeuge vermindert. Die Transportkosten sind entsprechend hoch.
- **Zerbrechliche Teile,** wie Glasscheiben.
- **Verderbliche Teile,** die nur eine bestimmte Zeit gelagert werden können und bei denen das FIFO-Prinzip der Lagerhaltung anzuwenden ist (vgl. Kapitel 3).

- **Gefährliche Teile,** von denen z. B. die Gefahren der Vergiftung, der Entzündung oder Explosion ausgehen und die nach den Vorschriften für gefährliche Güter[2] zu bevorraten und zu verteilen sind. Hierzu zählen etwa auch Airbags für Autos.

Weitere Abgrenzungen des Teilespektrums betreffen die Langfristigkeit der Lagerung und die unverpackte Ware.

Die Ersatzteildistribution ist in vielen Fällen mit der Rücknahme der alten Teile beim Kunden verbunden. Man spricht in diesem Zusammenhang von **Retouren.** Bei diesen Teilen handelt es sich um:

- **Gewährleistungsteile.** Auf die Funktion dieser Teile hat der Kunde innerhalb einer Frist einen Garantieanspruch. Im Schadensfall ist dieses Teil zu ersetzen und das Schadensteil zurückzunehmen. Dies trifft im Automobilmarkt etwa auf Getriebe und Motoren zu.
- **Austauschteile.** Bei diesen Teilen handelt es sich um komplexe Baugruppen und Aggregate. Wenn diese im Schadensfall nicht vor Ort instand gesetzt werden können, werden sie komplett gegen ein neues Teil ausgetauscht. Das Schadensteil wird zurückgenommen und zentral repariert oder aufgearbeitet.

Für diese Teilegruppen ergeben sich neue Anforderungen an das Distributionssystem, die aus dem Sammeln und Lagern der Retouren entstehen. Die Rücknahmepolitik wird zu **Recyclingkreisläufen** erweitert, wenn es sich um Austauschteile handelt. Dieses ist etwa bei alten Motoren der Fall. Ein Beispiel hierfür stellt das Mercedes-Werk Berlin dar, in dem das Einschleusen von aufgearbeiteten Teilen in die Produktionssteuerung von Neumotoren eine Feinabstimmung der Steuerung des Materialflusses erfordert. Im Volkswagenwerk Kassel werden etwa 10 % der Produktionshallen mit der Aufarbeitung von Austauschteilen belegt.

10.3 Lagerhaltungsstrategien im Ersatzteilgeschäft

Ein besonderes Problem der Ersatzteildistribution besteht in der womöglich weltweiten Nachfrage nach Ersatzteilen, etwa bei Investitionsgütern, bei Verkehrssystemen und speziell bei Flugzeugen. Die Ersatzteildistribution ist daher nicht nur national, sondern auch europaweit oder – wie im Falle von Automobilmärkten – gar weltweit zu sichern und durch Einrichtung von Zentral- und Regionallagern ein vorgegebenes Serviceniveau an Lieferzeit zu garantieren (vgl. Kapitel 11).

---

2 Es handelt sich z. B. um die Gefahrstoffverordnung zur Kennzeichnung gefährlicher Güter, um die Verordnung brennbarer Flüssigkeiten und deren Technische Richtlinien, um die Bundes-Immissionsschutzverordnung und um die Verwaltungsvorschrift über Anlagen zum Lagern, Abfüllen und Umschlagen wassergefährdender Stoffe.

Das Ersatzteilsortiment kann sich nicht allein nach umsatzstarken und renditestarken Teilen ausrichten, sondern muss auch selten verlangte Teile, die für die Funktion des Primärprodukts von Bedeutung sind, vorhalten. Für diese Teile sind die Umsätze pro Stück gering und die Lagerkosten wegen der vergleichsweise langen Lagerdauer hoch. Standardentscheidungen über die Eliminierung von „Langsamdrehern" aus dem Sortiment können im Ersatzteilgeschäft also nicht vorgenommen werden. Das ist auch der Grund dafür, dass die extrem hohe Zahl an Ersatzteilpositionen im System vorgehalten werden muss, die jedoch wegen der geringen Preiselastizität der Nachfrage von entsprechenden Erlösen finanziert werden kann.

Der Ersatzteilmarkt ist von einem geringen Wettbewerb gekennzeichnet, weil Ersatzteile als Spezialprodukte in der Mehrzahl nur von einem Hersteller – dem Hersteller des Primärprodukts – angeboten werden. Insofern ist das Preisniveau auf diesem Markt hoch. Andererseits ist die Preisempfindlichkeit der Nachfrage gering, weil für den Kunden der Bedarf an Ersatzteilen im Schadensfall insofern zwingend ist, als er nur die Alternative des eingeschränkten Gebrauchs des Primärprodukts oder gar der Verschrottung besitzt. Diese besonderen Bedingungen auf der Anbieter- und Nachfrageseite charakterisieren das Ersatzteilgeschäft als besonders **renditestark** und als ein eigenständiges Erfolgspotential. Sind die Ersatzteile jedoch standardisiert, können sich daraus weltweite Märkte für Commodities, wie für Autolampen oder Komponenten in Kommunikationsnetzen, entwickeln, in denen die Preise der Kostenführer gelten und so die Renditen schmälern (Backhaus, 2014). Um die von der Renditestärke des Ersatzteilmarktes angezogenen unabhängigen Anbieter zu bekämpfen, sind die Auto-, Flugzeug- und Computerhersteller um eine Politik der **Originalteile** bemüht und versuchen, diese in Verbindung mit Gewährleistungsgarantien beim Kunden durchzusetzen. Der von den unabhängigen Anbietern etablierte „graue Markt" für Ersatzteile kann zu besonderen Problemen führen; er stellt z. B. für die Flugzeugindustrie einen unerwünschten Verlust an Kontrolle über die Sicherheit der Flugzeuge dar. Jedoch darf der Wettbewerb zwischen Originalteile- und freien Herstellern nach dem § 85 des EWG-Vertrags im Grundsatz nicht eingeschränkt werden.

Im Ersatzteilgeschäft lassen sich die Instrumente des Marketing-Mixes nur bedingt einsetzten. Jedoch kann mit der Kommunikationspolitik eine starke Markenbindung aufgebaut werden, um die Anbieter auf dem freien Markt zurückzudrängen. Wegen der geringen Preiselastizität der Nachfrage kann mit Preissenkungen der Absatz nur insofern gesteigert werden, als im Schadensfall die Konkurrenz zwischen Primärprodukt und Ersatzteil – d. h. Neukauf oder Reparatur – zugunsten des Ersatzteils ausschlägt. Auch können Mengenrabatte den nachgeordneten Lagerstufen nur bedingt gewährt werden, weil dort große Lose die Lagerkosten erhöhen. Die Strategien der Marktfelder, wie die Marktentwicklung und die Produktentwicklung, können nicht angewandt werden, weil die Nachfrage nach Ersatzteilen keine eigenständige Größe ist, sondern aus der Nachfrage nach dem Primärprodukt abgeleitet ist: Wichtige Determinanten der Nachfrage nach Ersatzteilen sind die **Bestandshöhe** der in Gebrauch befindlichen Primärprodukte, deren regionale Verteilung und deren Alterstruktur. Diese Determinanten können von Marktfeldstrategien nicht beeinflusst werden. Produktverbesserungen zur Erweiterung des Nutzens oder zur Erschließung neuer Anwendungsbereiche können nur auf Zubehör und Ausstattungselemente bezogen werden, nicht aber auf Ersatzteile im engeren Sinne.

Die Gliederung des Distributionssystems in die Zentral- und die Regionallagerebene kann mit der Möglichkeit verbunden werden, unterschiedlich schnell auf Kundenwünsche zu reagieren. Häufig verlangte A- und B-Teile können regional vorgehalten werden, um rasch den Kunden zu erreichen. Hingegen können selten verlangte C-Teile im Zentrallager gelagert werden. Kunden, die selten verlangte Teile anfordern, müssen dann eine längere Wartezeit in Kauf nehmen. Diese Politik der Aufteilung wird auch als **selektive Lagerhaltung** bezeichnet. Eillieferungen per Lkw oder Flugzeug können z. T. die Bestände an selten verlangten Teilen in Regionallagern substituieren. Wegen dieser Substitutionswirkung von Eillieferungen muss sorgfältig darauf geachtet werden, dass nachgeordnete Lagerstufen die Eillieferungen nicht auf ihre A- und B-Sortimente ausdehnen, um Lagerkosten zu sparen.

Ein besonderes Problem im Ersatzteilvertrieb entsteht in der Erfassung der Bestände in den verschiedenen Standorten für Regionallager und auf Händlerebene. Diese Bestandsüberprüfungen sind von Bedeutung für die Ausführung von Händleraufträgen und für die Disposition des Lagernachschubs als Beschaffungsaufträge. Das Problem der europaweiten bzw. weltweiten Bestandsabfrage kann durch die Einführung von kompatiblen Softwarelösungen für die Warenwirtschaftssysteme der jeweiligen Lagerstandorte gelöst werden. Zum Beispiel können gleiche Release-Stände von SAP R/3 eingeführt werden. Diese Lösung hat der Landmaschinenbauer Claas für die Versorgung seiner europäischen Kunden gewählt. Über diese Integration der regionalen Bestände hinaus können ebenfalls die Bestände der Händler in eine Datenbank eingestellt werden. Hierzu sind einfache Schnittstellen zu den jeweiligen Warenwirtschaftssystemen der Händler zu definieren und über das Internet zu einem virtuellen Lager zu integrieren. Ein Händlerauftrag lässt sich, falls erforderlich, von einem beliebigen Lager aus ausführen.

Einen Schritt weiter ist die Steinmann Technology in St. Gallen gegangen. Ihr Ersatzteil-Vertriebssystem integriert nicht allein die regionalen Lagerstandorte weltweit über das Internet, sondern ermöglicht auch den Kunden einen Zugang zu dem System. Der Kunde kann dort Verfügbarkeitsüberprüfungen vornehmen und Bestellungen auslösen. Dabei hat der Kunde die Möglichkeit, die Versandart unter Alternativen auszuwählen. Aus welchem Lager geliefert wird und wie lang die Lieferzeit voraussichtlich sein wird, wird dem Kunden mitgeteilt.[3]

---

3 Logistik Heute: Ersatzteillogistik: Mit einem Klick alles im Blick, in: Heft 4/2002, S. 68, 2002.

10.4 Die Anforderungen des After-Sales-Service

Das Ersatzteilgeschäft ist mit dem Aufbau eines **Reparaturservice** verknüpft. Das Zentrallager versorgt ein Netz von **Werkstätten oder Servicetechnikern** (After-Sales-Organisation). Diese treten im Ersatzteilsystem als Endnachfrager auf und sind mit Know-how, Spezialgeräten und Material auszustatten. Im Automarkt kommen zu den Markenhändlern, die Werkstätten betreiben, noch weitere, eigenständige Werkstätten hinzu, die ebenfalls als Nachfrager nach Ersatzteilen auftreten. Zum Beispiel wird der Renault-Reparaturservice mit 720 Renault-Händlern in der Bundesrepublik Deutschland von ca. 800 zusätzlichen Werkstätten ergänzt.

Ein wichtiger Punkt in der Ersatzteildistribution ist die **Erklärungsbedürftigkeit** der Produkte, die von der After-Sales-Organisation aufzufangen ist. Der dazu notwendige Transfer von Know-how auf die Werkstätten stellt eine besonders wichtige Funktion der Ersatzteillogistik dar. Umfassende Kenntnisse über die technische Funktion, den Leistungsumfang und detaillierte Hinweise auf die Montage der oftmals komplexen Ersatzteile sind Grundvoraussetzungen für einen guten Reparaturservice und sind für die Mitarbeiter des Ersatzteil-Distributionssystems und die Kunden bereitzuhalten, wie Montagezeichnungen, Explosionszeichnungen, Videounterweisungen und internetgestützte Schulungskurse. Ferner sind die verschiedenen Versionen und Baujahre der Teile zu dokumentieren und im Lagerbereich zu trennen. Bei Problemen sind Mitarbeiter der Werkstätten zu schulen und die Kunden zu beraten.

Eine weitere Fragestellung der After-Sales-Organisation besteht in der Steuerung der Serviceorganisation, die die Wartungsaufträge bei den Kunden und den Einsatz von Monteuren bei Störfällen steuert. Das schwedische Unternehmen BT-Industries, das Flurförderfahrzeuge herstellt, hat europaweit 2.200 Servicetechniker im Einsatz und wickelt täglich ca. 7.000 Wartungsarbeiten ab.[4] Davon sind 60 bis 70 % fest vereinbart und der Rest stellt die Behebung von Störfällen dar. Die Steuerung der Monteure erfolgt über ein Tablet oder einen Hand-Held-Computer (persönlicher Assistent – PDA). Mit diesem System erhält der Servicetechniker seine Aufträge und für jeden Kunden die Maschinen- und Vertragsdaten. Die Oberfläche des PDA ist mit Pull-Down-Menüs und dem einfachen Anklicken von Textbausteinen einfach zu bedienen. Nachdem der Auftrag erledigt wurde, kann der Servicetechniker diesen auf dem PDA quittieren, wodurch dann in der Zentrale die Rechnungserstellung automatisch angestoßen wird. Dieses System der Steuerung der Serviceorganisation stellt eine große Steigerung der Produktivität der Monteure dar, die zuvor ihre Aufträge und Daten per Telefon und Fax erhalten hatten. Pro Monteur und Jahr werden durch dieses System Einsparungen von 10.000 Seiten Papier erzielt.

Für die beiden wesentlichen Geschäftsprozesse im Ersatzteilbereich, den Ersatzteilverkauf und den Reparaturservice, können IT-gestützte Diagnosetools das **Ersatz-**

---

4 Logistik Heute: Ersatzteilservice online, in: Heft 9/2004, S. 36, 2004.

teil-Controlling unterstützen, die verschiedenen Supply Chains im Ersatzteilbereich abbilden und deren Performance mit Kennzahlen messen. So können unterschiedliche Vertriebswege sichtbar gemacht werden, Produktfamilien hervorgehoben werden oder Auswertungen nach einzelnen Kunden erfolgen. Die Prozesse entlang der Supply Chains können mit Kennzahlen bewertet werden, die den Lieferservice beschreiben, wie z. B. die Liefertreue, die Lieferabweichungen, die Durchlaufzeiten und Verfügbarkeiten. Im After-Sales-Geschäft von Bosch Rexroth AG wurde die Unterstützung des Ersatzteilgeschäfts durch ein sog. Supply Chain Cockpit herbeigeführt.

11 Das Lagerhausmanagement und die Bestellpolitiken

Der Aufstieg der Internet-Händler Amazon und Zalando wirft ein Schlaglicht auf Lagerhäuser als Distributionszentren des E-Commerce. Gegliedert nach den klassischen Funktionsbereichen spielt die Lagerhaltung aber auch bei der Beschaffung, als Zwischenlager im Produktionsprozess und bei der Entsorgungslogistik eine Rolle. Die Lagerprozesse werden in den verschiedenen Funktionsbereichen durch unterschiedliche Güter, unterschiedliches Lagerhausdesign sowie unterschiedliche Strategien beim Kommissionieren und beim Einlagern differenziert. Diese Themen sollen hier mit dem Schwerpunkt der Distribution näher behandelt werden. Gesteuert wird der gesamte Ablauf durch ein betriebswirtschaftliches Zielsystem, das durch verschiedene Kennzahlensysteme konkretisiert wird.

In Distributionssystemen besitzen Lager die Funktion der **Größentransformation.** Das Lager wird versorgt mit Artikeln in großen, sortenreinen Ladungseinheiten, wie z. B. Paletten. Abgegeben werden die Artikelbestellungen für Amazon oder Zalando in kleinen Losgrößen bis hinunter auf n = 1, gemäß den Bestellungen der Kunden.

11.1 Das Zielsystem und dessen Umsetzung

Die Lagerhaltungsprozesse erfüllen eine Reihe von Funktionen in der Betriebswirtschaft. An erster Stelle steht der **zeitliche Ausgleich** zwischen nicht synchronisierten Prozessen. Diese allgemeine Funktion kann mit dem situativen Modell der Unternehmung erklärt werden. Die Unternehmung verarbeitet die Kontingenzen der Umwelt, um dann im Inneren, abgeschirmt von den Fluktuationen der Umwelt, stetige Abläufe einzurichten. Damit ist die Gewährung von Sicherheit und Stetigkeit eine wichtige Funktion von Lagerhaltungsprozessen. Auf der Absatz- und Beschaffungsseite sind ferner **spekulative Überlegungen** für die Funktion von Lagerhaltungssystemen von Bedeutung. Mithilfe der Lagerhaltung können Preisbewegungen auf den Absatz- und Beschaffungsmärkten antizipiert und damit z. B. die auf den Rohstoffmärkten typischen großen Preisausschläge für die Beschaffung auf ein mittleres Niveau ausgeglichen werden.

Werden die betriebswirtschaftlichen Funktionen der Lagerhaltung in ein Zielsystem umformuliert, so gelangen wir zu folgenden Aussagen: Die Ziele der Lagerhaltung bestehen in
- der Sicherung einer hohen Lieferbereitschaft gegenüber dem Kunden,
- einer Minimierung der Fälle, in denen das Lager keine Vorräte besitzt (Fehlmengen),
- der Sicherheit und dem Schutz des Lagergutes sowie
- der Minimierung der Lagerkosten.

DOI 10.1515/9783110473285-015

Die Kosten der Lagerhaltung bestehen aus verschiedenen Komponenten:
- Den bei der Beschaffung von Ware anfallenden Bestellkosten, die die Kosten für die Einholung von Angeboten und die Kosten für die Bestellung beinhalten.
- Den Transportkosten, die aus Fracht, Versicherung und Verpackung bestehen.
- Den Annahmekosten, die aus den Kosten der Kontrolle, der Einlagerung, Zahlung und Buchung bestehen.
- Den Lagerkosten, die sich aus den Kosten für das gebundene Umlaufvermögen, aus den Gebäudekosten, den Personalkosten sowie Kosten für Schwund und Verderb zusammensetzen.
- Den Kosten für Fehlmengen, die man als Kosten für nachträgliche Lieferung sowie Opportunitätskosten für den entgangenen Gewinn auffassen kann.

Das Grundproblem der Lagerhaltung besteht in der Gegenläufigkeit der Ziele im Zielsystem. Niedrige Lagerkosten bedeuten einen niedrigen Bestand und ein eingeschränktes Sortiment. Diesen Forderungen gegenüber steht jedoch das Ziel der hohen Lieferbereitschaft, die auch eine kurzfristig erhöhte Nachfrage bei einem breiten Sortiment sicherstellen soll und deshalb von einem hohen Lagerbestand ausgehen muss.

Zu den Zielen gehört auch die **Flexibilität.** Diese bezieht sich sowohl auf die Saisonkurve, sodass auch Nachfragespitzen vom System abgearbeitet werden können, wie auch auf die Frage der Modularisierung und Erweiterbarkeit für ein Wachstum in den kommenden 5 bis 10 Jahren. Hierfür sind Reserveflächen auf dem Grundstück oder im Gebäude bereitzuhalten. Beispiele für Flexibilität gibt der Buchgroßhandel. Im Logistikzentrum des Buchgroßhändlers Libri in Bad Hersfeld sind hohe Spitzen zu berücksichtigen. Montags beträgt die Auslastung 130 %, in der Weihnachtszeit beträgt die Spitzenauslastung bis zu 200 %. Daher ist durch die **Personaleinsatzplanung** die Flexibilität sicherzustellen. Hier sind verschiedene Arbeitszeitmodelle, die der Flexibilisierung der Arbeitszeit Rechnung tragen, anwendbar, wie der Jahresarbeitszeitvertrag oder die kapazitätsorientierte variable Arbeitszeit (KAPOVAZ). Zudem können über Minijobs Spitzen abgefangen werden. Aber auch durch die systemtechnische Auslegung lässt sich für Flexibilität sorgen. So wechselt bei Libri die ABC-Klassifikation wegen des raschen Wechsels in den Bestsellerlisten sehr schnell. Abgesehen von den 9.000 Schnelldrehern im Sortiment von insgesamt 300.000 Artikeln ändert sich von den ca. 60.000 täglichen Bestellungen die Zusammensetzung der bestellten Artikel sehr schnell. Das Bestellspektrum des Folgetages hat nur noch 10.000 bis 20.000 Gemeinsamkeiten mit dem Vortag.

Das oben behandelte Zielsystem ist für sich genommen noch recht allgemein. Um es zu konkretisieren, bedarf es spezieller **Analyse- und Kennzahlentechniken.** Bedenkt man, dass in Lagerhaltungssystemen einige Tausend bis einige Hunderttausend verschiedene Artikel lagern können, dann gewinnen Informationssysteme eine hohe Bedeutung, die Aussagen über die Lagerkosten und Liefersicherheit auf der Ebene von Artikelgruppen oder gar von einzelnen Artikeln treffen können. Hierzu sind vom Logistikcontrolling eine Reihe von Kennzahlen entwickelt worden (vgl. Kapitel 15). Diese beschreiben Ein- und Auslagerungsvorgänge, den Platzbedarf und die Umschlagsgeschwindigkeit der Artikel im Zeitablauf. Die Bezugsgröße ist dabei meistens ein Jahr. Wir unterscheiden hier lediglich drei grundlegende Kennzahlen:

– durchschnittlicher Lagerbestand = Summe der Monatsendbestände / 12,
– Umschlagskoeffizient = Jahresverbrauch / durchschnittlicher Lagerbestand,
– durchschnittliche Lagerdauer in Tagen = 365 / Umschlagskoeffizient.

Diese drei Kennzahlen ergeben, disaggregiert auf Artikelgruppen bzw. Artikelebenen, ein Bild der Lagerbewegung, das mit weiteren Kennzahlen verfeinert werden kann. Die Effizienz des Lagersystems wird insbesondere mit **Umschlagskoeffizienten** gemessen. Er sagt aus, wie häufig pro Jahr der Lagerbestand umgeschlagen wird.

MithHilfe der Lagerkennzahlen können die Artikel in verschiedene (Pareto-)Klassen aufgeteilt werden, die das unterschiedliche Verhalten der Artikel widerspiegeln. Man spricht auch von einer ABC-Analyse (vgl. Kapitel 3). Bei dieser Analyse werden die Lagerbestände in zwei verschiedenen Dimensionen gegenübergestellt, einerseits der Mengendimension und andererseits der Wertdimension **(Wert-ABC-Analyse).** Das Lagerhausmanagement hat sein Augenmerk insbesondere auf die A-Güter zu richten. Sicherheit und Schutz des Lagergutes müssen hier besonders stark beachtet werden. Ebenso ist eine geringe durchschnittliche Lagerdauer für A-Güter anzustreben, um die Kapitalbindung gering zu halten. Für A-Güter sind detailliertere Dispositionssysteme zu entwickeln, während für B- und C-Güter ein geringerer Dispositions- und Kontrollaufwand betrieben werden kann.

Eine vergleichbare Analyse kann auch mit der Zeitdimension anstelle der Wertdimension vorgenommen werden **(Zeit-ABC-Analyse).** Diese Analyse ermöglicht es, die A-Güter mit einem hohen Umschlagskoeffizienten zu ermitteln. Diese werden im Jargon der Materialwirtschaft als **Schnelldreher** oder als **Schnellläufer** bezeichnet und repräsentieren ca. 5 % der Lagergüter. Für diese Güter sind dann für die Kommissionierung besonders leicht erreichbare Standorte im Lagersystem und besondere Kommissioniervorgänge vorzusehen. Hingegen sind die C-Güter solche mit niedrigem Umschlagskoeffizienten.

Um einen hohen Lieferservice im Distributionssystem sicherzustellen, ist auf eine hohe Qualität der einzelnen Prozesse zu achten. So sind z. B. Fehler im Kommissionierprozess durch Kontrollroutinen zu minimieren. Dazu gehören etwa das Abwiegen der Sendungen an die Kunden, um durch eine Plausibilitätskontrolle Abweichungen zu erkennen, oder auch das Scannen der Fächer bei der Entnahme von Ware. Ferner können dokumentierte Systeme des Qualitätsmanagements die einzelnen Prozesse sicherer machen und helfen, einzelne Artikel oder Chargen zurückzuverfolgen.

Die Software zur Lagerverwaltung muss die Prozesse und deren Qualität beherrschen. Die Standardanforderungen an die Software zur Lagerverwaltung lassen sich wie folgt systematisieren:

- Für die einzelnen Artikel sind die Lagerplätze zu verwalten.
- Für die einzelnen Artikel sind Gewicht und Volumen zu erfassen, um ausgeführte Kommissionieraufträge durch Wiegeprozesse auf Fehler zu überprüfen und um eine geeignete Kartongröße für den Versand auszuwählen.
- Für die einzelnen Artikel sind die Bestände zu führen und zu kontrollieren. Dabei sind die Bewegungsdaten und deren Historie zu speichern, so z. B. Zeitmarke und Menge der letzten Entnahme oder der letzten Auffüllung.
- Reservierung von Artikeln für bestimmte Aufträge.
- Leergutkontenführung.
- Darüber hinaus hat die Chargenverwaltung für die Rückverfolgung von Sendungen in der Lieferkette zu sorgen. Die Chargenverwaltung kann verfeinert werden zu einer Überwachung der Seriennummern-Historien.
- Mandantenfähigkeit für die Erbringung von Lagerdienstleistungen für verschiedene Auftraggeber mit gesicherten Prozessen der Ein- und Auslagerung.
- Die Terminüberwachung ist von Bedeutung, um Artikel mit begrenzter Haltbarkeit zu überwachen. Hier sind dann die Restlaufzeiten zu dokumentieren. Darüber hinaus dient die Terminüberwachung der Erfassung der Lagerzeit der einzelnen Artikel, um damit Langsamläufer identifizieren zu können.
- Für die verschiedenen Gefahrgutklassen sind besondere Lagerplätze und Verwaltungssysteme vorzusehen.
- Darüber hinaus gibt es noch Verbote für die gemeinsame Lagerung von Artikeln, etwa aus Gründen der Geruchsübertragung oder der Hygiene.
- Der Bestand der einzelnen Artikel im System ist vorzuhalten.
- Die Auslösung von Nachschubordern bei Unterschreitung des Meldebestandes erfordert die Führung von Meldebeständen für die einzelnen Artikelpositionen.
- Auch sind periodische ABC-Analysen des Lagerbestandes erforderlich, um damit eine kontinuierliche Reorganisation der Schnellläuferzonen zu ermöglichen.
- Schließlich stellt man an moderne Software die Anforderung, eine Visualisierung der Daten zu ermöglichen.

Die auf dem Markt angebotene Software zur Lagerverwaltung wird vom Fraunhofer Institut IML analysiert und die Ergebnisse werden unter der Internet-Adresse www.warehouse-logistics.com publiziert. Nach einer Studie des Dortmunder Fraunhofer Instituts für Logistik ist die Software zur Lagerverwaltung bisher wenig standardisiert. Die Schnittstellen zur Lagertechnik und zu den Datenbanken sind z. T. nicht offengelegt, sodass Programmierungen zur Weiterentwicklung und Anpassung an spezifische Kundenanforderungen und an neue Technologien, wie RFID, XML, Java und das Internet, nur schwer möglich sind.

11.2 Das Lagerhauslayout

Die Frage, nach welchen Prinzipien ein Lagerhaus aufzubauen und zu betreiben ist, hängt von folgenden sechs Faktoren ab:
–   Von der Art der einzulagernden Güter, wie Schüttgüter, Flüssigkeiten oder Stückgüter. Bei den Stückgütern unterscheiden wir kleine, große, leichte, sperrige und schwere Teile.
–   Von der Art der Verpackung. Sind etwa Kleinteile lose in Boxen aufgehoben, wie z. B. Schrauben, oder bestehen Kommissionier- und Transportverpackungen in großen Kartons oder Gebinden? Sind die Transport- und Lagergebinde übereinander stapelbar, werden sie auf Paletten angeliefert oder in Gitterboxen?
–   Von der verwendeten Lagertechnologie, wie z. B. Schüttlager, Blocklager, Regallager oder automatisiertes Hochregallager.
–   Von der Art der verwendeten Transporthilfsmittel, wie z. B. Umschlag mit Gabelstaplern, Umschlag mit Förderbändern oder automatischen Transportsystemen für Paletten oder Boxen.
–   Von dem Automatisierungsgrad der Ein- und Auslagerungsprozesse und der Transportprozesse. Gabelstapler ermöglichen die Mechanisierung von Ein- und Auslagerungs- sowie Transportprozessen von Gitterboxen und Palettenstapeln. Kombinationen von manueller Ein- und Auslagerung mit automatisierten Transportsystemen sind weit verbreitet. Der höchste Automatisierungsgrad wird bei Hochregallagern erzielt, bei denen die Transport- sowie Ein- und Auslagerungsprozesse durch Rechner gesteuert werden.
–   Vom Lagerdurchsatz. Materialflusssysteme für einen hohen Lagerdurchsatz erfordern höhere Investitionen in das Transportsystem, als die Lagerung von C-Teilen, welche sich langsam umschlagen.

Bei der Realisierung von Lagern können die genannten Einflussfaktoren nicht immer sinnvoll kombiniert werden, weil die Artikelstrukturen und die Anforderungen an die Lieferfähigkeit unterschiedlich sind. Zu unterscheiden sind Lagerflächen für Großteile, für Paletten und für Kleinteile. Zusätzlich werden die Artikel mit einem hohen Durchsatz (Schnellläufer) von dem übrigen Sortiment abgesetzt. Die Steuerung der Fahrwege im Transportsystem unterliegt Optimierungsstrategien, um diese Ressourcen effizient zu nutzen. Diese Überlegungen spielen etwa in automatischen Hochregallagern eine besondere Rolle sowie beim Containerumschlag.

Einige wichtige Arten der Lagerung sind
–   die Blocklagerung,
–   das Fachregal,
–   das Durchlaufregal,
–   das Palettenregal,
–   das Einfahrregal und
–   das Hochregal.

Bei der **Blocklagerung** werden identische, stapelfähige Güter übereinander gepackt und in Reihen aufgestellt. Nicht stapelfähige Güter können dabei durch geeignete Ladehilfsmittel wie Gitterboxen, Paletten oder Flachpaletten stapelfähig gemacht werden. Je nach Gewicht der Güter und deren Belastbarkeit können die Güter übereinander gestapelt werden. Üblich ist eine zwei- bis vierfache Stapelung mit Höhen bis zu ca. 5 Metern. Beispiele sind Kühlschränke, in Transportkartons verpackte Fernsehgeräte oder auf Paletten gepackte Waschmittelkartons. Die Blocklagerung nutzt die Höhe des Lagerraumes aus, besitzt jedoch den Nachteil, dass ein Zugriff nach dem FIFO-Prinzip (First-In, First-Out) nicht mehr möglich ist, da nur die zuletzt gestapelten Einheiten zugänglich sind (LIFO-Prinzip: Last-In, First-Out).

Das **Fachregal** (auch Fachbodenregal genannt) ist eine Lagertechnik, bei der das Gut in Gestellen aus Holz oder Metall auf geschlossenen Fachböden gelagert wird. Die Regale werden zeilenförmig, durch Gänge getrennt, aufgestellt. Wenn die Regale von beiden Seiten zugänglich sind, können die Beschickungs- und Entnahmeaktivitäten entkoppelt werden. Die Fachregallager besitzen eine hohe Übersichtlichkeit und eine gute Zugriffsmöglichkeit zu den einzelnen Lagereinheiten. Sie eignen sich für die Lagerung großer Teilesortimente mit jeweils kleineren bis mittleren Mengen (insbesondere Kleinteile).

Das **Durchlaufregal** ist eine Sonderform des Fachregals, bei dem pro Regalfach mehrere Lagereinheiten hintereinander gelagert werden. Indem die Fächer als geneigte Rollenbahnen ausgelegt oder mit Gurt-, Band- und Kettenförderer unterlegt werden, rollt das zuerst eingegebene Lagergut zur Entnahmeseite. Das FIFO-Prinzip kann realisiert werden, Beschickung und Entnahmeseiten werden voneinander getrennt.

Beim **Palettenregal** werden palettierte Güter in Holz- oder Metallgestellen gelagert, die keine Regalböden, sondern Auflagenträger haben, auf denen die Paletten abgesetzt werden. Die Ein- und Auslagerungsoperationen sowie die Transportsysteme können auf den drei Stufen

- manuell,
- teilmechanisiert oder
- vollautomatisch

ablaufen. Bei den Ein- und Auslagerungsoperationen mithilfe von Gabelstaplern spricht man auch von einem **Einfahrregal.**

Die **Hochregallager** stellen Regallager mit besonders großer Stapelhöhe zwischen 10 und 40 m dar und sind gekennzeichnet durch

- einen hohen Automatisierungsgrad und
- die damit verbundene Einsparung an Personalkosten,
- eine gute Ausnutzung der Grundfläche und
- einen hohen Investitionsbedarf.

Hochregallager werden wie folgt gestaltet: Die Regale sind durch schmale Gänge getrennt, deren Breite sich aus den Maßen der einzustapelnden Ladungseinheiten und der Bedienroboter bestimmt. Die Ein- und Auslagerung von Ladungseinheiten an den Fächern wird durch Bedienungsautomaten realisiert, die in der Ganglänge und in der Ganghöhe frei beweglich sind. Hochregallager bis 10 m Höhe können auch mit Hochregalstaplern bedient werden. Für jeden Gang ist ein Bedienungsautomat vorgesehen, dessen Steuerung mit Prozessrechnern erfolgt. Die Lagerungseinheiten, wie z. B. Paletten oder Gitterboxen, in denen die von den Kunden oder Werksaufträgen gewünschten Artikel lagern, werden mit Bedienungsautomaten aus ihren jeweiligen Lagerplätzen geholt und über automatische Fördersysteme in eine Kommissionier-zone befördert. Hier kreisen die Lagereinheiten in einem Ringpuffer so lange, bis aus ihnen die gewünschte Menge entnommen wurde. Dann werden die Lagerungsein-heiten automatisch zurückbefördert. Die Kommissionierzone ist dem Hochregallager selber vorgelagert. Dort werden die Kundenaufträge einzeln oder im Batch (siehe un-ten) zusammengestellt. Im Werk Karben des Automobilteilezulieferers VDO werden im Hochregallager für Kleinteile mit 23.000 Stellplätzen die Ein- und Auslagerungs-vorgänge mit fünf Bedienrobotern automatisch ausgeführt.

Nach einer gewissen Hochregallager-Euphorie werden diese Konzepte heute kri-tischer beurteilt. Nur dort, wo Fläche wirklich knapp ist, lassen sich Hochregallager ohne weiteres rechtfertigen. Anzumerken ist jedoch, dass sich aus der Forderung nach 100%iger Verfügbarkeit Probleme ergeben, weil die hochkomplexen Steuer- und Transportsysteme doch eine gewisse **Ausfallwahrscheinlichkeit** aufweisen. Fällt in einem Regalgang die Fördermaschine aus, so ist kein Zugang mehr zu den dort eingelagerten Waren vorhanden. Um dieses Problem abzumildern, werden wich-tige Waren häufig in mehreren Gängen parallel verteilt gelagert. Das beeinträchtigt wiederum die Effizienz des Gesamtsystems. Zusätzlich bestehen Restriktionen im Durchsatz. Von Bedeutung sind deswegen Vereinbarungen zum Servicelevel mit der Herstellerfirma des Hochregallagers, die einen Betrieb nach spätestens einer halben Stunde Ausfallzeit sicherstellen. Die Lagermaschinen besitzen eine Kapa-zität von ca. 60 Spielen (siehe unten) pro Stunde. Für Spitzenbelastungen, wie sie etwa bei saisonalen Schwankungen oder bei Rückrufaktionen fehlerhafter Serien auftreten können, sind Hochregallager ungeeignet. Diese eignen sich für Langsam-dreher, die auf Paletten gelagert werden, und für Paletten eines Nachschublagers (siehe unten). Wenn in den Fächern von Hochregallagern zwei oder mehr Paletten hintereinander gelagert werden, dann bringt die Erfassung der Lagereinheiten über Transponder (RFID) gegenüber dem Barcode Vorteile wie Schnelligkeit und Sicher-heit.

Bei dem Layout von Lagerhäusern spielen der Durchsatz und die Kommissionier-strategie eine große Rolle. Im Folgenden wollen wir diesen Zusammenhang erläutern und beginnen mit dem Beispiel eines einfachen **einachsigen Designs** eines Lager-hauses aus der Konsumgüterindustrie (vgl. Abbildung 11.1), in dem die Blocklager in verschiedene Lagerzonen aufgeteilt sind. Das einachsige Layout mit 14 Lagerzonen hat die folgende Gestalt (vgl. Krajewski/Ritzman 2012, S. 461).

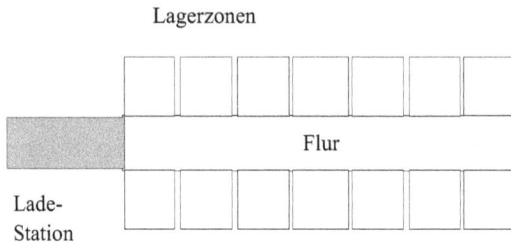

Abb. 11.1: Das Einachsen-Layout.

An der Ladestation des Lagers wird die Ware in Empfang genommen, dann eingelagert und später wieder in kleineren Teilen entnommen, um einzelne Kundenwünsche zu befriedigen. Für die Ein- und Auslagerung der Ware wird angenommen, dass dieses mit Gabelstaplern geschieht. Einen einzelnen Vorgang dieser beiden Operationen, Einlagerung oder Auslagerung, bezeichnet man auch als **Staplerspiel** (oder allgemein **Spiel**). Die Anzahl der möglichen Staplerspiele pro Verkehrsachse determiniert den Durchsatz des Lagersystems. Wir unterscheiden im folgenden Beispiel sieben Warengruppen, die auf die Lagerzonen aufzuteilen sind. Das Kriterium der Anordnung ist die Minimierung der Verkehrsintensität zwischen den Lagerzonen einerseits und der Ladestation andererseits. Der Flächenbedarf (in Anzahl von Lagerzonen) der sieben Warengruppen und deren Verkehrsintensität wird in der folgenden Tabelle 11.1 am Beispiel der Gütergruppe von Elektrogeräten dargestellt.

Tab. 11.1: Anordnung der Ware.

Ware	Staplerspiele	Flächenbedarf (Anzahl der Lagerzonen)
Toaster	280	1
PC	160	2
Mikrowelle	360	1
Stereo-Anlage	375	3
TV	800	4
Radio	150	1
Großgeräte	100	2

Eine Anordnung, die den internen Transportaufwand minimiert, ist leicht zu finden, weil alle Transportbeziehungen einseitig auf die Ladestation ausgerichtet sind. Wir beziehen die Stapelspiele auf die benötigte Fläche und legen die Zonen mit den höchsten Stapelspielen so weit wie möglich in die Nähe der Ladestation.

Das Einachsen-Layout ist zu einfach strukturiert, um in komplexen Situationen sinnvoll angewandt zu werden. Insbesondere behindert die gemeinsame Laderampe für Beschickung und Entnahme einen größeren Güterumschlag. In diesem Falle ist es sinnvoll, die beiden Vorgänge der Entnahme und Beschickung zu entkoppeln. Anstelle des Einachsen-Layouts wird dann ein **Mehrachsen-Layout** verwendet, bei dem die eine Seite die Einlagerungsströme und die andere Seite die Entnahmeströme aufnimmt. Die Laderampen für beide Vorgänge sind an den entsprechenden Stirnseiten des Lagerhauses angebracht. Dieses Layout kann noch dadurch verfeinert werden, dass in der Nähe der Auslagerungsrampen noch eine besondere Lagerzone für **Schnellläufer** eingerichtet wird. Diese sind bei Kommissioniervorgängen leicht erreichbar und können dadurch die Effizienz des Systems erhöhen.

11.3 Kommissioniersysteme

Während bei der Einlagerung von Ware größere Mengen auf einmal eingelagert werden, bezieht sich der Kommissionierauftrag auf eine Vielzahl kleinerer Kunden- oder Werksaufträge. Diese Aufträge betreffen verschiedene Artikel des Sortimentes in zumeist kleineren Mengen. Die Zusammenstellung der Artikel für einen Kundenauftrag geschieht durch Aufsuchen der Lagerplätze und Entnahme der betreffenden Artikel. Dieser Vorgang wird als **Kommissionierung** bezeichnet. Eine ganze Reihe von **Kommissionierprinzipien** lassen sich realisieren. Man unterscheidet die Kommissionierprinzipien „Person zur Ware" und „Ware zur Person". Ferner können die Aufträge für sich einzeln kommissioniert (auftragsbezogene Kommissionierung) oder zu sog. Batchläufen zusammengefasst und jeweils gleiche Artikel gemeinsam kommissioniert werden (artikelbezogene Kommissionierung).

Für Lagerhaussysteme mit geringem Durchsatz und kleinen oder leichten Artikeln kann das Prinzip „Person zur Ware" mit der auftragsbezogenen Kommissionierung in Fachregalen verbunden werden. Dieses geschieht etwa bei dem Buchversender Amazon in Bad Hersfeld, bei dem die Aufträge typischerweise aus ein bis zwei Artikeln bestehen. Anstelle von Fachregalen können auch Durchlaufregale verwendet werden.

Eine Kommissionerung geht in diesem System wie folgt vor sich. Eine Person (Order Picker) durchläuft mit einer Auftragsliste das Lagersystem und sucht nacheinander die jeweiligen Lagerfächer der in der Auftragsliste angegebenen Artikel auf. Im Extremfall kann sie die Regalflure des gesamten Systems einmal ablaufen. Handelt es sich um kleine und leichte Artikel, so kann die Person die kommissionierte Ware in einem Handkarren sammeln. Bei schwereren Artikeln oder größeren Gebinden können Gabelstapler oder selbstfahrende Kommissionierwagen eingesetzt werden, die den Sammelvorgang unterstützen.

Im Prinzip ist bei einer Anordnung mit Regalgängen für jeden Kunden- oder Werksauftrag ein Rundgang durch das Lagerhaussystem erforderlich. Das ist etwa in den Amazon-Lagerhäusern der Fall, wo die Order Picker pro Tag ca.15 bis 20 km zurücklegen.[1]

Um lange Wege zu vermeiden, können den Order Pickern auch feste Kommisionierzonen zugeteilt werden, die mit einem Fördersystem verbunden sind. Mit Prozessrechnern gesteuerte Sammelboxen können die einzelnen Haltepunkte (Kommissionierstationen) anfahren und dort die Ware für den einzelnen Auftrag aufnehmen. Welche Ware aufzunehmen ist, können die Order Picker der beiliegenden Pickliste entnehmen. Dieses Verfahren wird beispielsweise in der Pharmaindustrie angewandt, wo eine große Zahl von Medikamenten zu lagern ist.

Das Prinzip der festen Kommissionierzonen kann auch mit den Gängen von Fachregalen für Kleinteile kombiniert werden. Mit einer dynamischen Pareto-Analyse werden die Schnellläuferartikel nahe an den Haltepunkten der Fördertechnik sortiert. So kann der Order Picker diese nach kurzen Wegen entnehmen. Bei dem Teileversender RS-Components in Bad Hersfeld kann der Order Picker durch die auftragsbezogene Kommissionierung bis zu 5.000 Artikelpositionen verwalten (vgl. RS Components, 2003).

Muss eine Vielzahl von Aufträgen im System verarbeitet werden, so empfiehlt sich die Bündelung einzelner Aufträge zu einem **Batch,** um die Zahl der erforderlichen Rundwege abzusenken. Die Kommissionierung erfolgt dann artikelbezogen. In dem Batch, der eine Zusammenfassung von mehreren Aufträgen darstellt, wird in einem Rundgang die zusammengefasste Zahl der Aufträge kommissioniert, um dann anschließend in einer zweiten Stufe über eine Vorsortierung auf die jeweiligen Einzelaufträge an einem Wandregal weiter verteilt zu werden. Man spricht auch von einem **zweistufigen** Kommissioniervorgang. Das zweistufige System erfordert ein höheres Maß an datentechnischer Unterstützung, damit bei der Aggregation und Disaggregation der Aufträge keine Übertragungsfehler vorkommen. Die Hilfsmittel, um eine datentechnische Unterstützung zu gewährleisten und die Kommissionierfehler zu minimieren, bestehen in vorbereiteten, mit Barcodes versehenen Klebeetiketten, Laserscannern zur Identifizierung der Artikel auf Laufbändern und Hand-Held-Datenerfassungsgeräten mit Infrarot-Übertragungstechnik.

Mit der zweistufigen Kommissionierung ist zumeist das Prinzip „Ware zur Person" verbunden, wobei für dieses Prinzip die automatisierte Hochregallagertechnologie eingesetzt wird. Mit einem automatischen Fördersystem wird die Ware in eine Kommissionierzone, die auch als Kommissionierbahnhof bezeichnet wird, gebracht und dort gemäß den Aufträgen zusammengestellt. Man spricht auch von einer **dyna-**

---

1 FAZ (Hrsg.): Amazon-Versandzentrum, Achtundzwanzig Kilometer in vierzehn Stunden, verfügbar: http://www.faz.net/aktuell/feuilleton/medien/amazon-versandzentrum-in-phoenix-als-attraktion-besuchen-13889735.html (abgerufen: 13.12.2016), 05.11.2015.

mischen Bereitstellung der Ware. Wenn die Artikel mit einem Barcode identifiziert werden können, können auch automatische Sortierungen auf die einzelnen Aufträge angewendet werden. Das Kommissionierprinzip „Ware zur Person" ist besonders geeignet für eine Auftragsstruktur mit einer großen Artikelzahl in den Bestellpositionen. Die neueste Automatisierungsstufe bei Amazon-Lagerhäusern sind automatisch fahrende Roboter, die kleine Standregale hochheben und zur Kommissionierzone fahren.[2]

Die dynamische Bereitstellung der Ware mit einer automatisierten Hochregallagertechnologie wird häufig für die Kommissionierung von Kleinteilen eingesetzt. Man spricht dann von einem automatischen Kleinteilelager (AKL). Die Ware in diesem Lagertyp liegt in genormten Kunststoffwannen – z. B. in VDA-Boxen – die von der Lagertechnik aus den Fächern entnommen und zu den Kommissionierbahnhöfen gebracht werden.

In jüngerer Zeit sind verschiedene innovative Kommissionierverfahren entwickelt worden, die nun vorgestellt werden sollen:
- Pick-und-Pack-System,
- Pick-to-Light und
- Pick-to-Voice.

Das **Pick-und-Pack-System** eignet sich für den Fall, wenn die geplante Kommissionierleistung keine mehrstufige Kommissionierung erforderlich macht, sondern auftragsbezogen kommissioniert werden kann. Es ist sehr effizient, weil ein manueller Arbeitsgang – das Füllen der Versandverpackung – entfallen kann. Der Arbeitsablauf gestaltet sich bei einem Pick-und-Pack-System in etwa wie folgt:
- Kartonzuschnitte werden mittels einer Aufrichtmaschine zu Trays aufgerichtet, die (z. B. über einen Inkjet-Drucker) einen maschinenlesbaren Code (Barcode) erhalten.
- Das Tray wird weiterbefördert und an einer bestimmten Stelle mit dem Kommissionierauftrag versehen.
- An den Kommissionierstationen befinden sich Geräte (z. B. Laserscanner, Hand-Held-Datenerfassungsgeräte mit Infrarot-Übertragungstechnik), die mittels der im Barcode enthaltenen Information das Tray an der ersten Kommissionierstation für den jeweiligen Auftrag ausschleusen, das dann vom Kommissionierer mit der entsprechenden Ware versehen wird.
- Das Tray wird zur nächsten Kommissionierstation weiterbefördert (usw.).
- Hat das Tray alle Stationen durchlaufen, wird es zu einer zentralen Verschließanlage transportiert.
- Das Gewicht des Trays wird auf Plausibilität geprüft.

---

2 Wirtschaftswoche: Amazons Kampf um Effizienz, Herrschaft des Scanners, vom 3. Dezember 2014, 2014.

- Ist das Ergebnis positiv, werden die Seiten des Trays eingeschlagen und gebändert, um so ohne Füllmaterial die Ware gegen Verrutschen im Versandgebinde zu schützen.
- Über das Tray wird ein Deckel gestülpt, der wiederum gebändert wird.
- Das Versandetikett wird gedruckt und auf das Tray geklebt.

Beim Pick-und-Pack-System sind alle Verpackungsvorgänge vollautomatisch, auch das Aufkleben des Versandetiketts. Die Vorteile liegen in der Vermeidung eines zusätzlichen Handlings durch die direkte Kommissionierung in das Versandgebinde, der Sicherung der Ware ohne die Verwendung von zusätzlichem Füllmaterial, der stabilen Versandverpackung und der automatischen und 100%igen Gewichtskontrolle der Kommissionierung. Ein Vorteil ist auch, dass keine Kommissionierbehälter zurückgeführt werden müssen.

Die Nachteile der Pick-und-Pack-Systeme bestehen darin, dass keine parallele Kommissionierung mit unterschiedlichen Sektionen möglich ist, dass die Teilbearbeitung von Aufträgen nicht erfolgen kann und Probleme bei stark unterschiedlichen Paketgrößen auftreten.

Die bisher vorgestellten Kommissionierprinzipien beruhen auf einem Kommissionierauftrag in Papierform, den der Order Picker erhält und den er ausführt. Hierbei können verschiedene Fehlerarten beim Picken auftreten, die nach Logma (2003) in folgender Häufigkeit auftreten (100 % gleich alle Pickfehler):
- Auftragsposition vergessen: 45 %,
- falschen Artikel gegriffen: 30 % und
- falsche Anzahl gegriffen: 5 %.

Um Fehler beim Picken zu reduzieren, sind bei jedem Pickvorgang Vorgänge des Quittierens vorzusehen, z. B. das Scannen des Barcodes des Greiffaches, womit das Greifen eines falschen Artikels erkannt wird. Darüber hinaus können noch weitere Fehler auftreten, die entstehen, wenn Artikel vom Beschickungssystem in falsche Fächer gelegt wurden, der Order Picker aber richtig in das angegebene Fach greift.

Als beleglose Kommissionierung bezeichnet man die **Pick-to-Light-Technologie**, weil hierbei dem Order Picker kein Kommissionierauftrag in Papierform vorliegt. Diese Technologie kann bei der Organisation durch Kommissionierzonen angewendet werden. Eine Person ist zuständig für 100 bis 200 Artikel, die in Einsammelfächern verfügbar sind. Das Fach, in dem gepickt werden soll, wird durch eine Fachinnenbeleuchtung dem Order Picker mitgeteilt. Am Fach erscheint eine zweistellige Digitalanzeige, die die zu entnehmende Stückzahl anzeigt. Erst wenn alle Produkte an dieser Station eingesammelt sind, wird mit einer Quittierungstaste für alle Anzeigen der Station das Ende des Kommissionierprozesses angezeigt. Diese Art der Kommissionierung erhöht die Pickleistung und reduziert zugleich die Fehlerquote. Zudem ist eine kurze Anlernphase infolge der leichten Bedienbarkeit gegeben.

Während der Pick-to-Light-Ansatz für kleine überschaubare Greifpositionen an einem Kommissionierplatz geeignet ist, ist der **Pick-to-Voice-Ansatz** auch für die Warenentnahme in Regalgängen geeignet. Der Order Picker trägt bei dieser Kommissioniertechnik ein Headset, aus Kopfhörer und Mikrophon bestehend. Es ist über einen drahtlosen Anschluss mit dem zentralen Kommissionierrechner verbunden. Dieser Rechner weist dem Order Picker per Sprachanweisung über den Kopfhörer die Aufträge zu und führt ihn durch die Lagergänge. Er weist ihn an, zu welchen Stellen im Lager er gehen muss und an welchem Pickplatz er wie viel Ware zu entnehmen hat. Ist er dort angekommen, bestätigt er über eine am Lagerplatz befindliche Prüfziffer seine Position für den jeweiligen Arbeitsgang. Auch die Warenentnahme und Stückzahl bestätigt der Kommissionierer über Schlüsselworte. Ist die Warenentnahme erfolgreich bestätigt, dann gibt das System die neue Position zum nächsten Pickplatz an. Da Pick-by-Voice beleglos kommissioniert, spart der Kommissionierer den Weg zur Ausgabe eines neuen Kommissionierauftrags. Das Lesen und Bearbeiten der Kommissionieraufträge entfällt ebenfalls. Die Wegoptimierung durch den Rechner verkürzt darüber hinaus die Laufwege. Insgesamt ergibt sich eine deutliche Steigerung der Produktivität beim Order Picking.

Welche der hier diskutierten Kommissioniersysteme anzuwenden sind, hängt von der Artikelzahl im Lager und der Größe der einzelnen Auftragspositionen ab. Das in Abbildung 11.2 dargestellte Portfolio zeigt die Einsatzbereiche im Prinzip auf.

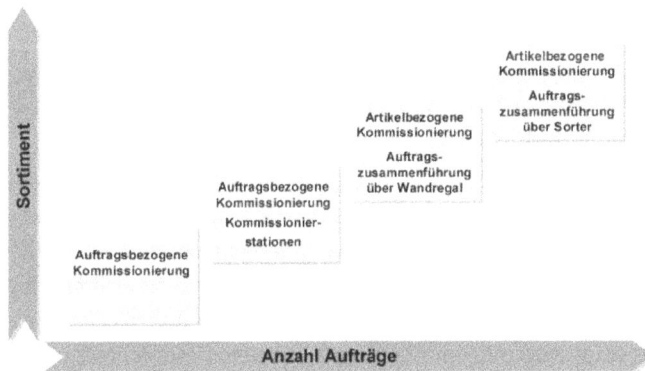

Abb. 11.2: Portfolio der Kommissionierprinzipien.

Die Auswahl der Lagertechnik und des Automatisierungsgrades der zum Einsatz kommenden Kommissioniertechniken hängt von der Art der eingelagerten Artikel und von der Struktur der Kommissionieraufträge ab. Die Aufträge sind danach zu unterscheiden, wie viele Auftragspositionen sie im Durchschnitt aufweisen und wie groß die Bestellmenge pro Auftragsposition ist. Im Versandhandel von Büchern bestehen die Aufträge meistens nur aus ein bis zwei Positionen mit je einem Artikel. Bei dieser

Struktur der Aufträge ist eine manuelle Kommissionierung vorteilhaft. Auch ist das gesamte Packvolumen eines einzelnen Auftrags zu berücksichtigen. Für Aufträge mit einem kleinen Volumen können Pick-und-Pack-Systeme vorgesehen werden. Enthalten Aufträge sowohl Positionen mit großen wie mit kleinen Teilen, müssen die Kommissionierung und der Versand gesplittet werden, einmal als Paket für kleine Teile und einmal als Stückgut für die großvolumigen, sperrigen Teile. Für die unterschiedlichen Komponenten eines Kommissionierauftrags werden z. B. im europäischen Distributionszentrum des Elektrokleingeräte-Herstellers Braun GmbH in Marktheidenfeld fünf verschiedene Systeme[3] parallel eingesetzt:

1. Für extreme Schnelldreher sind 66 Palettenstellplätze vorgesehen, die durch Pick-by-Light-Kommissionierung gesteuert werden.
2. Eine doppelstöckige Stückgutdurchlauf-Regalanlage mit 24 Regalfeldern mit je vier Durchlaufrahmen im Erd- und Obergeschoss bietet Platz für 1.280 Stückgutkanäle, die für Kleinbestellungen vorgesehen sind.
3. Ein automatisches Kleinteilelager dient der Ersatzteilversorgung von Braun.
4. Ein statisches Palettenregal für die Kommissionierung ganzer Packungseinheiten wurde eingerichtet.
5. Für das Vollpalettengeschäft und zur Artikelbevorratung dient ein automatisches Palettenhochregallager.

11.4 Zweistufige Lagersysteme

Bei Kommissioniersystemen mit manuellem Order Picking ist die Übersichtlichkeit und der leichte Zugang für die Kommissionierpersonen von hoher Bedeutung, um die Kommissionierung schnell und weitgehend fehlerfrei vorzunehmen. Den kleinteiligen Kommissionierabläufen stehen andererseits Einlagerungen in großen Partien, wie z. B. Gitterboxen oder Palettenstapel, gegenüber. Der sich hier auftuenden Größendifferenz werden die Kommissioniersysteme insofern gerecht, als dass sie ein eigenes Kommissionierlager vom restlichen Lager absetzen. Das letztere übernimmt die Funktion des Reservelagers für das Kommissionierlager. Wenn die Vorräte im Kommissionierlager erschöpft sind, wird eine größere Partie aus dem Reservelager in das Kommissionierlager übertragen und dort dem Kommissioniervorgang zur Verfügung gestellt. Zumeist werden beide Lagersysteme nach unterschiedlichen Einlagerungsstrategien beschickt. Um den manuellen Kommissioniervorgang weitgehend zu unterstützten, werden den einzelnen Artikeln bestimmte feste Standplätze zugeordnet. Demgegenüber ist die **Belegung des Reservelagers** mit großen Packeinheiten **wahlfrei** oder **chaotisch** gestaltet. Damit bezeichnet man ein Lagerungsprinzip, bei dem die Einlagerung einer Einheit an einem freien, sonst aber beliebigen, Platz erfolgen

---

3 Logistik für Unternehmen (2003), Industrieanzeiger (2004)

kann. Der Einlagerungsort wird in einem Informationssystem mitverwaltet, womit der Artikel jederzeit wieder auffindbar ist. Ein Beispiel für die Verwaltung von Lagerplätzen mit Karten wird unten gegeben.

Statistische Überlegungen zeigen, dass bei einem gleichmäßigen Lagerabgang 50 % der Lagerfläche nicht genutzt wird, wenn die Artikel nach dem Prinzip der festen Zuordnung gelagert werden. Unter Vernachlässigung von Sicherheitsreserven kann deshalb eine chaotische Lagerung mit einer 50 % geringeren Lagerfläche auskommen. Hierbei ist jedoch anzunehmen, dass die verschiedenen einzulagernden Artikel nicht gleichzeitig als Nachschub am Lagerhaus eintreffen, sondern im Zeitablauf gleichmäßig verteilt. Die Kombination von Kommissionier- und Reservelager kann sogar in einem Regalgang erfolgen. Die unteren beiden Regalböden stehen den manuellen Kommissionierern in fester Zuordnung zur Verfügung, während auf den oberen Regalböden große Packgebinde in Reserve für den Nachschub bereitstehen. Diese können über Gabelstapler ein- und ausgefahren werden. Wir treffen diese Kombination z. B. im Großteilelager des Versandhauses Quelle in Nürnberg und im Ersatzteillager von Volkswagen in Kassel an.

Das Informations- und Verwaltungssystem eines derartigen Lagersystems basiert auf **Laufkarten.** Es ist ähnlich zum Kanban-System und wie folgt aufgebaut: Jeder Stellplatz im Reservelager wird mit einer Laufkarte dokumentiert. Die Karten von unbelegten Stellplätzen werden in einem Pool gesammelt. Wenn eine Palette im Reservelager eingelagert werden soll, erhält der Staplerfahrer eine Karte aus dem Pool, die den freien Platz ausweist. Nach dem Einlagerungsvorgang wird die Karte am Kommissionierplatz des Artikels abgelegt. Wenn Nachschub im Kommissionierlager benötigt wird, wird eine Karte am Kommissionierplatz des Artikels entnommen. Die Karte verweist auf einen Platz im Reservelager, von dem der Nachschub geholt werden kann. Nachdem dies erledigt ist, ist der Platz im Reservelager wieder frei, und die Laufkarte kehrt in den Pool zurück. Bemerkenswert an diesem Informations- und Verwaltungssystem sind dessen Einfachheit und die Tatsache, dass es ohne Computerunterstützung auskommt. Insofern ist es mit dem Kanban-System vergleichbar.

11.5 Bestellpolitiken und Sicherheitsbestände bei stochastischer Nachfrage

Zur Frage des Lagerhausmanagements zählt insbesondere die Überlegung, nach welchen Strategien das Lager aufzufüllen ist. Eingelagert wird in großen Partien. Dem stehen kleinteilige Kundenaufträge auf der Entnahmeseite gegenüber. Während die Größenstruktur und Häufigkeit der Kundenaufträge vorgegeben sind, kann das Management bei Einlagerungsprozessen solche Strategien verfolgen, welche die **Lagerkosten minimieren.** Gefragt wird nach der Menge, die bestellt werden soll. Bei der Bestimmung kostenminimaler Bestellmengen sind die Lagerkosten, die bei großen Bestellmengen entstehen, den Kosten zur Abwicklung der Bestellvorgänge, die bei häufigen kleineren Einzelbestellungen anfallen, gegenüberzustellen. Gleichzeitig ist die Gewährleistung eines festgelegten Serviceniveaus zu berücksichtigen. Für die Frage der **optimalen Bestellpolitiken** sind in der Betriebswirtschaftslehre verschiedene Modelle entwickelt worden. Es handelt sich um deterministische und stochastische Ansätze. Unterschieden werden

– die Andler'sche Losgrößenformel für das statische Modell, das in jeder Zeiteinheit gleiche Lagerabgangsraten aufweist,
– die dynamische Optimierung nach Wagner/Whitin, die mehrere zukünftige Perioden umfasst und für diese unterschiedliche Lagerabgangsraten unterstellt und
– die stochastischen Ansätze, die Zeitpunkte und Auffüllpolitiken bei zufällig verteilten Lagerabgangsraten untersuchen.

Da die deterministischen Ansätze infolge des stochastischen Lagerabgangs für die Bestellpolitiken keine Rolle spielen, sollen hier die **stochastischen** Ansätze vorgestellt werden.

Die Bestellungen der Artikel im Lager verteilen sich nicht gleichmäßig im Zeitablauf, sondern unterliegen zahlreichen Schwankungen, die dem postulierten Prinzip des gleichmäßigen Stromes als Voraussetzung einer optimierten Logistik nicht entsprechen. Das Lagerhausmanagement sollte aber versuchen, sich diesem Ideal der Stetigkeit anzunähern. Dazu ist es erforderlich, den Bestelleingang nicht als eine gegebene Größe hinzunehmen, sondern aktiv die Supply Chain so zu gestalten, dass große Lieferschwankungen infolge nicht abgestimmter Bestelltermine und schlecht koordinierter Bestellmengen vermieden werden. Ein Beispiel für die schlechte Abstimmung verschiedener Lagerstufen wurde in Kapitel 1 zum Supply Chain Management gegeben. Auch sollten **Sonderaktionen** des Handels, die auf der Lagerebene einen stoßweisen Bedarf erzeugen, reduziert oder ganz aufgegeben werden. Die Präzision von Absatzprognosen sollte durch den Einsatz verbesserter Methoden so verbessert werden, dass unvorhergesehene Schwankungen vermindert werden. Wenn alle diese Möglichkeiten der **Glättung** des Bestellprozesses ausgeschöpft sind, können in einer zweiten Phase aus den restlichen, deutlich verminderten, Schwankungen der Bestelleingänge optimierte Bestellpolitiken mit modelltheoretischen Methoden hergeleitet werden.

Voraussetzung für eine modelltheoretische Analyse ist es, den Lagerabgang für einen Artikel als eine **zufällige Variable** mit den Größen Mittelwert und Standardabweichung zu beschreiben. Die Frage ist dann zu beantworten, zu welchen **Zeitpunkten** bestellt werden soll und welche Vorsorge gegen den Fall zu treffen ist, dass die Zufallsvariable des Lagerabgangs stärker als der Mittelwert ausschlägt und die Vorräte schneller als erwartet zur Neige gehen und wie das Verhalten in diesem Fall optimiert werden kann. Diese Fragen werden im Kontext von Bestellstrategien diskutiert, die in das **Bestellzyklusverfahren** und das **Bestellpunktverfahren** eingeteilt werden. Beim Bestellzyklusverfahren wird nach festgelegten Periodenlängen t der Nachschub bestellt. Beim Bestellpunktverfahren wird überprüft, wann der Vorrat unter eine Meldegrenze s sinkt, und dann erst wird eine Bestellung ausgelöst.

Bei beiden Strategien werden zusätzlich die **Auffüllpolitiken** unterschieden:
- Auffüllen bis zu einem vorgegebenen Niveau (Bestellniveau S),
- Auffüllen mit einer bestimmten Menge (Los q).

Die Zuordnung der Bestellstrategien zu den Auffüllpolitiken zeigt das in Tabelle 11.2 vorgestellte Portfolio:

Tab. 11.2: Portfolio der Bestellpolitiken.

	Los q	Bestellniveau S
Bestellzyklus t	t,q	t,S
Bestellpunkt s	s,q	s,S

Nicht alle Kombinationen dieses Portfolios sind gleichermaßen sinnvoll. So wird gegen die (t,q)-Politik vorgebracht, dass sie keine Schwankungen des Verbrauchs berücksichtigt, wenn in festen Zeitabständen stets die gleiche Menge q bestellt wird. An dieser Stelle werden nur die beiden Politiken mit festem Bestellniveau S näher diskutiert: Das Bestellzyklusverfahren und das Bestellpunktverfahren. Diese Politiken berücksichtigen den knappen Lagerplatz, der den einzelnen Artikeln vorab vorgegeben ist. Nach einer Studie von Ihde et al. (1999) über die Ersatzteillogistik unter 124 Unternehmen in Europa überwiegt die (s,S)-Politik.

Das **Bestellzyklusverfahren** wird durch **Bestellperioden** mit konstanter Länge t gekennzeichnet, an deren Ende der Lagerbestand wieder aufgefüllt wird, wobei eine Lieferzeit T_W anfällt. Übliche Zyklen für t sind eine Woche oder ein Monat. Die Länge der Bestellperiode ist vorgegeben und nicht Gegenstand einer Optimierung. In den Fällen, in denen der Lagerabgang während der gewählten Bestellperiode einigermaßen voraussehbar ist und zum zweiten auch der Lagerbestand weitgehend abgebaut wird, ist das Bestellzyklusverfahren von Bedeutung. Das trifft etwa auf schnell umschlagende A-Teile zu. Ein Vorzug des Bestellzyklusverfahrens ist, dass Bestellungen über viele Artikel bei einem Lieferanten zeitlich gebündelt werden können. Hingegen ist es für langsam umschlagende C-Teile nicht sinnvoll einsetzbar, weil während der Bestellperiode der Verbrauch gering ist und deswegen eine größere Unsicherheit über dessen Schätzung besteht.

Im Folgenden wird ein **Modellansatz** für die (t,S)-Politik erläutert, der eine Wahrscheinlichkeitsaussage über das Auftreten einer Fehlmenge in einer Bestellperiode t mit einer Wiederbeschaffungszeit T_W erlaubt. Damit lassen sich Aussagen zur Höhe der Auffüllgrenze S und zur Produktlieferbereitschaft des Lagers als Maß der Servicequalität herleiten. Der Lagerabgang für ein Produkt wird bei diesem Modellansatz als normal verteilte Variable mit **Mittelwert** μ und **Standardabweichung** σ während einer Woche angenommen. Die Lagerabgänge in den Folgewochen seien genauso verteilt und unabhängig voneinander. Die Normalverteilung streut beliebig weit in den positiven und negativen Bereich. Das ist für empirische Verteilungen des Lagerabgangs nicht der Fall. Die Annahme der Normalverteilung dient jedoch der Vereinfachung, weil diese Verteilung weithin bekannt und einfach mit der Tabellenkalkulation zu berechnen ist. Auch haben Untersuchungen gezeigt, dass Annahmen über andere Wahrscheinlichkeitsverteilungen nur leicht geänderte Ergebnisse zeigen.

Die Bestellperiode t betrage n Wochen, die Wiederbeschaffungszeit T_W betrage w Wochen. Die Variable L des Lagerabgangs während der Bestellperiode und der Wiederbeschaffungszeit ist dann normal verteilt mit dem Mittelwert $\mu_L = (n + w)\mu$ und der Standardabweichung $\sigma_L = \sigma\sqrt{n + w}$ (vgl. Kapitel 11).

Die elementaren Eigenschaften der Normalverteilung können mithilfe der **σ-Regeln** in Aussagen über die erforderliche Auffüllgrenze S und der damit verbundenen Fehlmengenwahrscheinlichkeit überführt werden. Die Produktlieferbereitschaft α des Lagers, die auch als Serviceniveau α bezeichnet wird, kann dann als Prozentsatz $1 - \alpha$ der Fälle ausgedrückt werden, in denen für einen Artikel eine Fehlmenge auftritt. Die folgende Tabelle 11.3 gibt dazu eine Übersicht. Die Variable L des Lagerabgangs überschreitet während der Zeit von n + w Wochen nach den elementaren Eigenschaften einer Normalverteilung in dem in der Tabelle 11.3 wiedergegeben Prozentsatz der Fälle die Grenze $z\sigma_L$ nach oben und führt zu einer Fehlmenge.

Tab. 11.3: σ-Regeln.

Produktlieferbereitschaft α in %	Fehlmengenwahrscheinlichkeit in %	Vielfaches z von σ_L
84,2	15,8	1,0
90	10	1,25
94	6	1,55
95	5	1,64
96	4	1,75
97	3	1,87
97,72	2,28	2,0
98	2	2,05
99	1	2,3
99,87	0,13	3,0

Die Fehlmengenwahrscheinlichkeit der Grenze $z\sigma_L$ bestimmt sich mit der kumulierten Verteilungsfunktion F(x) der normierten Normalverteilung als $1 - F(z)$.[4] Die Auffüllgrenze S ist dann gegeben als $S = \mu_L + z\,\sigma_L$. Eine Fehlmengenwahrscheinlichkeit von 15,8 % impliziert nach der Tabelle 11.3 eine Auffüllgrenze S von $\mu_L + \sigma_L$, eine Fehl-

---

4 In Excel wird die zu z gehörende Wahrscheinlichkeit mit der Tabellenfunktion Normvert als 1 – Normvert(z ; 0 ; 1; WAHR) ausgegeben.

mengenwahrscheinlichkeit von 2,28 % eine Auffüllgrenze S von $\mu_L + 2\sigma_L$ und eine Fehlmengenwahrscheinlichkeit von 0,13 % eine Auffüllgrenze S von $\mu_L + 3\sigma_L$. An diesen Überlegungen ist die stark steigende Auffüllgrenze bei einer Annäherung der Produktlieferbereitschaft an die Grenze von 100 % erkennbar. Der Sprung von 84,2 % (entsprechen einer Fehlmengenwahrscheinlichkeit von 15,8 %) auf 97,72 % erfordert eine Erhöhung der Auffüllgrenze um ein σ_L. Um dann die Produktlieferbereitschaft noch um 2,15 Prozentpunkte auf 99,87 % zu steigern, ist die Auffüllgrenze S noch einmal um den Betrag σ_L zu erhöhen. Eine Erhöhung von S bedeutet jedoch höhere Lagerkosten, weshalb eine Verbesserung des Lieferbereitschaftsgrads bei Annäherung an die Grenze von 100 % mit progressiv steigenden Lagerkosten verbunden ist. Die folgende Abbildung 11.3 zeigt den steilen Verlauf der Lagerkosten bei der Annäherung des Lieferbereitschaftsgrads an die Grenze von 100 %.

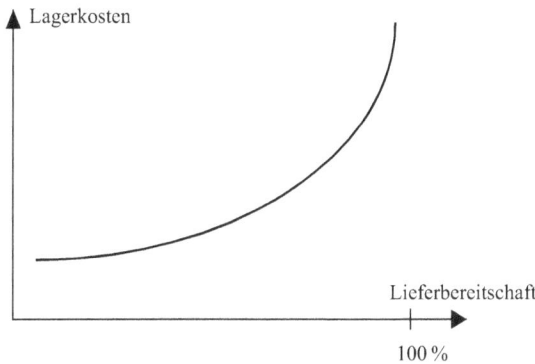

Abb. 11.3: Lagerkosten in Abhängigkeit vom Lieferbereitschaftsgrad.

Da die Auffüllgrenze S über die Formel $S = \mu_L + z\sigma_L$ linear von $\sigma_L = \sqrt{n + w}$ abhängt, führt eine Verkürzung der Wiederbeschaffungszeit T_w zu niedrigeren Lagerbeständen S, ebenso wie eine Verkürzung der Bestellperiode. Damit ist eine Rechtfertigung von Quick-Response-Systemen gegeben, die schnelle und häufige, aber kleine Lieferungen vorsehen.

Nun erläutern wir das **Bestellpunktverfahren.** Hierbei wird nicht in festen Zeitabständen bestellt, sondern erst dann, wenn der Lagerbestand einen gewissen Mindestwert, der auch als **Meldebestand** bezeichnet wird, unterschreitet. Heutzutage ist mit den Mitteln der elektronischen Bestandsfortführung das Abrufen des aktuellen Lagerbestandes für die einzelnen Artikel jederzeit möglich. Insofern kommt dem Bestellpunktverfahren für B- und C-Artikel heute eine größere Bedeutung zu als früher, als der Lagerverwaltung noch effiziente Hilfsmittel zur Bestandskontrolle fehlten. Beim Modellansatz des Bestellpunktverfahrens wird für einen Artikel eine zufällig verteilte Lagerabgangsrate angenommen, die den Abgang pro Zeiteinheit darstellt. Wenn ein Meldebestand des Lagerbestandes unterschritten wird, dann wird eine Bestellung ausgelöst, die den Lagerbestand wieder auffüllt.

Da zwischen dem Auslösen der Bestellung und dem Eintreffen der neuen Artikel eine Zeitspanne verstreicht, ist diese Zeit als **Wiederbeschaffungszeit T_W** in Rechnung zu stellen. Während dieser Zeitspanne ist die Nachfrage aus dem Meldebestand zu befriedigen. Das Bestellpunktverfahren wird daher auch **2-Behälter-System** genannt: Wenn kein Vorrat mehr im Hauptbehälter vorhanden ist, wird die Nachfrage aus dem zweiten Behälter des Meldebestandes bedient. Die Abbildung 11.4 verdeutlicht das 2-Behälter-System mit einer konstanten Rate des Lagerabgangs, welche den Mittelwert der zufälligen Variablen Lagerabgang darstellt.

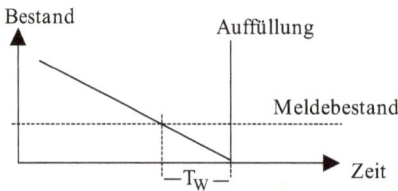

Abb. 11.4: Meldebestand und Wiederbeschaffungszeit beim Bestellpunktverfahren (2-Behälter-System).

Der Meldebestand hat dann mindestens so groß zu sein, dass der Lagerabgang während der Wiederbeschaffungszeit nicht den Bestand auf null schmelzen lässt. Wird auf Artikel im Lager zugegriffen, ohne dass ein Vorrat vorhanden ist, spricht man auch von einer **Fehlmenge.** Hier entsteht die Frage, welcher Meldebestand überhaupt zu wählen ist. Die Festlegung des Meldebestandes kann auf zwei Arten geschehen:
– über die Wahrscheinlichkeit des Auftretens einer Fehlmenge oder
– auf die Minimierung der Summe von Lager- und Fehlmengenkosten.

Im Folgenden wird ein **Modellansatz** erläutert, der eine Wahrscheinlichkeitsaussage über das Auftreten einer Fehlmenge bei kurzen Wiederbeschaffungszeiten erlaubt. Im Unterschied zum Bestellzyklusverfahren, das den Zeitraum $t + T_W$ betrachtet, wird beim Bestellpunktverfahren der Lagerabgang als normal verteilte Variable A mit Mittelwert μ und Standardabweichung σ während der Wiederbeschaffungszeit T_W angenommen. Mit der Annahme eines normal verteilten Lagerabgangs entsteht während der Wiederbeschaffungszeit im Mittel ein Bedarf von μ. Da die Normalverteilung symmetrisch um den Mittelwert streut, bleibt der Lagerabgang in 50 % der Fälle unterhalb des Mittelwertes, aber auch in 50 % der Fälle oberhalb. Das bedeutet, dass eine Wahl des Meldebestandes s als Mittelwert μ in 50 % der Fälle eine Fehlmenge verursacht. Diese hohe Fehlmengenrate ist aber unerwünscht. Zusätzlich zum Mittelwert μ ist daher noch ein **Sicherheitsbestand B** vorzusehen, um Schwankungen der Zufallsvariablen A aufzufangen. Der Meldebestand beträgt dann $\mu + B$. Man drückt den Sicherheitsbestand B als ein Vielfaches z der Standardabweichung σ des Lagerabgangs aus und erhält die oben beschriebenen σ-Regeln. Die Argumentation verläuft an dieser Stelle wie oben beim Fall des Bestellzyklusverfahrens. Da der Sicherheitsbestand proportional zu σ ist, muss mit den oben beschriebenen Methoden der Lagerabgang so weit wie möglich geglättet werden, um σ klein zu halten.

Wird die Produktlieferbereitschaft des Lagers als Prozentsatz der Fälle ausgedrückt, in denen während der Wiederbeschaffungszeit keine Fehlmengen auftreten, so impliziert die Tabelle 11.3 eine Fehlmengenwahrscheinlichkeit von 15,8 % bei einem Sicherheitsbestand von σ, eine Fehlmengenwahrscheinlichkeit von 2,28 % bei einem Sicherheitsbestand von 2σ und eine Fehlmengenwahrscheinlichkeit von 0,13 % bei einem Sicherheitsbestand von 3σ. An diesen Überlegungen ist wiederum – wie oben – der stark steigende Sicherheitsbestand bei einer Annäherung des Lieferbereitschaftsgrads an die Grenze von 100 % erkennbar.

Als ein **Beispiel** für Aussagen über Fehlmengen behandeln wir folgende Daten: Der unregelmäßige Abgang in einem Meldebestandssystem wird so geschätzt, dass er ungefähr einmal im Monat, d. h. zwölfmal im Jahr, wieder aufgefüllt werden muss. Der Lagerabgang während der Wiederbeschaffungszeit sei eine normal verteilte Zufallsvariable mit dem Mittelwert $\mu = 200$ und der Standardabweichung $\sigma = 50$. Wie groß sind der Sicherheits- und der Meldebestand zu wählen, sodass höchstens einmal unter den zwölf Fällen ein Fehlbestand auftritt? 1/12 entspricht dem Wert $\alpha = 0{,}0833$. Wenn F(x) die kumulierte Verteilungsfunktion der Normalverteilung mit Mittelwert μ und der Standardabweichung σ ist, dann liefert die inverse Funktion $F^{-1}(x)$ von F bei $x = 1 - \alpha$ die Grenze μ + B , die die Variable des Lagerabgangs mit einer Wahrscheinlichkeit α überschreitet. Mit der Tabellenfunktion Norminv von Excel erhält man $F^{-1}(1 - \alpha) =$ NORMINV(1-0,0833;200;50) = 269, was bedeutet, dass einmal in zwölf Fällen die Variable des Lagerabgangs den Wert 269 überschreitet. Der Meldebestand beträgt damit 269 Einheiten und der Sicherheitsbestand ist B = 269 −200 = 69.

Wenn die Verteilung der Bestellhäufigkeiten bekannt ist und die Kosten der Nichterfüllung eines Auftrags wegen Fehlmengen abgeschätzt werden können, z. B. durch Konventionalstrafen, dann können die Lagerkosten mit den Fehlmengenkosten abgewogen werden und der Sicherheitsbestand kann so hoch angesetzt werden, dass die Summe von Lager- und Fehlmengenkosten minimal wird. Wir geben hierzu ein Beispiel, in dem der Lagerabgang einen Mittelwert $\mu = 1.000$ Stück mit einer Standardabweichung von 200 aufweist. Eine Produktlieferbereitschaft von mindestens 84,2 % soll garantiert werden. Damit ist der Sicherheitsbestand B von mindestens $1 \times \sigma = 200$ anzusetzen. Nur die Artikel, die zusätzlich über die Grenze 200 hinaus gelagert werden, sollen in die Kostenabwägung einbezogen werden. Ein Artikelwert von 600 € mit einem Lagerzinssatz von L = 20 % wird angenommen. Damit ergeben sich Lagerkosten von 120 € pro Stück. In der folgenden Tabelle 11.4 wird in der Spalte „Anzahl der Überschreitungen" die Verteilung der Nachfrage beispielhaft angenommen und gezeigt, wie oft bei einem bestimmten Sicherheitsbestand die Nachfrage nicht befriedigt werden kann. So kann z. B. bei einem Sicherheitsbestand von 300 die Nachfrage in

Tab. 11.4: Abwägung von Lager- und Fehlmengenkosten bei einer gegebenen Verteilung der Nachfrage.

Sicherheits-bestand	Anzahl der Über-schreitungen	Zusätzliche Lagerkosten in €	Fehlmengen-kosten in €	Gesamtkosten in €
200	200	0	52.000	52.000
225	170	3.000	44.200	47.200
250	145	6.000	37.700	43.700
275	125	9.000	32.500	41.500
300	110	12.000	28.600	40.600
325	98	15.000	25.480	**40.480**
350	88	18.000	22.880	40.880
375	81	21.000	21.060	42.060
400	76	24.000	19.760	43.760

Lagerkosten = 120, Lagerwert = 600, Lagerzins = 0,2, Fehlmengenkosten pro Stück = 160

110 Fällen der Planungsperiode nicht gedeckt werden. Dann entstehen Fehlmengenkosten von 260 € pro Fall, also insgesamt 28.600 €. Die Spalte „Gesamtkosten" zeigt die gegenläufigen Kosten von Lagerung und Fehlmengen. Nach diesem Ansatz ist der Sicherheitsbestand von 325 derjenige mit den geringsten Gesamtkosten von 40.480 €.

Wenn man die Daten von Lagerkosten und Fehlmengenkosten in einer Sensitivitätsanalyse variiert, ergibt sich, wie robust die optimierten Sicherheitsbestände auf die Änderung der Daten bei einer gegebenen Nachfrageverteilung reagieren. Die folgende Tabelle 11.5 zeigt die optimierten Sicherheitsbestände in Abhängigkeit von diesen Daten.

Tab. 11.5: Optimierte Sicherheitsbestände in Abhängigkeit von Lager- und Fehlmengenkosten.

Lagerkosten in €	Fehlmengenkosten in €						
	140	160	180	200	220	240	260
60	325	350	350	350	375	375	375
80	300	300	325	325	350	350	350
100	275	275	300	300	325	325	350
120	250	275	275	275	300	300	325

Zweistufige Meldesysteme gehen von einem niedrigeren Sicherheitsbestand aus. Wird erkennbar, dass während der Wiederbeschaffungszeit T_W der Vorrat nicht ausreicht, so kann mit einer Eillieferung eine kleine Partie zusätzlich innerhalb der Wiederbeschaffungszeit besorgt werden. Die Eillieferung wird ausgelöst, sobald der Vorrat unter eine zweite, niedrigere Meldegrenze fällt, die anzeigt, dass der Lagerabgang rascher erfolgt als zunächst vermutet. Mit dem zweistufigen Meldesystem werden große Sicherheitsbestände, die selten ganz in Anspruch genommen werden, durch Eillieferungen substituiert.

Eine weitere Strategie, die Sicherheitsbestände zu senken, besteht in der aggregierten Betrachtung von gleichartigen Produkten, die sich gegenseitig substituieren können. Wenn z. B. eine 500-GB-Festplatte nicht mehr lieferbar ist, so kann diese mit einer 1.000-GB-Festplatte substituiert werden. Oder Großpackungen können durch zwei kleine Packungen ersetzt werden. Ein weiterer Ansatzpunkt besteht in der Bestimmung der durchschnittlichen Lieferfähigkeit eines Lagers über eine ganze Artikelgruppe. Dieser Durchschnitt kann gehalten werden, indem die Produktlieferbereitschaft für teure Artikel gesenkt, dafür aber die von niedrigpreisigen Artikeln erhöht wird. Mit dieser Strategie sinkt der durch den Sicherheitsbestand gebundene Kapitalbedarf.

11.6 Die Aggregation der regionalen Sicherheitsbestände im Zentrallager

In diesem Abschnitt sollen die Sicherheitsbestände in Distributionssystemen untersucht werden, die regionale Lagerhäuser aufweisen. Gefragt wird, wie sich eine Zusammenfassung von n Regionallagern zu einem Zentrallager auf die Sicherheitsbestände auswirkt. Dazu machen wir folgende Annahmen für die Zufallsvariablen z_i des Lagerabgangs in den Regionallagern i = 1,...,n: Der Lagerabgang pro Periode (z. B. einer Woche) sei normal verteilt mit den folgenden Charakteristika:

- μ_i = Mittelwert des Lagerabgangs des Lagers i
- σ_i = Standardabweichung des Lagerabgangs des Lagers i
- r_{ij} = Korrelation zwischen dem Lagerabgang des Lagers i und dem des Lagers j

Wir unterstellen nun anstatt von n Regionallagern ein Zentrallager und fassen den Lagerabgang aus den Regionallagern zu einer Variablen Z des Lagerabgangs des Zentrallagers additiv zusammen, d. h. Z = Σz_i. Z besitze den Mittelwert μ_Z, die Standardabweichung σ_Z und die Varianz v_Z. Dann ist die Variable Z normal verteilt mit dem Mittelwert $\mu_Z = \Sigma\mu_i$ und der Varianz (vgl. Bleymüller/Weißbach 2015):

$$v_Z = (\sigma_Z)^2 = \sum_{i=1}^{n} \sigma_i^2 + \sum_{i \neq j} r_{ij}\sigma_i\sigma_j. \tag{11.1}$$

Wenn wir annehmen, dass die Variablen der Lagerabgänge in den Regionallagern voneinander unabhängig sind, sind die Korrelationskoeffizienten $r_{ij} = 0$, und die Varianz von Z vereinfacht sich nach (11.1) wie folgt:

$$v_Z = (\sigma_Z)^2 = \sum_{i=1}^{n} \sigma_i^2. \tag{11.2}$$

Diese Annahme trifft nicht stets zu. Wenn beispielsweise Saisonartikel verkauft werden, ist der Lagerabgang in den Regionallagern gleichartig. Aber auch dann, wenn die Variablen der Regionallagerabgänge positiv korreliert sind, bleibt die Varianz des Lagerabgangs im Zentrallager kleiner als die quadrierte Summe der einzelnen Standardabweichungen, solange die Korrelationskoeffizienten $r_{ij} < 1$ sind:

$$v_Z = (\sigma_Z)^2 = \sum_{i=1}^{n} \sigma_i^2 + \sum_{i \neq j} r_{ij} \sigma_i \sigma_j < \sum_{i=1}^{n} \sigma_i^2 + \sum_{i \neq j} \sigma_i \sigma_j = \left(\sum_{i=1}^{n} \sigma_i \right)^2. \quad (11.3)$$

Wenn auf der anderen Seite die Nachfrage in den verschiedenen Regionallagern vollständig positiv korreliert ist, werden die Korrelationskoeffizienten $r_{ij} = 1$. In diesem Falle ist nach Gleichung (11.1) die Standardabweichung der aggregierten Nachfrage Z gleich der Summe der Standardabweichungen der einzelnen Regionallager: $v_Z = \sum_{i=1}^{n} \sigma_i$.

Aus der Gleichung (11.3) folgt, dass die Standardabweichung im Zentrallager dann geringer als die Summe der Standardabweichungen der einzelnen Regionallager wird, wenn die Korrelationskoeffizienten $r_{ij} < 1$ sind. Daraus ergibt sich unmittelbar die Vorteilhaftigkeit der Zentralisierung hinsichtlich des im Zentrallager vorzuhaltenden Sicherheitsbestandes, da dieser eine lineare Funktion der Standardabweichung ist. Damit lässt sich durch Zentralisierung der Sicherheitsbestand senken, ohne die Verfügbarkeit einzuschränken.

Wenn man die Annahmen weiter vereinfacht und unterstellt, dass nicht nur die Lagerabgänge voneinander unabhängig sind, sondern auch die Standardabweichungen für jedes Regionallagerhaus identisch sind, $\sigma_i = \sigma$, dann erhält man aus Gleichung (11.2) für die Standardabweichung im Zentrallager die in der Literatur als „Wurzeltheorem" bekannte Gleichung:

$$\sigma_Z = \sqrt{\sum_{i=1}^{n} \sigma_i^2} = \sqrt{n\sigma^2} = \sigma \sqrt{n}. \quad (11.4)$$

Mit anderen Worten: Wenn man n Regionallager zentralisiert, so sinkt der Sicherheitsbestand um den Faktor $\sqrt{n}$. Das Wurzeltheorem wird – wie oben gezeigt – für die Modellierung der Standardabweichung des Lagerabgangs während der Wiederbeschaffungszeit herangezogen.

Wenn man die Standardabweichungen auf die Variationskoeffizienten $v_i = \sigma_i/\mu_i$ normalisiert, so lassen sich folgende Aussagen über die Vorteile der Zentralisierung bzw. Dezentralisierung treffen. Wenn Produkte einen kleinen Variationskoeffizienten im regionalen Lagerabgang aufweisen, so fällt die Reduktion der Sicherheitsbestände in einem Zentrallager nicht so groß aus. Das trifft etwa bei schnelldrehenden Artikeln zu, die nahe am Absatz im Regionallager dezentral gelagert werden können. Umgekehrt ist die Situation bei langsamdrehenden Artikeln. Hier sind Standardabweichungen und Variationenkoeffizienten groß, und der Effekt der Aggregation auf den Sicherheitsbestand ist beträchtlich. Deshalb ist für die langsamdrehenden Artikel eine

Zentralisierung des Bestandes vorteilhaft. Die folgende Tabelle 11.6 gibt hierzu ein Beispiel für die (s,S)-Politik.

Wir nehmen 10 Regionallager an. Der Wert des Artikels A sei 10 €, der von Artikel B 100 €. Die Wiederbeschaffungszeit betrage 2 Wochen.

Tab. 11.6: Vergleich der Sicherheitsbestände Regionallager – Zentrallager.

	Artikel A	Artikel B	Artikel A	Artikel B
	Einzelnes Lagerhaus:		Ein Zentrallager:	
Mittlerer Umsatz pro Woche in Stück pro Lagerhaus	1.000	100	10.000	1.000
Standardabweichung σ	400	80	1.264,91	252,98
Variationskoeffizient	0,4	0,8	0,126	0,253
Wiederbeschaffungszeit 2 Wochen				
Standardabweichung $\sigma_w = \sigma \cdot$ Wurzel(2) während der Wiederbeschaffungszeit	565,69	113,14	1.788,85	357,77
Sicherheitsbestand = $2\sigma_w$ in Stück pro Lager bei (s,S)-Politik bei 2,28 % Fehlmenge	1.131,37	226,27	3.577,71	715,54
Gesamter Sicherheitsbestand in Stück über alle Lagerhäuser	11.313,71	2.262,74	3.577,71	715,54
Wert des Sicherheitsbestandes	**113.137,08 €**	**226.274,17 €**	**35.777,09 €**	**71.554,18 €**

Für den Artikel B mit dem großen Variationenkoeffizienten sinkt der Wert des Sicherheitsbestandes von 226.000 auf 71.000 €, für den Artikel A aber lediglich von 113.000 auf 35.000 €.

12 Die Citylogistik

Unter dem Begriff der **Citylogistik** versteht man die gebündelten und koordinierten Ver- und Entsorgungsverkehre für Handels-, Dienstleistungs- und Produktionsbetriebe in der Stadt, insbesondere in der Innenstadt. Die Citylogistik wird heute im Zusammenhang mit der Feinstaubdebatte wieder besonders aktuell.

Das Thema Citylogistik lenkt die Aufmerksamkeit auf die bisher von Stadt- und Verkehrsplanung vernachlässigten Aspekte des Wirtschaftsverkehrs, der zwischen 10 und 17 % des innerstädtischen Verkehrs ausmacht. Der Wirtschaftsverkehr umfasst nicht nur die Belieferung von Geschäften in der City, sondern auch die Versorgung anderer Bedarfspunkte wie z. B. Heizöllieferungen, die Versorgung von Baustellen und Handwerkerverkehre. Eine Untersuchung der Hochschule Frankfurt zum Wirtschaftsverkehr im Jahr 2015 fand folgende Quellen des Wirtschaftsverkehrs: Es wurden zu 40 % Lieferanten festgestellt, zu 22 % Handwerker, zu 10 % KEP, zu 9 % Techniker, zu 11 % Müllentsorgungsfahrzeuge und zu 2 % Baustellenfahrzeuge (Schäfer 2015). Bei der Art der Lieferfahrzeuge stellte die Studie fest, dass überwiegend Transporter verwendet wurden. Handwerker und Techniker des Wirtschaftsverkehrs benutzen in knapp 50 % der Fälle Pkw anstelle von Transportern oder leichten Lkw. Bei einer Befragung der Fahrer von Fahrzeugen des Wirtschaftsverkehrs wurde deutlich, dass Parkraum zum Abstellen der Fahrzeuge fehlt. Die ausgewiesenen Ladezonen waren nicht ausreichend oder schon von anderen Fahrzeugen belegt. Man stellte fest, dass immerhin 36 % der Haltevorgänge auf einem Fahrstreifen stattfanden.

Um zu zeigen, wie die Koordination des Wirtschaftsverkehrs gelingen kann, soll hier zunächst auf den Verkehr zur Belieferung innerstädtischer Einzelhandelsgeschäfte fokussiert werden. Die Versorgung innerstädtischer Geschäfte mit Waren erfolgt bisher durch unabhängig voneinander auftretende Logistikdienstleister, wie Expressdienste und Speditionen, und ist von einer steten Zunahme der Lieferverkehre gekennzeichnet, die durch die Tendenz zu kleineren Sendungen, durch zu geringe oder gar keine Lagerhaltung in den einzelnen Geschäften und durch eine Konzentration von vielen Einzelhandelsgeschäften in Einkaufsgalerien verursacht wird. Die hohen Mieten in den Spitzenlagen erfordern eine Minimierung des Flächenbedarfs für die Lagerhaltung. Das führt zu einer Just-In-Time-Versorgung des Handels mit der Konsequenz eines erhöhten Verkehrsaufkommens, die noch dadurch verstärkt wird, dass heute die Lieferanten, im Unterschied zu früheren Zeiten, kaum noch Mengenrabatte anbieten und so kein Anreiz für die Bestellung größerer Partien mehr entsteht. Durch Abbau von Anlieferungsrampen und Auflagen der Kommunen für den Wirtschaftsverkehr ist die Produktivität der Auslieferverkehre in der Innenstadt reduziert worden. Waren früher noch 15 bis 18 Kundenanfahrten pro Ausliefertour möglich, so sind es heute nur noch 8 bis 10 Stopps.

MithHilfe von kooperativen Konzepten der Citylogistik kann eine Reihe von Problemen gelöst werden und ein Zusatznutzen für die Kommune und den Einzelhandel

DOI 10.1515/9783110473285-016

zustande kommen. Dieser Punkt soll hier im Folgenden systematisch behandelt werden:

- Die Zunahme der Lieferverkehre belastet das Verkehrssystem mit negativen Folgen wie Staugefahr, Lärm und Abgas.
- Es ergibt sich eine Überschneidung von Kundenverkehren mit den Lieferverkehren. Aus der Sicht des Einzelhandels hat der Kundenverkehr Vorrang. Der Lieferverkehr erscheint demgemäß als Störfaktor.
- Die Belieferung einzelner Geschäfte durch Logistikdienstleister, die unabhängig voneinander auftreten, führt zu folgenden Problemen: Die Geschäfte werden zu unregelmäßigen Zeiten von vielen, gering ausgelasteten Fahrzeugen angefahren. Da die Geschäfte mit ihren Lieferanten kontrahieren, nicht aber mit den Logistikdienstleistern, wird die Kooperation zwischen Geschäft und Logistikdienstleistern zur Abstimmung der Lieferungen erschwert. Die unterbleibende Koordination führt zu einer Zusammenballung der Termine am Vormittag, wobei an den Laderampen Probleme der Überlastung entstehen können.
- Die Lieferfahrzeuge können z. T. nicht direkt an die Laderampen der Geschäfte vorfahren. Es ergeben sich weite Anlieferungswege und Konflikte mit der Straßenverkehrs-Ordnung, wie z. B. ordnungswidriges Halten und Parken in der zweiten Spur. Eine Abstimmung mit dem Auslieferspediteur der Citylogistik kann eine bestimmte Zufahrtsmöglichkeit reservieren.
- Lieferbeschränkungen ergeben sich durch Zeitfenster in Fußgängerzonen, durch Maßnahmen zur Verkehrsberuhigung und durch kommunale Begrenzungen der Lkw-Kapazität.

Um die Konflikte mit dem Wirtschaftsverkehr zu regulieren, steht den Kommunen eine ganze Reihe von Maßnahmen zur Verfügung:

1. Beschränkung des Zugangs in die City für Lieferfahrzeuge ist nur in bestimmten Zeitfenstern gestattet. Ziel dieser Maßnahmen ist es, die Qualität des Einkaufserlebnisses für Kunden zu erhöhen, indem Belieferungen von den Hauptzeiten des Einkaufens getrennt werden.
2. Beschränkung der Art der Lieferfahrzeuge. Nur leichte Fahrzeuge werden erlaubt. Eine Geräuschreduktion und eine Emissionsreduktion werden gefordert.
3. Die Verkehrspolitik kann Busspuren für den Lieferverkehr öffnen.
4. Ladung und Entladung. Lieferzonen in der City, wo Fahrzeuge geladen oder entladen werden können, sind knapp oder gar nicht verfügbar. So müssen Lieferfahrzeuge neben parkenden Autos halten und blockieren dabei eine Fahrbahn. Deswegen ist die Politik, Ladezonen und deren Bewirtschaftung auszuweisen, von hoher Bedeutung. Auch kann das Ordnungsamt die Räumung von Ladezonen durch Fremdparker durchsetzen. In Paris können die Beteiligten am Lieferverkehr eine Charta über gute Praktiken im Lieferverkehr unterzeichnen.
5. Umschlag. Die Kommunen können in der City gewisse Flächen auszeichnen, wo Umschlagspunkte (urban consolidation centre – UCC) für die Feinverteilung ein-

gerichtet werden können. So stellt Paris etwa Tiefgaragenflächen für den Umschlag zur Verfügung. Die UCC ermöglichen eine Bündelung von Lieferverkehren mit schweren Lkw bis zum UCC, von wo aus eine Feinverteilung an die Geschäfte vorgenommen wird. Durch die Bündelung mit schweren Lkw wird die Anzahl der Einfahrten in die City reduziert. Die Feinverteilung soll dann umweltfreundlich mit Elektrofahrzeugen oder Lastenfahrrädern erfolgen.

6. Finanzielle Anreize. Für die Teilnehmer am Wirtschaftsverkehr können finanzielle Anreize geschaffen werden, um an Lösungen für eine Koordinierung des Wirtschaftsverkehrs teilzunehmen. Auch können Gebühren erhoben werden für die Einfahrt in die City.

7. Neuartige Lösungen für die Innenstadtbelieferung können erprobt werden. So beliefert die Lebensmittelkette Monoprix ihre Filialen in Paris-City über die Seine, ebenso wie der Lieferdienst Vert-Chez-Vous Frachtschiffe für die Paketauslieferung nach Paris-City über die Seine einsetzt.

Interessant am Konzept der Citylogistik ist die **Bündelung** der Auslieferungstouren durch ein gemeinsames Depot. Wurden bisher die Geschäfte von Auslieferungsfahrzeugen verschiedener Speditionen angefahren, so erreicht die Bündelung, dass jedes Geschäft nur noch von einem Fahrzeug eines ausliefernden Dienstleisters angefahren wird, der die Auslieferungen der beteiligten Speditionen in einer Tourenplanung zusammenfasst. Die folgende Abbildung 12.1 verdeutlicht diesen Zusammenhang.

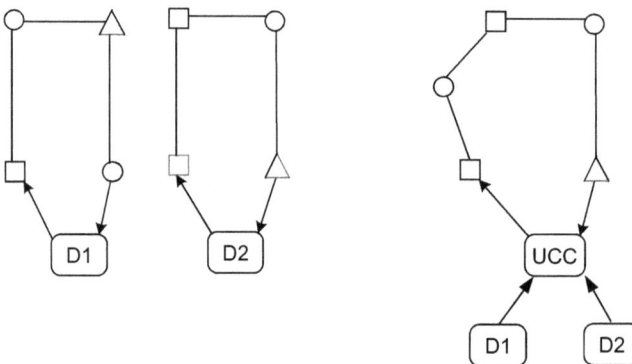

Abb. 12.1: Bündelungseffekt der Citylogistik.

In dieser Abbildung werden beispielhaft zwei Auslieferungstouren, die von zwei verschiedenen Speditionen an zwei verschiedenen Depots D1 und D2 starten und die beide drei gleiche Geschäfte anfahren, zu einer Tour zusammengefasst. Hier findet also eine **doppelte Bündelung** statt: Erstens die Zusammenfassung von Touren und zweitens die Zusammenfassung gleicher Geschäfte. Die Anbindung der Auslieferfahrzeuge an den Logistikdienstleister kann durch elektronische Kommunikation (EDI),

Tablets und APPs intensiviert werden. Durch Nutzung des Internets können Absender den aktuellen Stand der Auslieferung überwachen und die Auslieferfahrzeuge besser disponieren.

Welche Maßnahmen zur Regulierung des Wirtschaftsverkehrs ergriffen werden, kann am besten in einem Gesprächskreis ermittelt werden. So haben die Städte Stuttgart und Frankfurt Arbeitskreise zum Wirtschaftsverkehr gegründet, in die die Vertreter der Interessengruppen, wie dem Einzelhandelsverband, dem KEP-Verband, dem Spediteursverband und der Stadtverwaltung, entsandt werden. Hier wird diskutiert, wie der Wirtschaftsverkehr sozial verträglich in die Innenstadt eingebettet werden kann. Wie können mehr Ladezonen geschaffen werden? Wie können diese Ladezonen bewirtschaftet werden, etwa mit einer App über das Internet? Wie muss die Bauverwaltung mit dem Verkehrsamt kooperieren, um bei Neubauprojekten ausreichende Ladezonen auszuweisen? Mit welchen Maßnahmen kann das Ordnungsamt die Ladezonen von Fremdparkern freihalten? Zu welchen Tageszeiten kann der Lieferverkehr die City anfahren? Sollen besonders umweltfreundliche Lieferfahrzeuge eingesetzt werden, die elektrisch oder mit Erdgas angetrieben werden? Sollen Lieferungen vom Tag in die Nacht verschoben werden? Sollen Lieferungen in citynahen Umschlagslagern gebündelt werden und von dort in die City umweltschonend, etwa mit Lastenfahrrädern, ausgeliefert werden? Sollen mobile Mikrolager in der City aufgestellt werden, wie es UPS in Hamburg bei einem Modellversuch macht? Wie soll man die Verteilung der Zusatzkosten regeln, die bei der Einrichtung von citynahen Umschlagslagern entstehen?

Auf den ersten Blick war das Konzept des UCC als Maßnahme zur Regulierung sehr überzeugend. Man erwartete eine Reduktion der Lieferverkehre um 20 bis 30 %. Betrachtet man aber das Schicksal der von der EU geförderten Modellprojekte in den vergangenen 30 Jahren, so erkennt man, dass von den 150 UCC-Projekten nur fünf überlebt haben. Deswegen weisen die UCC-Projekte eine Fehlerrate von 96 % auf (Vahrenkamp 2016). Versucht man zu verstehen, warum die UCC-Projekte nicht erfolgreich waren, kann man sich auf zwei Ursachenkomplexe konzentrieren:

1. Die Bündelung wurde allein als technische Prozedur verstanden, einen Lieferwagen bis zu seiner Ladungsgrenze zu füllen. Dabei wurden allerdings Aspekte der Wettbewerbsökonomie nicht berücksichtigt. Die Projekte fokussieren auf kleine unabhängige Ladenbesitzer und Hotelbesitzer, lassen aber Handelsketten und KEP-Dienste außen vor. Die unabhängigen Ladenbesitzer haben aber nur ein geringes Interesse an einer Kooperation in einem UCC-Projekt, weswegen nur eine Minderheit daran teilnimmt. Die Ladenbesitzer sind deswegen zögerlich, weil eine Kooperation deren zentrale Ressource in der Wettbewerbsökonomie berührt. Die Beziehungen zwischen Lieferant, Transport und Laden in der Lieferkette betrachten die Eigentümer als vertraulich. Mit besonderen Angeboten, die von speziellen Lieferanten bezogen werden, können sie ihre Position im Wettbewerb differenzieren. In einem Kooperationsprojekt könnten diese Informationen an Mitbewerber durchsickern. Die gleiche skeptische Position gegenüber einem

UCC-Projekt findet man auch bei kleinen und mittleren Speditionen, die in diesem Projekt einen Teil der Lieferkette abgeben müssen. Von welchem Lieferanten sie einen Auftrag erhalten, ist das Geschäftsgeheimnis der Spediteure, das in einer Kooperation womöglich für Mitbewerber sichtbar würde. Das Geschäftsfeld der Spediteure ist sehr stark wettbewerbsorientiert mit sehr dünnen Margen. Die Transportgesellschaften nehmen an, dass ein Umschlag im UCC zu zusätzlichen Kosten, Risiken und Verzögerungen der Lieferung führt. Zudem können Transporte, die die Lieferanten oder Ladenbesitzer selbst im Werkverkehr durchführen, nicht in eine UCC-Lösung integriert werden, weil sie diese Transporte nicht auf Spediteure übertragen wollen. Die Besitzer von Lebensmittelläden und Restaurants bevorzugen es, in der lokalen Markthalle oder in Cash&Carry-Märkten die besten Produkte für ihr Geschäft herauszusuchen und die Waren mit eigenen Lieferwagen zu transportieren. Die in Kapitel 5 ausgewiesenen Vorteile des Werkverkehrs werden auch bei diesen städtischen Lieferverkehren wirksam. Zusätzlich ist noch ein weiterer ökonomischer Vorteil zu erkennen, wenn ein Lieferant im Werkverkehr liefert und keine Speditionen einschaltet. Geschähe dies, hätte die Spedition Kenntnis von der Kundenstruktur des Lieferanten: Welche Art von Waren erhält der Kunde, wie viele Kunden hat der Lieferant und wo sind sie angesiedelt? Der Spediteur könnte dieses Wissen über die Kundenstruktur zum Nachteil für den Lieferanten auswerten. So könnte der Spediteur z. B. die Kundenliste an einen Mitbewerber des Lieferanten verkaufen. Demgegenüber kann der Lieferant mit eigenem Werkverkehr die Struktur seiner Kunden vertraulich halten. Zusätzlich könnte der Spediteur einem Kunden, den er beliefert, einen Hinweis auf eine bessere Lieferquelle zum Nachteil des Lieferanten geben. Diese Betrachtungen zum Wettbewerb spielen eine große Rolle für kleine und mittelgroße Unternehmen im Handel, bei Restaurants und im Hotelgewerbe. Sie treffen jedoch nicht für große Ketten zu, weil diese so stark sind, dass sie keine Nachteile vom Durchsickern von Informationen befürchten müssen.

2. Ein zweiter Grund, weshalb die Lösungen auf Schwierigkeiten stoßen, besteht darin, dass der Anteil am Verkehr, der durch eine Lösung gebündelt wird, nur klein ist. Die Lebensmittelketten, die großen Ketten an Textilläden und die Ketten an Restaurants, wie zum Beispiel McDonald's, sowie die Paketdienste besitzen bereits eine optimierte Lieferkette und ziehen keinen Gewinn aus einer Kooperation. Ebenfalls verfügen die Lieferanten von Heizöl über optimierte Routenpläne für volle Tanklastzüge. Ein weiterer Teil des Wirtschaftsverkehrs in die City besteht aus Lieferungen für Baustellen, die nur schwer über verschiedene Baustellen gebündelt werden können, weil die Baustellen die Phasen des Baufortschritts unabhängig voneinander erreichen. Auch können die Wirtschaftsverkehre für Servicekräfte, wie Reinigung oder Reparatur, nur schlecht konsolidiert werden. So kann eine UCC-Lösung nur die Lieferungen für die unabhängigen Geschäfte, Cafés, Restaurants und Hotels bündeln. Aber diese Lieferungen stellen nur einen kleinen Anteil an den Gesamtlieferungen dar. So können die UCC-Projekte nur zu

einer geringen Verminderung der Innenstadtverkehre beitragen. Schätzungen der EU-Citylogistikprojekte gehen von einer Verminderung von 1 % aus (Vahrenkamp 2016).

Als Hauptergebnis der Evolution der Citylogistikprojekte ist festzuhalten, dass Verkehrsreduktion und ökonomischer Gewinn durch Konsolidierung im UCC klein bleiben. Die Gewinne decken nicht die Zusatzkosten für den Umschlag ab. Um den Projekten ein ökonomisches Überleben zu ermöglichen, mussten die Städte jeweils jährliche Zuschüsse leisten. Wenn die Zuschüsse nach fünf Jahren ausliefen, wurden auch die meisten Projekte beendet.

13 Nachhaltiges Logistikmanagement

Da sich die Ziele der Logistik aus den Unternehmenszielen ableiten und diese sich wiederum aus den übergeordneten Zielen der Volkswirtschaft wie auch aus den Forderungen der Gesellschaft und des Staates (siehe Gudehus 2010a, S. 73), ist die Verfolgung sozialer wie auch ökologischer Ziele für die Logistik von Bedeutung. Als Referenzobjekte der Nachhaltigkeit[1] können die Wirtschaftlichkeit bzw. der Wohlstand einer Gesellschaft, Mobilität und eine intakte Umwelt angesehen werden (Bretzke 2015). Vor diesem Hintergrund versucht eine nachhaltige Logistik wirtschaftliche, soziale und ökologische Aspekte in ihrem Zielsystem zu berücksichtigen und beschränkt sich nicht nur auf eines dieser drei Elemente. Dieser simultane Ansatz ist auch als Triple Bottom Line bekannt, der von Elkington (1999) vorgestellt und von Dyllick und Hockerts (2002) auf die Betriebswirtschaftslehre umgelegt wurde.

Die Verknüpfung der Elemente der Triple Bottom Line zeigt Überlappungen, in denen sich die einzelnen Elemente überschneiden oder gegenseitig beeinflussen (siehe Abbildung 13.1).

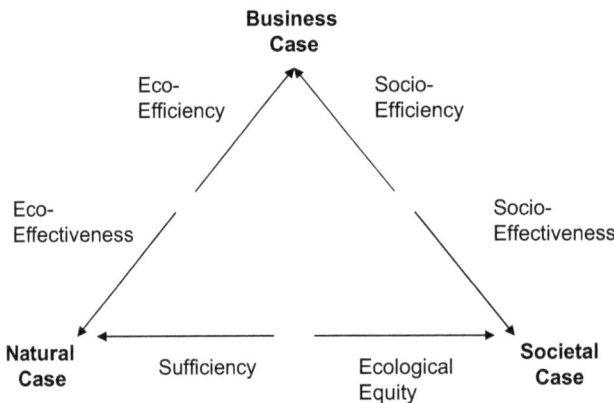

Abb. 13.1: Nachhaltiges Management.
Quelle: Dyllick/Hockerts (2002), S. 138.

Dabei wird die Öko-Effizienz als Reibungszone zwischen dem *wirtschaftlichen und ökologischen Bereich* der „Triple Bottom Line" aufgefasst und Unternehmen versuchen durch umweltfreundliche Produkte einen höheren Gewinn zu erzielen (WBCSD 2006). Ferner ist die Öko-Effektivität ein Bereich, der im Überschneidungsbereich der wirt-

---

1 Die dem Nachhaltigkeitskonzept zugrunde liegende Idee stammt aus der Land- und Forstwirtschaft, für die im 18. Jahrhundert der sächsische Berghauptmann Hanns von Carlowitz erstmals eine kontinuierliche, beständige und nachhaltige Nutzung der Wälder forderte (vgl. Clement 2002).

DOI 10.1515/9783110473285-017

schaftlichen und ökologischen Elemente der Nachhaltigkeit liegt. Die Überlappung zwischen dem *ökologischen und sozialen Bereich* der „Triple Bottom Line" betrifft die Frage der ökologischen Gerechtigkeit mit dem Problem, dass wirtschaftlich und sozial benachteiligte Personen meist auch in ökologischer Hinsicht benachteiligt sind bzw., dass der heutige Verbrauch von natürlichen Ressourcen zulasten derkünftigen Generationen geht (siehe Elkington 1999). Bei der Verbindung des sozialen und ökologischen Bereichs spielt zudem die Kaufentscheidung der Kunden eine zentrale Rolle, weil diese darüber entscheiden, ob sie umweltgerechte Produkte kaufen wollen oder nicht.

In die Schnittstelle zwischen dem *sozialen und wirtschaftlichen Bereich* ist der Bereich der Geschäftsethik zu verorten, weil darin die Reputation eines Unternehmens beeinflusst werden kann, was wiederum Auswirkungen auf den wirtschaftlichen Erfolg der Organisation nach sich ziehen könnte. Dyllick und Hockerts (2002) verweisen in diesem Zusammenhang auf die Bereiche der Sozial-Effektivität und der Sozial-Effizienz, bei dem die Verminderung von negativen bzw. die Unterstützung von positiven sozialen Auswirkungen dem wirtschaftlichen Erfolg des Unternehmens gegenübergestellt werden kann. Langfristig gesehen kann ein Akteur nur dann bestehen, wenn das Umfeld, in dem er tätig ist, wirtschaftlich funktionsfähig ist. Porter und Kramer (2006) mahnen daher, dass ein erfolgreiches Unternehmen von einer gesunden Gesellschaft abhängig ist und auch auf die sozialen und ökologischen Auswirkungen der Geschäftätigkeit Rücksicht nehmen muss. Umgekehrt braucht eine gesunde Gesellschaft auch erfolgreiche Unternehmen. In diesem Bereich kann auch von einem Druck der Konsumenten ausgegangen werden, die Waren nur mehr unter der Gewissheit kaufen, dass diese unter fairen Bedingungen produziert wurden. Fuch (2015) bezeichnet diese Entwicklung als „fair ist das neue Grün". Unternehmen sind daher angehalten in ihren Supply Chains auf die Umsetzung von Verhaltenskodice wie z. B. UN Global Compact zu achten.

Die zunehmende Globalisierung der Wirtschaft zieht eine Verlängerung der Logistikketten, insbesondere Transportketten, mit sich. Der Stern Report (Stern Review on the Economics of the Climate Change), der im Auftrag der britischen Regierung die wirtschaftlichen Folgen der globalen Erwärmung analyiserte, zeigte deutlich, dass die Sektoren Produktion (inkl. Landwirtschaft und Industrie) und Transport mehr als 40 % der gesamten globalen Schadstoffemissionen verursachen. Da diese Sektoren wichtige Elemente von Versorgungsketten darstellen, ist das Logistikmanagement aufgefordert, den ökologischen Fussabdruck entsprechend zu reduzieren.

Vor diesem Hintergrund kann der in der nachfolgenden Tabelle 13.1 dargestellte konzeptionelle Bezugsrahmen eines nachhaltigen Logistik- bzw. Supply-Chain-Management-Ansatzes abgeleitet werden, der alle drei Elemente der Triple Bottom Line beinhaltet (siehe dazu Schütz 2007, Kotzab/Schütz 2009, Halldorsson et al. 2009, Gimenez et al. 2012, Schulte 2012, Willard 2012, Alice 2015).

Basierend auf den Überlegungen von Halldorsson et al. (2009) präsentiert die Alliance for Logistics Innovation through Collaboration in Europe (Alice 2015) einen

Tab. 13.1: Bezugsrahmen für ein nachhaltiges Logistikmanagement.

Funktionsbereich	Ökologische Dimension	Soziale Dimension	Wirtschaftliche Dimension
Gewinnung von Rohmaterialien **Upstream**	– Beurteilung der Lieferanten anhand des Umweltprofils, z. B. ISO 14000 – Auswahl der Logistikanbieter anhand des Umweltprofils, z. B. ISO 14000 – Zusammenlegung von Einzeltransporten – Informationsweitergabe – Fokus auf umweltfreundliche Transportarten – Reduzierung der Verpackung – Kooperation mit Lieferanten um Abfall und Umweltverschmutzung zu verringern	– Beurteilung der Lieferanten anhand des sozialen Profils – Ausbildung der Logistikangestellten	– Einsparungen bei Transport – Beurteilung der Lieferanten in Hinblick auf die Kosten
Produktion	– Verringerung der Abfallstoffe und des unnötigen Ressourcenverbrauchs bei der Herstellung – Umweltfreundliche Verpackung – Weniger Verpackung – Produktentwicklung innerhalb des Unternehmens oder in Zusammenarbeit mit anderen – Verringerung der Abfälle während der Lagerung – Verringerung des Material- und Energieverbrauchs	– Automatisierung von schwieriger physischer Arbeit – Verringerung des Maschinenlärms – Minimalisierung von sich wiederholenden Arbeitsschritten – Prävention von Arbeitsunfällen – Gestaltung der Lagerhaltung, um Distanzen zu verringern – Weiterbildungsmaßnahmen für die Angestellten	– Verbesserte Arbeitsbedingungen führen zu Zufriedenheit und erhöhen die Produktivität – Ertragssteigerung durch Verringerung des Ressourcenverbrauchs – Ertragssteigerung durch Produktentwicklung

Tab. 13.1: (fortgesetzt)

Funktionsbereich	Ökologische Dimension	Soziale Dimension	Wirtschaftliche Dimension
Distribution **Downstream**	– Fokus auf umweltfreundliche Distributionskanäle – Fokus auf umweltfreundliche Transportarten – Verringerung der Transportanzahl – Informationstechnologien, um umweltfreundliche Distribution zu unterstützen	– Vermeidung von Verkehrsstauungen – Ausbildung für energie-sparendes Fahren	– Optimalisierung des Lagerraumes – Reduktion des Transport-aufkommens und dadurch geringere Transportkosten
Verwendung	– Stärkere Information der Endkunden – Produktentwicklung entweder innerhalb des Unternehmens oder in Zusammenarbeit mit anderen Akteuren	– Stärkere Information der Kunden kann die soziale Verantwortung der Unternehmen fördern	– Stärkere Information der Kunden kann zu größerem Absatz führen
Entsorgung	– Bessere Entsorgungs-möglichkeiten durch eigenes Produktdesign – Bessere Entsorgung durch Entwicklung eines Rücknahmesystems in Zusammenarbeit mit den Supply-Chain-Partnern	– Weiterbildung der Angestellten durch Zusammenarbeit mit Supply-Chain-Partnern	– Mehr Ertrag durch geringeren Ressourcenverbrauch

Strategieplan zur Umsetzung von nachhaltiger Logistik, der vor allem auf die Vermeidung unnötiger Transporte, bessere Auslastung von Transportkapazitäten und Verringerung von Emissionen bei gleichzeitiger Verbesserung des Logistikservice abzielt. Die Umsetzung des Vorschlags von Alice (2015) soll in drei Phasen erfolgen, die in Tabelle 13.2 dargestellt sind.

In der aktuellen Logistikpraxis dominiert die Angleichungsstrategie, weil verstärkt Logistikdienstleister zu ihrem angestammten Geschäft zusätzlich „grüne" Alternativen – Stichwort Green Logistics – anbieten (Krummheuer 2011). So bietet z. B. DB Schenker unter dem Titel „Eco-Solutions" weltweit Transport- und Logistikdienstleistungen an, die gegen Aufpreis den CO_2-Ausstoß minimieren (siehe Krummheuer 2011).

Mit dem Thema „Green Logistics" rollt eine Zertifizierungswelle auf die Logistikbranche zu, die den CO_2-Footprint der einzelnen Aktivitäten dokumentierte und die Geschäftspartner der großen Verlader zur Dokumentation eines Green-Logistics-Managements verpflichtet (siehe u. a. McKinnon et al. 2015). Der Instrumentenkasten von Green Logistics zielt auf den Einsatz der klassischen Rationalisierungsinstrumente der Betriebswirtschaftslehre ab, um die Leistungserstellung mit einem geringeren CO_2-Fußabdruck zu erstellen. Ein Beispiel dafür ist der Einsatz von Software zur Planung der Auslieferungsfahrten für die Belieferung von Einzelhandelsgeschäften. Damit kann das Ziel verfolgt werden, mit möglichst geringem Fahrtaufwand eine Distributionsaufgabe abzuwickeln. Ferner wurde eine Software zur Optimierung von Stapelplänen für die Beladung von Paletten entwickelt.[2] Eine andere Dimension von Green Logistics besteht in der Änderung des Mixes von Einsatzgütern zur Leistungserstellung. Die Sourcingkonzepte werden umgestellt vom Fernbereich auf den Nahbereich, um dadurch den Transportaufwand zu senken (siehe Bretzke 2015). Gleichzeitig konnte festgestellt werden, dass die wirtschaftlichen Einbrüche in den Jahren 2007 bis 2009 die Transportbranche und hier insbesondere die Seeschifffahrt zu einem Umdenken im Betreiben der Betriebsmittel gezwungen hat, das erfreulicherweise positive ökologische Konsequenzen nach sich zog. Die unter dem Schlagwort des Slow-Steaming betriebene Reduktion der Fahrtgeschwindigkeit von Schiffen führte zu einer wesentlichen Verringerung des Treibstoffverbrauchs und einer deutlichen Reduktion der Schadstoffemissionen. Zugleich konnten Logistikservicegrade auch verbessert werden, weil Stausituationen im Hafen durch das langsamere Ankommen vermieden wurden (siehe dazu Gudehus 2010b und 2010c). Ferner werden die eingesetzten Technologien auf ihr Einsparpotential für den CO_2-Fußabdruck überprüft. Ein Beispiel hierfür sind Lagerhäuser, die nach diesen Prinzipien konstruiert werden und einen verringerten Energiebedarf zum Betrieb und zur Kühlung der Ware aufweisen, etwa durch Nutzung von erneuerbaren Ener-

---

2 Vahrenkamp und Mattfeld (2014), Isermann (1991).

Tab. 13.2: Strategieplan zur Umstetzung nachhaltiger Logistikketten.

	Milestone 1: 2020 Alignment strategy	Milestone 1: 2025 Replacement strategy	Milestone 1: 2020 Integrated strategy
Vision	Sustainability is complementary to the traditional logistics/SCM focus on costs and service.	Traditional logistics/SCM concepts are replaced by an alternative approach to cope with the environmental and social aspects.	Efficiency and effectiveness in logistics/SCM is fully consistent with environmental sustainability.
Task for stakeholders	Adapt existing practice.	Transform existing practice.	Integrate in supply-chain.
High-level concepts	Supply chains as business systems.	Consumer responsibility.	Supply chains as eco-systems.
Overall objectives	– Transport: reduce by 10 %. – Carrier/ULD utilization: improved by 10 %. – Emission: reduce by 10 %. – Advancing re-use: increased by 10 %. – Supply chain sost: reduction by 10 %. – Supply chain service: improved by 10 %.	– Transport: reduce by 10 %. – Carrier/ULD utilization: improved by 20 %. – Emission: reduce by 30 %. – Advancing re-use: increased by 20 %. – Supply chain sost: reduction by 20 %. – Supply chain service: improved by 100 %.	– Transport: reduce by 30 %. – Carrier/ULD utilization: improved by 20 %. – Emission: reduce by 50 %. – Advancing re-use: increased by 40 %. – Supply chain sost: reduction by 30 %. – Supply chain service: improvtabd by 10 %.

Quelle: Alice (2015), S. 23

gien, wie das im Jahr 2010 eröffnete klimaneutrale Zentrallager von Alnatura[3] im südhessischen Lorsch.

In das Konzept der Nachhaltigkeit lassen sich auch Produktions- und Logistikprozesse einordnen, die in einem erweiterten Umweltbegriff sozialökologisch verträglich sind. Hierzu sind Produkte und Prozesse zu zählen, die keinen Raubbau an der Natur und keine Tierversuche nötig machen, , die keine kleinbäuerlichen Strukturen zerstören und die den Arbeitskräften soziale Mindeststandards nach der International Labor Organization (ILO) garantieren.

---

3 Loderhose, B.: Alnatura liefert aus grünem Lager, in: Lebensmittelzeitung, vom 25.3.2010, 2010.

14 Strategien des Outsourcings

14.1 Begriff und Arten des Outsourcings

In der öffentlichen Diskussion wird mit der Logistik gleich das Outsourcing verbunden. Hier soll dazu Stellung bezogen werden. Mit der Diskussion um die Optimierung der Leistungstiefe und die Konzentration auf die Kernkompetenzen eines Unternehmens rückt die Frage in den Vordergrund, ob logistische Leistungen selbst, d. h. im eigenen Unternehmen, erstellt oder auf einen darauf spezialisierten Logistikdienstleister übertragen werden sollen. Dieses Problem wird unter dem Thema Outsourcing diskutiert. Durch Vergabe von Randkompetenzen an spezialisierte Unternehmen soll eine optimale Allokation der Ressourcen in der Logistikkette und damit eine Steigerung der Wettbewerbsfähigkeit des Unternehmens und insgesamt eine Erhöhung des Kundennutzens erreicht werden.

Der Begriff **Outsourcing** ist ein Kunstwort aus den englischen Begriffen „outside" (außerhalb, draußen), „resource" (Mittel) und „using" (gebrauchen, benutzen) und bedeutet die Übertragung von bislang unternehmensintern erbrachten Leistungen auf fremde Unternehmen, wobei diese für die Abwicklung der entsprechenden Prozesse die unternehmerische Verantwortung übernehmen. Insofern handelt es sich bei einer Outsourcing-Entscheidung um eine Variante der Make-or-Buy-Entscheidungssituation, wobei man jedoch im Allgemeinen unter einer Make-or-Buy-Entscheidung eine Entscheidung über Eigenerstellung oder Fremdbezug von Produkten versteht, während es bei Outsourcing-Entscheidungen in der Regel um die Fremdvergabe von Dienstleistungen geht. Darüber hinaus umfasst das Make-or-buy-Entscheidungsproblem sowohl die erstmalige Entscheidung über Eigenerstellung oder Fremdbezug bisher noch nicht benötigter Güter als auch Entscheidungen über die Änderung der bisherigen Praxis (Übergang von Eigenerstellung auf Fremdbezug oder umgekehrt), während es sich bei Outsourcing-Entscheidungen stets um Änderungsentscheidungen, d. h. um Entscheidungen über die Fremdvergabe bisher unternehmensintern erbrachter Leistungen handelt (vgl. Sydow/Möllering 2015). Der umgekehrte Fall, also die Reintegration von Leistungen in das eigene Unternehmen, wird als **Insourcing** bezeichnet.

Werden betriebliche Funktionen in Niedriglohnländer verlagert, spricht man auch von **Offshoring.** Zum Teil wird dabei nach der geographischen Entfernung der Region, in die die Erbringung der fremdzuvergebenden Dienstleistungen verlagert werden soll, zwischen Offshoring (im engeren Sinne) und **Nearshoring** unterschieden, wobei unter Nearshoring dann die Verlagerung der Leistungserbringung in geographisch nahe Regionen (aus zentraleuropäischer Sicht ins [ost-]europäische Ausland) verstanden wird, während Offshoring (im engeren Sinne) die Verlagerung in weiter entfernt liegende Regionen (insbesondere nach Asien) meint. Vielfach werden aber auch beide Varianten als Offshoring (im weiteren Sinne) bezeichnet.

DOI 10.1515/9783110473285-018

Unter vertraglichen Aspekten unterscheidet man **zwei Formen des Outsourcings:** die Auslagerung, auch externes Outsourcing genannt, und die Ausgliederung oder das interne Outsourcing (vgl. Bruch 2013, S. 55–56). Bei der **Auslagerung** bzw. beim **externen Outsourcing** erfolgt die Funktionsübertragung auf einen rechtlich und wirtschaftlich selbständigen externen Dienstleister mit der Folge, dass das fremdvergebende Unternehmen auf die fremdvergebene Dienstleistung nur noch mittelbaren Einfluss über den Dienstleistungsvertrag hat. Bei der **Ausgliederung,** also dem **internen Outsourcing,** hingegen wird die fremdzuvergebende Leistung ebenfalls auf ein rechtlich selbständiges, kapitalmäßig jedoch verbundenes Unternehmen übertragen. Dies hat den Vorteil, dass das fremdvergebende Unternehmen durch die wirtschaftliche Abhängigkeit des Dienstleisters weiterhin Einfluss auf dessen Funktionsausübung nehmen kann.

Im Folgenden steht die Auslagerung von Logistikdienstleistungen an einen externen Logistikdienstleister im Vordergrund. Tabelle 14.1 gibt einen Überblick über das von Logistikdienstleistern angebotene Leistungsspektrum, das neben reinen Transport- und Lagerleistungen zahlreiche zusätzliche, die Kernleistungen ergänzende Leistungen umfasst.

Insgesamt liegt der Outsourcing-Grad in der Logistik (gemessen am Anteil fremdbezogener Logistikleistungsarten an der Gesamtzahl logistischer Leistungsarten im Unternehmen) einer Studie der WHU Koblenz zufolge bei ca. 25 %, d. h. durchschnittlich ein Viertel aller Logistiktätigkeiten ist fremdvergeben, wobei die Bandbreite von 0 % (vollständige Eigenerstellung logistischer Leistungen) bis zu einer 70 %igen Fremdvergabe reicht. Dabei ist der Outsourcing-Grad in der Distributionslogistik mit durchschnittlich 34 % am höchsten und in der Produktionslogistik mit 15 % am niedrigsten; in der Beschaffungslogistik beträgt er im Durchschnitt 29 % (vgl. Weber/Engelbrecht 2002a). Der geringe Anteil fremdbezogener Logistikleistungen in der Produktionslogistik ist auf die starken Verflechtungen zwischen Produktion und Produktionslogistik, die hohe Komplexität produktionslogistischer Prozesse und die Betrachtung der Produktion und der damit in Zusammenhang stehenden Abläufe als Kernkompetenz zurückzuführen. Diese Outsourcing-Hemmnisse bestehen in der Beschaffungs- und Distributionslogistik nicht oder sind weniger ausgeprägt.

Anlässe für Entscheidungen über Eigenerstellung oder Fremdbezug logistischer Leistungen sind:

– Konkrete innerbetriebliche Probleme in der Qualität der logistischen Leistungserbringung in einem oder in mehreren Bereichen.

– Entscheidungssituationen vor Erweiterungsinvestitionen in die Logistikkapazitäten.

– Suche nach Kostensenkungspotentialen wegen des starken Wettbewerbs. In diesem Falle kann durch Outsourcing die Branchenarbitrage genutzt werden. Die Kosten für Prozesse der Logistik können gesenkt werden, indem sie einem Dienstleister, der Mitarbeiter niedriger entlohnt als das outsourcende Unternehmen, übergeben werden. Diese Verlagerung ist besonders von den OEM der Automobilindustrie mit den hohen Haustarifen genutzt worden.

– Bei Liquiditätsengpässen kann durch Outsourcing der Logistikaktivitäten der Kapitalbedarf gesenkt werden. Der Verkauf von Logistikimmobilien bringt liquide Mittel ein.

– Im Falle von Fusionen können die Logistikaktivitäten beider fusionierender Unternehmen gemeinsam ausgelagert werden, um Konflikte in der Entscheidung zu vermeiden, welchem der beiden Unternehmen eine gemeinsame Logistik zuzuordnen wäre.

– Eigentümerwechsel des Unternehmens. Der neue Eigentümer kann die strategische Ausrichtung des Unternehmens neu positionieren und dabei die Logistikaktivitäten in die Randbereiche einordnen.

Aus Sicht der verladenden Industrie ist das Outsourcing von logistischen Leistungen sowohl mit Chancen als auch mit Risiken verbunden, die im nächsten Abschnitt systematisch behandelt werden.

14.2 Chancen und Risiken des Outsourcings

Mit dem Outsourcing von Logistikdienstleistungen sind zahlreiche positive Effekte bzw. **Chancen** verbunden, die sich einteilen lassen in

– strategische Chancen,
– Leistungssteigerungen,
– Kostenvorteile und
– personelle Vorteile.

Die **strategischen Chancen** ergeben sich im Wesentlichen durch die Konzentration des Unternehmens auf seine Kernkompetenzen. Durch die Fremdvergabe von Tätigkeiten, die andere besser und/oder wirtschaftlicher durchführen können, lässt sich Verschwendung vermeiden und eine Optimierung der Ressourcenallokation in der Logistikkette erreichen. Ferner trägt Outsourcing zur Reduzierung der Komplexität der Organisationsstruktur und zu einer Vereinfachung der Abläufe bei und erschließt so Vorteile kleiner Organisationen für das eigene Unternehmen. Auf diese Weise kann das Unternehmen flexibler auf veränderte Marktbedingungen reagieren. Durch die Übertragung der unternehmerischen Verantwortung für die fremdvergebenen Leistungen auf den Dienstleister wird gleichzeitig ein Teil des unternehmerischen Risikos auf diesen übertragen.

Durch die Nutzung des Know-how eines spezialisierten Dienstleisters lassen sich vielfach **Leistungsverbesserungen** im Hinblick auf die Qualität der Logistikleistungen realisieren. Der Dienstleister kann flexibler auf Kundenwünsche reagieren, und das eigene Unternehmen partizipiert durch die Zusammenarbeit mit dem Dienstleister

Tab. 14.1: Leistungsspektrum von Logistikdienstleistern.

Kernleistungen	Zusatzleistungen
Transportleistungen	Informationsleistungen
(intern, extern)	– Datengenerierung
– Transportorganisation	– Datenverwaltung
– Transportdurchführung	– Datenauswertung/Statistiken
– Frachtraumdispositionze	– Bereitstellung von Hard- und Software
– Tourenplanung	
– Materialbereitstellung	Serviceleistungen
– Materialentsorgung	– Messung des Lieferservice
	– Beratungsleistungen
Lagerleistungen	– Qualitätsprüfungen
– Warenannahme	– Auftragsbearbeitung
– Wareneingangskontrolle	– Bearbeitung von Retouren/Reklamationen
– Warenauszeichnung	– Bestellabwicklung
– Lagerhaltung	– Schulungen
– Lagerplanung	– Rücknahme von Altwaren etc.
– Lagerführung	
– Lagerverwaltung	Finanzdienstleistungen
– Lagerbestandsoptimierung	– Zahlungsabwicklung
– Kommissionierung	– Inkasso
– Verpackung	– Fakturierung
– Materialbereitstellung	– Delkredere
	– Garantie- und Versicherungsleistungen
	Koordinationsleistungen und Leistungen im Schnittstellenbereich
	– Gestaltung von Lieferantenbeziehungen
	– Koordination innerbetrieblicher Bereiche
	– Koordination von Abnehmern
	– Verkaufsförderung
	– Kundendienst/After Sales Service
	– Bereitstellung von Vertriebsinformationen
	– Merchandising
	– Verpackungsoptimierung
	– Erstellen von Verkaufsprognosen etc.

Quelle: Vahrenkamp/Kotzab (2012)

implizit am technischen Fortschritt, weil die eingekaufte Leistung für den Dienstleister zum Kerngeschäft gehört und dieser zur Erhaltung seiner Wettbewerbsfähigkeit mit der technischen Entwicklung Schritt halten muss. Da der Dienstleister in der Regel für mehrere Kunden tätig ist, verfügt er über ausreichende Kapazitäten, um Leistungsspitzen abzudecken.

Die Realisierung von **Kosteneinsparungen** ergibt sich aus den folgenden Überlegungen: Der Dienstleister ist auf die ihm übertragenen Leistungen spezialisiert, sie stellen sein Kerngeschäft dar. Dadurch ist er in der Lage, diese Leistungen besser und wirtschaftlicher zu erbringen als das eigene Unternehmen, für das die zur Diskussion stehenden Leistungen lediglich Randaktivitäten darstellen. Auf diese Weise lassen sich „economies of skill" realisieren. Dadurch, dass der Dienstleister in der Regel für mehrere Kunden tätig ist, ergibt sich durch die Möglichkeit der Bündelung mehrerer Kundenaufträge ein Volumenzuwachs und damit die Möglichkeit zur Realisierung von Skalenerträgen („economies of scale"), die der Dienstleister unter Wettbewerbsbedingungen zumindest teilweise an seine Auftraggeber weitergeben wird. Durch die gleichzeitige Bedienung mehrerer Kunden und die breitere Vermarktung seiner Kapazitäten kann der Dienstleister darüber hinaus eine gleichmäßigere Auslastung seiner Kapazitäten erreichen und Nachfrageschwankungen eines Kunden besser kompensieren. Das fremdvergebende Unternehmen muss seine Logistikkapazitäten nicht mehr am Maximum der Schwankungen orientieren, was insbesondere bei starken saisonalen Nachfrageschwankungen zu hohen Kosten führt, und kann so Leerkosten durch Unterauslastung seiner Kapazitäten und Leistungsminderungen durch Überauslastung seiner Kapazitäten vermeiden. Weitere Kostenvorteile ergeben sich durch die Ausnutzung branchenabhängiger Lohnkostenunterschiede, der sog. Branchenarbitrage, die sich durch das verhältnismäßig niedrige Lohnniveau in der Logistikbranche im Vergleich zu anderen Branchen ergibt, sodass der Dienstleister die gleichen Leistungen allein aufgrund geringerer Personalkosten zu geringeren Kosten erbringen kann als das fremdvergebende Unternehmen. Durch den mit der Fremdvergabe einhergehenden Abbau eigener Kapazitäten und die Bezahlung des Dienstleisters entsprechend der Inanspruchnahme seiner Leistungen erfolgt eine Umwandlung fixer in variable Kosten. Während die Kosten selbst erstellter Logistikdienstleistungen aufgrund von Zurechnungsproblemen häufig im großen Block der Gemeinkosten untergehen, können die Fremdbezugskosten anhand der Rechnungen des Dienstleisters einfach und verursachungsgerecht erfasst und zugerechnet werden. Aus ehemaligen Gemeinkosten werden so Einzelkosten. Die Umwandlung fixer in variable Kosten und von Gemeinkosten in Einzelkosten trägt erheblich zur Transparenz und Planbarkeit der Kosten bei, was wiederum das Kostenbewusstsein bei den Verantwortlichen schärft. Schließlich lassen sich durch das Outsourcing von Logistikdienstleistungen investitions-, kapazitäts- und leistungsbedingte Opportunitätskosten vermeiden (vgl. Schäfer-Kunz/Tewald 1998, S. 74–76). Investitionsbedingte Opportunitätskosten entstehen durch die Bündelung knapper investiver Ressourcen in Logistikkapazitäten, weil sie dadurch für rentablere Investitionen nicht mehr zur Verfügung stehen. Kapazitätsbedingte Opportunitätskosten entstehen, wenn aufgrund fehlender Logistikkapazitäten die Nachfrage nicht vollständig befriedigt werden kann. Leistungsbedingte Opportunitätskosten schließlich entstehen durch die im Vergleich zu einem Dienstleister schlechtere Erstellung der entsprechenden Logistikleistungen. Schließlich wirken sich Outsourcing-Aktivitäten durch die damit verbundene Reduzierung der Kapitalbindung positiv auf die Liquidität aus.

Personelle Vorteile ergeben sich aus der erhöhten Flexibilität durch die geringere Bindung personeller Ressourcen, aus der Befreiung von Aufgaben der Personalbeschaffung und des Personalmanagements sowie allgemein aus der Entlastung des Managements durch die Reduktion der Unternehmenskomplexität und des unternehmerischen Risikos.

Das Outsourcing von Logistikdienstleistungen birgt jedoch auch eine Reihe von **Risiken,** die sich analog zu den Chancen des Outsourcings in folgende Gruppen einteilen lassen:

– strategische Risiken,
– leistungsbezogene Risiken,
– kostenmäßige Risiken und
– personelle Risiken.

Das wohl größte **strategische Risiko** des Outsourcings besteht darin, sich in die Abhängigkeit des externen Dienstleisters zu begeben. Diese Gefahr ist umso größer, je spezifischer die zu vergebende Leistung ist. Eine einmal getroffene Outsourcing-Entscheidung ist zudem durch den damit einhergehenden Kapazitätsabbau in der Regel nur sehr schwer wieder rückgängig zu machen. Weitere Probleme können sich aus der unter Umständen unterschiedlichen Unternehmenskultur der Partner und aus der unter Umständen notwendigen Preisgabe von Betriebsgeheimnissen an den Dienstleister ergeben, der diese Informationen für das Vordringen in die Kerngeschäfte seines Auftraggebers nutzen kann, sodass ungewollt ein neuer Wettbewerber entsteht. Nicht zu vergessen sind schließlich die verringerte Entscheidungsfreiheit und die Einschränkung der unternehmerischen Gestaltungsfreiheit durch die Funktionsübertragung auf den Dienstleister, die stets mit einer Verringerung der Einflussmöglichkeiten auf die Leistungserbringung verbunden ist. Die Risiken des Outsourcings am Beispiel des Werkverkehrs in der Beschaffungs- oder Distributionslogistik wurden in Kapitel 6 dargestellt.

Leistungsbezogene Risiken ergeben sich insbesondere aus dem mit dem Kapazitätsabbau gleichzeitig verbundenen Know-how-Verlust durch Aufgabe der Selbsterstellung der Leistung. Dieser Know-how-Verlust trägt wesentlich zur angesprochenen Irreversibilität der Outsourcing-Entscheidung bei. Weitere Probleme können durch die notwendig gewordene Überwindung räumlicher Distanzen und aus der Störung zusammengehörender Prozesse entstehen. Bei mangelnder oder nachlassender Qualifikation des Dienstleisters können zudem (unter Umständen erst nach einer gewissen Zeit) Qualitätsprobleme in Bezug auf die erbrachten Leistungen entstehen. Diese Gefahr besteht insbesondere dann, wenn Logistikleistungen (z. B. die Auftragsabwicklung) in Niedriglohnländer verlagert werden.

Das größte **kostenbezogene Risiko** liegt in der Unterschätzung der Transaktions- und Umstellungskosten, die durch das Outsourcing von Dienstleistungen entstehen. Ungewollte Kostensteigerungen nach der Durchführung von Outsourcing-Maßnahmen können sich weiterhin durch eine falsche Einschätzung der Kosten der Eigenerstellung und damit des Kostensenkungspotentials des Fremdbezugs aufgrund mangelnder Kostentransparenz der internen Leistungserstellung ergeben. Mangelnde interne Kosten- und Leistungstransparenz kann auch zu einer falschen Bezugsgrößen-bestimmung bei der Festsetzung des Entgelts für die Dienstleistungen und dadurch bedingter Kostenerhöhungen statt Kostensenkungen führen. Zu bedenken ist ferner, dass die erwarteten Kosteneinsparungen aufgrund der in der Regel nicht sofortigen Abbaubarkeit aller Fixkosten meist erst mittel- bis langfristig vollständig realisierbar sind. Der kostenbezogene Erfolg einer Outsourcing-Maßnahme hängt daher entscheidend davon ab, inwieweit es gelingt, die durch die Fremdvergabe freigewordenen Personalkapazitäten auch tatsächlich abzubauen. Auch darf der zusätzliche Koordinationsaufwand nicht übersehen werden, der nicht zuletzt in den verringerten Möglichkeiten informeller Kommunikation begründet ist. Schließlich sind spätere Preiserhöhungen vonseiten des Dienstleisters je nach Ausgestaltung des Dienstleistungsvertrages nicht ganz auszuschließen.

Personelle Probleme entstehen insbesondere durch die Angst der Mitarbeiter vor dem Verlust ihres Arbeitsplatzes oder der Schlechterstellung bei Übernahme durch einen externen Dienstleister aufgrund des niedrigeren Lohnniveaus, der schlechteren sozialen Leistungen und der ungünstigeren Arbeitszeitregelungen im gewerblichen Verkehrsbereich. Dies kann zu erheblichen Unruhen und Widerständen des Personals gegen geplante Outsourcing-Maßnahmen führen. Auch die Schaffung neuer Schnittstellen durch die Einschaltung des Dienstleisters darf nicht unterschätzt werden.

Die so umschriebenen Chancen und Risiken des Outsourcings sind nun im Rahmen der Entscheidungsfindung unter Einbeziehung von Kosten und Leistungsniveau der Eigenerstellung sorgfältig gegeneinander abzuwägen. Aus den zur Verfügung stehenden Alternativen ist dann die wirtschaftlichste, d. h. diejenige mit dem besten Preis-Leistungsverhältnis auszuwählen. Die Methoden zur Entscheidungsunterstützung werden im Abschnitt 14.4 behandelt. Als Faustregel gilt, dass eine Fremdvergabe angesichts der damit verbundenen Risiken nur dann erfolgen sollte, wenn die Kostenvorteile der Fremdvergabe mindestens 30 % betragen (vgl. Siepermann 2015). Tendenziell wird mit zunehmendem Leistungsvolumen und zunehmender Spezifität der zur Diskussion stehenden Logistikleistungen die Eigenerstellung gegenüber dem Outsourcing an Vorteilhaftigkeit gewinnen, weil mit dem Erreichen einer wirtschaftlichen Betriebsgröße Investitionen in automatisierte Lager-, Transport- und Umschlagstechniken und die Beschäftigung von hochqualifiziertem Personal für das eigene Unternehmen rentabel werden und durch die Eigenerstellung zudem die in die Fremdbezugspreise einkalkulierten Gewinne des Dienstleisters eingespart werden können, während bei kleineren Mengen die Vorteile automatisierter Techniken und hochqualifizierten Personals nur durch die Einschaltung eines externen Dienstleisters genutzt werden können. Mit zunehmender Leistungsspezifität steigen tendenziell die Abhängigkeit vom Dienstleister und die an diesen zu zahlenden Entgelte für die Inanspruchnahme seiner Leistungen – Argumente, die bei ausreichender Betriebsgröße ebenfalls für die Eigenerstellung sprechen.

14.3 Identifikation outsourcingfähiger Leistungen

Nicht jede Logistikdienstleistung ist gleichermaßen für ein Outsourcing geeignet. Bei der Beurteilung von Leistungen im Hinblick auf deren Eignung für eine Fremdvergabe spielen folgende Faktoren eine Rolle:

- Es darf sich nicht um Kernkompetenzen des Unternehmens handeln, weil das Unternehmen mit der Fremdvergabe derartiger Leistungen seine Wettbewerbsposition gefährden würde. Ein Verfahren zur Identifikation und Bewertung von Kernkompetenzen vor dem Hintergrund von Outsourcing-Entscheidungen stellen Zahn/Barth/Hertweck (vgl. Vahrenkamp/Kotzab 2012) vor.
- Die fremdzuvergebenden Leistungen dürfen keine zu starken Interdependenzen zu anderen betrieblichen Funktionen aufweisen, weil ansonsten die Gefahr besteht, zusammengehörende Prozesse auseinanderzureißen und damit unnötige Schnittstellen zu schaffen.
- Schließlich wird die Fremdvergabe von Dienstleistungen umso schwieriger, je unternehmensspezfischer die Dienstleistung ist.

Zur Identifikation von Leistungen, die für ein Outsourcing in Betracht kommen, bieten sich insbesondere Stärken-Schwächen-Analysen und Portfolio-Modelle an. Die **Stärken-Schwächen-Analyse** ist ein Instrument zur Beurteilung der Leistungsfähigkeit des eigenen Unternehmens im Vergleich zu einem externen Dienstleister. Dabei werden die Kompetenzen des Unternehmens bei der Erstellung der für die Outsourcing-Entscheidung relevanten Leistungsprozesse im Vergleich zum Dienstleister beurteilt und so die Stärken und Schwächen des Unternehmens auf dem jeweiligen Entscheidungsfeld herausgearbeitet. Beherrscht der Dienstleister die untersuchten Prozesse überwiegend oder sogar durchgehend besser als das eigene Unternehmen, sollte ein Outsourcing erwogen werden. Ein Beispiel für eine Stärken-Schwächen-Analyse zeigt Tabelle 14.2.

Die **Portfolio-Technik** ist ein anschauliches Instrument, das anhand von zwei Kriterien die Beurteilung der Position, in der sich ein Unternehmen in Bezug auf die aktuelle Entscheidungssituation gerade befindet, erlaubt, wobei die Ausprägung des einen Kriteriums in der Regel vom Unternehmen beeinflussbar ist, während das andere Kriterium das Unternehmensumfeld repräsentiert und sich daher im Allgemeinen einer Beeinflussung entzieht. Auf diese Weise entsteht eine Matrix, deren Feldern Normstrategien zugeordnet sind.

In hohem Maße unternehmensspezifische Leistungen, die vom eigenen Unternehmen mit hoher Produktivität erbracht werden können, sollten auch weiterhin selbst erbracht werden (Normstrategie „Make"). Dagegen eignen sich Leistungen, die eine

Tab. 14.2: Beispiel einer Stärken-Schwächen-Anlayse.

Leistungsprozess/Kriterium	Bewertung		
	Schlecht	Mittel	Gut
Liefersicherheit		■	●
Lieferflexibilität/Schnelligkeit		■ ●	
Schnelle Reaktion	■		●
Beschwerdemanagement	●	■	

● Dienstleister
■ Eigenes Unternehmen
Quelle: vgl. Vahrenkamp/Kotzab (2012)

geringe Spezifität aufweisen und nur mit niedriger Produktivität selbst erbracht werden können, in besonderem Maße für eine Fremdvergabe (Normstategie „Buy"). Für die Fälle „niedrige Spezifität/hohe Produktivität" und „hohe Spezifität/niedrige Produktivität" kann keine generelle Handlungsempfehlung bezüglich „Make" oder „Buy" gegeben werden. Im ersten Fall, also im Falle der Fähigkeit, Standardleistungen, d. h. Leistungen mit niedriger Spezifität, hohe Produktivität zu erbringen, kann darüber nachgedacht werden, diese Leistungen am Markt anzubieten und so in ein neues Geschäftsfeld vorzudringen (Strategie „Sell").

14.4 Methoden zur Unterstützung von Outsourcing-Entscheidungen

Um zu einer Entscheidung über Eigenerstellung oder Fremdbezug einer Logistikleistung oder eines Bündels von Logistikleistungen zu gelangen, sind die genannten potentiellen Chancen und Risiken des Outsourcings im Hinblick auf die spezifische Entscheidungssituation des jeweiligen Unternehmens zu bewerten und gegeneinander abzuwägen. Dabei sind prinzipiell zwei Entscheidungssituationen zu unterscheiden:
- Entscheidung über Eigenerstellung oder Fremdbezug einer Leistung und
- Auswahl eines geeigneten Dienstleisters im Falle einer Entscheidung für den Fremdbezug.

Da die grundsätzliche Entscheidung über Eigenerstellung oder Fremdbezug wesentlich von der Existenz eines geeigneten Dienstleisters abhängt und nicht ohne Kenntnis und Beurteilung der Kosten und Leistungen der infrage kommenden Outsourcing-Partner getroffen werden kann, sind diese Entscheidungssituationen jedoch in der Praxis kaum so strikt voneinander zu trennen. In beiden Fällen sind monetäre und nichtmonetäre Kriterien zu unterscheiden.

Als **monetäre Kriterien** sind Investitions-, Betriebs- und Transaktionskosten zu berücksichtigen. Investitionskosten können beispielsweise entstehen, wenn für die Eigenerstellung Ersatz- oder Erweiterungsinvestitionen (z. B. Anschaffung neuer Fahrzeuge, Modernisierung oder Ausbau des Lagers) notwendig werden. Die Betriebskosten des Fremdbezugs ergeben sich unmittelbar aus den Angeboten der Dienstleister. Die Betriebskosten der Eigenerstellung sind der innerbetrieblichen Kosten- und Leistungsrechnung zu entnehmen. Hier ist darauf zu achten, dass nur solche Kosten in das Entscheidungskalkül einbezogen werden, die durch eine Fremdvergabe auch tatsächlich entfallen. Dabei ist zwischen sofort und erst längerfristig abbaubaren Kosten zu unterscheiden. Eine falsche Einschätzung der eigenen Kostensituation in Bezug auf die fremdzuvergebenden Leistungen kann zu fatalen Fehlentscheidungen führen. Schließlich müssen die mit einem Fremdbezug verbundenen Transaktionskosten in die Entscheidung einbezogen werden.

Für die Bewertung der monetären Kriterien kommen die klassischen **Verfahren der Investitionsrechnung** zum Einsatz. Man unterscheidet dabei statische und dynamische Verfahren. Zu den **statischen Verfahren** zählen die Kostenvergleichsrechnung, die Gewinnvergleichsrechnung, die Rentabilitätsvergleichsrechnung und die statische
Amortisationsrechnung. Bei der Kostenvergleichsrechnung werden die Kosten der zu vergleichenden Alternativen gegenübergestellt und die Alternative mit den geringsten Kosten ausgewählt. Bei der Gewinnvergleichsrechnung werden zusätzlich zu den Kosten die durch die Entscheidungsalternativen beeinflussten Erlöse bzw. Erlösänderungen berücksichtigt und die durch die Alternativen bewirkten Gewinnänderungen miteinander verglichen. Die Rentabilitätsvergleichsrechnung vergleicht die Renditen der zur Auswahl stehenden Alternativen. Die Rendite eines Projektes ist definiert als das Verhältnis des Gewinns aus diesem Projekt zum eingesetzten Kapital und gibt Auskunft über die jährliche Verzinsung des Projektes. Die statische Amortisationsrechnung ermittelt den Zeitraum, in dem der investierte Kapitaleinsatz über die Erlöse bzw. Kosteneinsparungen wieder zurückfließt. Eine Entscheidung allein auf Basis der Amortisationsrechnung ist unzweckmäßig. In Verbindung mit den anderen Verfahren kann sie als Risikomaß für die Alternativen in dem Sinne dienen, dass ein Projekt als umso risikoloser einzustufen ist, je kürzer die Amortisationszeit ist.

Während die statischen Verfahren mit Kosten und Erlösen periodisierte Größen betrachten, liegen den **dynamischen Verfahren** Zahlungsströme in Form von Ein- und Auszahlungen zugrunde. Zu den dynamischen Verfahren zählen die Kapitalwert-, die Annuitäten- und die Interne-Zinsfuß-Methode sowie die dynamische Amortisationsrechnung. Bei der Kapitalwertmethode werden die durch die betrachtete Alternative verursachten Einzahlungsüberschüsse als Differenz zwischen Ein- und Auszahlungen über einen Kalkulationszins auf den Entscheidungszeitpunkt abgezinst und addiert. Der Kapitalwert ist somit die Summe der abgezinsten Einzahlungsüberschüsse. Ein Projekt ist vorteilhaft, wenn die abgezinsten Einzahlungen die abgezinsten Auszahlungen übersteigen und somit der Kapitalwert positiv ist. Die günstigste

Alternative ist die mit dem höchsten Kapitalwert. Die Annuitätenmethode ermittelt die durch ein Projekt verursachten durchschnittlichen Einzahlungsüberschüsse pro Periode. Da sich die Annuität eines Projektes nur durch einen konstanten Faktor (den sog. Annuitätenfaktor) vom Kapitalwert des Projektes unterscheidet, führen Annuitäten- und Kapitalwertmethode stets zu demselben Entscheidungsergebnis. Der interne Zinsfuß eines Projektes ist definiert als der Zinssatz, bei dem der Kapitalwert gleich null ist. Er gibt Auskunft über die jährliche Verzinsung eines Projektes. Bei der dynamischen Amortisationsrechnung wird der Zeitraum bestimmt, in dem der Kapitalwert der Investition den Wert null erreicht. Sie dient wie die statische Amortisationsrechnung im Wesentlichen zur Beurteilung des Risikos eines Projektes und sollte nicht allein zur Beurteilung einer Alternative herangezogen werden. Die dynamischen Verfahren haben gegenüber den statischen Verfahren den Vorteil, dass sie den zeitlich unterschiedlichen Anfall der Zahlungen durch Einbeziehung eines Kalkulationszinssatzes berücksichtigen und daher dem langfristigen Charakter von Outsourcing-Entscheidungen besser gerecht werden als die statischen Verfahren.

Für die Bewertung der **nichtmonetären Kriterien** kommen insbesondere Argumentenbilanzen, Checklisten und Punktbewertungsverfahren (Scoring-Modelle, Nutzwertanalyse) in Betracht. Man bezeichnet diese Verfahren auch als **qualitative Verfahren**. In **Argumentenbilanzen** werden auf der linken Seite die Vorteile und auf der rechten Seite die Nachteile einer Alternative aufgelistet. Die zahlenmäßige Dominanz der Vor- bzw. Nachteile gibt Auskunft über die Vorzüge der Alternative. Als nachteilig erweist sich die fehlende Gewichtung der einzelnen Argumente. Ferner erlaubt die Argumentenbilanz nur den Vergleich von zwei Alternativen, bei denen die Vorteile der einen Alternative gleichzeitig die Nachteile der anderen Alternative darstellen und umgekehrt. Ein Vergleich von mehr als zwei Alternativen ist somit nicht unmittelbar möglich. Ein Beispiel für eine Argumentenbilanz zeigt Tabelle 14.3.

Checklisten stellen eine Zusammenstellung von Kriterien dar, die jeweils auf Erfüllung bzw. Nicht-Erfüllung durch die einzelnen Alternativen überprüft werden. Die Anzahl der erfüllten bzw. nichterfüllten Kriterien gibt Auskunft über die Vorzüge der einzelnen Alternativen. Eine Gewichtung der Kriterien erfolgt auch hier nicht, ebenso ist keine Abstufung hinsichtlich des Erfüllungsgrades der einzelnen Kriterien möglich. Tabelle 14.4 zeigt ein Beispiel für eine Checkliste.

Die Nachteile von Argumentenbilanzen und Checklisten beseitigen die **Punktbewertungsverfahren.** Hier werden die Kriterien, die zur Beurteilung der Alternativen herangezogen werden sollen, untereinander gewichtet, z. B. so, dass die Summe der Gewichte 1 oder 100 ergibt. Anschließend werden die zur Auswahl stehenden Alternativen auf die Erfüllung der einzelnen Kriterien untersucht und pro Kriterium auf einer Skala von beispielsweise 0 (Kriterium nicht erfüllt) bis 10 (Kriterium voll erfüllt) bewertet. Durch Multiplikation der vergebenen Punkte mit den Kriteriengewichten ergeben sich die Teilnutzwerte pro Kriterium und Alternative. Diese werden abschließend mithilfe einer geeigneten Verknüpfungsregel (z. B. Addition, Multiplikation) zu einem Gesamtnutzwert pro Alternative verknüpft, der (in Relation zu den Nutzwerten

Tab. 14.3: Beispiel einer Argumentenbilanz für das Outsourcing von Logistikdienstleistungen.

Pro	Contra
Strategie	**Strategie**
Konzentration auf Kernkompetenzen	Abhängigkeit vom externen Dienstleister
Komplexitätsreduktion	Unterschiedliche Unternehmenskultur
Vereinfachung der Abläufe	Ungewollter Know-how-Transfer
Erhöhung der Unternehmensflexibilität	Entstehung eines neuen Wettbewerbers
Risikotransfer	Verringerte Entscheidungsfreiheit
	Einschränkung der unternehmerischen Gestaltungsfreiheit
	Irreversibilität der Outsourcing-Entscheidung
Leistung	**Leistung**
Nutzung des Know-how eines spezialisierten Dienstleisters	Know-how-Verlust durch Kapazitätsabbau
	Überwindung räumlicher Distanzen
Qualitätsverbesserung	Störung zusammengehörender Prozesse
Steigerung der Leistungsflexibilität	Qualitätsrisiken
Implizite Partizipation am technischen Fortschritt	
Klar definierte Leistungen und Verantwortlichkeiten	
Verfügbarkeit zusätzlicher Kapazitäten	
Kosten	**Kosten**
Economies of skill	Transaktions- und Umstellungskosten
Economies of scale	Erreichbarkeit des Kostensenkungspotentials
Kostendegression durch Auslastungsoptimierung bzw. Vermeidung von Auslastungsschwankungen	(Tatsächliche Abbaubarkeit fixer Kosten)
	Zusätzlicher Koordinationsaufwand
Nutzung von Lohnkostenunterschieden (Branchenarbitrage)	Preiserhöhungen durch den Dienstleister
Umwandlung fixer in variable Kosten	
Umwandlung von Gemein- in Einzelkosten	
Verbesserte Planbarkeit und Kostentransparenz	
Schärfung des Kostenbewusstseins	
Vermeidung von Opportunitätskosten	
Erhöhung der Liquidität	
Reduzierung der Kapitalbindung	
Personal	**Personal**
Geringere Personalbindung	Widerstände des Personals
Befreiung von Aufgaben der Personalbeschaffung und des Personalmanagements	Schaffung zusätzlicher Schnittstellen
Entlastung des Managements	

der anderen Alternativen) eine Aussage über die Vorteile einer Alternative erlaubt. Die Verknüpfungsregel „Multiplikation" führt im Gegensatz zur Verknüpfungsregel „Addition" dazu, dass die Nicht-Erfüllung eines Kriteriums zum Ausschluss der entsprechenden Alternative führt, weil sich für diese Alternative ein Nutzwert von 0 ergibt. Tabelle 14.5 enthält ein Beispiel für eine Nutzwertanalyse.

Tab. 14.4: Beispiel einer Checkliste für das Outsourcing von Logistikdienstleistungen.

Kriterien	Ja	Nein
Gehört die Logistikfunktion zur Kernleistung?	☐	☐
Besteht die Gefahr der Abhängigkeit bei Outsourcing?	☐	☐
Stellt die fremd zu vergebende Funktion einen wichtigen Wettbewerbsvorteil dar?	☐	☐
Wird eine Leistung mit hohen Schwankungsbreiten gefordert?	☐	☐
Kann der Dienstleister Auslastungsschwankungen durch mehrere Kunden kompensieren?	☐	☐
Kann durch Outsourcing ein besserer Lieferservice erreicht werden?	☐	☐
Ist Outsourcing wegen niedriger Lohnkosten (z. B. durch Anwendung anderer Tarifverträge) vorteilhaft?	☐	☐
Bedeuten Investitionen in Eigenleistung den Verzicht auf günstigere Investitionsalternativen bzw. verbessert sich die Liquidität des eigenen Unternehmens durch Outsourcing?	☐	☐

Quelle: vgl. Vahrenkamp/Kotzab (2012)

Tab. 14.5: Beispiel einer Nutzwertanalyse.

Kriterien	Gewicht	Eigenerstellung		Fremdbezug	
		Punkte	Teilnutzwert	Punkte	Teilnutzwert
Leistungsqualität	0,4	8	3,2	9	3,6
Lieferservice	0,3	5	1,5	8	2,4
Flexibilität	0,2	7	1,4	6	1,2
Kostentransparenz	0,1	4	0,4	10	1,0
Gesamtnutzwert			6,5		8,2

Quelle: Siepermann (2002), S. 1050

Alle diese qualitativen Verfahren haben den Nachteil, dass die Ergebnisse sehr stark von der subjektiven Einschätzung des Bewertenden abhängen. Um diese Subjektivität etwas zu mildern, empfiehlt es sich, die Beurteilung im Team vorzunehmen. Eine Einbeziehung monetärer Kriterien in die qualitativen Verfahren ist ebenfalls möglich, führt jedoch durch die Reduktion von Geldeinheiten auf qualitative Aussagen zu einem Informationsverlust. Daher sollten die monetären und die nichtmonetären Kriterien zunächst getrennt behandelt und erst dann die Ergebnisse dieser getrennten Beurteilung der Alternativen zu einem Gesamtergebnis zusammengefügt werden. Führen monetäre und nichtmonetäre Betrachtung zu unterschiedlichen Ergebnissen, empfiehlt sich die Durchführung einer Sensitivitätsanalyse, um den Einfluss von Datenänderungen auf das Bewertungsergebnis zu ermitteln. Einen zusammenfassenden Überblick über die qualitativen Verfahren sowie deren Vor- und Nachteile gibt Tabelle 14.6.

Tab. 14.6: Merkmale qualitativer Ansätze der Entscheidungsunterstützung.

	Argumenten-bilanz	Checkliste	Punktbewertungs-verfahren
Berücksichtigung mehrerer Kriterien	Ja	Ja	Ja
Gewichtung der Kriterien	Nein	Nein	Ja
Berücksichtigung des Erfüllungsgrades der Kriterien	Nein	Nein	Ja
Berücksichtigung monetärer Kriterien	Möglich	Möglich	Möglich
Vergleich mehrerer Alternativen	Nein	Ja	Ja
Bestimmbarkeit der optimalen Alternative	Nein	Ja	Ja
Möglichkeit der Sensitivitätsanalyse	Nein	Nein	Ja
Intersubjektive Nachvollziehbarkeit	Ja	Ja	Ja

Quelle: Vahrenkamp/Kotzab (2012)

14.5 Erfolgsfaktoren des Outsourcings

Der Erfolg von Outsourcing-Projekten hängt entscheidend von folgenden Faktoren ab (vgl. Bruch 1995, S. 204):
– Vertrauen,
– Organisation und
– Infrastrukturmanagement.

Unabdingbare Voraussetzung für eine erfolgreiche Zusammenarbeit zwischen fremd-vergebendem Unternehmen und Dienstleister ist gegenseitiges **Vertrauen.** Beide Part-ner müssen ein Interesse an einer langfristigen Zusammenarbeit haben, und beide Partner müssen von der Partnerschaft profitieren (sog. Win-Win-Situation). Entschei-dend ist weiterhin ein von Anfang an fairer und offener Umgang miteinander sowie auch zeitweilige gegenseitige Zugeständnisse als Investition in die Beziehung. Der zweite Erfolgsfaktor betrifft die **Organisation** der Zusammenarbeit mit dem Ziel, die Schnittstellen zwischen den Outsourcing-Partnern zu minimieren. Aufgaben, Kom-petenzen und Verantwortlichkeiten müssen exakt festgelegt und klar abgegrenzt werden. Für das reibungslose Management ad hoc auftretender Fragen und Pro-bleme empfiehlt sich die Benennung je eines qualifizierten Ansprechpartners auf beiden Seiten, der für die laufende Koordination der Zusammenarbeit verantwortlich ist. Aufgabe des **Infrastrukturmanagements** ist die Bereitstellung einer Outsour-cing-gerechten Infrastruktur. Dazu gehört neben einem leistungsstarken Controlling und technischen Kommunikationsvoraussetzungen sowie Räumlichkeiten für eine möglichst große Nähe der Outsourcing-Parteien insbesondere die Schaffung eines Outsourcing-freundlichen Klimas bei den Mitarbeitern. Die frühzeitige Entwicklung vorbeugender Maßnahmen gegen mögliche Widerstände des Personals stellt eine der größten und wichtigsten Herausforderungen für das Management im Rahmen der Vorbereitung von Outsourcing-Projekten dar, da ansonsten ein Scheitern des Projektes drohen kann. In diesem Zusammenhang hat es sich bewährt,

- den Outsourcing-Partner frühzeitig bei den Mitarbeitern vorzustellen,
- den Mitarbeitern eine klare Perspektive aufzuzeigen,
- die Mitarbeiter in die Gestaltung einzubeziehen und
- die Mitarbeiter im Hinblick auf die veränderten Aufgaben zu qualifizieren.

Darüber hinaus sind der WHU-Studie zufolge die frühzeitige Bildung eines funktionsübergreifenden Outsourcing-Teams, die frühzeitige und umfassende Einbindung des Logistikdienstleisters in den Outsourcing-Prozess, ein intensiver Informationsaustausch auch sensibler Daten mit dem Logistikdienstleister und die Einbeziehung von Outsourcing-Experten aus anderen Unternehmensbereichen entscheidende Erfolgsfaktoren für ein Outsourcing-Projekt (vgl. Weber/Engelbrecht 2002, S. 36).

Abbildung 14.1 fasst die Erfolgsfaktoren des Outsourcings noch einmal zusammen.

Abb. 14.1: Erfolgsfaktoren bei Outsourcing-Prozessen.
Quelle: Bruch (1998), S. 25.

Die Umsetzung einer Outsourcing-Entscheidung ist ein umfangreicher und komplexer Prozess, der ein systematisches und methodisches Vorgehen erfordert. Ein Phasenmodell dazu wird in Vahrenkamp/Kotzab (2012) dargestellt.

15 Controlling von Logistiksystemen

15.1 Ziele des Logistikcontrollings

Die zunehmende Bedeutung der Logistik als Wettbewerbsfaktor macht eine gezielte Planung, Steuerung und Kontrolle der Logistikleistungen und der durch sie verursachten Kosten unerlässlich. Die mit den gestiegenen Anforderungen an die Logistik einhergehende hohe Komplexität der heutigen Logistiksysteme erhöht zudem den Koordinations- und Abstimmungsbedarf der einzelnen Teilbereiche der Logistik. Das Instrument zur Wahrnehmung dieser Aufgaben ist das **Logistikcontrolling.** Dabei handelt es sich um ein unterstützendes Subsystem der (Logistik-)Führung, dem die Unterstützung der Führungskräfte bei der Planung und Kontrolle der Güter- und Informationsflüsse sowie deren Versorgung mit allen relevanten Führungsinformationen obliegt. Als Teilsystem des Unternehmenscontrollings zielt es auf die Gewährleistung einer systematischen, geschlossenen Logistikplanung und -kontrolle ab.

Zu den Aufgaben des Logistikcontrollings im Rahmen der Planung gehört zunächst die Entwicklung und Bereitstellung geeigneter Planungsverfahren sowie deren ständige Anpassung und Weiterentwicklung. Eine weitere Aufgabe stellt die Unterstützung des Logistikmanagements bei der Formulierung von Logistikzielen für das Unternehmen und von geeigneten Strategien zur Zielerreichung dar. Daraus sind in einem weiteren Schritt Einzelpläne für die Logistikteilsysteme zu erstellen und zu koordinieren.

Gegenstand der **Kontrolle** ist der Abgleich von geplanten Logistikkosten mit der Ist-Kosten-Entwicklung im Rahmen von Soll-Ist-Vergleichen, die Analyse der identifizierten Abweichungen und ihrer Ursachen sowie die Erarbeitung geeigneter Korrekturvorschläge. Auf diese Weise soll eine wirtschaftliche Leistungserstellung, d. h. die Erbringung sämtlicher Logistikleistungen zu minimalen Kosten bei gegebenem Leistungsniveau, sichergestellt werden.

Zur adäquaten Wahrnehmung der **Informationsversorgungsaufgabe** ist die Implementierung und permanente Weiterentwicklung eines Logistikinformationssystems notwendig, das nicht nur die Führungskräfte, sondern auch die Verantwortlichen vor Ort zeitnah mit den auf den individuellen Informationsbedarf der Informationsempfänger abgestimmten Informationen versorgt. Von besonderer Bedeutung ist in diesem Zusammenhang die Festlegung des Detaillierungsgrades der zur Verfügung gestellten Informationen, der in der Regel mit abnehmender Hierarchieebene ansteigt.

Obwohl nach einer empirischen Erhebung von 1991 bereits Anfang der 1990er-Jahre 40 % der Unternehmen über ein Logistikcontrolling verfügten, ist der Umsetzungsstand des Logistikcontrollings bis heute unbefriedigend. So beurteilten in einer Umfrage aus dem Jahr 2002 nur 25 % der befragten Unternehmen ihr Logistikcontrol-

DOI 10.1515/9783110473285-019

lingsystem mit gut bis sehr gut, 47 % hingegen mit befriedigend und 28 % sogar noch schlechter (vgl. Siepermann 2015).

Die Defizite in der Umsetzung des Logistikcontrollings sind nicht zuletzt auf die Besonderheiten des Logistikcontrollings gegenüber anderen Controllingteilsystemen zurückzuführen, die die Erfassung logistischer Leistungen im Vergleich zu anderen betrieblichen Leistungen deutlich erschweren:

- Aus der Dienstleistungsfunktion der Logistik erwachsen erhebliche Probleme der Leistungsdefinition. Dienstleistungen lassen sich weniger eindeutig messen als Sachleistungen. Ihre Abbildung erfordert mehrere unterschiedliche Messgrößen. So sind neben Mengen-, Gewichts- und Volumeneinheiten, die auch zur Messung von Sachleistungen herangezogen werden, insbesondere Zeit- und Entfernungseinheiten sowie Kombinationen aus mehreren Messgrößen (z. B. Tonnen-Kkilometer) relevant.
- Im Gegensatz zu Sachleistungen, deren Messung zeitlich vom Leistungserstellungsprozess entkoppelt werden kann, lassen sich Dienstleistungen aufgrund ihres immateriellen Charakters nur simultan zur Leistungserstellung messen und erfordern daher aufwendigere Messmethoden (spezielle Messinstrumente wie z. B. Fahrtenschreiber, manuelle Aufschreibungen wie z. B. in Form von Fahrtenbüchern oder Beobachtungen), die zudem nicht immer frei von Ungenauigkeiten und Manipulationsmöglichkeiten sind. Viele zur Steuerung der Logistik notwendige Informationen werden daher bisher nicht oder nur unsystematisch erfasst.
- Die Leistungen der Logistik werden über das gesamte Unternehmen erbracht. Ihre Abbildung erfordert deswegen eine Vielzahl von Messpunkten. Als zentrales Problem erweist sich dabei die Abgrenzung gegenüber den anderen betrieblichen Funktionsbereichen. Als Kriterium, ob die fraglichen Leistungen der Logistik zugeordnet werden sollen oder nicht, kann der Dispositionsspielraum der Logistik bei der Erstellung der fraglichen Leistungen herangezogen werden. Eine Zuordnung zur Logistik sollte immer nur dann erfolgen, wenn ein hinreichend großer logistischer Dispositionsspielraum vorhanden ist (vgl. Siepermann 2015).
- Logistikleistungen sind z. T. sehr heterogen. So sind beispielsweise Umschlagsprozesse von Gütern mit unterschiedlichen Handhabungseigenschaften (z. B. leichte vs. schwere Güter, sperrige vs. kleinvolumige Güter) vom notwendigen Ressourceneinsatz her nur sehr bedingt vergleichbar, sodass eine Differenzierung dieser Leistungsart notwendig werden kann, was wiederum die Komplexität und den Aufwand der Leistungserfassung erhöht.

15.2 Instrumente des Logistikcontrollings im Überblick

Ein leistungsfähiges Logistikcontrolling setzt den Einsatz von Controllinginstrumenten voraus, die auf den Informationsbedarf der Logistikführungskräfte abgestimmt sind. Als **Logistikcontrollinginstrumente** werden alle Modelle, Methoden und Hilfsmittel bezeichnet, mit denen die Planung und Kontrolle der logistischen Teilbereiche und des Materialflusses im Unternehmen sowie die entscheidungsbezogene Informationsversorgung zielbezogen unterstützt werden können. Hierzu zählen insbesondere die

- Logistikkosten- und Logistikleistungsrechnung sowie
- logistischen Kennzahlen und Kennzahlensysteme,

die in den folgenden Abschnitten dieses Kapitels näher betrachtet werden. Darüber hinaus lassen sich weitere Controllinginstrumente wie Benchmarking, Target Costing, Wertanalyse oder Budgetierung für die Steuerung der Logistik nutzbar machen, die an dieser Stelle jedoch nicht weiter vertieft werden sollen. Die konkrete Ausgestaltung der Instrumente des Logistikcontrollings hängt wesentlich davon ab, ob ihre Anwendung in einem Industrieunternehmen oder bei einem Logistikdienstleister erfolgen soll. Im Folgenden steht die Anwendung in Industrieunternehmen im Vordergrund.

Basis und wichtigster Informationslieferant eines jeden Controllingsystems und somit auch des Logistikcontrollings ist die betriebliche Kosten- und Leistungsrechnung. Die klassische Kostenrechnung weist jedoch aufgrund ihrer primären Ausrichtung auf den Produktionsbereich bei der verursachungsgerechten Verrechnung der Logistikkosten auf die einzelnen Kostenträger wie Aufträge, Produkte oder Kunden einige Schwachstellen auf, weil eine zentrale Voraussetzung für eine verursachungsgerechte Kostenverrechnung, nämlich die Erfassbarkeit eines Großteils der Kosten als (Kostenträger-)Einzelkosten, in der Logistik im Gegensatz zur Produktion in der Regel nicht gegeben ist. Logistikkosten stellen vielmehr überwiegend Gemeinkosten dar, die in der klassischen Kostenrechnung aufgrund des unterstellten fehlenden Produktbezugs dieser Kosten nur pauschal und undifferenziert auf die Kostenträger verrechnet werden. Um dennoch zu einer verursachungsgerechten Zuordnung der Logistikkosten auf die Kostenträger zu gelangen, hat sich die Prozesskostenrechnung herausgebildet. Sie besteht in der Anwendung der speziell für die indirekten Leistungsbereiche, zu denen auch die Logistik zählt, entwickelten Prozesskostenrechnung, die ebenfalls als Form der Logistikkostenrechnung (im weiteren Sinne) angesehen werden kann.

Die Logistikkosten- und -leistungsrechnung (im weiteren Sinne) dient zum einen der Erfassung der innerbetrieblichen Logistikleistungen und der durch sie entstehenden Kosten und zum anderen der Kalkulation der durch die einzelnen Produkte oder andere Kostenträger wie Lieferanten oder Kunden verursachten Logistikkosten. Mögliche Fragestellungen könnten somit beispielsweise sein:

- Was kostet eine Lagertransaktion?
- Welche Logistikkosten verursacht ein neuer Lieferant oder ein neuer Vertriebsweg?
- Wie hoch sind die Logistikkosten für Produkt X?

Die Ergebnisse der Logistikkosten- und -leistungsrechnung (im weiteren Sinne) bilden eine wichtige Basis zur Generierung logistischer **Kennzahlen** und **Kennzahlen-**

systeme. Neben den klassischen Logistikkennzahlensystemen wird in jüngster Zeit die Prozesskostenrechnung als innovatives und besonders ausgewogenes Kennzahlensystem intensiv diskutiert, dessen Einsatz sich auch für die Logistik eignet. Beiden Ansätzen ist in diesem Kapitel ein eigener Abschnitt gewidmet.

15.3 Die Prozesskostenrechnung als Logistikkostenrechnung

Die zunehmende Automatisierung der Produktions- und Logistikprozesse, der damit einhergehende Anstieg von Planungs- und Steuerungsaufgaben sowie die zunehmende Varianten- und Teilevielfalt haben zu einer permanenten Kostenausweitung in den indirekten, die Produktion unmittelbar oder mittelbar unterstützenden Leistungsbereichen (nicht nur in der Logistik) und damit zu einem deutlichen Anstieg der fixen Gemeinkosten bei gleichzeitigem Rückgang variabler Einzelkosten geführt, sodass die Voraussetzungen der klassischen Kostenrechnung für eine verursachungsgerechte Kostenverrechnung (hoher Anteil an Einzelkosten) und eine sinnvolle Kostenplanung und -kontrolle (hoher Anteil variabler Kosten) nicht mehr gegeben sind. Vor diesem Hintergrund wurde Ende der 1980er-Jahre von Péter Horváth und Reinhold Mayer die Prozesskostenrechnung nach dem amerikanischen Vorbild des Activity Based Costing (ABC) als speziell auf die indirekten Leistungsbereiche zugeschnittenes Kostenrechnungssystem entwickelt und in der Folge von zahlreichen Autoren aufgegriffen und weiter verfeinert.

Die Grundidee der Prozesskostenrechnung besteht darin, die in den Kostenstellen der indirekten Leistungsbereiche ablaufenden Tätigkeiten zu analysieren und in Form von kostenstellenbezogenen Teilprozessen und kostenstellenübergreifenden Hauptprozessen zu strukturieren, um auf diese Weise eine erhöhte Kostentransparenz in den indirekten Leistungsbereichen, eine verbesserte Gemeinkostenplanung und -kontrolle sowie eine verursachungsgerechtere Gemeinkostenverrechnung auf die Produkte zu erreichen. Als Prozesse können dabei physische (z.B. Ware einlagern), administrative (z.B. Lagerzugang erfassen) oder wertmäßige Vorgänge (z.B. Verzinsung von Lagerbeständen) definiert werden. Damit folgt die Prozesskostenrechnung in besonderer Weise dem der Logistik zugrunde liegenden Materialfluss- und Kettendenken, ist in ihrer Anwendung im Gegensatz zur im vorigen Abschnitt vorgestellten Logistikkostenrechnung nach Weber jedoch nicht auf die Logistik beschränkt. Voraussetzung für diese Vorgehensweise ist das Vorhandensein überwiegend repetitiver, d.h. sich regelmäßig wiederholender Tätigkeiten mit vergleichsweise geringem Entscheidungsspielraum, wie sie für große Teile der Logistik typisch sind. Diese Voraussetzung ist umso eher gegeben, je produktionsnäher der betrachtete Bereich ist.

Die Prozesskostenrechnung geht von der Vorstellung aus, dass die für die traditionelle Kostenrechnung typische Fokussierung auf die Beschäftigung als zentrale Kosteneinflussgröße nicht ausreicht, um die Kostenentstehung in den indirekten Leistungsbereichen ausreichend genau zu erklären. Daher werden in der Prozesskostenrechnung neben der Beschäftigung vor allem die Varianten- und Teilevielfalt, die Produkt- und Prozesskomplexität sowie die Auftrags- bzw. Losgröße als weitere, für den indirekten Bereich relevante Einflussfaktoren auf die Kostenentstehung berücksichtigt. Da der überwiegende Teil der Kosten der indirekten Leistungsbereiche als kurz- bis mittelfristig beschäftigungsunabhängig anzusehen ist, ist die Prozesskostenrechnung als **Vollkostenrechnung** konzipiert, d. h., es wird keine Trennung in fixe und variable Kosten vorgenommen.

Die Prozesskostenrechnung setzt auf der klassischen Gliederung der Kostenrechnung in Kostenarten-, Kostenstellen- und Kostenträgerrechnung auf und erweitert die Kostenstellenrechnung um eine Analyse und Bewertung der dort ablaufenden Prozesse, die sich in folgenden Schritten vollzieht:

- In einem **ersten Schritt** sind die in den Kostenstellen der indirekten Bereiche ablaufenden Tätigkeiten zu analysieren und inhaltlich zusammengehörende Tätigkeiten zu **Teilprozessen** zusammenzufassen. Ein Teilprozess ist dabei definiert als eine auf die Erbringung einer bestimmten Leistung gerichtete Kette homogener Tätigkeiten einer Kostenstelle. Unter einer Tätigkeit oder einer Aktivität versteht man einen einzelnen Bearbeitungsschritt, der nicht sinnvoll weiter unterteilt werden kann. Im Hinblick auf die weiteren Schritte sind zwei Arten von Teilprozessen zu unterscheiden: **Leistungsmengeninduzierte (lmi) Teilprozesse** beinhalten überwiegend repetitive Tätigkeiten, deren Wiederholhäufigkeit vom insgesamt von der Kostenstelle zu erbringenden Leistungsvolumen abhängt. **Leistungsmengenneutrale (lmn) Teilprozesse** hingegen stellen überwiegend dispositive, planende und organisatorische Tätigkeiten dar, die unabhängig vom zu erbringenden Leistungsvolumen der Kostenstelle anfallen.
- In einem **zweiten Schritt** sind für die leistungsmengeninduzierten Teilprozesse geeignete **Maßgrößen** zu finden, die den Kosteneinflussfaktor des Prozesses widerspiegeln und somit einen Maßstab der Kostenverursachung darstellen.
- Im **dritten Schritt** sind die Ausprägungen der Maßgrößen zu bestimmen. Sie werden als **Prozessmengen** bezeichnet und geben die Anzahl der Prozessdurchführungen in der betrachteten Periode an.
- Im **vierten Schritt** sind die Kosten der Teilprozesse zu bestimmen. Die **Prozesskosten** stellen die Summe aller Kosten(arten) dar, die durch einen Teilprozess in dem betrachteten Zeitraum verursacht werden. Da in den indirekten Leistungsbereichen die Personalkosten überwiegen, besteht die einfachste Möglichkeit der Prozesskostenermittlung darin, die Kostenstellenkosten nach den für die einzelnen Prozesse erforderlichen Personalkapazitäten auf die Prozesse zu verteilen.
- Im **fünften Schritt** werden für die lmi-Prozesse mittels Division der Prozesskosten durch die zugehörenden Prozessmengen **Prozesskostensätze** ermittelt, die die (durchschnittlichen) Kosten der einmaligen Durchführung bzw. Inanspruchnahme eines lmi-Teilprozesses angeben. Die Kosten der lmn-Prozesse können entweder proportional zu den lmi-Prozesskosten auf die lmi-Prozesse verteilt

werden oder in einer kostenstellenübergreifenden Sammelposition gesammelt werden.

– Im **sechsten Schritt** werden schließlich sachlich zusammenhängende (lmi) Teilprozesse zu kostenstellenübergreifenden **Hauptprozessen** zusammengefasst. Ein Hauptprozess kann als Folge zusammengehörender Teilprozesse definiert werden, die demselben Kosteneinflussfaktor unterliegen. Die Kosteneinflussfaktoren der Hauptprozesse werden durch **Kostentreiber** gemessen, die mit den Maßgrößen der in den jeweiligen Hauptprozess eingehenden Teilprozesse identisch sein können, aber nicht müssen. Während die Kosteneinflussgrößen indirekt auf das Kostenvolumen wirken, stellen die Kostentreiber (wie auch die Maßgrößen auf Teilprozessebene) direkte Maßstäbe der Kostenverursachung dar, wobei zwischen Kostentreibern (bzw. Maßgrößen) und Prozesskosten eine proportionale Beziehung unterstellt wird. Es wird davon ausgegangen, dass mit der Bildung von sieben bis zehn Hauptprozessen ca. 80 % des Gemeinkostenvolumens erklärt werden können.

Diese Vorgehensweise soll im Folgenden am **Beispiel** einer Einkaufskostenstelle erläutert werden, deren Gesamtkosten sich auf 48.000 € belaufen (vgl. Tabelle 15.1). Im ersten Schritt sind nun im Rahmen der Tätigkeitsanalyse die in Spalte 1 eingetragenen Teilprozesse zu ermitteln und als lmi- oder lmn-Prozesse zu qualifizieren (Spalte 2). Spalte 3 zeigt die im zweiten Schritt gewählten Maßgrößen für die lmi-Teilprozesse und Spalte 4 die in Schritt 3 festgelegten Prozessmengen. Die in Spalte 6 dargestellten Prozesskosten (Schritt 4) ergeben sich durch Verteilung der Kostenstellengesamtkosten auf Basis der für die Durchführung der Teilprozesse notwendigen Personalkapazitäten (Spalte 5). Die Prozesskostensätze aus Spalte 7 (Schritt 5) erhält man mittels Division der Prozesskosten aus Spalte 6 durch die Prozessmengen aus Spalte 4. In Spalte 8 erfolgt die Umlage der lmn-Prozesskosten auf die lmi-Prozesse in Form eines prozentualen Aufschlags auf die lmi-Prozesskostensätze. Der Aufschlag i. H. v. 14,3 % ergibt sich durch Division der lmn-Prozesskosten durch die Summe der lmi-Prozesskosten. In Spalte 9 wird der Gesamtprozesskostensatz durch Addition der Spalten 7 und 8 ermittelt. Spalte 10 zeigt schließlich die für Schritt 6 benötigte Zuordnung der Prozessmengen zu den in Tabelle 15.2 dargestellten Hauptprozessen, in die neben den hier betrachteten Teilprozessen der Kostenstelle Einkauf noch weitere Prozesse anderer Kostenstellen einfließen.

Die Bildung von Hauptprozessen stellt die Grundlage für den Aufbau einer prozessorientierten Kostenträgerrechnung sowie einer effizienten Gemeinkostenplanung und kontrolle- dar. Im Folgenden wird die **Kalkulation** betrachtet. Als Voraussetzung für eine prozessorientierte Kalkulation muss bekannt sein, in welchem Umfang ein Produkt welche Prozesse in Anspruch nimmt. Dieser Produkt-Prozess-Zusammenhang wird durch einen **Prozesskoeffizienten** hergestellt, der die von einer Produkteinheit in Anspruch genommene Prozessmenge angibt. Tabelle 15.4 enthält die Prozesskoeffizienten für zwei Produkte, die sich aus den in Tabelle 15.3 dargestellten Aus-

Tab. 15.1: Teilprozesse der Kostenstelle Einkauf.

Teilprozess	Art	Maßgröße	Prozessmenge	Vollkräfte	Prozesskosten	Prozesskostensatz (lmi)	Umlage lmn Kosten	Gesamtprozesskostensatz	Prozessmengen an Hauptprozesse
(1)	(2)	(3)	(4)	(5)	(6)	$(7)=(6):(4)$	$(8)=(7)\bullet u$	$(9)=(7)+(8)$	(10)
Rahmenverträge abschließen	lmi	Anzahl der Rahmenverträge	60	1,5	9.000	150,00	21,43	171,43	60 an HP 1
Rahmenverträge abschließen	lmi	Anzahl der Rahmenverträge	60	1,5	9.000	150,00	21,43	171,43	60 an HP 1
Einzelbestellungen tätigen	lmi	Anzahl der Einzelbestellungen	200	1,5	9.000	45,00	6,43	51,43	200 an HP 2
Einzelbestellungen tätigen	lmi	Anzahl der Einzelbestellungen	200	1,5	9.000	45,00	6,43	51,43	200 an HP 2
Wareneingangsprüfung durchführen	lmi	Anzahl der Anlieferungen	600	3,0	18.000	30,00	4,29	34,29	400 an HP 1
									200 an HP 2
Abteilung leiten	lmn	–	–	1,0	6.000	–	–	–	
Summe				8,0	48.000				

$$u = \frac{6.000}{9.000 + 6.000 + 9.000 + 18.000} = 14,3\,\%$$

Tab. 15.2: Hauptprozesse im Beispiel.

Nr.	Bezeichnung	Kostentreiber	Prozess-menge	Prozess-kosten	Prozess-kostensatz
1	Material beschaffen über Rahmenverträge	Anzahl der Bestellungen	400	30.000	75,00
2	Material beschaffen über Einzelverträge	Anzahl der Bestellungen	200	20.700	103,50
3	Fertigungsauftrags-kommissionierung	Anzahl der Stücklistenpositionen	1.200	21.600	18,00
4	Fertigungssteuerung	Anzahl der Fertigungsoperationen	2.000	24.000	12,00
5	Auftragsabwicklung	Anzahl der Aufträge	380	43.700	115,00

Tab. 15.3: Ausgangsdaten für die prozessorientierte Kalkulation.

	Produkt A	Produkt B
Materialeinzelkosten	60	80
Fertigungseinzelkosten	50	70
Anzahl Teile über Rahmenverträge	12	3
Anzahl Teile über Einzelverträge	4	1
Anzahl Fertigungsoperationen	8	4
Beschaffungslosgröße der Teile	20	20
Fertigungslosgröße	15	30
Absatzlosgröße (Auftragsgröße)	6	12

gangsdaten ergeben. Die prozessorientierte Kalkulation hat dann die in Tabelle 15.5 wiedergegebene Gestalt. Das Beispiel verdeutlicht, dass Produkt B, das aufgrund seiner höheren Komplexität die Leistungen des indirekten Leistungsbereichs stärker in Anspruch nimmt, durch die Prozesskostenrechnung auch mit höheren Gemeinkosten belastet wird.

Tab. 15.4: Prozesskoeffizienten im Beispiel.

	Produkt A	Produkt B
Hauptprozess 1	12 / 20 = 0,60	3 / 20 = 0,15
Hauptprozess 2	4 / 20 = 0,20	1 / 20 = 0,05
Hauptprozess 3	16 / 15 = 1,07	4 / 30 = 0,13
Hauptprozess 4	8 / 15 = 0,53	4 / 30 = 0,13
Hauptprozess 5	1 / 6 = 0,17	1 / 12 = 0,08

Tab. 15.5: Prozessorientierte Kalkulation im Beispiel.

	Produkt A	Produkt B
Materialeinzelkosten	60,00	80,00
Kosten des Hauptprozesses 1	45,00	11,25
Kosten des Hauptprozesses 2	20,70	5,18
Summe Materialkosten	125,70	96,43
Fertigungseinzelkosten	50,00	70,00
Kosten des Hauptprozesses 3	19,20	2,40
Kosten des Hauptprozesses 4	6,40	1,60
Summe Fertigungskosten	75,60	74,00
Kosten des Hauptprozesses 5	19,17	9,58
Gesamtkosten	**220,47**	**180,01**

Die Herleitung der Prozesskoeffizienten ist in der Praxis allerdings nicht so trivial, wie es in dem Beispiel vielleicht erscheinen mag. Das gilt insbesondere für die Herstellung der Produkt-Prozess-Zusammenhänge in der Beschaffungslogistik. Die prozessorientierte Kalkulation erfordert vielmehr umfassende logistische Leistungspläne, deren Erstellung einen erheblichen Aufwand verursacht. Die Prozesskostenrechnung setzt damit eine umfassende und gut ausgebaute logistische Leistungserfassung voraus. Sofern die benötigten Daten nicht laufend EDV-technisch erfasst werden, kann der Aufwand den Nutzen leicht übersteigen. In diesem Fall bietet es sich an, lediglich fallweise Berechnungen im Bedarfsfall durchzuführen. Weitere Ansätze der Logistikkostenrechnung, wie etwa die Balanced Scorecard und der Ansatz von Weber, finden sich in Vahrenkamp/Kotzab (2012).

15.4 Logistikkennzahlen und Logistikkennzahlensysteme

Kennzahlen sind quantitative Größen, die in verdichteter Form über wichtige, zahlenmäßig erfassbare betriebswirtschaftliche Sachverhalte informieren sollen. Sie dienen zur Messung der Effizienz eines Unternehmens oder einzelner Unternehmensteilbereiche und ermöglichen eine einfache und kompakte Darstellung komplexer Strukturen. Neben dieser Informationsfunktion erfüllen Kennzahlen eine Reihe weiterer Funktionen, die sich wie folgt systematisieren lassen (vgl. Siepermann 2015):
- Operationalisierungsfunktion: Bildung von Kennzahlen zur Operationalisierung von Zielen,
- Anregungsfunktion: Laufende Erfassung von Kennzahlen zur Erkennung von Auffälligkeiten und Veränderungen,
- Vorgabefunktion: Ermittlung kritischer Kennzahlenwerte als Zielgrößen für einzelne unternehmerische Teilbereiche,

- Steuerungsfunktion: Verwendung von Kennzahlen zur Vereinfachung von Steuerungsprozessen,
- Kontrollfunktion: Laufende Erfassung von Kennzahlen zur Erkennung von Soll-Ist-Abweichungen,
- Koordinationsfunktion: Kennzahlen als Instrument zur Koordination dezentral geführter Logistikteilsysteme.

Ausschlaggebend für die Aussagekraft von Kennzahlen ist die Qualität der zugrunde liegenden Datenbasis. Um die Vergleichbarkeit der Kennzahlenwerte im Zeitablauf zu gewährleisten, empfiehlt es sich, die Aufstellung der Kennzahlen mithilfe von **Kennzahlenblättern** zu standardisieren, die eine genaue Beschreibung der Kennzahl, die Berechnungsvorschrift und die heranzuziehenden Datenquellen enthalten. Um die Kennzahlen im Rahmen eines Benchmarking auch für unternehmensübergreifende Vergleiche heranziehen zu können, ist darüber hinaus eine Abstimmung der Kennzahlendefinitionen unter den Vergleichspartnern notwendig.

Der Aussagewert einer einzelnen Kennzahl ist jedoch begrenzt, weil sie nur eine einzelne quantitative Information abbildet, die ohne geeignete Vergleichswerte nicht eindeutig interpretierbar ist. Um eine sinnvolle Beurteilung der aktuellen Ausprägung (des Werts) einer Kennzahl zu ermöglichen und Mehrdeutigkeiten in der Interpretation auszuschalten, sind zum einen Werte von Vorperioden und/oder Planwerte als Vergleichsmaßstab heranzuziehen. Zum anderen ist jede Kennzahl im Kontext weiterer Kennzahlen zu betrachten, die eine Analyse der Ursachen für die Entwicklung der Kennzahl im Zeitablauf oder im Vergleich zur Zielgröße ermöglichen. Eine systematische Zusammenstellung von sinnvoll aufeinander abgestimmten, sich ergänzenden und erklärenden Kennzahlen, die auf ein gemeinsames übergeordnetes Ziel ausgerichtet sind, wird **Kennzahlensystem** genannt. Im Hinblick auf die Gestaltung der Beziehungen zwischen den Kennzahlen werden Rechen- und Ordnungssysteme unterschieden. Rechensysteme sind dadurch gekennzeichnet, dass zwischen den einzelnen Kennzahlen des Kennzahlensystems mathematische Beziehungen bestehen, die die rechentechnische Verdichtung aller Kennzahlen des Systems zu einer Spitzenkennzahl erlauben. Ordnungssysteme hingegen verzichten auf eine rechentechnische Verknüpfung der Kennzahlen und nehmen eine Systematisierung nach betriebswirtschaftlichen Systemzusammenhängen vor.

Das bekannteste Rechensystem ist das bereits im Jahr 1919 entwickelte DuPont-System of Financial Control, das aus der Bilanz gewonnene Kennzahlen enthält und zum „Return On Investment" (ROI) als Spitzenkennzahl verdichtet. Ein rechentechnisches Kennzahlensystem für die Logistik wurde von Weber vorgestellt. Dabei besteht jedoch das Problem, dass Logistikkennzahlen als primär intern ausgerichtete Größen im Gegensatz zu Bilanzkennzahlen überwiegend nichtmonetäre Größen darstellen, die sich aufgrund unterschiedlicher Dimensionen nicht ohne weiteres zu einer Spitzenkennzahl verdichten lassen. Als Ausweg wählt Weber eine nutzwertanalytische Vorgehensweise, um zu seiner Spitzenkennzahl „Logistikeffizienz" zu gelangen, die sich aus der Gegenüberstellung eines Logistikleistungswerts als Repräsentant des Outputs der Logistik und eines Logistikkostenwerts, der den zur Leistungserstellung benötigten Input widerspiegelt, ergibt. Beide werden ausgehend von den logistischen Kostenstellen und den dort ablaufenden Prozessen über eine mehrstufige Aggregation ermittelt. Die Aussagekraft der so berechneten Spitzenkennzahl muss jedoch aufgrund ihres hohen Abstraktionsgrades und ihrer hohen Interpretationsbedürftigkeit angezweifelt werden. Daher handelt es sich bei den übrigen in der Literatur vorgestellten Logistikkennzahlensystemen entweder um reine Ordnungssysteme oder um kombinierte Ordnungs- und Rechensysteme (Siepermann 2015).

Allen drei Ansätzen ist die kombinierte Gliederung der Logistikkennzahlen einerseits nach den Phasen des Güterflusses in Beschaffungs-, Produktions- und Distributionslogistik und andererseits nach den logistischen Funktionen (Lagerung, Transport usw.) gemeinsam. Schulte nimmt darüber hinaus die folgende Unterscheidung vor:

- **Struktur- und Rahmenkennzahlen,** die sich auf den Aufgabenumfang (Leistungsvolumen und -struktur, z. B. Transportvolumen pro Periode), die Kapazitäten des betrachteten Bereichs (Personal- und Sachmittelkapazitäten, z. B. Anzahl der Mitarbeiter in der Warenannahme, Anzahl der Fördermittel) und die Kosten (z. B. Gesamtkosten der Beschaffungs-, Produktions- und Distributionslogistik) beziehen;
- **Produktivitätskennzahlen** zur Messung der Produktivität der Mitarbeiter und der technischen Betriebseinrichtungen in Form von Mengengrößen (z. B. Anzahl abgewickelter Sendungen pro Personalstunde), Zeitgrößen (z. B. Warenannahmezeit pro eingehender Sendung) oder daraus abgeleiteter Auslastungsgrößen für die vorhandene Kapazität (z. B. Auslastungsgrad der Transportmittel);
- **Wirtschaftlichkeitskennzahlen,** die die Logistikkosten für die Erbringung einzelner Logistikleistungen pro Leistungseinheit angeben (z. B. Distributionskosten je Kundenauftrag) oder Kosten- bzw. Erlösgrößen ins Verhältnis setzen (z. B. Anteil der Auftragsabwicklungskosten am Umsatz) und so Aufschluss über die Effizienz des Mitteleinsatzes in der Logistik geben sollen;
- **Qualitätskennzahlen** in Form von Anteilswerten (z. B. Anteil verspäteter Lieferungen an der Gesamtzahl der Lieferungen) oder Zeitgrößen (z. B. durchschnittliche Lieferzeit), die den Grad der Zielerreichung bzw. die Qualität der logistischen Leistungserstellung widerspiegeln.

Um eine Kennzahleninflation zu vermeiden, muss jedes Unternehmen aus der Fülle möglicher und von der Wissenschaft vorgeschlagener Kennzahlen diejenigen auswählen, die für den jeweiligen Informationszweck den größten Nutzen versprechen, um daraus (ggf. unter Hinzufügung weiterer Kennzahlen) ein auf die individuellen Bedürfnisse zugeschnittenes Logistikkennzahlensystem zu generieren. Bei der Auswahl der Kennzahlen ist auf ein angemessenes Verhältnis zwischen dem Aussagewert und dem Erstellungsaufwand der Kennzahlen sowie auf die Beeinflussbarkeit der Zielgrößen durch die Handlungsträger bei Abweichungen zwischen Soll- und Ist-Werten zu achten.

Literaturverzeichnis

Agiplan, Kommissioniersysteme, Vortrag auf dem 9. Osnabrücker Logistiktag, 2001.

Alice (Aliance for Logistics Innovation through Collaboration in Europe), Sustainable, Safe and Secure Supply Chain, Research & Innovatio Roadmap. http://www.etp-logistics.eu/wp-content/uploads/2015/07/W16mayo-kopie.pdf (abgerufen am 12.12.2016), 2015.

ATKearney (Hrsg.), Differentiation for Performance, Ergebnisse der 5. Europäischen Logistikstudie, Deutscher Verkehrsverlag, Hamburg, 2004.

ATKearney (Hrsg.), Excellence in Logistics. Supply chain success during the crisis. Summary 2009.

ATKearney (Hrsg.), Paketmarkt zurück auf Wachstumskurs, 30.11.2011.

Automobil Industrie, Die zweite Stufe zündet, Automobil Industrie, Nr. 01-02, 20, 2005.

Automobilproduktion, Von Fontaine zu neuen Ufern, Automobil Produktion, Heft 1/2004, 52–53, 2004.

Backhaus K, Voeth M. Industriegütermarketing: Grundlagen des Business-to-Business-Marketings, 10. Auflage, Verlag Franz Vahlen, München, 2014.

BAG (Hrsg.), Güterverkehrsentwicklung 2015/2016. http://www.bgl-ev.de/images/downloads/ueber/jahresbericht/gueterverkehrsentwicklung.pdf (abgerufen am 12.12.2016), 2015.

BAG (Hrsg.), Sonderbericht zur Situation an der Laderampe, Köln 2013.

Becker KG. Ohne Kompatibilität kein Fortschritt – Telematik: Entwicklung, Einsatzgebiete, Markt-übersicht, Kompatibilität, Güterbahnen, 14 (2), 2015, 44–47.

BIEK (Hrsg.), KEP-Studie 2016 – Analyse des Marktes in Deutschland, Eine Untersuchung im Auftrag des Bundesverbandes Paket und Expresslogistik e. V. (BIEK), Berlin, 2016.

BIEK (Hrsg.), KEP-Studie 2015 – Analyse des Marktes in Deutschland, Eine Untersuchung im Auftrag des Bundesverbandes Paket und Expresslogistik e. V. (BIEK), Berlin, 2015.

Bleymüller J, Weißbach R. Statistik für Wirtschaftswissenschaftler, 17. überarbeitete Auflage, Verlag Franz Vahlen, München, 2015.

Bretzke W-R. Supply Chain Management: Wege aus einer logistischen Utopie, Logistik Management, 2/2005, 21–30.

Bretzke R. Logistische Netzwerke, 3. Auflage, Springer-Verlag, Berlin/Heidelberg, 2015.

Bruch H. Outsourcing: Konzepte und Strategien, Chancen und Risiken, Wiesbaden, 2013.

Bruch H. Outsourcing: Konzepte und Strategien, Chancen und Risiken, Wiesbaden, 1998.

Bruch H. Erfolgsfaktoren und Hindernisse für Outsourcing, io Management Zeitschrift, 64 (7/8), 25–27, 1995.

Burckhardt G. Mythos CSR – Unternehmensverantwortung und Regulierungslücken, Bonn 2011.

Clement W. Von der Vision zur Wirklichkeit, Hennicke P (Hrsg.), Nachhaltigkeit – ein neues Geschäftsfeld?, Hinzel Verlag, Stuttgart/Leipzig, 2002, 21–28.

Chopra S, Meindl P. Supply Chain Management, Peason Studium, 2015.

Christopher M. Logistics and Supply Chain Management, 4. Auflage, London, 2011.

DB Schenker, Unternehmen, Geschichte. https://www.dbschenker.de/log-de-de/unternehmen/meilensteine/ (abgerufen: 13.12.2016).

Deutscher Speditions- und Logistikverband (DSLV), Logistikmarkt. http://www.dslv.org/dslv/web.nsf/id/pa_de_logistikmarkt.html (abgerufen am 29.11.2015).

Dyllick T, Hockerts K. Beyond the business case for corporate sustainability, Business strategy and the environment, 11 (2), 130–141, 2002.

EcoTransIT, Werkzeug zur Quantifizierung der Emissionen des Güterverkehrs. Entwickelt von Institut für Energie- und Umweltforschung (ifeu), Heidelberg und Rail Management Consultants GmbH (RMCon). http://www.ecotransit.org/, 2008.

DOI 10.1515/9783110473285-020

ELA/AT Kearney, Angebot und Nachfrage von Logistikdienstleistungen, 2004.

Elkington J. Triple bottom-line reporting: Looking for balance, Australian CPA, 69, 18–21, 1999.

ETH Zürich, The Beer Distribution Game. http://www.beergame.lim.ethz.ch (abgerufen am 13.12.2016).

FAZ (Hrsg.), Amazon-Versandzentrum, Achtundzwanzig Kilometer in vierzehn Stunden, http://www.faz.net/aktuell/feuilleton/medien/amazon-versandzentrum-in-phoenix-als-attraktion-besuchen-13889735.html (abgerufen am 13.12.2016), 05.11.2015.

Fraunhofer Institut für Materialfluss und Logistik, Unterschiede in der Kraftfahrzeugsteuerbelastung in Europa in €/Jahr, 2007.

Fuch U. Fair ist das neue grün – soziale Standards werden immer wichtiger, DVZ Nachhaltigkeitsreport Transport & Logistik, 2014/2015,6–8, 2015.

Gimenez C, Sierra V, Rodon J. Sustainable operations: Their impact on the tiple bottom line, International Journal Production Economics, 140, 149–159, 2012.

GS1, EANCOM, Der Motor für EDI. https://www.gs1-germany.de/internet/common/downloads/gs1_tech/2004_eancom_motor_fuer_edi.pdf (abgerufen am 12.12.2016), 2011.

GTIN INFO, GTIN Definition: Information. http://www.gtin.info (abgerufen am 06.12.2016), 2016.

Gleissner H, Femerling JC. Transport. Elemente – Management – Märkte, Wiesbaden, 2016.

Gleissner H. Werkverkehr 2015, Vortrag Dialogforum des BWVL am 14. Oktober 2015 in Berlin.

Gnirke K. Internationales Logistikmanagement, Wiesbaden, 1998.

Gudehus T. Logistik, Grundlagen-Strategien-Anwendungen, 4. aktualisierte Auflage, Springer-Verlag, Berlin/Heidelberg, 2010a.

Gudehus T. Slow Steaming I: Die kostenoptimale Geschwindigkeit von Frachtschiffen, Schiff & Hafen, Mai 2012, 5, 12 ff., 2010b.

Gudehus T. Slow Steaming II: Gewinnoptimale Geschwindigkeit und Flottenplanung, Schiff & Hafen, Juni 2010, 6, 12 ff., 2010c.

Halldorsson A, Kotzab H,Skjoett-Larsen T. Supply chain management on the crossroad to sustainability: a blessing or a curse?, Logistics Research, 1(2), 83–94, 2009.

Hansen HR, Neumann G. Wirtschaftsinformatik, Stuttgart, 2015.

Hartmann K. Werkverkehr der Nobilia Werke, Vortrag Dialogforum des BWVL am 14. Oktober 2015 in Berlin.

Ihde-, GB, Ersatzteillogistik, 3. Auflage, München, 1999.

Industrieanzeiger, Kommissionierung: Vom Einzelstück bis zur Vollpalette. Vier Marken unter einem Dach vereint. http://industrieanzeiger.industrie.de/allgemein/vier-marken-unter-einem-dach-vereint/ (abgerufen am 15.12.2016), 26.1.2004.

Isermann R. Fault Diagnosis of Machines via Parameter Estimation and Knowledge Processing, Preprints to SafeProcess, 1, 1991.

Jahrbuch der VDI Gesellschaft, Fördertechnik, Materialfluss, Logistik, Düsseldorf, 1993.

Jansen R, Mannel A. RFID-Technologie: Wer soll das bezahlen? Wer hat so viel Geld?, Beschaffung aktuell, 10/2004, 42–44, 2004.

Jünemann R. Materialfluß und Logistik, Systemtechnische Grundlagen mit Praxbeispielen, Springer-Verlag, Berlin et al., 1989.

Kille C, Schwemmer M. (Hrsg.), Die Top 100 der Logistik, Hamburg, 2014.

Kotzab H, Steinbrecher AC. Efficient Consumer Response: Standards, Prozesse und Umsetzungen, GS1, Wien, 2009.

Kotzab H, Schütz S. Nachhaltiges Supply Chain Management in der Konsumgüterwirtschaft: Erfahrungen von Nestlé, Magdeburg, 2009.

Kotzab H. Neue Konzepte der Distributionslogistik von Handelsunternehmen, Wiesbaden, 1997.

Krajewski L, Ritzman LP. Operations Management: Processes and Supply Chains (10th Edition), Prentice Hall, 2012.

Krummheuer E. Das Transportgewerbe will den Kunden „grüne" Alternativen bieten. Der Bahn-Konzern DB-Schenker sieht sich als Pionier und will unter anderem bei Luft- und Seeverkehr CO2 einsparen, Handelsblatt, 09.05.2011. http://www.handelsblatt.com/unternehmen/handel-konsumgueter/logistik-branche-spediteure-auf-dem-oeko-trip/4150076.html (abgerufen am 13.12.2016), 2011.

Lebensmittelzeitung (2017), Top 100 Lieferanten Deutschland, 2016.
http://www.lebensmittelzeitung.net/industrie/Ranking-Top-100-Lieferanten-Deutschland-2016-126061, 05.03.2017.

Loderhose B. Alnatura liefert aus grünem Lager, Lebensmittelzeitung, 25.3.2010, 2010.

Logistik für Unternehmen (2003), Doppelstöckige Kommissionieranlage für Kleinstmengen, 9 (2003), 34–36.

Logistik für Unternehmen, Logistik und Kommissioniersystem, Stressfrei zu Spitzen-Leistungen, viastore realisiert flexibles AKL für PC-Komponenten-Distributor bei laufendem Betrieb, 9/2004, 28–31, 2004.

Logistik Heute, Ersatzteillogistik: Mit einem Klick alles im Blick, 4/2002, 68, 2002.

Logistik Heute, Ersatzteilservice online, 9/2004, 36, 2004.

Lebensmittel Zeitung, Kostensenkung und Regalverfügbarkeit im Fokus der Branche, 35, 29.08.2003, 56, 2003.

Logma (Hrsg.), Logistische Datensammlung, Dortmund, 2003.

Lorenz W. Leitfaden für Spediteure und Logistiker in Ausbildung und Beruf, Hamburg, 2014, herausgegeben von Thorsten Hölser.

Mediengruppe Telematik Markt (Hrsg.), Neue Telematik-Lösungen von Savvy für Güterverkehr und Container. http://Telematik-markt.de/Telematik/neue-Telematik-lösungen-von-savvy-für-güterverkehr-und-Container#.WFA5XXeX_jB (abgerufen am 13.12.2016), 08.05.2015.

McKinnon A, Browne M, Piecyk M, Whiteing A. Green Logistics, Improving the environmental sustainability of logistics, KoganPage, London et al., 2015.

Mikkola JH, Skjott-Larsen T, Kotzab H. Managing the Global Supply Chain, Copenhagen Business School Press, 2015.

PE INTERNATIONAL GmbH, Energiebedarfs- und Emissionsvergleich von LKW, Bahn und Schiff im Güterfernverkehr, Leinfelden-Echterdingen, 2010.

Porter ME, Kramer MR. Strategy and Society: The Link Between Competitive Advantage and Corporate Social Responsibility, Harvard Business Review, 84(12), 2006.

Prozesse und Standards, EAN 128-Transportetikett.
http://www.prozeus.de/imperia/md/content/prozeus/broschueren/ean128_umsetzer.pdf (abgerufen am 06.12.2016), 2016.

Robbins M. The Railway Age, Penguin Books, 1965.

RS Components. Presseinformation RS-Components, 2003.

SBB Cargo Blog, Wir müssen morgen den Güterwagen von übermorgen kaufen, Interview 15.03.2015. http://blog.sbbcargo.com/15198/wir-muessen-morgen-den-gueterwagen-von-uebermorgen-kaufen/ (abgerufen am 13.12.2016), 2015.

Schäfer-Kunz J, Tewald C. Make-or-Buy-Entscheidungen in der Logistik, Universitäts-Verlag GmbH, Wiesbaden, 1998.

Schäfer P. Frankfurter Wirtschaftsverkehr – Ergebnisse einer empirischen Untersuchung, Hochschule Frankfurt, Fachbereich Architektur, 2015.

Schmidt A. Lagertechniken, Schulte C (Hrsg.), Lexikon der Logistik, München/Wien, 1999.

Schulte C. Logistik, Wege zur Optimierung der Supply Chain, Verlag Franz Vahlen, München, 6. Auflage, 2012.

Schütz S. Sustainability and supply chain management: Erfahrungen von Nestlé, Diplomarbeit, Wirtschaftsuniversität Wien, 2007.

Siemens, Digitale Fabrik, 99,99885 Prozent Qualität.
http://www.siemens.com/innovation/de/home/pictures-of-the-future/industrie-und-automatisierung/digitale-fabrik-die-fabrik-von-morgen.html (abgerufen am 13.12.2016), 01.10.2014.

Siepermann C. Beispiel einer Nutzwertanalyse, 2002, 1050.

Siepermann C. Logistikkostenrechnung auf Basis von Prozessteilkosten, Lohmar/Köln, 2015.

Siepermann C, Vahrenkamp R. (Hrsg.), Risikomanagement in Supply Chains, Berlin, 2. Auflage, 2015.

Statistisches Bundesamt, Güterverkehr in Deutschland nach Verkehrsträgern im Jahr 2015.

Statistische Mitteilungen des Kraftfahrt-Bundesamtes und des Bundesamtes für Güterverkehr 2003, Reihe 8: Kraftverkehr: Kapazitätsauslastung deutscher LKW im Jahr 2003.

Statista, Umsätze führender Konsumgüterhandelsunternehmen im Jahr 2015.
https://de.statista.com/statistik/daten/studie/199831/umfrage/groesste-konsumgueterhersteller-weltweit-nach-umsatz/ (abgerufen am 05.12.2016), 08/2016a.

Statista, Die 10 führenden Online-Shops in Deutschland 2015.
https://de.statista.com/infografik/642/top-10-online-shops-in-deutschland-nach-umsatz/ (abgerufen am 05.12.2016), 09/2016b.

Statista, Anzahl der Sendungen von Kurier-, Express- und Paketdiensten (KEP) in Deutschland in den Jahren 2000 bis 2015 (in Millionen).
https://de.statista.com/statistik/daten/studie/154829/umfrage/sendungsmenge-von-paket-und-kurierdiensten-in-deutschland/ (abgerufen am 05.12.2016), 2016c.

Statista, Umsatzstärkste Unternehmen im Teilmarkt Kurier-, Express- und Paketdienste in Deutschland im Jahr 2015 (in Millionen Euro).
https://de.statista.com/statistik/daten/studie/387351/umfrage/umsatz-der-kep-unternehmen-in-deutschland/ (abgerufen am 05.12.2016), 2016d.

Strat EDI, cctop. http://www.cctop.de (abgerufen am 13.12.2016).

Sydow J, Möllering G. Produktion in Netzwerken: Make, Buy & Corporate, Verlag Franz Vahlen, München, 3. Auflage, 2015.

TNT Innight, Presseinformation, Zahlen, Daten und Fakten zu TNT Innight.
http://www.tnt.de/Inter2008/tnt_fileContainer/ZDF_TNTInnight.pdf (abgerufen am 14.12.2016), 2008.

Vahrenkamp R, Kotzab H. Logistik – Management und Strategien, 7. Auflage, München, 2012.

Vahrenkamp R. Die logistische Revolution. Der Aufstieg der Logistik in der Massenkonsumgesellschaft, Frankfurt, 2011.

Vahrenkamp R, Mattfeld D. Logistiknetzwerke – Modelle für Standortwahl und Tourenplanung, 2. Auflage, Wiesbaden, 2014.

Vahrenkamp R. Globale Luftfrachtnetzwerke – Laufzeiten und Struktur, Hamburg, 2014.

Vahrenkamp R. 25 Years City Logistic: Why failed the urban consolidation centres?, European Transport, 60, 2016.

Vicha M. Logistiksysteme in der Lebensmitteldistribution, Diplomarbeit, Universität Kassel, 2004.

WBCSD, Eco-efficiency Learning module. http://www.wbcsd.org/web/publications/ee_module.pdf (abgerufen am 15.06.207), 2006.

Weber J, Engelbrecht C. Studienergebnisse: Vorteil Outsourcing, Logistik heute, 12/2002, 34–36.

Willard B. The New Sustainability Advantage, Seven Business Case Benefits of a Triple Bottom Line, New Society Publishers, Kanada, 10. Auflage, 2012.

Wirtschaftswoche, DEUTSCHE POST, Das Image des Musterknaben ist angekratzt, 046, 6. November 2015, 42, 2015.

Wirtschaftswoche, Amazons Kampf um Effizienz, Herrschaft des Scanners, 3. Dezember 2014, 2014.

Wuttke D, Blome C, Henke M. Focusing the financial flow of supply chains: An empirical investigation of financial supply chain management, International Journal of Production, 145, 2013, 773–789.

Weiterführende Literatur

Arnolds H. Materialwirtschaft und Einkauf, Springer-Verlag, 2012.

Ballestrem, Graf von W. Handelslogistik, Arnold D u. a. (Hrsg.), Handbuch der Logistik, Berlin, 2014.

Böhning A. Outsourcing von Distributionslogistik am Beispiel eines mittelständischen Produktionsunternehmens, Diplomarbeit, Kassel, 2001.

Bogaschewsky R. An environmentally conscious robust closed-loop supply chain design, Journal of Business Economics, 84. Jg., 2014, 5, 613–637.

Bretzke WR, Barkawi K. Nachhaltige Logistik. Anworten auf eine globale Herausforderung, Heidelberg et al., 2010.

Daduna JR, Voß S. Informationsmanagement im Verkehr, Springer-Verlag, 2013.

Eberhardt S. Ersatzteillogistik, Arnold D u. a. (Hrsg.), Handbuch der Logistik, Berlin, 2014.

Eley M. Simulation in der Logistik, Springer-Verlag, 2012.

Fana T. Feng Taoa, Sheng Denga, Shuxia Lia, Impact of RFID technology on supply chain decisions with inventory inaccuracies, International Journal of Production Economics, 159, January 2015, 117–125.

Furmans K. Bedientheoretische Modellierung logistischer Systeme, Arnold D u. a. (Hrsg.), Handbuch der Logistik, Berlin, 2014.

Götz S. Die Spedition JURA, Vortrag Dialogforum des BWVL am 14. Oktober 2015 in Berlin.

Gudehus T. Kommissioniersysteme, Arnold D u. a. (Hrsg.), Handbuch der Logistik, Berlin, 2014.

Günther HO, Tempelmeier H. Produktion und Logistik, Berlin, 2014.

Hansen U. Entsorgung und Kreislaufwirtschaft, Arnold D u. a. (Hrsg.), Handbuch der Logistik, Berlin, 2014.

Hausladen I. IT-gestützte Logistik: Systeme – Prozesse – Anwendungen, Gabler Verlag, 2014.

Hecht M. Schienengüterverkehr – schnell und zuverlässig dank Telematik, Vortrag Tagung Intelligenter Güterwagen der Wascosa AG, Luzern, 2015.

Inderfurth K, Jensen T. Lagerbestandsmanagement, Arnold D u. a. (Hrsg.), Handbuch der Logistik, Berlin, 2014.

Isermann H. Märkte des Straßengüterverkehrs, Arnold D u. a. (Hrsg.), Handbuch der Logistik, Berlin, 2014.

Käber A. Warehouse Management mit SAP ERP: Effektive Lagerverwaltung mit SAP WM, (SAP PRESS), 2013.

Koether R. Distributionslogistik: Effiziente Absicherung der Lieferfähigkeit, Springer, 2014.

Kotzab H. Kritische Erörterung des Collaborative Planning, Forecasting and Replenishment-Ansatzes aus der Sicht des Supply Chain Controlling, Stölzle W/Otto A (Hrsg.),Supply Chain Controlling in Theorie und Praxis. Aktuelle Konzepte und Unternehmensbeispiele, Wiesbaden, 2003.

Kotzab H. Miniaturisierung der Produkte und ausgereiftes Logistikmanagement reduzieren das Transportvolumen, Wirtschaftspolitische Blätter 1/2003.

Lasch R. Strategisches und operatives Logistikmanagement: Distribution, Gabler Verlag, 2015.

Lempik M, Warehousing, AD. (Hrsg.), Handbuch der Logistik, Berlin, 2014.

Liebmann H, Zentes J. Handelsmanagement, München, 2008.

Meier A, Stormer H. eBusiness & eCommerce: Management der digitalen Wertschöpfungsketten, Springer-Verlag, 2012.

Nekolar AP. e-Procurement: Euphorie und Realität, Springer, 2013.

Piontek J. Bausteine des Logistikmanagements: Supply Chain Management. E-Logistics. Logistikcontrolling. Green Logistics, NWB Verlag, 2013.

Rall B, Alicke K. Lagersysteme, Arnold D u. a. (Hrsg.), Handbuch der Logistik, Berlin, 2014.

Schary P, Skjott-Larsen T. Managing the Global Supply Chain, Copenhagen, 3. Auflage, 2007.

Seungjae S, Eksioglub B. An empirical study of RFID productivity in the U.S. retail supply chain, International Journal of Production Economics, 163, 2015, 89–96.

Siepermann C. Fallstudie zur Logistikkostenrechnung: Darstellung und vergleichende Analyse verschiedener Verfahren, Günther HO, Mattfeld DC, Suhl L (Hrsg.), Supply Chain Management und Logistik, Heidelberg, 2005, 291–316.

Siepermann C. Stand und Entwicklungstendenzen der Krankenhauslogistik in Deutschland, Berlin, 2004.

Siepermann C, Vockeroth J. Empfehlungen zur Gestaltung einer Risiko-Balanced Scorecard für die Beschaffung, Bogaschewsky R, Eßig M, Lasch R, Stölzle W (Hrsg.), Supply Management Research: Aktuelle Forschungsergebnisse 2008, Wiesbaden, 2009, 69–101.

Siepermann C, Vockeroth J. Gestaltungsansätze einer Netzwerk-Balanced Scorecard, Becker J, Knackstedt R, Pfeiffer D (Hrsg.), Wertschöpfungsnetzwerke, Heidelberg, 2008, 109–132.

Thomas F. Materialflussverwaltungssysteme, Arnold D u. a. (Hrsg.), Handbuch der Logistik, Berlin, 2014.

Vahrenkamp R. Produktionsmanagement, 6. Auflage, München, 2008.

Vahrenkamp R. Von Taylor zu Toyota – Rationalisierungsdebatten im 20. Jahrhundert, Eul Verlag, 2. erweiterte Auflage, Köln, 2013.

Vahrenkamp R, Siepermann C. (Hrsg.), Risikomanagement in Supply Chains, Berlin, 2. Auflage, 2015.

Walker H, Klassen R, Sarkis J, Seuring S. (Hrsg.), Sustainable Operations Management, Special Issue of International Journal of Operations & Production Management, 34, 2014, 5.

Stichwortverzeichnis

www.ingramcontent.com/pod-product-compliance
Lightning Source LLC
Chambersburg PA
CBHW081059220326
41598CB00038B/7155